KB267488

뿌쉬낀 평전

지은이
엘레인 페인스테인 Elaine Feinstein
시인이자 소설가이다. 리버풀에서 태어나 레스터에서 성장했고, 캠브리지 대학에서 영문학을 공부했다. 1980년, 왕립 문학학회의 특별회원으로 선임되었다. 1990년에는 콜몬들리 시 문학상을 수상했고, 레스터 대학에서 명예 문학박사 학위를 받았다. 그녀의 시집『대낮』은 시집 발간 협회의 추천을 받았다. 그녀는 여러 작가들의 전기를 썼는데, 그 중에서도 D. H. 로렌스의 전기와 마리나 쯔베따예바의 전기인『사로잡힌 사자』는 대단한 찬사를 받았다. 안토니아 프레이저 여사는 후자에 대해서 이렇게 평했다. "이 책은 내가 금년에 읽은 전기 중에서 가장 큰 영감을 주었다."

옮긴이
손유택 孫裕澤, Sohn Yoo-taek
충북 영동에서 출생하여 고려대 대학원에서 현대 영시를 전공하고 문학 박사 학위를 받았다. 수원대에서 영문학 교수를 역임하였다. 번역서로『빛은 동방으로부터 ─타골의 전기』,『랑프리에르의 사전』상·하, 『해석이란 무엇인가』,『소설의 숲으로 여섯 발자국』등이 있으며, 영역서로는 *Seoul : Portraits in Legend and Place*, *Pictorial Representations of World Cultural Heritage in Korea*, "The Collection of Songgang(Jeong Cheol)'s Poetry", "A Study of Philosophy" 등이 있다. 이 외에도 한국 철학과 유학에 관한 많은 논문을 영역하였다.

뿌쉬낀 평전

초판인쇄 2014년 11월 20일 **초판발행** 2014년 11월 25일
지은이 엘레인 페인스테인 **옮긴이** 손유택
펴낸이 박성모 **펴낸곳** 소명출판 **출판등록** 제13-522호
주소 서울시 서초구 서초중앙로6길 15
전화 02-585-7840 **팩스** 02-585-7848
전자우편 somyong@korea.com **홈페이지** www.somyong.co.kr

값 23,000원   ⓒ 소명출판, 2014

ISBN 979-11-85877-21-1 03990

쁘쉬낀의 증조부 아브람 뻬뜨로비치 간니발(Ahpm Петрович Пушкин, 1696~1781)
데티오피아 출신으로 알려져 있으며 콘스탄티노플의 술탄에게 인질로 잡혀있는 동안 뾰뜨르 대제에게 선물로 바쳐진다. 그의 부칭이 뻬뜨로비치가 된 것은 뾰뜨르 대제가 대부가 되었기 때믄인 듯하다. 1717년 프랑스 유학 중 스페인과의 전쟁에 프랑스군 대위로 참전했으며 겨 몽주의자들과 교제하였다. 그는 주로 군대와 정계의 관료로 중용되었으며 명성있는 귀족으로 평탄한 삶을 살았다.

시인의 아버지 세르게이 리보비치 뿌쉬낀(Сергеи Львовичи Пушкин)
유서 깊은 가문 출신으로 역사가 까람진, 시인 쥬꼽스끼 등 당대의 명사들과 교류하였다. 문학은 당시까지 귀족의 교제수단 정도로 여겨졌기 때문에 그는 아들의 시와 사상의 깊이를 인정해주지 않았으며 인색함 때문에 아들과 자주 충돌하였다.

시인의 어머니 나줴쥐다 오시뽀느나 뿌쉬끼나(Надежда Осиповна Пушкина)
아프리카 출신 할아버지 아브람 뻬뜨로비치 간니발의 손녀. 그녀는 아들에게 나타난 흑인의
형상을 싫어했다고 전해진다. 뿌쉬낀은 어머니에 대한 언급을 거의 하지 않았다. 그녀는 임
종 직전 아들과 화해한다. '아름다운 혼혈녀'라는 별칭이 있다.

뿌쉬낀의 누나 올가(Ольга Сергеевна Павлищева)

뿌쉬낀의 동생 레프〈Лев Сергеевич Пушкин〉

19세기 초의 모스끄바
블라지미르스끼 관문에 접한 루반까 거리에서 본 풍경

시인의 부인 나딸리야(Наталия Николаевна Пушкина-Ланская, 1812~1863)
결혼 전 성은 곤차로바(Гончарова). 가난한 중류귀족 가정에서 태어나 빼어난 미모로 사교계에서 명성이 높았으며 1831년 18세 때 13세 연상인 뿌쉬낀과 결혼하여 슬하에 다섯 명의 자녀를 두었다. 그녀는 결투로 남편을 죽음에 이르게 한 소문의 당사자이기 때문에 대체로 차갑고 명석하지 못하며 허영기 많은 여인이라는 혹독한 평가의 대상으로 남아 있다. 시인의 사망 후 군인인 란스고이와 재혼했다.

시인의 유모. 아리나 로지오노브나

어린 뿌쉬낀의 어머니와 같은 존재였다. 뿌쉬낀은 그녀로부터 러시아어 읽기 쓰기를 처음 배웠다. 또한 그녀는 러시아 민중에게 전해져오는 수많은 민담과 전설 이야기를 어린 시인에게 들려주기도 했다. 뿌쉬낀의 많은 시편들 속에 그리움과 존경의 대상으로 등장하는 그녀는 『예프게니 오네긴』에 여주인공 따지야나의 유모의 형상 속에 그려져 있다.

잠들기 전 유모에게 옛이야기를 듣던 어린 시절의 시인
뿌쉬낀의 시에 사용된 쉽고 간결한 언어와 러시아적 표현들은 유모데게서 형성된 것이었다.

리쩨이 졸업시험에서 당대의 원로시인 제르쟈빈 앞에서 자작시 「짜르스꼬예 셀로의 회상」을 낭송하는 뿌쉬낀
일리야 레핀 작, 1911년. 뿌쉬낀은 제르쟈빈으로부터 러시아 문학을 이끌어 나갈 천재로 칭송 받으며 러시아
사회에 자신의 존재를 알리게 된다.

이반 뿌쉰(1817)
리쩨이 시절 뿌쉬낀의 가장 절친한 친구로 시인으로서의 뿌쉬낀의 재능을 알아보고 인정해 주었다. 시인의 미하일롭스꼬예 연금 당시 위험을 무릅쓰고 시인을 방문했으며 나중에 '12월당(제까브리스트)'에 가담하여 거사가 실패한 후 시베리아 유형에 처해졌다.

리쩨이 재학시절의 뿌쉬낀
그는 품행이 불량한 문제아였고 프랑스 시를 흉내낸 성적인 시를 써서 학교당국의 주의를
받곤 했으나 친구들은 그의 재능을 일찍부터 알아보았다.

짜르스꼬예 셀로에 세워진 뿌쉬낀의 동상
왕립귀족학교인 이곳에서 그는 자신의 문학적 재능을 발전시키고 계몽주의와 자유주의적인 선진사상
의 영향을 받게 된다.

뿌쉬낀 자신이 그린 자화상
1817~1818년경 뿌쉬낀이 그린 자화상. 재기발랄하고 명민한 표정이 느껴진다.

바실리 쥬꼽스끼(Васи́лий Андре́евич Жуко́вский, 1783~1852)
시인이자 서구문학 번역자. 지체 높은 귀족이자 문학가로 명성이 높았던 그는 일찍이 시인의
부친과 교제했고 시인이 죽기까지 그의 친구이자 변호자로 가까이 지냈다. 1820년경 모습.

뿌쉬낀이 그린 칼립소 폴리크로니의 스케치(1821)
바이런의 정부(情婦)로 알려져 있다. 뿌쉬낀의 문학적 개화는 고전주의로부터 바이런풍(風)의 낭만주의의 영향을 받으면서 만개하였다. 특히 바이런은 뿌쉬낀의 초기 작품들과 남부 유배시절 까프까즈를 배경으로 한 작품들에 영감을 주었다.

차다예프(Пётр Яковлевич Чаадáев, 1794~1856)
뿌쉬낀의 초기사상에 깊은 경향을 끼친 서구주의 철학자. 역사 철학 연구에 전념하여
『철학서한』을 집필, 이후 러시아 역사에 서구주의와 슬라브주의 논쟁을 불러일으켰다.
뿌쉬낀은 「차다예프에게 보내는 시」로 인하여 남부로 유배를 가게 된다.

뿌쉬낀 시 「자유」의 초고

「마을」, 「차다예프에게」 등 20세 이후 쓴 세 편의 시가 급진주의자들의 팜플랫에 회자되면서 뿌쉬낀은 까프까즈로 유배를 가게 된다. 본격적인 시인의 재능과 사상의 발전을 보여준 이 시들은 전제와 봉건 농노제의 비참함과 압제의 상황을 알리고 러시아의 새로운 변혁의 꿈을 노래하고 있다.

라옙스끼 장군

뿌쉬낀의 남부 유배시절 그를 돌봐준 후견인. 뿌쉬낀은 그의 가족과 더불어 까프까즈를 여행하고 「까프까즈의 포로」, 「바흐치사라이의 샘」 등의 낭만적인 작품들을 쓰게 된다. 그의 딸 마리야는 뿌쉬낀과 염문이 있었으며 훗날 제까브리스트 반란으로 시베리아 유형을 가게 되는 똘스또이의 외종조부 세르게이 볼꼰스끼 공작의 아내가 된다. 그녀에 대해서는 『예프게니 오네긴』에도 등장한다. 뿌쉬낀은 라옙스끼 일가와 친밀한 관계를 유지했다.

КАВКАЗСКІЙ

ПЛѢННИКЪ,

ПОВѢСТЬ.

Соч. А. Пушкина.

САНКТПЕТЕРБУРГЪ,

въ типографіи Н. Греча.

1822.

『까프까즈의 포로』 초판(1822)

뿌쉬낀의 감시자였던 베싸라비야 총독 인조프
그는 냉정한 러시아 제국의 관료로 뿌쉬낀을 경멸했고 시인의 자유주의적이고 무신론적 사상을 고발하
는 문서를 뻬쩨르부르그로 보냈다.

남부 유배시절 제까브리스트 모임에 참여해 격정적인 연설을 하는 뿌쉬낀
당시 러시아 제국은 조국전쟁 이후 군대를 남쪽으로의 영토 확장에 투입하고 있었다. 수도와 멀리 떨어진 남부는 혁명사상의 온상이었다. 유배시절 시인은 그들의 모임에 참가했지만 그들은 뿌쉬낀을 신뢰하지 않았다. 시인으로서 명성이 알려진 그를 비밀결사에 끌어들이기를 주저했기 때문이었다.

뿌쉬낀이 그린 아담 마키비치의 스케치

아담 미츠키에비치(Acam Bernard Mickiewicz, 1798~1855)는 폴란드의 낭만주의 시인이자 극작가이다. 지그문트 크라신스키, 율리우시 스웝바츠키 등과 함께 가장 위대한 폴란드 시인으로 꼽힌다. 당시 조국을 잃고 망명중인 미츠키에비치와 유배중인 뿌쉬낀은 서로를 위대한 시인이라 찬양하며 의기투합했었다.

빠벨 뻬스쩰(Павел Иванович Пестель, 1793~1826)

12월 혁명당 남부결사의 지도자. 1825년 제까브리스트 반란이 실패로 끝난 뒤 세르게이 무라비요프, 뾰뜨르 까홉스끼, 베스뚜체프 류민, 콘드라찌 릴레예프 등과 함께 주모자로 교수형에 처해졌다. 이들은 뿌쉬낀과 가까웠던 인물들이었다. 뿌쉬낀은 유배중 뻬스쩰과 교제하며 강한 인상을 받았다.

미하일롭스꼬계 마을에서의 뿌쉬낀
시인은 1824년 정부에 청원하여 머나먼 남부에서 고향마을과
같은 미하일롭스꼬예로 이배(移配)된다.

뿌쉬낀의 외가 영지인 미하일롭스꼬예 마을(1837)

1875년 니꼴라이 게가 그린 〈미하일롭스꼬예를 방문한 이반 뿌쉰〉
제까브리스트 반란 직전 정부의 접촉 금지명령을 어기고 레쩨이 시절 친구 뿌쉰이 시인을 방문했다.

뿌쉬낀이 그린 예까쩨리나 우샤꼬바, 그리고 그녀의 발(1829)

뿌쉬낀과 연애관계였던 안나 케른
두 사람은 독자와 시인으로 가까워졌고 연인으로 발전했으나 안나 케른은 이미 결혼한 여성이었다.

희곡 『보리스 고두노프』 초판 표지(1831)

장편 운문소설 『예프게니 오네긴』 초판 표지(1826)

시인이 그린 『예프계니 오녜긴』의 두 주인공 렌스끼와 오녜긴

렌스끼와 오녜긴의 결투장면
1899년 일리야 레삔의 그림.

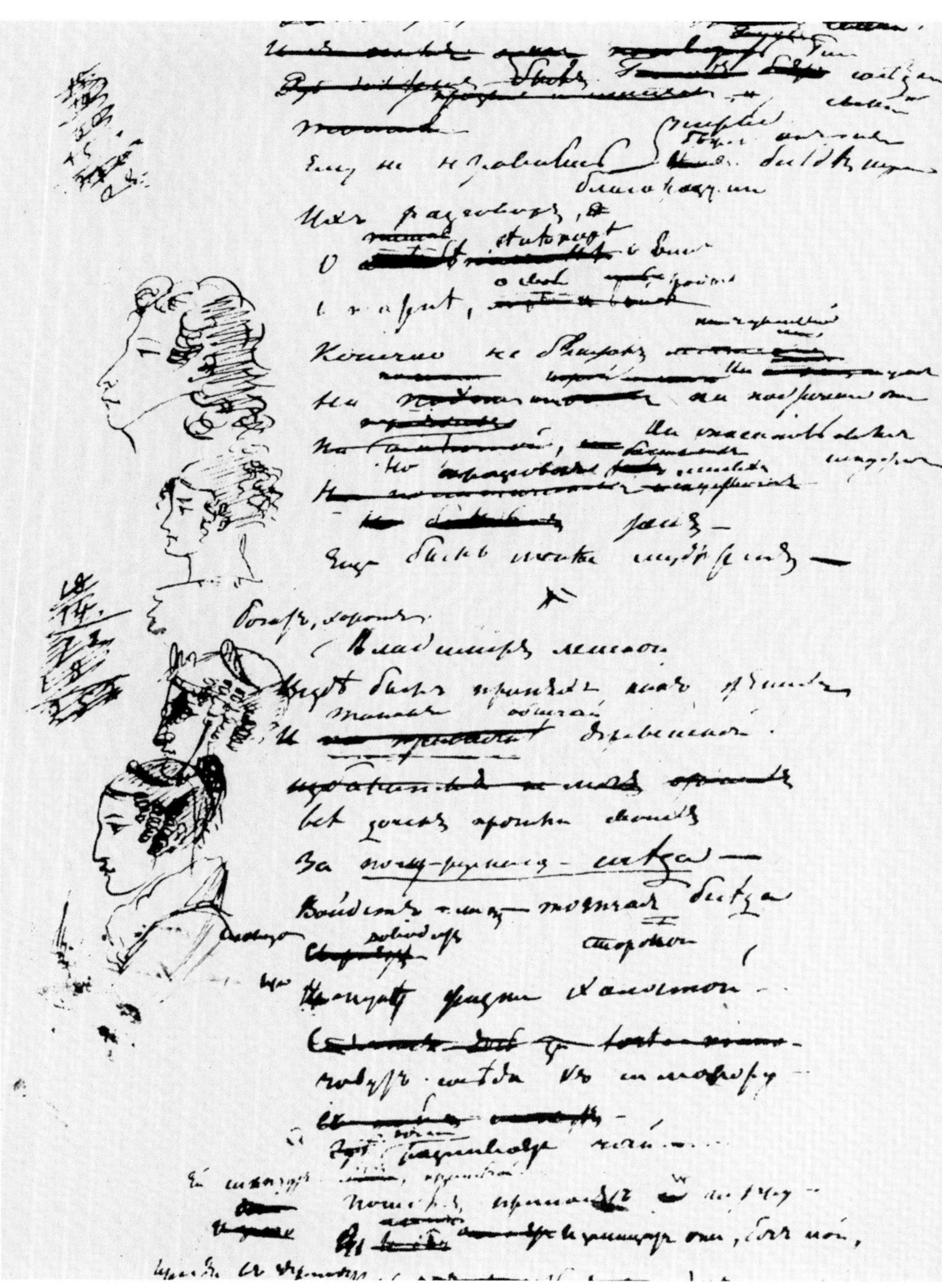

『예르게니 오녜긴』 초고에 남긴 시인의 낙서
뿌쉬낀은 작품 원고 곳곳에 무수한 낙서를 남겼다.

오녜긴과 뿌쉬낀의 산책
시인은 자신의 작품 속 주인공과 이와같이 함께 살고 있었다.

제까브리스트 반란

1825년 12월 14일 뻬쩨르부르그 상원광장에 도열한 혁명군은 입헌군주제와 농노제 폐지를 내걸고 봉기를
선언하지만 새로 즉위한 황제 니꼴라이 1세 정부군에 의해 진압된다. 미하일롭스꼬예 유배중인 시인은 여기
에 다행히 참가할 수 없었다. 훗날 그는 황제 앞에서 자신이 수도에 있었다면 당연히 상원광장에 있었을 것이
라고 말했다.

К. Ф. Рылеев

П. И. Пестель

П. Г. Каховскнй

С. И. Муравьев-Апостол

М. П. Бестужев-Рюмин

제까브리스트 반란 실패 후 뻬뜨로빠블롭스끼 요새에서 교수형으로 처형된 다섯명의 혁명군 지도자
빠벨 뻬스쩰, 세르게이 무라비요프-아뽀스똘, 뾰뜨르 까홉스끼, 베스뚜체프 류민, 콘드라찌 릴레예프 등과
함께 주모자로 교수형에 처해졌다. 이들은 뿌쉬낀과 가까웠던 인물들이었다.

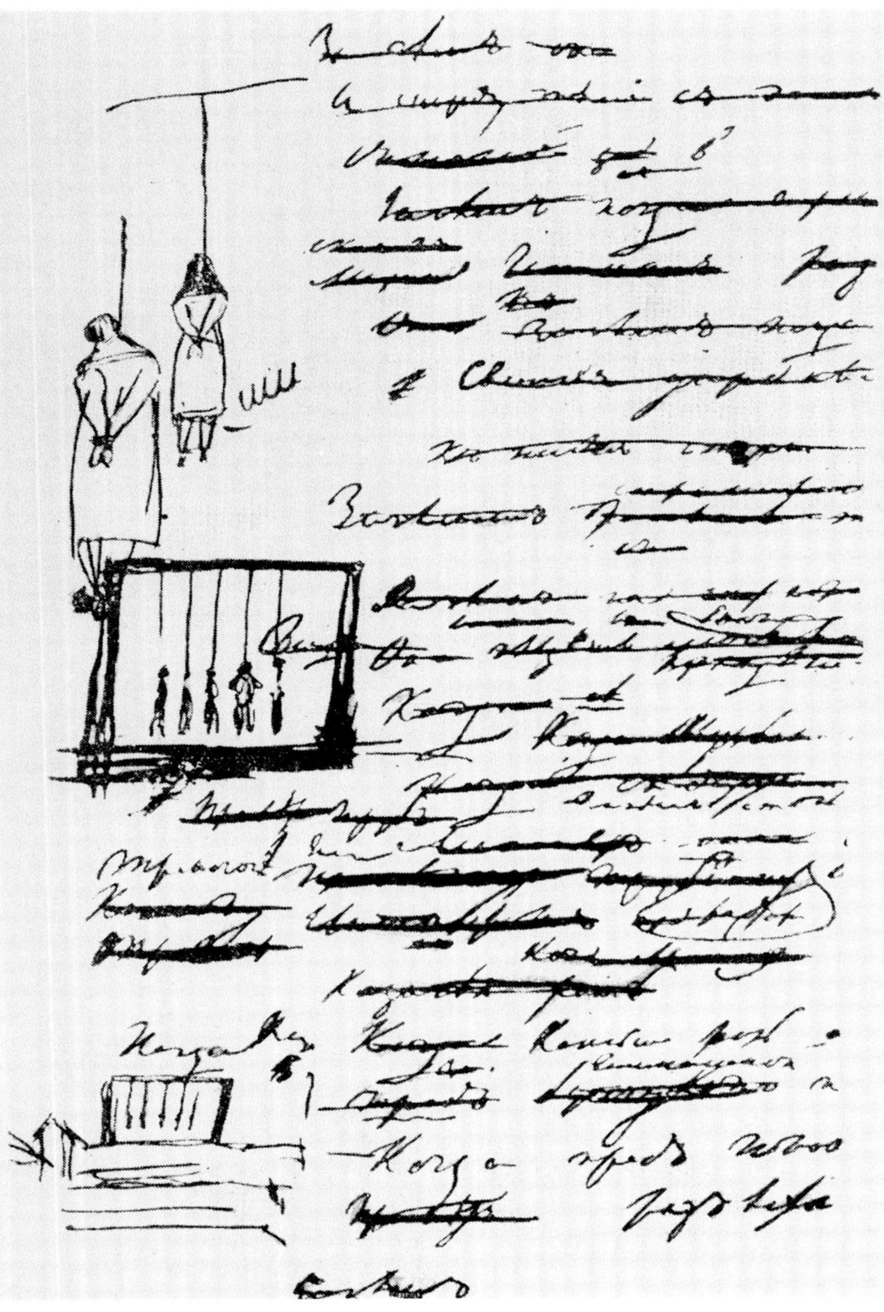

뿌쉬낀이 원고 여백에 그린 다섯 명의 제까브리스트 지도자의 처형 장면
이 사건은 시인에게 말할 수 없는 공포를 주었고 이후 작품에 있어서 역사적 사상적 측면의 리얼리즘이 강화
되는 변화의 시작이 되었다.

뿌쉬낀의 초상화
1827년경, 28살 무렵. 끼쁘렌스끼 작.

벤켄도르프의 사상검증을 받는 뿌쉬낀

시인은 황제 앞에서도 비겁하지 않고 당당하게 자신이 바라는 러시아의 변화를 역설하기도 했다. 이로써 유배생활이 끝나고 수도로 귀환하게 되었다.

니꼴라이 고골, 쥬꼽스끼, 뿌쉬낀
이때 갓 수도에 올라온 우끄라이나 출신 니꼴라이 고골은 뿌쉬낀을 숭배하였다. 그는 몇 번이나 시인의 집을 방문
했지만 감히 자기를 알리지 못하고 문 앞에서 돌아가기도 했다. 1910년 겔레라 작.

1831년 뿌쉬낀과 나딸리아 곤차로바의 결혼
나딸리아는 당대 최고의 미인으로 사교계에 알려졌으나 지적으로 박약하고 허영심이 많은 여자였다. 이 결혼은
많은 사람들의 반대가 심했지만 시인 자신의 줄기찬 구애 끝에 성사되었다. 최고의 미인을 얻은 대가로 시인은
짧은 생을 마치게 된다.

1835~1837년 즈음의 뿌쉬낀

예전의 쾌활함과 경박함이 사라지고 그 대신 중후하고 진지한 시인의 분위기에는 종교성이 느껴지기까지 한
다. 뿌쉬낀은 일생 동안 무신론자였지만 만년에는 종종 종교적 신앙을 담은 술회를 남기기도 했다. 무엇보다
러시아의 역사가 그에게 종교와 같았다. 일리야 레삔 그림.

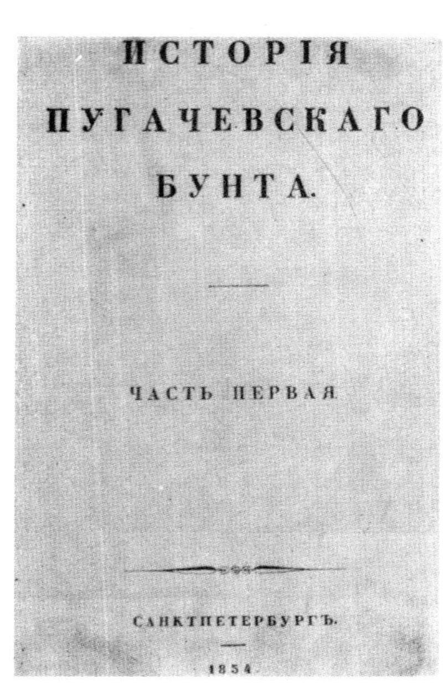

『뿌가쵸프 반란의 역사』 초판

1854년. 제까브리스트 반란 이후 뿌쉬낀은 역사에 관심을 기울여 역사적 사건을 문학적으로 재구성한 장시 『청동의 기사』, 소설 『대위의 딸』 등의 작품들을 남겼다.

최후의 시 「기념비」 초고

1836년. 뿌쉬낀은 자신의 명성이 러시아 역사에 길이 남을 것을 예언하며 당대의 권력의 위엄과 압제를 평가절하한다.

A. L. 리네프가 그린 것으로 추정되는 뿌쉬낀의 마지막 스케치(1836~1837)

Conditions du duel entre Mr de Pouchkine
et Mr le Baron Georges de Heckeren

1° Les deux adversaires seront placés a 20 pas de
distance a 5 pas chacun des deux barrières qui
seront distantes de 10 pas entre elles.

2° Armés chacun d'un pistolet a un signal
donné, ils pourront en s'avançant tirer sur l'autre
sans cependant dans aucun cas dépasser les barrières
faire usage de leurs armes.

3° Il est convenu en outre qu'un coup de feu
parti il ne sera plus permis à chacun des deux
adversaires de changer de place pour que celui
des deux qui aura tiré le premier dans tous
les cas essuye le feu de son adversaire à la
même distance.

4° Les deux parties ayant tiré s'il n'y a point
de résultat, on recommencera l'affaire comme
la première fois, en remettant les adversaires
à la même distance de 20 pas en conservant
les mêmes barrières les mêmes conditions.

5° Les témoins seront les intermédiaires obligés
de toute explication entre les adversaires sur le terrain.

6° Les témoins de cette affaire soussignés chargés
de plein pouvoir garantissent sur l'honneur chacun
pour sa partie, la stricte exécution des conditions
ci-dessus mentionnées.

le 27 Janvier   Constantin Danzas
1837   Lt Colonel de Génie

                   Vicomte d'Archiac
                   attaché à l'ambassade
                   de France

뿌쉬낀과 단테스 간의 결투의 조건들
1837년 1월 27일, 그들의 입회인인 단자스와 다르샥에 의해 작성되었다.

뿌쉬낀이 그린 부인 나딸리야의 스케치

게오르그 단테스
나딸리야 니꼴라예브나와 염문을 뿌리다 결국 1837년에 뿌쉬낀과 결투를 하게 되었고, 뿌쉬낀
은 부상을 입어 이틀 후 죽었다.

결투에서 쓰러진 뿌쉬낀

시인은 네덜란드인 게오르기 단테스 남작과 아내의 부정한 소문에 대한 명예를 위하여 피치 못하게 결투를 신청한다. 이 악의적인 소문이 나중에 시인의 죽음을 불러온 원인이었음으로 뿌쉬낀의 죽음은 단순한 결투로 인한 것이라기 보다 궁정 보수세력의 사중에 의한 일종의 ㅅ·회적 타살로 간주되었다. 결투에서 뿌쉬낀은 첫발을 맞아 중상을 입었고 그가 쏜 총알은 빗나갔다. 그는 이틀 흐 사망했다. 마지막 유언은 "Жизнь кончена(쥐즌 콘첸나, 인생은 끝났다)"였다.

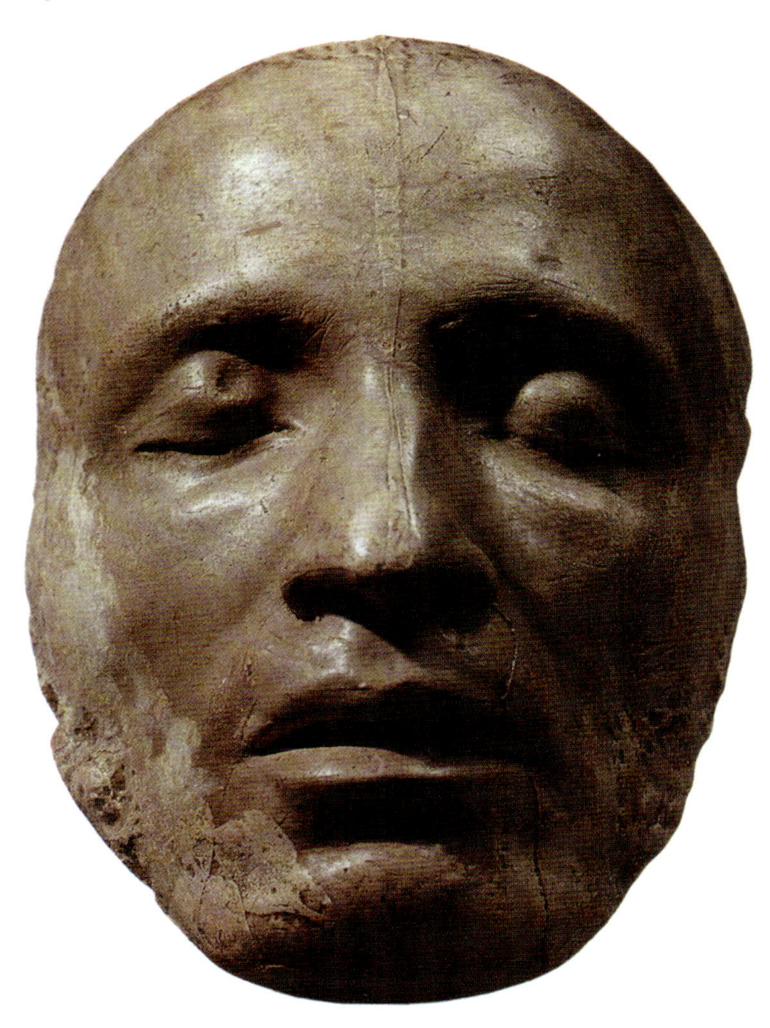

시인의 데드 마스크

뿌쉬낀의 죽음을 둘러싼 궁정의 음모를 고발한 레르몬또프와 「시인의 죽음」 초고

당시 23세의 궁정근위대 장교였던 레르몬또프는 이 시를 발표함으로써 까프까즈로 유배를 가게 된다. 당국은 뿌쉬 낀의 장례식에 일체 군중들이 모이지 못하게 했다.

뿌쉬낀의 연인들
뿌쉬낀은 청년시절부터 결혼 전까지 많은 여성들과 교제관계에 있었다. 아말리아 리즈니츠, 안나 케른, 마리아 라옙스까야 등 그들은 그의 작품 곳곳에 주인공으로 등장하기도 한다. 가가린 작. 1832년.

흑해 해안에서의 뿌쉬낀
1868년 아이바좁스끼 작. 뿌쉬낀은 남부 유배 당시 흑해 주변 지역을 여행하며 「바흐치 사라이의 샘」, 「까프까즈의 포로」 같은 바이런풍의 낭만주의적 작품들을 남겼다.

공원에 앉아있는 뿌쉬낀. 쎄로프 그림. 1899년 작.

남부 까프까즈 유배시절 시 창작중인 뿌쉬낀
뿌쉬낀은 유배지에서도 매일 일정한 시간을 시창작에 매달렸다. 콘찰롭스끼 1932년 작.

러시아 박물관 앞의 뿌쉬낀 동상

뿌쉬낀 평전

Pushkin : A Biography

엘레인 페인스테인 지음
손유택 옮김

소명출판

알렉싼드르 쎄르게예비치 뿌쉬낀Alexander Sergeevich Pushkin은 러시아의 가장 위대한 시인이자 러시아 문학의 원천이다. 그가 사망한 지 2세기가 흐르는 동안 그를 흠모했던 소설가들과 시인들은 한결같이 이 천재적인 작가가 그들에게 커다란 영향을 끼쳤다고 말하고 있다. 그는 러시아적 정서의 한 부분이 되어 그의 이름이 일상의 대화 속에서도 자주 거론될 정도이다. 가령 러시아의 부모들은 아이들을 꾸짖을 때, "왜 문을 닫고 들어오지 않니? 뿌쉬낀이 닫아줄 거라고 믿는 거냐?"라고 말하곤 한다. 그의 비극적 생애는 이제 하나의 전설과 같은 울림을 갖고 있지만, 전 세계의 일반 독자들에게는 그러한 생애의 윤곽조차도 잘 알려져 있지 않고 있다.

그것은 너무나도 짧은 생애였다. 뿌쉬낀의 아버지는 무능한 러시아 귀족이었고, 그의 선조는 뾰뜨르 대제Peter the Great(1672~1675, 제정러시아의 시조—옮긴이)의 총애를 받았던 아프리카 출신의 노예였다. 그의 시들은 '12월 당원들Decembrists'(제까브리스뜨 : 1825년 12월 니꼴라이 1세Nicholas I 황제의 즉위에 반대하고 입헌 정체 수립을 꾀했던 결사대원들—옮긴이)의 당보에 게재되어 두 황제들로부터 반역의 증거가 아닌가 하는 의심을 받기도 했다. 그는 앞뒤를 가리지 않는 격정의 소유자요 기지에 넘치는 난봉꾼이었다. 그는 당대에 가장 아름다운 몇몇 여인들과 염문을 남기기도 했지만 결국 차가운 성격의 젊은 미인을 부인으로 맞았고, 37세의 나이에 부인의 명예를 지키기 위해 결투를 벌이다 죽임을 당하고 말았다.

　필자가 이 전기를 쓸 당시에는 서구에서 쓰인 뿌쉬낀에 관한 모든 고전적 전기들이 영어권에서는 절판된 상태였다. 가장 최근의 전기가 발간된 이래로 많은 중요한 자료들이 새로 발굴되어 뿌쉬낀의 만년의 일들이 밝혀지게 되었다. 뿌쉬낀의 부인 나딸리야 니꼴라예브나Natalya Nikolaevna를 연모했던 탓에 뿌쉬낀과 저 운명적인 결투를 벌이게 되었던 게오르그 단테스Georges d'Anthes 남작의 성격이 밝혀지게 된 것도 그런 자료들 덕분이다. 단테스가 그의 후견인이었던 네덜란드 대사 반 헥케렌van Heeckeren 남작에게 보낸 편지들이 파비아 대학University of Pavia 의 세레나 비탈레Serena Vitale 교수에 의해 발견, 해독되어 1995년에 출판되었다. 그 이후 상뜨 뻬쩨르부르그 소재 뿌쉬낀기념관의 바짐 스따르끄Vadim Stark 및 네덜란드 국립 문서국의 프란스 수아쏘, 그리고 뿌쉬낀기념관의 레프꼬비치Lefkovich 등의 연구와 자료 발굴 작업에 의해 양부와 양자 사이로 간주되던 헥케렌과 단테스의 이상한 관계가 밝혀졌을 뿐만 아니라, 단테스와 나딸리야의 언니 예까쩨리나Ekaterina의, 아무도 예상하지 못했던 갑작스러운 결혼을 설명해주는 새로운 증거도 제시되었다.

　뿌쉬낀기념관의 세르게이 포미쪼프Sergey A. Fomichev 교수와 리가쵸프Ligachev 교수에 의해 편집, 간행된 뿌쉬낀 작업 노트의 훌륭한 복사본도 마찬가지로 중요한 자료이다. 이것은 포미쪼프의 연구서와 더불어 뿌쉬낀의 내면생활의 모순점들을 밝혀줄 수 있는 귀중한 자료이다.

　뿌쉬낀의 성격은 거의 모든 면에서 역설적이었다. 그의 가슴을 아프게 했을 만한 한 가지 예를 들어보자. 그는 친가와 외가 쪽의 혈통이 모두 중요하다고 생각하면서도 아프리카 출신의 외가 쪽 조상에 대한 자부심을 짐짓 강조하였다. 1823년 오데싸Odessa에서 쓰인 『예프게니 오네긴Evgeny Onegin』의 한 연에서 그는 배를 타고 '나의 아프리카'의 따뜻한 하늘로 도피하는 환상에 빠지는가 하면, 친구 나쉬쪼낀Nashchokin이 선물한 잉크 스탠드를 아주 좋아하기도 하였다. 이것은 나쉬쪼낀이 뿌쉬낀의 문학적 재능과 널리 알려진 그의 조상을 기려 그에게 준 선물로, 여기에는 두 뭉치의 솜 앞에서 닻에 기대서 있는 한 흑인의 작은 조상彫像이 새겨져 있다.

그러나 그는 어린 시절 어머니까지 빈정대는 자신의 외모에 대하여 꺼림칙한 심정을 지울 수가 없었다. 그의 작업 노트에 그려진 많은 자화상들은 그의 외모적 특징들을 과장하고 있고, 1820년에 쓰인 「유례프로To Yurev」라는 시에서 그는 자신의 못생긴 외모를 우정 아프리카의 조상과 연결시키고 있다.

> 항상 게으른 난봉꾼,
> 나, 흑인의 못생긴 후예는
> 황무지에서 자라났기에
> 사랑의 고통에는 관심이 없다.
> 몰염치한 뜨거운 욕정으로
> 내가 미인을 품에 안으면
> 순진한 여인은 어쩔 줄 몰라
> 얼떨결에 고운 얼굴을 붉히고,
> 몰래 사티로스를 훔쳐본다.

(사티로스Satyr : 그리스 신화에 나오는 주신 박카스를 섬기는 반인 반수의 숲
의 신으로서 술과 여자를 좋아한다. 일반명사로서 '호색가'라는 뜻도 있다 — 옮
긴이)

그의 외증조부에 관해서 쓴 미완성 소설 『뾰뜨르 대제의 니그로
The Negro of Peter the Great』(1827~1828)에서는 백인 여성들의 호기심의 대
상으로서만 취급받는 것을 분개하는 젊은 흑인 남자의 내면세계가 그
려지고 있다. 작품 원고의 여백에 쓰인 낙서들을 보면 뿌쉬낀 자신에
게도, 비록 그가 많은 여성들을 유혹하긴 했지만, 그와 같은 생각이 그
의 삶에서 중심적 문제로 자리 잡고 있었다는 것을 알 수 있다.

그의 역설적 성격은 흑인의 후손이라는 데서 오는 그 자신의 감정뿐
만 아니라 대 여성 관계의 모든 양상에서도 엿보인다. 그는 시에서는
고귀한 기품과 총명한 여주인공을 창조하면서도 자신의 삶에서는 여
성의 다른 어떤 면보다도 육체적 아름다움을 제일로 여겼다. 이와 관
련하여 그가 "순수한 아름다움의 비전"이라고 부른 바 있는 안나 케른
Anna Kern은 다음과 같이 말했다. "이와 같은 그의 여성관은 그의 여성
경시 경향을 드러내는데, 이는 물론 당대의 시대정신과 그대로 일치한다."

결혼 문제를 생각하기 시작했던 1829년에 뿌쉬낀은 신붓감으로 점
찍어두었던 어떤 여자의 동생인 엘리자베따 우샤꼬바Elizaveta Ushakova의
사진첩에 경솔하게도 그가 그때까지 사랑을 나눴던 모든 여자의 성을
적어놓았는데, 이것이 바로 뿌쉬낀의 '돈주앙 리스트'인 것이다. 하지
만 그는 모차르트의 〈돈조반니〉라든가, 자신의 작품 「작은 비극들Little
Tragedies」에 수록된 「돌 손님」에서 묘사되는 바와 같이, 사랑 놀음에 쉽

사리 싫증을 내는 돈주앙 같은 냉정한 인물은 결코 아니었다. 뿌쉬낀은 한때 사랑의 감정을 역겨워하는 냉담한 바이런의 태도에 마음이 끌리기도 했었다. 그러나 그의 아름다운 서정시들 중 다수의 작품들이 그가 아니라 오히려 여자 쪽에서 관계를 끊으려 했던 상황을 묘사하고 있다. 수많은 염문을 뿌리는 동안 뿌쉬낀이 자기 자신에 대하여 어떤 감정을 가지고 있었는가 하는 문제는 자신의 서정시를 바친 상대 여성이 누구였는가 하는 문제만큼이나 중요했지만, 과거의 전기 작가들은 이 문제를 심층적으로 다룬 적이 별로 없었다. 가령, 1824년 2월에 쓰인 그의 한 슬픈 서정시에는 "사랑은 결코 나를 위해 존재하는 것은 아니지"라는 구절이 있는데, 과거에 이 구절에 주목했던 사람은 별로 없었다.

어울리기를 좋아하는 쾌활한 성격의 뿌쉬낀은 많은 사람들과 사귀었지만 그와 아주 친하게 지낸 사람은 별로 없었다. 시베리아로 유배당한 이반 뿌쉰Ivan Pushchin이나 뿌쉬낀 자신이 남부 러시아로 추방당하게 되어 여러 해 동안 만날 수 없었던 안똔 젤비끄Anton Delvig 남작 등 몇몇 학교 친구들을 제외하고, 뿌쉬낀은 자신을 찬양하는 사람들에게도 속내를 거의 드러내지 않았다. 그는 사랑했던 여성들에게도 자신의 불안한 심정을 털어놓으려고 하지 않았다. '익살꾼'이라는 별명이 붙을 정도로 기지가 번뜩였지만, 십중팔구 그는 외로운 남자였을 것이다.

뿌쉬낀은 정치적으로 확고한 입장을 보인 적이 없었기 때문에 거의 모든 정파에서는 그의 시를 끌어다 자기네 주장의 선전용으로 삼았다. 도스또옙스끼Dostoevsky 같은 슬라브 민족 예찬자들까지도 가장 도시적인 유럽 시인이랄 수 있는 뿌쉬낀을 자기네 편이라고 주장할 정도였다. 뿌쉬낀이 '12월 당원들'과 가깝게 지냈었고 민담에 애정을 가지고 있었다고 하여 과거의 쏘련 정권은 그를 초기 혁명시인으로 분류했다. 반면에 제정러시아 시대에는 뿌쉬낀의 모든 저술이 엄격한 검열을 받았었기 때문에, 쏘련 공산정권의 학정에 시달리던 사람들은 그를 공산정권에 의해 탄압 받던 작가들에 버금가는 순교자로 간주하기도 했다. 이것은 뿌쉬낀의 정치적 견해가 그의 평생에 걸쳐 형성되었기 때문이기도 하다. 그러나 이오시프 브로드스끼^{Joseph Brodsky}가 죽은 후 우리 시대에 가장 유명한 뻬쩨르부르그의 시인이 된 알렉싼드르 꾸쉬너^{Alexander Kushner}는 1997년 10월, 필자에게 이 문제에 대하여 아이러니컬하게 언급한 바 있었다. "모든 훌륭한 시인들이 그렇듯이 뿌쉬낀은 어떤 시에서는 이런 견해를, 다른 시에서는 저런 견해를 가졌던 겁니다. 시가 씌어지게 되는 분위기와 맥락에 따라 그렇게 되는 것이죠……. 시인은 결코, "네" 혹은 "아니오"라고 말하는 법이 없고, 동시에 "네"와 "아니오"라고 말하는 겁니다."

　뿌쉬낀의 작업 노트는 그의 정치적 신념이 이율배반적이었다는 것을 보여준다. 그가 만일 미하일롭스꼬예^{Mikhaylovskoe}로 추방당하지 않았더라면 그는 아마도 1825년에 '12월 당원들' 친구들과 더불어 상원의원이 되었을지도 모른다. 우정을 지키는 것은 명예의 문제였고, 그는 결코 겁쟁이가 아니었던 것이다. 하지만 그는 명백한 혁명주의자도 아니었다. 뿌쉬낀의 초기 작업노트의 스케치에는 프랑스 혁명을 주도한 인물들의 가발이 우스꽝스럽게 그려져 있고, 인생의 말년에 그는 우민^{愚民}들의 견해를 셰익스피어만큼이나 심각하게 불신했다. 그렇다 해도 '12월 당원들' 친구들의 처형은 그에게 잔인성의 상징이 되었고, 교수대에 목 매인 그들의 모습에 대한 스케치가 그의 원고 여기저기에 그려져 있다. 황제에 반대했던 이들이나 쏘련 공산정권에 반대했던 이들을 불문하고 뿌쉬낀의 시는 '러시아 사람들을 처형장, 감옥, 그리고 영원한 유형 등과 같은 인간 고뇌의 어둡고 깊은 심연으로 이끌고 갔'던 것이다. 새로운 자본주의의 물결로 러시아가 혼란에 빠져 들어가고, 많은 러시아인들이 교회나 다른 정신적 지주를 찾아 눈을 돌리고 있는 지금, 뿌쉬낀이 그의 인생 말년에 확고한 신앙인이 돼 있었다는 견해가 점점 더 설득력을 얻어가고 있다.

러시아에서는 뿌쉬낀의 이러한 위치에 대한 존경심이 거의 압도적이라 할 수 있다. 안드레이 시냡스끼_{Andrey Sinyavsky}가 가벼운 필치로 쓴 아주 흥미로운 책 『뿌쉬낀과의 산책_{Strolls with Pushkin}』에 대하여 어떤 평자들이 불쾌한 논조로 비판하는 것도 실은 그러한 존경심에서 우러난 것이다. 필자는 1989년 가을에 열린 '작가 연맹'의 토론회에서 로드릭 브레이드웨이트_{Rodric Braithwaite}경의 다음과 같은 말을 인용한 바 있다. "한 평자는 러시아 이외의 지역에 있는 뿌쉬낀의 한 기념비가 최근에 훼손된 것이 시냡스끼의 저서가 직접 영향을 끼친 결과라고 보았고, 또 다른 평자는 '사회주의와 조국이 위험한 지경에 처해 있다⋯⋯. 뿌쉬낀의 기념비가 훼손된 것은 곧 조국이 위험에 처해 있다는 것을 뜻한다'라고 말했다."

뿌쉬낀이 자존심을 지키는 일에 대단히 민감했다는 것은 의심의 여지가 없다. 「작은 비극들」의 한 구절에서 뿌쉬낀은 모차르트가 독극물에 중독된 경위를 소개하고, 빛나는 문체로 천재에 대한 살리에리_{Salieri}의 질투와 모차르트의 보기 드문 솔직성을 몇 페이지에 걸쳐서 얘기하고 있다. 알렉싼드르 꾸쉬너는 뿌쉬낀이 '거울을 들여다보듯' 모차르트를 대했다고 생각하였다. 뿌쉬낀은 모차르트를 본받아 동료들과 저녁 식사할 때나 선술집에서 술을 마실 때 즐거워했고, 모차르트의 지성이 그의 음악에 녹아들어 있었던 것처럼, 그의 지성도 그의 시에 섬세하게 녹아들어 있었다. 모차르트와 마찬가지로 뿌쉬낀도 주변의 소인배들에 대하여 사후死後의 승리를 거두었던 것이다.

뿌쉬낀은 비상한 문장 구사력을 가지고 있었을 뿐만 아니라 언어가 명징하고 단순했기 때문에 그의 시를 번역하는 작업은 매우 어렵다. 그렇다 해도 그의 걸작 『예프게니 오녜긴』에 대해서는 탁월한 두 번역본들이 나와 있다. 『예프게니 오녜긴』은 뿌쉬낀의 시에서 흔히 볼 수 있는 몽환적 분위기는 물론 인간에 대한 섬세한 이해와 비극적 아름다움이 담겨 있어 독자들은 이 작품에 즉각 몰입하게 된다. 독자들은 또한 이 작품이 19세기 러시아 소설이 나아갈 방향을 제시해 주었다는 것을 인식하게 될 것이다. 마술과도 같은 그의 서정적 재능은 논외로 치더라도, 영문학의 독자가 시인으로서의 뿌쉬낀의 자질을 상상하려면, 바이런Byron의 천부적 솜씨, 키츠Keats의 풍부한 감각, 그리고 초서Chaucer의 외설에 가까운 재치를 두루 갖춘 작가를 떠올려야 할 것이다.

이 책에서 시의 영역은 대부분 필자의 것이다. 이 책이 나오기까지 도움을 준 모든 사람들과 더불어 삽화들을 꼼꼼하게 대조해준 필자의 남편, 아놀드 페인스테인Arnold Feinstein 박사에게 감사드린다.

1997년 12월, 엘레인 페인스테인

제정러시아

제정러시아의 눈에 보이는 상징은 18세기 초, 발트 해 변두리의 얼어붙은 늪지대에 건설된 상뜨 뻬쩨르부르그이다. 이 곳은 뾰뜨르 대제Peter the Great가 유럽 진출의 창구로서 그 위치를 선택해서 세운 도시였다. 황제는 러시아의 수도인 고도 모스끄바가 거리들은 구불구불하고 낙후된 데다가, 살육을 일삼는 반역이 자주 일어난다고 해서 모스끄바를 싫어했다. 황제는 고전적 균형미를 갖춘 신도시를 세우려 했고, 또 거기에는 치안이 수월하게 유지되도록 개방되고 깨끗한 시가지를 조성하려고 했다. 그리하여 무수한 농부들과 군인들, 죄수들, 그리고 전쟁 포로들이 그의 야망을 실현하는 데 희생되었다. 햇빛에 빛나는 상뜨 뻬쩨르부르그는 지상에서 가장 눈부신 도시들 중의 하나이지만, 이 도시가 세워질 무렵, 뾰뜨르 대제의 첫 번째 황후가 이 도시를 저주했던 탓인지, 오늘날까지도 이곳은 홍수의 피해가 그치지 않고 있다. 뿌쉬낀과 동시대를 살았던 위대한 역사가인 니꼴라이 까람진Nikolay Karamzin

은 "뻬쩨르부르그는 눈물과 시체 위에 세의졌다"라고 말한 바 있다.

그러나 상뜨 뻬쩨르부르그의 궁전을 들락거리는 귀족들은 프랑스산 비단 옷과 네덜란드산 레이스 주름 장식으로 몸을 휘감고 영국산 장식 구두를 신으며 유럽 어느 궁전의 귀족들 못지 않은 사치를 일삼고 있었고, 이러한 사치 뒤에는 독재 권력을 유지시켜주는 폭력이 숨어 있었다. 뾰뜨르는 모스끄바의 아시아적 야만성과의 결별을 선언한 바 있었으나 자기의 의지를 강요하기 위해서 고문을 동원했고, 때로는 자신이 직접 고문에 나서기도 했다. 반대자들은 불에 달군 쇳덩어리로 몸이 태워졌고, 고문 틀 위에서 뼈가 부스러지기도 했으며, 혀가 뽑히기도 했다. 뾰뜨르 자신의 아들인 알렉쎄이Alexis까지도 반역죄로 고문을 받다가 죽임을 당했을 정도였다. '의지로써 바다 아래쪽에 도시를 세운' 황제는 물론 러시아를 위대한 국가로 발전시키고자 했다. 그는 과학 아카데미, 러시아 공립 박물관, 도서관, 그리고 최초의 신문사를 창설했다. 그는 지칠 줄 모르는 다재다능한 사람이었다. 그러나 그의 제국의 대부분의 국민들은 가난과 문맹 속에서 살고 있었다. 국민 대다수가 농부들이었고, 18세기에는 이들 중 대다수가 사유지 지주들의 노예거나 국가에 예속된 농노들이어서 러시아에는 서부 유럽식의 부르주아 계층은 존재하지 않았다. 러시아인들 중 극소수만이 도시에 살았지만, 이들 대다수가 극빈자 계층이었다. 상인들은 귀족과 줄을 대고 있어야만 장사를 할 수 있었고, 독자적으로 기업을 경영할 기회는 거의 없었다. 관리들은 귀족 출신이거나 높은 자리로 승진하여 작위를 받은 사람들이었고, 지식층은 극소수에 불과했다. 모든 권력이 황제의 손아귀에 놓여 있어서 가장 높은 지위의 관리들이라 할지라도 황제의 신임을 얻어야만 권력을 행사할 수 있었다.

반역의 위험이 있을 때면 독재가 정당화되기 십상이다. 실제로 반역은 일어났다. 뾰뜨르 대제를 계승한 연약한 황제들은 그들의 총신寵臣들이 근위병들의 지원을 받고 일으킨 일련의 쿠데타로 잔인하게 왕위에서 찬탈되었다. 농부들의 생활상을 개선하겠다는 의도를 가지고 옥좌에 올랐던 예까쩨리나Catherine 2세(통치 기간 : 1762~1796)조차도 돈강 유역의 까자끄 예멜리안 뿌가초프Don Cossack Emilyan Pugachev의 주도 하에 일어났던 농민 대봉기(1773~1775) 이후, 근본적으로 개혁하겠다는 생각을 포기하게 되었다. 아무튼 예까쩨리나는, 그녀가 볼테르F.M.A. de Voltaire(1694~1778, 프랑스의 문학자 · 철학자 — 옮긴이)와 편지 왕래를 했다는 사실을 알고 있는 서구의 찬양자들이 믿고 있는 것처럼, 진보적이지는 못했다. 그녀는 러시아 황제의 통치를 인접 지역들에까지 확장시켰을 뿐만 아니라 러시아 국민의 절반 이상을 지주들에게 예속시키는 법률을 제정하기도 하였다. 서부 유럽에서는 중세 이래로 노예 제도가 없었고, 1770년대 중반 이후에는 자치 정부와 개인적 자유의 이상을 바탕으로 미국이 독립되었고, 프랑스 혁명이 일어났으며, 영국에서는 입헌군주제가 채택되었지만 예까쩨리나는 그녀의 제국을 다스리는 데에 그러한 이상을 필요로 하지 않았다. 『상뜨 뻬쩨르부르그에서 모스끄바까지의 여행』이라는 글에서 노예제도의 해악을 비난한 바 있는 알렉싼드르 라지시체프Alexander Radishchev는 1790년 쇠고랑을 차고 시베리아로 유배되었다. 예까쩨리나도 한때는 찬양했을 법한, 사랑을 담은 신념을 가졌다는 것이 그의 죄였다. 그녀의 통치 수법을 잘 알고 있었던 뿌쉬낀은 이렇게 적었다. "통치가 인간의 약점을 알고 그것을 이용하는 것이라면 예까쩨리나는 후세 사람들의 경외의 대상이 될 만하다." 하지만 그녀가 통치하던 시대나 뿌쉬낀이 살던 시대의 러시아 신민臣民들은 그녀 이후의 통치자들은 물론 그녀의 성적 욕구도 그저 관대하게만 봐주었다.

알렉싼드르 쎄르게예비치 뿌쉬낀이 18세기의 마지막 해에 태어났을 때 제정러시아는 그 전성기를 맞고 있었다. 이때는 예까쩨리나의 통치가 끝난 지 3년이 지난 후로, 그녀의 아들 빠벨Paul(통치 기간 : 1796~1801) 1세가 황제로 재위하던 때였다. 황제가 되기 전 빠벨은 대공大公으로서 자신의 영지를 확보하고 프러시아 제복을 입은 군대를 거느리고 있었다. 황제가 되자 빠벨은 그 변덕이 위험 수위에 이를 지경이어서, 측근들은 물론 그의 부인과 그를 사랑한 여자까지도 의심하기 일쑤였다. 빠벨이 자신에 대한 형식적 존경을 얼마나 강요했었는지는 뿌쉬낀이 전하는 일화에서도 드러난다. 빠벨은 한 살배기 아기인 뿌쉬낀이 유모차에 있는 것을 보았는데, 아기의 모자를 벗겨 존경을 표하지 않았다고 해서 유모를 꾸짖었다는 것이다. 빠벨은 자기의 지시 없이 보초가 바뀐 게 아닌가 하고 의심이 들어 보초병들을 유심히 응시했었다는 얘기도 전해진다. 이런 분위기 속에서 그는 상뜨 뻬쩨르부르그의 미하일롭스끼Mikhaylovsky 궁전을 요새화했고 1801년 2월 13일에는 거기에다 주거를 정했다. 하지만 그의 공포심이 그를 보호해주지는 못했다. 뾰뜨르 폰 팔렌Peter von Pahlen 백작이 대여섯 명의 무관들과 손을 잡고 강제로 빠벨을 제거한 후, 빠벨의 아들인 진보적 성향의 알렉싼드르를 황제로 등극시켰던 것이다. 알렉싼드르는 이 음모를 사전에 통보받았고 아버지가 해를 당하는 일은 없을 것이라는 다짐을 받았지만, 결국 빠벨은 체포 과정에서 목 졸려 죽임을 당하고 말았다.

빠벨 1세의 통치 중에 태어난 뿌쉬낀은 알렉싼드르 1세의 통치 하에서 그의 인생의 절반 이상을 살았다. 아버지보다 훨씬 복합적인 성격의 알렉싼드르가 황제로 등극하자 사람들은 기쁨의 눈물을 흘리기도 하고 수도의 거리거리에서 얼싸 안기도 하였다. 사람들의 열광은 당연한 것이었다. 알렉싼드르는 통치 초기에 비교적 진보적인 성향을 보였다. 그는 푸른 눈의 몽상가였고, 어린 시절의 책임 가정교사는 스위스 사람 세자르 라르페Cesar Laharpe였다. 알렉싼드르는 독재를 증오하는 마음으로 그의 통치를 시작했고, 재위 초기에는 사회 부정의 일소에 전념했던 사상가인 미하일 스뻬란스끼Mikhail Speransky의 자문을 구했다.

그러나 알렉싼드르가 당면한 문제는 내치만이 아니었다. 일련의 군사적 패배 후에 그는 1807년 틸지트Tilsit의 니멘Niemen강 위의 부교에서 나폴레옹에게 평화를 구걸해야 했다. 1812년 프랑스의 침공은 러시아 사람들에게 거대한 애국적 분노의 물결을 일으켰다. 그런 가운데에서도 일부 귀족 엘리트 중 서구 문물에 물든 사람들은 프랑스의 정치적 야망에 동조하기도 했다. 프랑스의 침공은 전쟁 역사상 유례 없을 정도의 살육을 초래하였다. 똘스또이Tolstoy의 『전쟁과 평화』에 묘사돼 있는 것처럼, 꾸뚜조프Kutuzov 사령관은 프랑스 군대를 러시아 깊숙이 유인하였고, 심지어는 모스끄바를 불태우기까지 하면서 겨울의 악천후에 나폴레옹의 군대가 궤멸되도록 만들었다. 사실 알렉싼드르는 그러한 군사적 결단에 기여한 바가 별로 없었다. 그는 전쟁 중 성경을 읽으며 위안을 찾았고, 아버지를 폐위시키는 일에 자신이 연루된 데 대하여 용서를 비는 마음으로 기도를 올리기도 하였다.

나폴레옹과의 전쟁에서 승리를 거둔 후 러시아에서는 사회 개혁에 대한 희망이 잠시 고조되기도 했지만, 이 무렵 알렉싼드르는 잠정적으로 보였던 개혁에 대한 관심에서 멀어지고 교회와 복고적 성향의 신비주의 성직자들에게 몰두해 있었다. 그는 어린 시절에 가취노^{Gatchno}에 있는 아버지의 영지에서 만난 적이 있었던 알렉쎄이 아락체예프^{Aleksei Arakcheev}를 권좌에 재등장시켰다. 뿌쉬낀의 묘사에 따르면 아락체예프는 "재치도 없고, 감정도 없으며, 자존심도 없는" 사람이었다. 아락체예프에게는 작고 차가운 눈을 가진 잔인한 사람이라는 평판이 따라다녔는데, 사실 그는 러시아가 무자비하게 통치돼야 한다고 믿었던 사람이었다. 또 다른 극보수파 인물인 쉬쉬꼬프^{Shishkov} 제독은 교육성 대신과 감찰국의 수장首長을 겸임하였다. 정치판이 이처럼 실망스럽게 뒤집어진 데 대한 반동으로 비밀 결사단들이 결성되기 시작하여 개혁 방안을 모색했고, 따간로그^{Taganrog}에서 알렉싼드르가 급서急逝하자 1826년 12월 14일 급기야는 입헌 정치를 옹호하는 봉기가 일어나게 되었다. 그것은 10년 동안이나 꿈꿔왔던 봉기이기는 했지만 결국 조직의 뒷받침이 없었던 우발적 사건이었다. '상원 광장'에 집결했던 반란군은 알렉싼드르의 동생 니꼴라이^{Nicholas} 1세에 의해서 무자비하게 진압되었다. 니꼴라이는 지식층 사이에서 일어날지도 모르는 또 다른 반역의 조짐을 진압하도록 알렉싼드르 벤켄도르프^{Alexander Benckendorf} 장군의 책임하에 저 탄압으로 악명 높은 '제3국'을 창설한 사람이다. '12월 당원들'이라 불리게 된 결사대의 봉기는 뿌쉬낀의 짧은 생애에서 가장 중요한 정치적 사건이었다. 하지만 뿌쉬낀은 으연한 사건에 휩쓸려 그 봉기에 참여하지는 못했다.

뿌쉬낀이 생존했던 시절의 상뜨 뻬쩨르부르그는 무도회와 전시회가 빈번히 열리고, 신분에 대한 차별 의식이 강한 도시였다. 그것은 어떤 종류의 예술을 하든 예술가들은 거들떠보지도 않았고, 유서 깊은 귀족 가문이라 할지라도 부유하지 않으면 무시하기 예사였다. 뿌쉬낀이 죽은 지 20년 되던 해인 1856년, 작곡가 글린까Glinka는 뻬쩨르부르그를 영원히 떠나면서 마차에서 내려 자신을 한 번도 정당하게 대해주지 않았던 그 도시의 땅바닥에 침을 뱉었다고 한다. 그러나 글린까의 일화는 뿌쉬낀의 거부의 자세와는 다른 것이었다.

유년시절

알렉싼드르 쎄르게예비치 뿌쉬낀의 성격은 유년시절에 형성되었다. 만년에 그는 무시당하고 혼란스러웠던 이 시절의 경험을 "견딜 수 없었다"고 기술한 적이 있었다. 그의 거침없는 성격, 권위에 대한 투쟁, 여성관, 그리고 시인으로서의 조숙함 등이 모두 유년 시절의 교육에 그 뿌리를 두고 있었던 것이다. 그의 부모는 무분별하고 생활이 문란하였지만 사람들을 끄는 힘이 있어, 똘스또이가 『전쟁과 평화』의 첫머리에서 그렸던 화려한 상류사회에 잘 어울리는 사람들이었다. 하지만 불행하게도 그들의 경제력으로는 그런 생활을 유지하기가 버거웠다.

시인의 아버지 쎄르게이 리보비치 뿌쉬낀Sergey L'vovich Pushkin은 유서 깊은 러시아 귀족 가문의 후손이었다. 그러나 17세기 이후로 뿌쉬낀 가문은 재력도 없었고 러시아의 권력 구조에서 영향력을 행사하지도 못했다. 쎄르게이는 태어났을 때부터 이즈마일롭스끼Izmaylovsky 연대에 병적兵籍이 올려져 있었지만 군복무를 따분하게만 여겼다. 장교들이 의무적으로 지팡이를 휴대해야만 하는 연대로 전임되었을 때, 그는 지팡이를 든 채 친구들과 앉아서 카드놀이 하기가 거북하다고 불평하기도 하였다. 그는 장갑 끼는 것도 싫어해서 장갑을 집에 두고 오거나 잃어버리기가 일쑤였다. 결혼한 지 1년 후 그가 군복을 벗자 알렉싼드르 1세는 그에게 쥐꼬리만 한 봉급의 하위 관리직을 알선해 주었다. 쎄르게이는 토지와 1,200명의 농노들의 관리를 집사에게 맡겨버리고 니즈늬 노브고로드 Nizhny Novgorod 주의 볼지노 Boldino에 있는 가문의 영지에 단 한 번도 가본 적이 없었다.

쎄르게이 리보비치가 무엇보다도 좋아했던 것은 부유한 친구들의 집에서 열리는 화려한 사교 파티였다. 파티장에서 그는 재치있는 만담가요 뛰어난 아마추어 연예인으로 대접받았다. 그는 불어를 아주 세련되게 구사할 줄 알았고, 후작으로서 우아한 마녀를 보였다. 그는 또 문학에 대한 열정이 있기도 하여 숙녀들의 앨범에 맵시 있는 시구를 써주는 재간을 발휘하기도 했다.

가정에서, 특히 세 아이들에게 그는 매력 없는 아버지였다. "뿌쉬낀의 아버지 쎄르게이 리보비치는 성격이 불같아서 걸핏하면 화를 냈고, 가정교사의 사소한 불평에도 흥분을 잘했기 때문에 아이들은 그를 좋아하기는커녕 두려워했다." 그는 자기 자신의 낭비는 대수롭잖게 여기면서도 한번은 그의 어린 아들이 저녁 식사 중에 유리컵을 깨뜨리자 노발대발한 적이 있었다. 그가 잘 알고 지내던 뾰뜨르 안드레예비치 뱌젬스끼 Pyotr Andreevich Vyazemsky 공작이 20까뻬이까(제정러시아의 화폐 단위로 1/100루블 — 옮긴이)밖에 안 되는 컵을 가지고 웬 난리였냐고 묻자, 화를 벌컥 내며, "미안하지만 나으리, 20까뻬이까가 아니라 35까뻬이

까란 말입니다!"라고 대답했다는 일화도 있다.

시인의 어머니 나제쥐다 오시뽀브나Nadezhda Osipovna는 아브람 뻬뜨로비치 간니발Abram Petrovich Gannibal의 손녀였다. 간니발은 아프리카의 에티오피아 출신 노예였지만 뾰뜨르 대제의 양자가 되어 황제의 총애와 배려를 한몸에 받았던 사람이었다. 어떤 전기작가들은 에티오피아인들이 아프리카계라기보다는 아랍계라는 것을 강조하기도 한다. 뿌쉬낀 자신은 스스럼없이 '검둥이'라는 단어를 썼고, 그가 이국적 조상을 둔 것을 대단히 흥미롭게 여겼다. 나제쥐다 자신은 '아름다운 혼혈녀'로 알려져 있었고, 사교계에서 활달하고 명랑한 성격의 소유자로 알려졌다. 그렇지만 그녀의 어린 시절은 불우했다. 포병 소령을 지냈던 그녀의 아버지 이오시프Osip는 묘하게도 간니발가와 뿌쉬낀가 사이에 최초의 혼사를 맺은 장본인이었다. 그러나 그 결혼은 이오시프가 난봉을 부리는 데다가 그의 부인 마리야 알렉쩨예브나Maria Alexeevna는 비열할 정도로 투기심이 강하여 불행해질 수밖에 없었다. 결혼한 지 불과 2년 만에 그녀는 남편으로부터 버림받게 되었다. 남편은 그녀에게 짐을 꾸려 집을 떠나라고 명령했을 뿐만 아니라, 어린 딸 나제쥐다를 데려가는 것도 허락하지 않았다. 그리고 나서 그는 돈 많은 과부인 우스찌나 예르몰라예브나 똘스따야Ustina Ermolayevna Tolstaya와 남몰래 결혼식을 올렸다. 시인의 외할머니인 마리야 알렉쩨예브나는 입에 풀칠하기가 어려울 정도로 가난에 쪼들리다가, 해군 함장으로서 1773년 나바리노Navarino의 전투를 승리로 이끈 바 있었던 시동생 이반 아브라모비치 간니발Ivan Abramovitch Gannibal의 도움으로 겨우 가난에서 벗어날 수 있었다.

형 이오시프와는 비교가 안 될 정도로 인정이 많았던 이반 아브라모비치는 형수를 위해 소송을 걸었고, 소문이 퍼져 황후까지도 형의 비밀스러운 결혼 사실을 알게 되었다. 그 결과 이오시프는 미하일롭스꼬예로 추방당했고 여생을 그곳에서 보내야만 했다. 불법적인 중혼은 파기되고, 모녀는 재결합하게 되었으며 이오시프는 뿌쉬낀의 어머니에게 꼬르비노Korbino 마을을 포함한 자기 토지의 1/4을 내줄 수밖에 없는 처지가 되었다. 멜로드라마 같은 일생을 살면서도 마리야 알렉쎄예브나는 그녀의 딸 나제쥐다를 늘 따뜻한 애정으로 대하였지만 어머니에 대한 딸의 태도는 그와 정반대였다.

마리야 알렉쎄예브나는 딸을 응석받이로 키우며, 딸이 매력적인 자태와 아름다운 용모 덕분에, 지참금이 조금밖에 없다 해도, 훌륭한 신랑을 맞게 될 것이라는 희망을 품고 있었다. 어머니의 이러한 태도는 나제쥐다의 허영심만 부추겨 그녀는 자신의 자태와 용모에 대해서 지나친 자만심을 갖게 되었다. 정력이 넘쳤던 그녀는 결혼 후 1799년부터 1807년까지 매년 이사를 다녔다. 불행히도 그녀는 살림을 꾸려나가는 데에 기본이 돼 있지 않았다. 이 방 저 방으로 가구를 옮기기를 즐겨서 그녀가 가구를 옮기도록 할 때마다 식구들은 집 울타리 안에서 야영을 해야 할 정도였다. 뿌쉬낀의 친구라고 할 수는 없어도 학교를 함께 다녔던 모데스트 꼬르프Modest Korff 남작은 나제쥐다의 살림 솜씨에 대하여 언급하며, 그녀가 저녁 식사 때에 두 사람 이상만 초대해도 식기를 구하려고 부산을 떨었다고 하였다. 그는 뿌쉬낀에 적대적인 자신의 회고록에서 아래와 같이 밝히고 있다.

뿌쉬낀의 전 가족들에게는 묘한 구석이 있었다. 그의 아버지는 유서깊은

프랑스 학교에서 교육받은 학생을 연상시키는 붙임성있는 성격의 소유자
로서, 얘기도 잘하고 수수께끼도 곧잘 꺼냈다. 하지만 그는 근본적으로 머
리에 든 것이 없고, 무익하며, 부인에게 말없이 복종하는 나태한 사람이었
다. 부인은 바보도 아니고 못생기지도 않았지만, 화 잘 내고 언제나 정신나
간 사람처럼 보이는 등 이상한 점이 매우 많은 여자였다. 그녀의 형편없는
살림 솜씨는 특히 유별나서, 그녀의 집은 늘 뒤죽박죽이었다. 어떤 방에는
비싼 고가구가 있는가 하면, 다른 방에는 빈 벽만 보이거나 짚의자뿐이었
다……. 술 취해 푸석푸석한 많은 하인들, 낡아빠진 마차들, 뼈만 앙상한
말들 등등 그야말로 난장판이었고, 돈은 물론 유리잔에 이르기까지 그들은
뭐 하나 제대로 가진 게 없었다.

쎄르게이 리보비치를 '말없이'라고 표현한 것은 뿌쉬낀의 집안에서
열렸던 문학 행사를 잘 모르고 한 말이지만, 나제쥐다의 살림 솜씨에
대한 꼬르프의 악의에 찬 표현은 비교적 정확한 것이다. 꼬르프는 학
교 졸업 후 상뜨 뻬쩨르부르그의 폰탄까Fontanka에 있는, 뿌쉬낀 일가와
같은 아파트 동에 살던 시절이 있었는데, 그의 위와 같은 관찰은 그 때
의 경험을 바탕으로 한 것이었다.

나제쥐다의 두 번째 소생인 알렉싼드르 쎄르게예비치 뿌쉬낀은 1799
년 5월 26일 모스끄바의 상류층에 속하는 사람들이 사는 지역인 독일
가街의 한 집에서 태어났다. 대성당의 원형 지붕이나 부유한 귀족들의
집을 제외하면 모스끄바는 통나무집들이 빽빽이 들어선 커다란 마을
처럼 보였고, 진창길에 팬 웅덩이에서 헤엄치는 거위들과 오리들이 많
았다. 웅장한 저택에서 사는 부유한 귀족들은 수많은 노예들을 거느리

면서 엄청나게 사치스럽게 살았다. 11월부터 2월까지 그들은 연회나 무도회를 열었고 뿌쉬낀 집안의 사람들처럼 가난한 귀족들은 그 거창한 사교 모임에 초대받는 것이 소원이었다. 그러나 이 모임들은 상뜨뻬쩨르부르그의 유사한 모임들보다 훨씬 격이 떨어졌다. 뿌쉬낀은 나중에 다음과 같이 적었다. "멋쟁이 여인들이 행여나 뒤질세라 뻬쩨르부르그의 유행을 좇은 옷을 차려 입고 저마다 뽐냈다. 오만한 뻬쩨르부르그는 아득한 곳에서 미소만 지을 뿐, 늙어빠진 모스끄바의 즐거움에는 아랑곳하지 않았다." 1802년부터 1803년까지 1년 동안 뿌쉬낀 일가는 니꼴라이 유사뽀프Nikolay Yusapov 대공의 초대를 받고 대공의 대저택에서 기거한 적이 있었다. 대공은 이름 모를 꽃과 식물이 가득하고 앵무새와 금꿩이 노니는 겨울 정원을 가꾸고 있었고, 연극과 발레를 굉장히 좋아했다. 쎄르게이 리보비치의 재담을 즐겨 들었던 대공은 그가 가끔 재정적 어려움에 처하게 될 때마다 기꺼이 그를 도와주곤 하였다. 뿌쉬낀은 유사뽀프의 정원을 그의 유년시절의 회고록에서 간략하게 언급하고 있다.

어린 시절의 알렉싼드르 쎄르게예비치는 미운 오리 새끼와도 같았다. 그의 어머니는 아주 일찍부터 그에게 반감을 갖고 있었고, 늘 그의 누나인 올가Olga와 6세 연하인 남동생 레프Lev에게 훨씬 더 많은 애정을 쏟았다. 6세가 될 때까지 알렉싼드르는 별다른 재능을 보이지 못했고, 어머니는 그의 무뚝뚝한 침묵과 꼴사납게 포동포동한 몸집에 성을 내곤 했다. 그는 행동거지가 어색하고 꼴사나운 데다가 자주 아팠고 어머니가 싫어하는 버릇도 있었다. 그녀는 그가 두 손을 비벼대는 꼴이나 걸핏하면 손수건을 잃어버리는 버릇을 나무랐다. 불안하게 두 손을 비비는 버릇을 고쳐주려고 그녀는 하루 종일 두 손을 뒷짐지고 있게 하는 벌을 주었고, 손수건을 잃지 않도록 옷에 손수건을 꿰매주기도 하였다. 그녀는 아들의 못마땅한 점을 손님들에게 털어놓으면서도 소년이 느끼는 모멸감은 짐짓 모르는 척했다. 아이들의 파티가 열릴 때면 그녀는 그에게 어울려 춤추라고 성화를 부렸지만 그의 어색한 몸짓은 비웃음만 살뿐이었다. 나제쥐다는 운동선수를 고용해서라도 아들의 어색한 행동거지가 나아지도록 강제로 달리기를 시키고 싶은 심정이었다. 아이는 딸과 함께 살게 된 외할머니 마리야 알렉쎄예브나와 골방에서 함께 있는 것이 훨씬 더 좋았다. 특히 그는 외할머니가 바느질을 어떻게 했는지 보려고 외할머니의 방과 반짇고리를 뒤적이기를 좋아했다.

나제쥐다가 그녀의 두 번째 소생을 드러내놓고 싫어한 데는 설명이 좀 필요하다. 그것은 1801년 4월에 태어나 1807년 7월 30일에 죽은 니꼴라이Nikolay라는 세례명의 또 다른 아들과 관련이 있는지도 모른다. 하지만 뿌쉬낀에 대한 그녀의 적대감은, 니꼴라이를 잃은 슬픔과 1810년에 태어나 6개월만을 살았던 빠벨Pavel이라는 세례명의 또 다른 아들의 죽음을 슬퍼한 탓도 있었겠지만, 뿌쉬낀이 다른 자식들과는 달리 뚜렷하게 아프리카 사람을 닮은 이목구비를 가졌다는 데에 기인할 가능성이 가장 높다. 외관상 자기 아버지를 가장 닮은 아들을 대하는 그녀의 태도 이면에는 아버지에 대한 병적인 어떤 경험이 자리 잡고 있었을 것이다.

어린 시절 뿌쉬낀의 이목구비를 확실하게 재현할 수는 없지만, 많은 글이 그를 형용하고 있고, 일생 동안 그려진 그의 초상화들은 검은 피부, 두꺼운 입술, 그리고 곱슬곱슬한 머리카락을 가진 인물을 보여주고 있다. 가령 1822년에 제작된 이고르 게이뜨만Igor Geitman의 판화는 (그 판화를 인쇄해 준 그네디치Gnedich는 『까프까즈의 포로The Prisoner of Caucasus』라는 책의 표제지에 이 판화를 사용한 적이 있었다) 뿌쉬낀의 아프리카적인 용모를 강조하고 있다. 하지만 이 판화의 바탕이 된, S. F. 치리꼬프Chirikov의 것으로 추정되는 그림은 흰 피부에 서구인의 용모를 지닌 곱슬머리 청년을 보여준다. V. A. 파보르스끼Favorsky의 연필 스케치 역시 불룩한 입술과 널찍한 코를 강조하고 있다. 잉게Inge의 유화에도 뿌쉬낀은 숱이 많은 곱슬머리로 다른 학교 친구들보다 현저하게 검은 피부를 가진 것으로 그려져 있다. P. K. 구베르Guber는 뿌쉬낀이 「나의 초상Mon Portrait」이라는 초기 불어 시에서 스스로를 "영락없는 원숭이의 상판"이라고 묘사하였음을 지적하면서, 현존하는 그의 초상화들 대부분이 그를 실물보다 낫게 그리고 있다고 주장한다.

알렉싼드르는 분명 그의 부모 어느 쪽도 닮지 않았다. 현존하는 한 초상화에는 그의 아버지가 이목구비가 작은 타원형 얼굴의 인물로 그려져 있다. 그의 어머니는 이마가 거의 보이지 않는 짧은 얼굴에 입술은 예쁘기는 하지만 좀 얄팍한 편이었다. 스스로 '이질감'을 느꼈던 알렉싼드르는 외할머니 마리야 알렉쎄예브나Maria Alekseevna가 들려준 흑인 조상에 관한 이야기에 특별한 관심을 갖게 되었다. 처음에는 외할머니만이 알렉싼드르가 총명하다는 것을 알았고, 그에게 러시아어를 읽고 쓰는 법을 가르쳤다(당시 러시아 귀족의 관행을 따라 뿌쉬낀의 집안에서도 불어를 쓰고 있었다).

마리야 알렉쎄예브나는 이따금 퉁명스럽게 코이는 손자의 행동 이

면에는 슬픔이 자리 잡고 있다는 것을 느낄 수 있었다. "때로는 그 아이를 밖으로 내보내 또래들과 놀게 할 수도 없었고, 그 아이가 골을 내고 흥분하면 어떻게 달래볼 도리도 없었다." 그러나 그가 8세가 되기도 전에 그의 마음과 상상력은 비상한 조숙함을 보이기 시작했다. 그가 7세였던 어느 날, 외할머니가 잠자지 않고 있는 손자에게 그 이유를 묻자, 아이는 "저는 시를 쓰고 있어요"라고 대답했다고 한다. 그 직후, 그의 가족이 여름철 모스끄바의 더위를 피해 부근의 자하로보Zakharovo에 있는, 외할머니가 사두었던 전나무 숲에 둘러싸인 오두막에 머물고 있을 때, 소년은 난생 처음으로 삶에 대해 즐거움을 느끼게 되었다. 그는 숲, 작은 연못, 그리고 사회적 제약으로부터의 자유를 사랑했고, 자기만의 요정의 세계에서 자기만의 시간을 누릴 수 있었다.

뿌쉬낀의 또 다른 정신적 지주는 유모 아리나 로지오노브나Arina Rodionovna 였다. 그녀는 글을 모르는 노비 출신으로, 평생 그의 가족과 고락을 같이 하기로 작정한 여자였다. 그를 무척이나 귀여워했던 그녀는 바로 『예프게니 오녜긴』에 나오는 따찌야나Tatyana의 유모의 모델이었다. 그녀는 소년이 잠들기 전 유령과 마녀의 이야기를 해주었을 뿐만 아니라 어머니에게서는 찾아볼 수 없었던 애정을 쏟아 부어, 그는 종종 그녀를 '엄마'라고 부르곤 하였다. 뿌쉬낀이 그녀를 매우 좋아한 사실은 그의 많은 시에서도 확인된다. 한 미완성 시에서 뿌쉬낀은 그녀를 이렇게 묘사하였다.

모자를 쓰고 헌옷을 걸친 그녀는

죽은 자들의 얘기를 속삭이며

십자성호를 그었고,

이불 속에서 숨죽인 나는

두려워 꼼짝도 못했다.

아리나 로지오노브나는 옛날 얘기만 잘한 것이 아니었다. 그녀는 대단한 이야기꾼이어서, 차분하게 뜨개질을 하면서도, 구타하는 남편들을 버리고 새로운 사랑에 빠진 여자들 얘기를 해주며 가뜩이나 황홀해하는 아이를 더욱 즐겁게 해주었다.

알렉싼드르 쎄르게예비치는 이제 제법 나이가 들어 자하로보에서 여름을 보내며 새로운 즐거움을 찾게 되었을 뿐만 아니라 그의 집안 특유의 한 가지 장점을 발휘할 수도 있게 되었다. 그것은 문학적 감수성에 일찍이 눈뜨게 된 일이었다. 쎄르게이 리보비치는 자식들에게 별 관심을 보이지 않았지만, 아이들 앞에서 프랑스 문학을 낭독하기를 좋아했는데, 알렉싼드르는 이를 즐겨 들었다. 한 미완성 소설에서 뿌쉬낀은 아버지에 관해서 이렇게 적었다.

아버지는 물론 나를 사랑했지만 내 문제로 걱정하는 일은 전혀 없었다. 그는 나를 프랑스 사람들이 돌보도록 했는데, 그들이 고용됐다 해고당하기는 예사였다. 나의 첫 번째 가정교사는 주정뱅이였고, 두 번째 가정교사는 멍청하지도 않았고 아는 것도 좀 있었지만, 화를 내면 눈이 뒤집히는 버릇이 있어, 내가 자기 조끼에 잉크를 엎질렀다고 해서 나를 죽도록 때린 적도 있었다. 세 번째 가정교사는 꼬박 일 년을 우리와 함께 지내다가 미쳐버렸다.

뿌쉬낀은 가정교사들로부터 별로 배울 게 없었다. 그의 교육은 저녁식사 후에 시작되었다. 그때는 여자들은 각자 자기네 방으로 물러가고, 아버지는 서재에서 남자 손님들과 술과 담배를 나누며 담소하는 무렵이었다. 그의 아버지는 건달이긴 했겠지만 진정으로 프랑스 문학을 사랑했고, 불어 구사력이 완벽했다. 더구나 그는 사회적 야심에 사교성까지 있어 그의 집은 일종의 문학 센터 구실을 했다. 그래서 뿌쉬낀의 집에서는 저녁마다 당대의 저명한 문사들이 많이 모여들곤 했다. 부유한 귀족이자 시인이며 학자인 뱌젬스끼Vyazemsky 공작, 저명한 역사가 니꼴라이 까람진Nikolay Karamzin, 시인 바실리 주꼽스끼Vasily Zhukovsky, 그리고 꼰스딴찐 바뜌쉬꼬프Konstantin Batyushkov 등이 단골 손님들이었다. 이들 중 현재 서구에 널리 알려져 있는 작가는 거의 없다. 꼰스딴찐 니꼴라예비치 바뜌쉬꼬프(1787~1855)는 뿌쉬낀 이전 세대의 뛰어난 시인들 중 한 사람이었다. 바실리 알렉싼드레예비치Alexandreevich(1783~1852)는 러시아 낭만주의 운동의 창시자였다. 그는 한 귀족과 터키 출신 노예의 사이에서 태어난 사생아로 아버지의 영지에서 계모에 의해 양육된 사람이었는데, 미래의 황제 니꼴라이 1세의 약혼녀에게 러시아어를 가르치게 되어 황실에서 영향력을 행사할 수 있었다. 번역가이기도 했던 그는 토마스 그레이Thomas Gray(1716~1771, 영국의 낭만시를 선구하는 시인 — 옮긴이)의 「시골 공동묘지에서의 만가Elegy on a Country Churchyard」, 월터 스코트Walter Scott(1771~1832, 낭만주의 시대의 스코틀랜드의 소설가 — 옮긴이), 괴테, 그리고 쉴러Friedrich Schiller(1759~1805, 독일의 시인이자 극작가 — 옮긴이) 등의 작품을 번역하기도 했다.

이들 모두가 뿌쉬낀에게는 중요한 인사들이자 절친한 친구가 되기도 했다. 그들은 타고난 이야기꾼인 그의 아버지와 숙부인 바실리 리보비치Vasily L'vovich를 좋아했다. 그의 숙부는 가볍고 다소 외설적인 시의 작가로 널리 알려져 있었는데, 출판이 불가능할 정도로 외설적인, 창녀굴에서의 소동을 그린 시로 특히 유명했다. 바실리 리보비치의 입에서는 외국 생활에 관한 재미있는 이야기가 끊임없이 이어져 나왔다. 8세의 뿌쉬낀은 방 한구석에 조용히 앉아서 이 저명인사들의 대화를 듣도록 허용되었다. 문학 토론 및 시 낭독과 더불어 많은 음담패설이 오갔는데, 소년은 천박하면서도 냉소적인 많은 얘기들을 엿들으며 즐거워했다.

이런 경험을 바탕으로 그는 18세기 프랑스의 음란 서적을 읽을 수 있었고, 어른들은 그가 그런 책들을 탐독해도 내버려두었다. 쎄르게이 리보비치는 많은 장서를 가지고 있었는데, 그중에는 상당수가 음란물이었지만, 아들이 무엇을 읽든 내버려두었다. 이런 문제에 관한 한 알렉싼드르의 아버지는 어머니보다 훨씬 관대했다. 1810년의 어느 날, 그의 어머니는 아들이 친구 집에서 한 선원 출신 시인이 다소 외설적인 시를 낭독하는 것을 듣고 웃었다는 얘기를 듣고는, 아들을 즉각 돌려보내도록 명령한 적도 있었다. 그 친구의 가정교사인 길레트Gilet는, "거 참 이상한 아이야! 그런 걸 이해하기엔 너무 어린 나인데 말야"라고 말했다고 한다.

뿌쉬낀보다 6세 연하인 레프는 형이 아버지의 서재에서 그 누구의 간섭도 받지 않고 독서를 하면서 밤을 꼬박 새웠던 것을 기억한다. 뿌쉬낀은 이런 식으로 불어판 라신느Jean Racine(1639~1699, 프랑스의 극시 작가 — 옮긴이), 몰리에르Moliere(1622~1673, 프랑스의 극작가 — 옮긴이), 볼테르,

『일리아드』, 『오딧세이』를 읽었고, 많은 라틴어판 고전들도 읽었다. 그는 언제나 혼자 있었던 것은 아니었다. 누나인 올가가 그와 함께 서재에서 밤을 지새기도 했지만 그녀는 겐리스S. F. Genlis(1745~1830, 프랑스의 여류작가 — 옮긴이) 부인의 로망스(중세의 문학장르로서 주로 기사의 모험과 사랑을 다룬다 — 옮긴이)와 같은 감상적 작품을 좋아했고, 그레이Gray와 톰슨 James Thomson(1700~1748, 스코틀랜드의 시인 — 옮긴이)의 비가悲歌를 번역판으로 즐기기도 하였다. 레프의 회상록에 의하면 뿌쉬긴은 11세 때에 이미 프랑스 서적 전부를 암송할 정도였다고 한다. 특히 그가 좋아했던 것은 볼테르였다.

뿌쉬긴은 8세 되던 때에 이미 자작시를 쓰고 있었다. 이 중에는 난쟁이들의 전쟁 이야기인, 6편으로 구성된 볼테르의 『앙리아드Henriade』라는 서사시를 모방한 작품도 있었다. 그가 자기 작품의 첫 4행을 프랑스인 가정교사 무슈 루쎌로M. Rousselot에게 읽어주자 가정교사는 소년을 조롱했을 뿐만 아니라 시인의 어머니에게 아들이 바보짓으로 시간을 낭비하고 있다고 일러바쳤다. 알렉쌴드르는 게으름을 피운다고 꾸지람과 벌을 받았는데, 그는 순간적으로 자기혐오에 빠져서 자신의 원고를 난로 속에 던져 태워버렸다. 이런 불행한 에피소드에도 불구하고 알렉쌴드르는 자신의 재능을 점차 인식하게 되어 결국에는 가정교사의 놀림과 어머니의 무관심을 극복할 수 있었다. 그는 계속해서 그가 좋아하는 프랑스 작가들을 모방한 작품을 썼다. 이 중에는 아버지가 즐겨 낭독할 때 들어본 적이 있었던 몰리에르의 작품을 흉내낸 것도 있었다. 그는 누나 올가를 위해서 자신이 쓴 희곡을 시연해 보이기도 했는데, 그녀의 기억에 의하면, 뿌쉬긴의 사후에 태워진 그의 서사시의 첫 4행은 아래와 같다.

　나 노래하노라,

　수많은 전사들이 스러져간 톨리 전쟁의 승리와,

　저 탁월한 빠벨과, 니꼴라이 마뚜린과, 아름다운 니뚜쉐를.

　그녀의 손길은 저 처참한 전쟁의 보상이었다네.

　하지만 그녀는 동생을 칭찬하기만 한 것든 아니었다. 그녀가 한번은 그의 희곡에 야유를 보내자 그는 아래와 같은 멋진 풍자시를 지어 보였다.

　말해다오, 어찌하여 관객들이

　저 마술사에게 야유를 보내는지.

　오호라, 저 가엾은 작가,

　몰리에르의 희곡을 표절했구나.

　위의 멋진 시구들은 뿌쉬낀의 사후에까지 그것들을 기억할 정도로 훌륭한 올가의 기억력 덕분에 전해지게 되었다. 뿌쉬낀이 아주 어릴 적에 쓴 몇몇 불어 시들은 그가 얼마나 놀라우리만큼 조숙했는가를 보여준다. 그가 처음으로 시를 쓰기 시작한 때부터 학교에 다닐 때까지 그의 "정신 연령은 20대의 것이었고 품성은 12세 어린이의 것이었다." 그는 또한 자신의 가문의 역사에 매료되기도 하였다.

　뿌쉬낀은 자신의 가계가 로마노프^{Romanov}(1613년부터 1917년까지 로마노프 왕조의 후손들은 러시아 제일의 명문가였다 ─ 옮긴이) 가문보다 유서 깊은 귀족의 혈통이라는 데 대해서 언제나 자부심을 가졌다. 뿌쉬낀의 가문은 대대로 '보야르boyar'(러시아의 특권 귀족을 가리킴 ─ 옮긴이)의 칭호를 물려받을 수 있는 특권을 누렸고, 그들의 이름은 「이반 4세의 족보」에 수록될 정도로 러시아 제일의 명망가들 중의 하나이다. 만년에 뿌쉬낀은 집안 서류들을 훑어보다가 그의 선조들 중에는 17세기에 왕실 관리, 주지사 그리고 대사를 지낸 사람들도 있다는 사실을 알게 되었다. 그는 특별한 자부심을 가지고 이들 중 오스따피 미하일로비치Ostafy Mikhaylovich와 가브릴라 뿌쉬낀Gavrila Pushkin을 자신의 희곡 〈보리스 고두노프Boris Godunov〉에 등장시켰다. 그리고 1830년에 발표된 자신의 시 「나의 가계(家系)My Genealogy」에서는 그와 동시대의 부유하고 세력 있는 귀족들을 대담하게도 '풋나기들'이라고 부름으로써 그들의 분노를 사기도 했다.

뿌쉬낀과 간니발 양가는 특히 여자들에게 폭력을 잘 휘두르는 것으로 악명이 높았는데, 그것은 먼 옛날의 얘기만은 아니었다. 친가 쪽의 증조부는 질투에 미쳐 그의 젊은 아내를 죽였다고 한다. 뿌쉬낀이 "정열적이고 잔인한 남자"라고 묘사한 바 있는 그 증조부의 아들은 그의 첫 번째 부인이 프랑스인 가정교사와 간통을 했다고 의심하고는 그녀를 집안의 감옥에 가두었고, 그녀는 거기서 죽게 되었다. 한편 그 가정교사는 가족 영지의 대문에 매달려 교수형에 처해졌다. 그의 두 번째 부인은 남편을 너무 무서워해서, 한참 일을 하다가도, 남편이 외출하면 어김없이 남편을 따라나서야 했다. 실제로 그녀는 노상에서 아이를 낳았다. 뿌쉬낀이 만년에 이런 조상들의 얘기를 흥미진진하게 반복한 탓에 그의 아버지는 시인의 사후에 이를 부인하느라 애를 먹었다.

　그러나 소년이 가장 매료되었던 것은 시인의 외증조부인 아브람 뻬뜨로비치 간니발Abram Petrovich Gannibal의 일생이었다. 이것은 그가 자신의 용모가 외증조부에까지 거슬러 올라간다고 믿었기 때문이었는지도 모른다. 아브람은 1690년대에 북부 에티오피아의 한 귀족 가문에서 태어났다. 그는 언제나 자기 아버지가 호화롭게 산 왕자였으며, 자기는 19형제 중 막내라고 주장했다. 뿌쉬낀의 가문에서 대대로 전해지는 얘기인즉, 아브람은 8세 때 루이 14세를 위해서 동물과 진귀한 것들을 수집하고 있던 한 프랑스 사람에 의해 아프리카 해안에서 유괴 당했다는 것이다. 카이로의 터키 관리들이 그 프랑스 사람으로부터 아브람을 인계 받고, 배를 타고 그를 이스탄불로 데려가, 아브람은 그곳 왕실에서 1년을 살게 되었다고 한다. 거기서 그를 본 러시아 대사가 뾰뜨르 대제에게 그를 선물로 보냈다는 것이다. 이 유명한 뿌쉬낀의 조상의 어린 시절에 관해서는 이것 외에는 별로 알려진 것이 없다. 따라서 그의 용모가 어떠했는지는 더더욱 알 길이 없다. 러시아 사람들은 아랍과 아프리카를 분명히 구분해서 말하지만 뿌쉬낀 자신은 이 두 단어를 구분 없이 썼다.

　아브람 간니발의 것으로 알려진 한 무명 화가의 초상화에는 푸른 어깨띠를 매고 대여섯 개의 훈장을 단 잘생긴 검은 피부의 남자가 그려져 있다. 물론 그 화가가 자기 모델의 영향력을 감안해서 실물보다 낫게 그린 것인지도 모른다. 아무튼 간니발의 초상화나 1890년대에 그려진 그의 아들 이반Ivan의 초상화에는 그들의 피부가 분명 검게 그려져 있긴 하지만 아프리카 사람들의 특징적인 이목구비나 곱슬머리는 보이지 않는다. 러시아 비평가들은 에티오피아 사람들이 아랍인, 터키인, 히브리인의 혈통이 뒤섞인 혼합 인종이라는 사실을 지적했지만, 그가 어떤 인종이든 간에 모든 정황으로 보아 간니발이 아프리카 출신임은 부인할 수 없을 것 같다. 적어도 그가 후손들에게 검은 피부, 두툼한 입술, 널찍한 코를 물려준 것은 사실이기 때문이다.

분명한 것은 아브람이 조숙하고 똑똑한 소년이었다는 것과, 뾰뜨르 대제가 그를 너무도 귀여워해서 그로 하여금 빌노^{Vilno}에서 러시아 정교의 세례를 받게 하고, 황제 자신을 대부로, 폴란드 왕비를 대모로 삼게 했다는 사실이다. 아프리카에서 상당한 지위를 가진 것으로 보이는, 그의 형제를 자처하는 사람이 아브람을 데려가려고 하자 황제는 이를 거부했다.

1716년 황제는 아브람을 파리로 유학 보내 특히 축성술과 지뢰 부설법을 배우게 했다. 프랑스가 스페인의 왕위 계승을 둘러싸고 전쟁을 벌였을 때 그는 프랑스군으로 참전했고, 1725년 뻬쩨르부르그로 돌아오게 되자 황제의 친위대 장교로 임관되었다. 뾰뜨르의 딸 엘리자베따^{Elizabeth}가 얼마간의 혼란기를 거쳐 왕위에 오르게 되자 아브람은 소장으로 진급되어 쁘스꼬프 주의 미하일롭스꼬예의 영지를 하사 받았다. 뿌쉬낀의 미완성 소설 『뾰뜨르 대제의 니그로』(1827∼1828)에는 간니발의 파리 생활이 가공적으로 그려져 있다. 이것은 검은 피부로 인해서 자신이 여자들의 호기심의 대상에 지나지 않는 존재로 되는 것을 두려워하는 한 남자의 불행을 그린 슬프고도 의미심장한 이야기이다. 그러나 뿌쉬낀의 외증조부가 실제로 그런 감정으로 괴로워했다는 증거는 없다.

아브람은 러시아로 돌아올 때 프랑스 서적들을 가지고 왔는데, 뿌쉬낀 가문의 장서는 이를 바탕으로 갖춰지게 된 것이다. 엘리자베따의 재위 시에 간니발은 여제에 의해 사령관에 임명되었고 성 알렉싼드르 네프스끼St. Alexander Nevsky라는 호칭을 부여받았다. 탁월한 전략가였던 그는 예까쩨리나 대제의 재위 시까지 살다가 1781년 부와 명예를 지닌 채 사망하였다. 이때는 그의 증손이 태어나기 불과 18년 전이었다. 블라지미르 나보꼬프Vladimir Nabokov에 의하면, 간니발은 "당대의 출세 지향적이고, 수박 겉핥기 식 교육을 받은, 거칠고, 마누라를 구타하는, 전형적인 러시아 남자들과 다를 게 하나도 없었다"고 한다. 아브람은 그리스 여자와 첫 번째 결혼을 했는데, 이 여자는 그의 피부색을 싫어했던 것으로 보인다. 이에 대한 그의 거친 대응은 나보꼬프의 견해를 입증하고도 남는다. 그는 그녀를 간음죄로 몰아 5년 동안 투옥시켰고, 그녀는 수녀원에서 여생을 보냈다. 그는 대위의 딸이었던 두 번째 부인과는 중혼을 했고, 그들 사이에 11남매를 두었다. 뿌쉬낀의 외조부인 이오시프Osip는 그들의 세 번째 아들이었다.

물려받은 피부색이 역시 검었던 브라우닝Robert Browning(1812~1889, 영국의 시인 — 옮긴이)이나 뒤마Alexandre Dumas(1802~1870, 프랑스의 극작가이자 소설가 — 옮긴이)와는 달리, 뿌쉬낀은 여러 차례에 걸쳐 검은 피부의 선조에 대하여 언급했다. 오데싸에서 쓰인 『예프게니 오녜긴』의 제1장에 대한 주석에서 뿌쉬낀은 그의 아프리카 출신 선조를 떠올렸다. 각색을 하기는 했지만, 거기서 그는 외증조부가 유괴 당한 내력과 귀족의 혈통이라는 것을 설명하였다. 뿌쉬낀의 종조부 뾰뜨르 아브라모비치Peter Abramovich는 그가 직접 만난 적이 있는 간니발 세대에 살았던 유일한 남자 친척인데, 뿌쉬낀은 그의 일기에서 종조부를 거리낌없이 '늙은 니그로'라고 불렀다. 피부색이나 인종은 그 자체로는 중요한 문제가 못 된다. 하지만 그것을 어떻게 인식하는가에 따라 서로 다른 성격이 형성되는 것이다. 자신의 성격이 급하고 열정적이라는 것을 잘 알고 있었던 뿌쉬낀은 종종 그것을 자랑스럽게 흑인 선조의 탓으로 돌리곤 하였다. 그러자 그의 친구들까지도 스스럼없이 똑같이 따라하게 되었다. 불이익으로부터 이익을 창출하고 이질감을 힘의 원천으로 변화시키는 것은 시인의 재능일 수도 있다. 뿌쉬낀은 감연히 그렇게 할 수 있는 천재성을 지니고 있었다. 따라서 상뜨 뻬쩨르부르그의 모이까 Moyka 운하 위에 위치해 있는 그의 아파트에는 두 뭉치의 솜 앞에서 닻에 기대고 있는 흑인의 작은 조상이 새겨진, 선물로 받은 청동제 잉크 스탠드가 그가 죽는 날까지 그가 작업하던 책상 위에 놓여져 있었던 것이다.

학창시절

뿌쉬낀이 12세 되던 1811년에 그의 부모는 그를 학교에 보내기로 결정하였다. 그들은 처음에는 그를 예수회 신학교로 보낼 생각을 했지만, 다행스럽게도 최종 결정을 내리기 전에 뿌쉬낀으로서는 좋은 기회가 찾아오게 되었다. 그 해 황제 알렉싼드르 1세는 상뜨 뻬쩨르부르그 근교의 짜르스꼬예 셀로Tsarskoe Selo에 있는 자신의 궁전의 한 동에 학교를 설립했던 것이다. 이 동은 대대로 왕녀들이 기거했던 곳으로서 1811년이 되자 미혼의 안나 빠블로브나Anna Pavlovna 공주만이 남아있었는데 그녀마저도 학교 설립 계획에 따라 거처를 옮기게 되었다. 이 학교는 알렉싼드르 재위 초기에 관대한 정치 풍토가 정착하는데 크게 기여한 진보적 정치 사상가 미하일 스뻬란스끼Mikhail Speransky의 건의에 따라 설립되었다. 황제는 훌륭한 가문의 젊은이들이 새 국립학교에서 교육을 받고, 졸업 후에는 민간과 군 분야에서 국가를 위해 종사해주기를 희망했다. 이를 위해 학생이나 교사가 다같이 신중하게 선발

되었다. 뿌쉬낀가의 입장에서는 훨씬 커다란 이점이 있었으니 그것은 교육비가 없다는 것이었다.

새 학교는 당시에 신설돼 있었던 나폴레옹의 국립학교를 모델로 삼았고, 영국 공립학교의 전통적 교과과정을 도입하여 언어, 도덕철학, 대수, 법학, 역사, 그리고 문학 교육을 강조하는 한편, 펜싱, 승마, 수영 기술을 익히도록 했다. 어떤 면에서 보면 이 학교의 분위기는 영국 기숙학교의 분위기와는 천양지차였다. 가령 이튼Eton교(1440년에 설립된 영국의 명문 사립학교 — 옮긴이)의 키트Keate 박사의 방침과는 달리 그 어떤 체벌도 허용되지 않았고, 교사와 학생 사이의 관계는 온건하고 관대하였다. 새로 입학하는 학생은 따스한 환영을 받았고 집안처럼 편안한 느낌을 가질 수 있었다. 처음에 황제는 자신의 두 동생(다음에 황제가 된 니꼴라이를 포함하여)을 이 학교에 다니게 하려그 했는데, 지나치게 진보적 성향을 주입시킬 거라는 부인의 말에 뜻대로 하지 못했다. 알렉싼드르 쎄르게예비치는 이 학교에서 최초로 특권다운 특권을 누릴 수 있었다. 1815년 그가 당시 교육성 수장이었던 이반 이바노비치 마르띄노프Ivan Ivanovich Martynov에게 보낸 편지(아마도 감사의 편지)는 현존하는 그의 최초의 편지로서, 황제를 찬양하는 시 한 편이 적혀 있었다.

교장으로 임명된 V. 말리놉스끼Malinovsky는 모스끄바 대학에서 철학을 전공했던 사람으로, 그의 혁신적 사상은 라지시체프Radishchev의 금서禁書『뻬쩨르부르그에서 모스끄바까지의 여행Journey from Petersburg to Moscow』에 영향을 끼치기도 했다. 말리놉스끼 자신의 진보적 사상은 널리 알려진 바여서, 그는 1802년에「노예 해방에 관한 비망록Note on the Emancipation of Slaves」을 정부에 보냈고, 1803년에는 "평화가 영원히 보장돼야만 인류의 진정한 성공이 이뤄질 수 있다"고 주장하는 글을 발표했을 정도였다. 신설 국립학교는 교육부 대신의 산하에 있지 않고 수상인 루먀쪼프Rumyatsev 백작의 산하 기관이었는데, 백작 역시 그 당시 가장 개화된 귀족 중의 한 사람이었다.

1811년 7월 20일 알렉싼드르 쎄르게예비치는 바실리Vasily 삼촌의 인도로 상뜨 뻬쩨르부르그로 가게 되었다. 그 때 삼촌은 마침 그의 젊은 연인 안나 보르제긴Anna Vorzhekin과 여행 중이었다. 바실리는 상뜨 뻬쩨르부르그에서 가장 유서 깊고 멋진 호텔인 데무트Demuth 호텔에 머물고 싶어했다. 그래서 그는 염치없게도 할머니가 알렉싼드르에게 준 용돈 100루블을 빌렸다. 알렉싼드르는 한 푼도 남지 않게 되었고, 나중에도 돈을 돌려받지 못했다. 이 일은 그의 뇌리에 두고두고 남아 그는 변덕스러운 삼촌을 좋게 평가할 수가 없었다. 그렇지만 나중에 삼촌과 헤어지게 된 안나 보르제긴Anna Vorzhekin과는 이내 친구가 될 수 있었다.

1811년 8월 뿌쉬긴은 학교로 가서 입학시험을 치렀다. 그는 30명 중 14등으로 합격하였지만 그렇다고 해서 그때까지 그가 받았던 교육이 훌륭했다고 말할 수는 없었다. 시험은 어렵지 않아 러시아어는 '수'를 받았지만 불어를 '우'밖에 받지 못한 것은 예상 밖이었다. 지리와 역사는 시험관이 "좀 아는 게 있구만"이라고 말할 수준이었다. 아마도 그가 입학하게 된 것은 그의 학력도 학력이었겠지만 삼촌 바실리의 군소 시인으로서의 지명도 덕분이었을 것이다.

개교에 앞선 몇 주 동안 뿌쉬긴은 뿌쉰Pushchin과 친해지게 되었다. 둘 사이의 우정에 관한 뿌쉰의 기록은 시인의 학창시절에 관해 현존하는 자료 중 가장 소중한 것들 중의 하나이다. 두 사람이 가까워진 것은 아마 이름이 비슷해서였겠지만, 이 책에서는 그를 뿌쉰이라는 성 대신 이반Ivan이라는 이름으로 부르기로 한다. 이반은 그들이 처음으로 만났을 때의 뿌쉬낀을 "그는 곱슬머리에다 영리한 눈동자의 쾌활한 소년이었지만, 다소 불안해하는 것 같았다"라고 기억하였다.

개교하기 전인 그 해 가을 두 소년은 궁전의 여름 정원을 함께 산책하다가 동료 학생들을 만나 그들과 얘기를 나누게 되었다. 그 때에 이반은 그의 친구가 뛰어난 재능이 있음을 알아보았다. "뿌쉬낀이 우리보다 앞서 있고 독서량이 훨씬 더 많다는 것을 누구나 알 수 있었다. 뿌쉬낀의 타고난 재능도 재능이지만, 아버지와 할머니가 계시고 작가들이 찾아오는 집안 분위기 덕에 그는 더욱 빠르게 배울 수 있었던 것 같았다." 그러나 훗날의 옥스퍼드, 캠브리지 대학의 정신이 그랬던 것처럼, 뿌쉬낀과 다른 학생들은 짐짓 '학문을 대수롭지 않은 것으로 간주하고' 달리기, 걸상 뛰어넘기, 공작 던지기 등의 운동만을 좋아하는 것처럼 행동했다.

국립학교는 공식적으로 1811년 10월 19일 황제와 대신들의 입회하에 개교하였다. 개교식 행사를 위한 리허설이 있었는데, 소년들이 경례 연습할 때 우스꽝스럽고 황당한 에피소드가 많았다. 개교 당일 말리놉스끼 교장은 백짓장 같은 얼굴을 하고 몸을 벌벌 떨고 있었다. 이반 뿌쉰이 나중에 알아낸 바로는, 그의 연설 원고가 아마도 지나치게 진보적이라는 이유로 압수당했기 때문이었다. 뿌쉬낀의 교육에 중대한 영향을 끼친 꾸니친Kunitsyn 교수는 원고도 없이 과감하게 연설하였다. 황제는 시민과 군인의 도리를 역설한 그의 연설에 홀딱 반하여 그에게 즉각 블라지미르 십자훈장을 수여하였다. 연설이 끝난 후 학생들은 대열을 이루어 각자 황제에게 멋들어지게 경례를 올렸다. 그 날 저녁 학생들은 과자를 실컷 먹을 수 있었고, 화려한 교복을 벗어 던지고는 전등불빛을 받으며 운동장에서 눈싸움을 즐겼다.

소년들은 대체로 잘 지냈다. 음식도 훌륭해서 점심으로는 차를 곁들인 말랑말랑한 흰 롤빵과 더불어 세 코스(일요일에는 네 코스)의 요리가 나왔다. 처음에는 저녁 식사에 붉은 포도주 반 잔이 곁들여졌지만 이내 이것은 러시아산 청량음료와 물로 바뀌었다. 사역 제도는 없었다. 소년들을 위해 일해주는 대여섯 명의 노인들이 있었는데, 그들은 교실을 청소하거나 소년들의 옷이나 구두를 깔끔하게 건사해주기도 하였다. 이들 중에서 이반은 레온찔 께메르스끼Leontil Kemersky를 기억하고 있었는데, 이 노인이 차린 매점에서 소년들은 사탕을 사 먹거나 커피와 초콜릿, 심지어는 술을 사 마시기도 했다. 때때로 한 소년의 명명일命名日이 돌아오면 평소의 차 대신 아침에는 커피가, 저녁에는 초콜릿이 제공되곤 하였다. 학교 안에는 교실은 물론 도서관과 체육관, 그리고 오락실이 갖추어져 있었다. 학생들의 침실은 맨 위층이었는데, 침실마다 철제 침대, 옷장, 책상, 거울, 의자, 세면대, 그리고 작은 탁자 등이 구비되어 있었고, 책상 위에는 잉크병과 촛대가 있었다. 뿌쉬낀은 훗날 이 시절을 황금 시절이라고 회상한 바 있다.

그러나 외부 세계에서는 전쟁이 계속되었다. 뿌쉬낀이 국립학교에 입학한 첫 해인 1812년에 나폴레옹은 러시아를 침공하였다. 러시아 군인들이 프랑스 군대를 맞아 말을 타고 학교 앞을 지날 때 학생들은 감탄하기도 하였고 부러워하기도 하였다. 20세기 러시아 학자인 유리 로뜨만Yuri Lotman은, 전장에서의 러시아의 희생은 곧 역사의 한 페이지를 장식하는 일이었기 때문에, 뿌쉬낀 시대의 젊은이들은 전사하는 것을 영예로 생각했다고 말한 바 있다. 모스끄바가 나폴레옹의 승리 끝에 불타버렸다는 소식이 전해지자 국립학교 철수계획이 세워졌다. 그러나 같은 해 나폴레옹이 패배하자 러시아는 온통 환호의 도가니에 휩싸였다.

국립학교에 재학했던 6년 내내 뿌쉬낀은 한 번도 집에 가본 적이 없었고, 그 대신 부모가 학교에 찾아왔는데, 아버지는 옛날처럼 품행이 방정치 못하다고 그를 나무라기도 하였다. 집을 떠날 때 그는 부모와, 후련하게라고까지는 할 수 없어도, 수월하게 작별했었지만, 누나 올가, 그가 따르던 할머니, 그리고 유모는 무척 그리워했던 것 같다. 그의 시 어디에도 어머니와 아버지에 대한 언급은 찾아볼 수 없다. 바실리 삼촌에 대해서는 아주 비꼬는 투로 언급되어 있다. 주목할 만한 점은 뿌쉬낀이 그의 과거를 회상할 때마다 대개는 국립학교 시절에까지만 거슬러 올라간다는 사실이다. 그 이전의 기억은 스스로 지워버리고자 했던 것 같다. 말하자면 그는 '유년시절이 없는 사람'이었던 셈이다. 친구를 사귀려고 열심이었던 그는 국립학교에서 평생의 친구들을 사귀었는데, 그 중에서도 그의 옆방에 있던 이반 뿌쉰과 가장 가까웠다.

뿌쉬낀은 자신이 못생겼다는 자의식에 늘 사로잡혀 있었는데, 그런 자의식은 어머니의 비난으로 더욱 강해졌던 것이다. "원숭이라는 별명이 오랫동안 그를 따라다녔다." 학교에서의 '프랑스인'이라는 별명도 그가 프랑스어를 잘 구사한 데서 붙여진 것이기도 했지만, 그가 '원숭이와 호랑이 사이의 잡종' 같다고 해서 붙여진 것이기도 했다. 이것은 솔직하면서도 위협적이고, 쾌활하면서도 사나우며, 멋쟁이 같기도 하면서 폭군적인 프랑스인의 기질을 나타내기 위해서 볼테르가 처음으로 만든 말이었다. 그러나 그의 동생 레프는 회고록에서, "뿌쉬낀은 미남은 아니었지만 그의 얼굴은 표정이 풍부했고 생기가 돌았다. 그의 키는 152cm 정도로 작았지만 날씬했고 대단히 강인했으며 균형이 잘 잡힌 몸매였다"라고 적고 있다.

뿌쉬낀은 평생 동안 그의 성격 탓에 위험한 지경에 빠진 적이 한두 번이 아니었는데, 학교 친구들도 이미 그의 그러한 성격을 익히 알고 있었다. "그는 처음부터 우리들보다 성미가 급했다……. 그는 부적절한 농담과 어정쩡한 위트 때문에 종종 곤란에 빠지기도 했는데, 그럴 때면 그는 거기에서 벗어날 수가 없었다……. 그는 지나친 자신감과 수줍음이 뒤섞인 성질의 소유자로, 그 때문에 그는 종종 어울리지도 못했고 어려움에 처하기도 하였다."

그의 학교 친구들은 뿌쉬낀에게는 어느 누구보다도 탁월한 분야가 있다는 것을 이내 알게 되었다. 1811년 어느 날 오후, 한 교사가 장미 한 송이를 시로 묘사해보라고 한 적이 있었다. 뿌쉬낀은 즉각 4행 시 두 편을 써냈는데, 그 우아함과 정교함에 모든 학생들은 그저 놀랄 수밖에 없었다. 그 직후에 그는 즉흥적으로 풍자시를 짓거나 단숨에 대중적인 노랫말을 써서 학교의 모든 잡지에 게재하기도 했다. "우리는 뿌쉬낀이 우리 모두를 능가했고, 우리가 들어보지도 못한 많은 책들을 이미 읽었으며, 읽은 것은 무엇이든 기억해낸다는 것을 알 수 있었다."

놀라운 기억력에도 불구하고 뿌쉬낀은 공부하는 데 애를 먹기도 했고, 근면함과는 거리가 멀었다. 1학년 말의 평가 난에 도덕철학 교사였던 A. P. 꾸니친Kunitsyn은 이렇게 적었다. "그는 매우 총명하고 사려 깊으며 재치가 있지만, 대단히 게으르다." 그는 독일어, 논리학, 윤리학,

그리고 수학에서는 나쁜 점수를, 러시아 문학과 프랑스 문학에서는 좋은 점수를 받았다. 그가 극찬을 받은 과목은 미술, 펜싱, 그리고 서예뿐이었다. 그의 품행에 대해서는 "일관성과 의지가 결여되고, 수다스럽고, 재치가 있고 눈에 띄게 호감이 가는 성품이지만 성급하고 경솔하다"라고 적혀 있었다. 또 그의 담임 선생은 다음과 같이 적었다. "그의 재능은 후천적인 것이라기보다는 타고난 것이고, 그의 심성은 사려 깊다기보다는 정열적이고 영리하다. 그의 학구열은 평범하다 ……. 그의 일반 상식은 피상적이다 ……. 예민하고 격렬하며 격정적인 기질에다 경솔함과 특히 날카로운 논쟁이 그의 특징들이다."

이러한 평가들은 발랄한 12세 소년에게는 결코 듣기 좋은 것은 아니었겠지만, 예민한 관찰에서 우러난 것이었고, 훗날 성숙한 시인의 일면을 예시해준 것이기도 했다. 일반적인 평판으로 러시아어 교사는 독한 술과 여자, 그리고 좋은 옷을 좋아하고, 독일어 교사는 감초를 씹는다고 해서 학생들이 싫어하긴 했지만, 교사들은 학생들을 잘 알고 있었고 교육 수준은 대체로 탁월했다. A. 갈리치Galich 선생은 그를 '진짜 술꾼'이라고 부른 뿌쉬낀을 제외하고는 모든 학생들로부터 존경을 받았다. 그는 1814년 뿌쉬낀으로 하여금 저 유명한 「짜르스꼬예 셀로Tsarskoe Selo에서의 회상」이라는 시를 쓰게 한 장본인이었다. 어린 시인의 이 작품은 노시인 제르자빈Derzhavin을 감동시켰고, 이에 뿌쉬낀은 갈리치 선생을 고마워하게 되었다. 도덕 교사 꾸니친 역시 학생들이 좋아했던 선생으로, 뿌쉬낀이 회상했던바, "우리를 형성시켜 주었고 우리의 불꽃에 불을 지펴준" 사람이었다.

그러나 말리놉스끼 교장이 예기치 않게 서거하자 학교에는 혼란이 일었고, 교사들은 얼마 동안 학생들을 통제할 수 없었다. 학생들은 밤에 파티를 열기도 했고 짓궂은 장난을 치기도 했다. 뿌쉬낀은 장난의 주모자 노릇을 하기 일쑤여서 그와 그의 친구들은 곤경에 빠지기도 하였다. 한번은 그와 이반 뿌쉰이 럼주와 달걀, 그리고 설탕으로 에그노그를 만들었는데, 띠로꼬프Tyrokov라는 친구가 그것을 마시고 상당히 취하게 되었다. 이반은 덤덤하게 적고 있다. "그 친구 탓에 당직 교사가 이상할 정도로 활기에 넘치는 분위기를 눈치채게 되었다." 이 일은 결국 라주몹스끼Razumovsky 명예 교장에게까지 보고되어, 명예 교장은 세 주모자들로 하여금 아침, 저녁의 예배 시간에 무릎을 꿇게 하는 한편, 다른 친구들로부터 멀리 떨어져 앉게 했으며, 그들의 이름을 블랙리스트에 올리라고 지시하였다. 한 학생의 이름이 일단 블랙리스트에 오르면, 그 학생은 졸업 후에도 불리한 영향을 받게끔 되어 있었다. 그러나 실제 처벌은 그리 가혹하지 않아서 그들은 머잖아 친구들과 자리를 같이 할 수 있게 되었고, 더군다나 그들의 이름은 블랙리스트에 오르지도 않았다. 정작 희생당한 사람은 럼주를 가져다 준 포마Foma라는 노인이었는데, 그는 즉각 해고당했던 것이다. 뿌쉬낀보다 부유한 부모를 두었던 이반은 "우리는 아무튼 그가 해고당한 데 대하여 보상을 해 주었다"라고 말한다.

　뿌쉬낀의 엉뚱한 장난에 끼어 들었다가 그와 절친한 사이가 된 친구들 중 한 사람이 안똔 젤비끄Anton Delvig 남작이었는데, 그는 뿌쉬낀의 시의 예민한 찬양자이자 그 자신도 시인이었다. 또 다른 친구로는 V. 뀨헬베께르Kyukhelbecker가 있었는데, 그는 큰 키에 바싹 마른 몸집으로 '촌충'이라는 별명으로 불렸다(유감스럽게도 뿌쉬낀은 그를 괴롭혔던 학생들 중 하나였다). 뀨헬베께르는 독일어식 말투의, 악의가 없는 온화한 소년이었다. 그의 시 자체는 높은 평가를 받지 못했지만, 그는 '12월 당원들'에 연루되기 전, 당대 제일의 비평가들 중의 한 사람이었다.

뿌쉬낀의 다른 친구들로는 아마추어 작곡가가 된 야꼬블레프^{Yakovlev}와 학교의 문학지를 편집했던 A. 일리쵭스끼^{Illichevsky}가 있었다. 뿌쉬낀은 교내 잡지에 계속해서 기고했는데, 그의 명성은 이내 교문 밖에까지 자자하게 되었다. 뿌쉬낀이 15세 되던 1814년 6월, 그의 시 한 편이 당시 가장 유력한 문학지였던 『유럽의 메신저』에 실리게 되었던 것이다. 그것은 한 친구에게 "그 명성이 자자해도 한낱 꿈에 지나지 않고, 불행의 연속일 뿐"인 시인의 인생을 포기하라고 충고하는 내용이었다.

1815년 1월 뿌쉬낀은 앞선 세대의 가장 위대한 시인인 제르자빈으로부터 각별한 인정을 받게 되었다. 학생들의 시 낭송회에 초대를 받은 제르자빈은 낭송 도중에 졸고 있었지만, 뿌쉬낀이 자작시 「짜르스꼬예 셀로에서의 회상」을 낭송하기 시작하자 갑자기 감전된 것처럼 귀를 기울였다. 1911년 일리야 레삔^{Ilya Repin}(1844~1930)은 이 순간을 그의 유명한 유화에 담았는데, 낭송하면서 경기병처럼 으스대는 어린 뿌쉬낀의 그림 속의 자세는 물론 화가의 과장이다. 뿌쉬낀이 낭송하는 것을 듣고 나서 노시인은 "나는 삶을 이어간다. 그는 제르자빈을 대신할 자이다"라고 말했다고 한다. 자신의 명성이 다음 세대에는 뿌쉬낀에게 대물림될 것이라는 노시인의 말은 러시아 사람들의 상상력에 너무도 강력하게 각인되어, 좀 과장되기는 했지만, 1910년대 러시아 무성영화에서 소개되기까지 하였다.

이에 주체 못할 흥분감을 느끼기는 했겠지만, 뿌쉬낀은 1835년 자신의 「회고록」에서 이 일에 대하여 아주 덤덤하게 술회하였다. 그는 친구 젤비ㄲ가 「폭포」의 시인 제르자빈의 거룩한 손에 입맞춤하려고 층계로 나가 기다리고 있었던 것을 기억했다. 거기서 젤비ㄲ는 노시인이 "여보게, 여기 화장실이 어딘가?" 하고 수위에게 묻는 것을 엿듣고는 충격을 받았지만 뿌쉬낀은 인간이라면 누구나 겪는 생리적 현상을 재미있게 기록했던 것이다. 그러나 뿌쉬낀은 저 위대한 시인 앞에서 낭송하게 되자 억누를 수 없는 흥분감에 휩싸였고, 낭송을 마치고는 심장이 쿵쿵 울리도록 달음박질했다고 고백하였다.

훗날 갑작스러운 명성을 얻게 된 뿌쉬낀에게도 이처럼 크나큰 인정을 받은 것은 환골탈태의 경험이었다. 『예프게니 오녜긴』에서 뿌쉬낀은 이때의 의기양양해했던 심정을 회상하고 있다.

세상은 미소지으며 우리를 어루만졌네.
어디에 비하랴, 첫 성공작의 이 날개를!
늙은 제르자빈이 무덤으로 내려가며
우리에게 축복을 보냈네.

제르자빈에게 그토록 깊은 인상을 남겼던 뿌쉬낀의 시에는 잿더미가 된 모스ㄲ바가 놀라울 정도로 사실적으로 묘사되어 있다.

백여 개의 돔들이 즐비하던 모스ㄲ바여,
우리 조국의 보석이여,
어찌하여 옛 위엄은 사라지고,

폐허만이 남았는가?

그대 눈 먼 얼굴은

러시아 사람들의 눈물을 자아내고,

황제와 귀족의 궁전들,

그 모든 탑들이 잿더미가 되었구나.

뿌쉬낀이 당대 제일의 문인들 중 한 사람으로 쉽사리 올라설 수 있었던 이유 중의 하나는 분명 그의 집안을 드나들던 많은 문인들 덕도 있었을 것이다. 뿌쉬낀의 아버지는 명백히 그렇게 생각하고 싶어 했을 것이다. 아들이 죽은 지 얼마 후의 일들을 회고하며 쎄르게이 리보비치는 제르자빈과 자신이 당시 알렉싼드르 1세의 치하에서 교육부 대신을 지내고 있었던 라주몹스끼^{Razumovsky} 백작과 식사를 한 적이 있다고 주장했다. 그 자리에서 라주몹스끼는 뿌쉬낀이 산문으로 바꾸었더라면 하는 희망을 피력했고, 제르자빈은 그가 시인으로 남기를 바랐다는 것이다. 그의 아버지는 후자와 같은 견해였다고 주장하지만, 그러한 주장은, 그 회고록의 내용 대부분이 그렇듯이, 훗날의 자기 경험과 생각을 말한 것이었다. 아무튼 뿌쉬낀은 손댔던 모든 분야에서 특출했고, 저 위대한 19세기 러시아 소설은 그의 산문이 없었더라면 존재할 수도 없었을 것이다.

아직 학생이었을 때 뿌쉬낀은 '예술협회'의 회원으로 선출되었다. 이 협회는, 해군제독 쉬쉬꼬프^{Shishkov}를 장으로 하는 보다 점잔빼는 국수주의적이고 보수적인 단체인 '베세다'('대화'라는 뜻임)에 대항하여, 신문학 운동을 전개하기 위하여 1815년에 설립되었다. 까람진이 회장이

었던 '예술협회'에는 뱌젬스끼Vyazemsky, 주꼽스끼Zhukovsky, 그리고 알렉
싼드르 이바노비치 뚜르게네프Alexander Ivanovich Turgenev(1784~1845) 등이
가입되어 있었다. 뚜르게네프는 작가가 본업은 아니었지만, 당시 가장
뛰어난 계몽주의 지식인들 중의 한 사람으로 이름나 있었다. 회원들이
모이는 경우가 매우 드물었다 해도 학생으로서 그러한 엘리트 집단에
낄 수 있었다는 것은 엄청난 영광이었다. 노시인들은 뿌쉬낀에게 '귀
뚜라미'라는 별명을 지어주었다. 협회에 선출된 후 뱌젬스끼 공작에게
보낸 편지에서 뿌쉬낀은 새로운 사교 생활이 주는 특별한 기쁨을 고백
하고 있다. "모든 철학자들과 시인들이 전원생활을 하면서 침묵과 고
요를 사랑한다고들 하지만, 분명 고독은 참으로 매우 어리석은 것입니다."

모든 학교 친구들이 이 조숙한 문인을 좋아했던 것은 아니었다. 독
일계인 모데스트 꼬르프Modest Korff라는 꽤 까다로운 학생은 나중에 황
제의 행정부에서 중요한 직책을 맡았던 인물로 백작의 작위까지 받은
사람인데, 학생들은 물론 교사들까지도 뿌쉬낀의 '사악한 혀와 악의
있는 풍자시'를 두려워했다고 주장하였다. 그러나 그의 친구들은 뿌쉬
낀의 기민한 재치를 좋아하기도 했다. 학교를 방문한 황제가 교실에
들어와서 "여기서 누가 일등인가?" 하고 묻자, 뿌쉬낀은 즉각 "여기는
일등이 없습니다, 황제 폐하. 모두가 이등입니다"라고 대답했다.

1816년 3월 E. A. 엥겔하르뜨Engelhardt가 국립학교의 교장으로 임명
되었다. 새 교장은 온화한 사람으로 소년들이 일반 사회와 접촉을 가
져야 한다고 확신하고 있었다. 그의 배려에 따라 그들은 전보다 훨씬
더 많은 시간을 학교 밖에서 지낼 수 있게 되었고, 시내에 거주하는 몇
몇 부모들은 학생들을 사회적 행사에 초대하기도 하였다. 교장은 여름

에는 학생들에게 도보여행을 시켰고, 겨울에는 학생들과 더불어 스케이트와 썰매를 탔다. 모든 학생들이 엥겔하르뜨를 아주 좋아했지만, 뿌쉬낀은 이내 그와 충돌하게 되었다.

엥겔하르뜨는 으레 저녁 때 학생들을 자기 집으로 초청하곤 하였고, 그의 딸들과 친구들이 그들을 환대하였다. 괄러 게임parlor game(실내에서 몸을 움직이지 않고 할 수 있는 놀이 — 옮긴이)을 하거나 노래할 때는 뿌쉬낀도 끼어 들었다. 그 당시 엥겔하르뜨의 집은 미모의 젊은 미망인 마리야 스미스가 관리하고 있었다. 뿌쉬낀은 건방지게도 그녀와 농지거리를 주고받았을 뿐만 아니라 「젊은 미망인에게」라는 서간체 시문을 써 주기도 하였다. 1817년에 쓰인 이 시에서 그는 즐거울 때면 잠자리에서 흐느끼지 말라고 당부하면서 그녀의 눈물은 남편 때문만은 아니라고 넌지시 말한다. 그 시는 이렇게 시작된다.

오, 리디아, 나의 영원한 사랑이여,

환희의 열정을 태우고

사뿐히 찾아드는 잠결에 들리는 건

그대의 조용한 한숨인가?

이것만으로도 두 사람이 잠자리를 같이 하고 있다는 것이 암시된다. 이 시는 젊은 미망인에게 남편의 망령을 두려워하지 말라고 당부하는 것으로 끝난다.

사랑을 믿어요, 우린 죄가 없으니.

저 영원한 암흑 속에서 질투심에 불타올라

우리의 침상을 노려보는 자 아무도 없으니.

말다툼으로 밤의 정적을 깨뜨릴 수 없듯이,

여기에 시샘하는 그림자가 숨어들어

가난한 연인들을 놀라게 하지도 않고

오수午睡를 깨우지도 않겠지요.

솔직한 시어에 감정이 상한 마리야는 이 시를 교장에게 보여주었다. 이 일이 있고 나서 뿌쉬낀은 전처럼 교장 댁을 자주 방문할 수가 없었다. 1817년에 쓰인 「레다에게 보내는 편지」라는 시 역시 마리야 스미스를 두고 쓴 작품이었다. 이 시에서 뿌쉬낀은 다시 그녀의 침실을 찾아가겠다고 선언하고, 그녀는 “두려움 없는 떨리는 손길, 열정적 숨결, 그리고 뜨거운 입술”로 자신을 알아볼 것이라고 적고 있다. 이렇게 표현되긴 했지만 그것은 어디까지나 젊은이의 열띤 상상력의 소산일 뿐 실제로 두 사람의 밀회가 이루어진 것은 아니었다. 게다가 마리야 스미스는 뿌쉬낀의 초기 사랑의 리스트에 올라와 있지도 않다.

또 다른 사건이 생겨 엥겔하르뜨와 그의 조숙한 제자 사이의 관계가 더욱 멀어지게 되었다. 궁성 안의 경비병 막사에서는 저녁마다 해지기 전에 군악대의 연주가 있었는데, 학생들은 이 연주를 구경하고 싶어했다. 학교 강당과 궁성 익벽翼壁의 연주실을 잇는 복도가 있었는데, 학생들은 이 복도를 지름길로 이용했다. 학생들이 이 복도에 마음이 끌린 것은 무엇보다도 나딸리야Natalya라는 이름의, 볼꼰스까야Volkonskaya 공주의 어여쁜 하녀를 만날 수도 있다는 가능성 때문이었다. 그녀는 소년들이 그녀를 입맞춤하고 희롱해도 그냥 내버려두었다.

어느 날 저녁 뿌쉬낀이 어두운 복도를 혼자서 지나가고 있었는데, 여자의 치마 자락이 끌리는 소리가 들려왔다. 나딸리야가 오는 것이라고 생각한 그는 장난기가 발동해서 지나가는 여자를 붙잡았다. 그런데 불행하게도 그것은 바로 볼꼰스까야 공주였다. 자신의 무례한 짓에 겁먹은 뿌쉬낀은 이 사건을 이반 뿌쉰에게 털어놓았고, 이반은 즉각 엥겔하르뜨를 찾아가 그의 처분을 따르라고 충고했다. 뿌쉬낀은 친구의 말을 따르지 않고 공주에게 사과의 편지를 썼는데, 불행하게도 그녀는 이미 오빠에게 이 일을 털어놓은 터였고, 게다가 공주의 오빠는 황제에게까지 이 일을 알렸던 것이다.

황제는 몸소 교장을 찾아와 이 문제뿐만 아니라 궁전의 담을 오르거나 궁전 안의 사과를 훔치는 등 학생들의 다른 사소한 많은 잘못들에 대해서 의논하였다. 엥겔하르뜨는, 가뜩이나 이 특별한 학생이 저지른 잘못이 많았지만, 뿌쉬낀의 문제에 대하여 선처해달라고 호소하였다. 교장의 변호를 들은 알렉싼드르 황제는 그에게 미소지으며, "우리끼리 얘기지만 노부인은 분명 그 젊은이의 실수를 내심 좋아했을 거요"라고 속삭였다고 한다. 이 일이 뿌쉬낀에게도 알려졌지만, 그는 엥겔하르뜨가 자신을 변호해준 것은 친절해서가 아니라 자기의 잇속을 차리기 위한 것이었을 뿐이라고 주장했다.

결코 아둔한 사람이 아니었던 엥겔하르뜨는 뿌쉬낀의 지속적인 적대감을 알아채고 우려하였다. 그는 항상 뿌쉬낀을 잘 대해주었기 때문에 그가 느낀 당혹감은 납득이 된다. 이들의 관계가 이렇게 된 것은 뿌쉬낀이 권력자에 대해서는, 아무리 친절한 권력자라 할지라도, 본능적인 혐오감을 가지고 있었기 때문이라는 설명이 그럴싸해 보인다.

뿌쉬낀과의 관계 개선을 위해서 어느 날 엥겔하르뜨는 자기 책상에 혼자 앉아있는 뿌쉬낀에게 직접 다가가서 그가 자신에게 적대감을 느끼는 이유를 물어보았다. 뿌쉬낀은 당혹스럽고 혼란스러웠으며, 사과를 하고는 마침내 울음을 터뜨렸는데, 엥겔하르뜨 역시 다감하게 눈물을 글썽였다. 하지만 두 사람의 화해는 오래 가지 못했다. 잠시 후 엥겔하르뜨가 예고도 없이 다시 왔을 때, 뿌쉬낀은 책상 속에 종이 몇 장을 서둘러 감추고 있었다. 뿌쉬낀이 분명 꺼려한다는 것을 알면서도 엥겔하르뜨는 그 종이들을 보여달라고 우겼다. 소년이 수줍어서 자작시를 보여주기를 꺼린다고 생각했기 때문이었다. 책상 속에서 꺼낸 종이 위에는 교장을 우스꽝스럽게 그린 그림과 악의적인 풍자시가 몇 편 적혀 있었다. 교장은 "이제야 나는 네가 왜 우리 집에 오려하지 않는지 알겠구나. 그렇지만 내가 네 미움을 살만한 어떤 짓을 했는지 모르겠구나"라고 말했던 것으로 전해진다. 아마 뿌쉬낀 자신도 그 이유를 설명하지 못했을 것이다.

이 두 차례의 충돌은 따지고 보면 뿌쉬낀이 여자들 뒤를 따라다녔던 데 기인한다. 그와 동시대의 사람인 S. V. 꼬몹스끼Komovsky는 이렇게 적고 있다. "뿌쉬낀은 여자들을 너무 좋아해서 15, 6세 때에 학교 무도회에서 춤을 추며 여자의 손을 만지기만 해도 그의 눈은 불타올랐고, 어린 망아지 떼 속의 흥분한 종마처럼 달아올라 씩씩거리곤 했다. 꼬몹스끼는 이를 '아프리카계 사람의 호색성'의 탓으로 돌리지만, 뿌쉬낀에게 싹튼 에로티시즘은 오히려 그가 늘 읽었던 프랑스 시인들의 탓이었다." "우리에게 사랑을 가르치는 것은 본성이 아니라 처음으로 읽은 외설적인 소설이다"라고 뿌쉬낀은 우울하게 말한 적이 있었다. 그는 이미 어린 시절에 아버지가 소장했던 포르노 문학을 탐독했던 것이다. 매력적인 여자들을 성적 제물로 생각한다는 점에서 뿌쉬낀은 동시대의 다른 바람둥이들, 특히 짜르스꼬예 셀로의 병영에 주둔하고 있는 거친 젊은 장교들과 크게 다를 바가 없었다. 그는 술과 외설적 이야기로 점철된 이들의 저녁 파티에 즐겨 참여했던 것이다. 이들의 잡담이나 아마도 부모 슬하에 있었던 시절, 어린 하녀들의 애무가 그가 받은 최초의 성교육이었을 것이다.

그러나 뿌쉬낀의 사춘기의 여성에 대한 감정은 비정상적으로 거친 것이었다. 뿌쉬낀이 나중에 삭제한 『예프게니 오녜긴』의 제4장의 연들에서 그는 미모의 여성들이 그에게 끼친 엿향을 묘사하고 있다. 그들의 면전에 서면 그는 먼저 말을 못하고, 몸을 떨기 시작하다가, 그의 욕망의 대상을 증오하게 되고, 급기야는 그들을 악의와 변절의 사악한 화신으로 간주해버린다. 20세기의 클라인 학파^{Melanie Klein}(1882~1960, 독일의 여류 아동 정신 분석학자 — 옮긴이)가 아니더라도, 그런 격렬한 혼란이 어머니의 따뜻한 사랑이 결여된 젊은이의 불안한 내면세계로부터 일어난다는 것을 짐작할 수 있을 것이다. 대다수의 귀족 가문에서는 어머니가 자식을 잘 돌보지 않는 것이 통례이지만, 뿌쉬낀의 어머니는 특별해서 자기 아들의 흠을 잡기가 일쑤였다.

국립학교에서 상급 학년이 되면 교사들의 감독이 전보다 풀어져서, 학생들은 빈번하게 시내 출입을 할 수 있도록 허용되었다. 뿌쉬낀은 그 지역의 경기병들과 어울려 육체적 쾌락에 빠져, 촌티 나는 가명으로 창녀 집을 출입하기도 하였다. 그는 상습적인 난봉꾼으로 소문난 까베린

 대위와 너무도 절친한 사이가 되어 그의 연대로 입대할 생각까지 했을 정도였다. 뿌쉬낀은 귀족 가문 출신의 많은 장교들처럼 속된 냉소주의로 으스대는 것이 재미있었다. 그러나 몇몇 장교들은 나름대로의 이상주의에 따라 합법적 개혁에 관심을 갖기도 하였다. 이런 점에서 뿌쉬낀에게 가장 큰 영향을 끼친 경기병은 P. 차다예프Chaadaev 대령이었다. 1817년 뿌쉬낀이 그를 만났을 때 그는 23세에 불과했지만 탁월한 사상가였다. 그 이후 그는 뿌쉬낀에게 중요한 영향을 끼치게 되었다.

뿌쉬낀이 15세에 썼던 시들 중에는 에로틱한 「수수께끼」라는 시가 있다. 이 작품에서 그는 자신을 한줌의 코담배라고 상상하여 그가 찬미하는 여인의 옷 속으로 흘러 들어가려고 한다.

사랑하는 루시예, 변덕쟁이 그대여 ……

그대는 아침 꽃송이에 인사하곤 했지요.

이제는 담뱃잎이

상류사회의 기호품이 되어

묘하게도 고운 잿빛 가루로 변했군요 ……

몸뚱이 어디라도 주름투성이인,

우아함을 잃고 사랑에서 갓 은퇴한

60세의 늙은 미녀야 제멋대로

기도하고 하품하고 화도 내고

코담배를 맡으며 마음대로 쉬라지요.

하지만 코담배에 취한 나의 미인이여,

나는 상상력 속에서 담배가루가 되어,

그대의 담배 상자 속에 갇히고,

그대가 그 부드러운 손가락으로

나를 한 줌 집는다면 — 오, 황홀하여라! —

나는 흘러내리리라,

그대의 비단 옷자락 속으로,

그대의 부드러운 흰 젖가슴 위로,

나는 흐르고 또 흘러내려 급기야는 —

하지만 두어라, 헛된 꿈일 뿐.

어찌하여 내가 그런 행복을 누리리.

오호라! 운명은 박절한 것.

그렇다 해도, 아, 내가 담배 가루라면!

뿌쉬낀은 조숙하고 풍부한 성적 상상력을 가졌지만, 어디까지나 문학적 정서의 원천으로서 사랑 그 자체와 사랑에 빠졌던 것이다. 1815년 그는 시 한 편을 썼는데, 이것은 그가 겨우 아홉 살 되던 때에 경험했던 어린이의 사랑을 회상하고 있다. 그의 '돈주앙 리스트'(훨씬 후에 쓰인)에 처음으로 등장하는 이름은 나딸리야Natalie이지만, 그런 이름을 가진 세 사람의 아름다운 처녀들 중에서 뿌쉬낀이 누구를 염두에 두고 있는 것인지에 대해서는 이론異論이 분분하다. 한 사람은 그가 볼꼰스까야 공주와 혼동했던 하녀였다. 다른 사람은 꼬추베이Kochubey 백작의 딸인데, 이 처녀는 얼마 동안 짜르스꼬예 셀로에 살면서 국립학교에 방문한 적도 있었다. 가장 가능성이 높은 사람은 뿌쉬낀이 국립학교에서 마지막 해를 보낼 때 뻬쩨르부르그의 무대 위에서 보았던 여배우였다.

그녀의 외모는 매우 아름다웠지만 특별한 재능은 없었다. 그녀와의 사랑은 뿌쉬낀이 무대 뒤로 찾아갈 정도도 못되는 사랑이었다.

그가 가장 자신 있게 표현해낸 분위기는 육체적 사랑에 대한 사춘기의 갈망이었다. 한 예로 「달」은 아래와 같이 시작된다.

> 왜 그대는 구름 밖으로 나오려는가,
>
> 오, 외로운 달이여,
>
> 나 홀로 누워있는 베개 위로
>
> 왜 그대는 우울한 광채를 뿌려대는가?
>
> 그대는 침울한 자태로 방문하여
>
> 사랑의 꿈과, 이루지 못할 열정의 고통과,
>
> 연인들의 덧없는 갈망을 일깨우는구나.

1815~1816년 사이의 겨울과 봄 내내, 그리고 대부분의 여름 동안 그는 학교 친구의 누나인 예까쩨리나 빠블로브나 바꾸니나 Ekaterina Pavlovna Bakunina에게 수줍은 사춘기의 연정을 품었다. 그녀와의 관계는 층계나 공원에서 몇 차례 만난 것이 전부였지만 뿌쉬낀은 그녀에 대한 자신의 감정을 남몰래 간직하던 일기에 옮기기까지 했다. 1815년 11월 19일 자 일기에는 아래와 같이 적혀 있다.

> 차분한 환희와 쾌락에 취한 양,
>
> 나는 행복했고 즐거웠다.

무엇 때문에 그가 이토록 행복했었는지는 모르겠지만, 계속해서 그의 일기에는 그가 예까쩨리나를 보려는 희망에서 몇 시간 동안 하염없이 창밖을 내다보고 있었다는 것, 그리고 그녀가 몸에 착 붙는 검은 드레스를 입고 나타났을 때의 환희에 대하여 적혀 있다. 아마도 예까쩨리나는 뿌쉬낀에게 어떤 격려의 말을 해주었는지도 모른다. 그녀의 가족이 상뜨 뻬쩨르부르그를 떠났을 때 뿌쉬낀은 얼마 동안 위로 받을 길 없는 슬픔에 잠겨 있었다. 1816~1817년 사이에 쓰인 몇 편의 시에서 예까쩨리나는 릴라Lila 혹은 리다Lida라는 이름으로 등장하지만, 이 시들이 감상적이라기보다는 해학적인 것으로 보아 그는 그녀를 이내 잊었던 것 같다.

뿌쉬낀 기념관에 보관돼 있는 뿌쉬낀의 작업노트 제1권에는 그가 국립학교 재학 중에 쓴 달필의 초기 시들이 적혀 있는데, 이들 중 많은 시들이 안똔 젤비끄와 이반 뿌쉰의 필체로 적혀 있다. 뿌쉬낀은 언젠가는 이 작품들을 발간하려 했던 것으로 보인다. 비평가 D. S. 미르스끼Mirsky는 뿌쉬낀의 학창시절의 시들이 재능을 보이기는 했지만 후기 작품의 천재성은 아직 보이지 않았다는 적절한 지적을 한 바 있었다. 그러나 그의 친구 젤비끄는 그에게 대단한 경의를 표했다.

뿌쉬낀! 숲이라 할지라도 그를 가리지는 못하리!
그의 노래와 현금竪琴이 그의 소재를 드러내리.
아폴로 신이 남몰래 그를 데려가니
그는 저 승리의 올림포스 산에서 영원히 살리라.

제1회 입학생들의 졸업을 1년쯤 앞두고 황제는 엥겔하르뜨를 불러 학생들 중에서 군 입대 희망자가 있는지 물어보았다. 황제는 단 10명만이 희망한다는 대답을 듣고 실망하였을 것이다(뿌쉬낀은 그 당시 미결정 상태였지만 그의 부모는 군 입대를 반대했다). 그러나 희망자를 받아 군사학 특별반이 편성되었다. 황제는 또한 엘리자베따Elizabeth 왕비가 여름철에 짜르스꼬예 셀로에 머무는 동안 학생들을 시동으로 보내 궁중의 직무를 익히기를 바랐으나 엥겔하르뜨는 이를 거절했다. 학생들이 공부할 시간을 뺏긴다는 게 그 이유였다. 하지만 엥겔하르뜨는 레바쇼프Levashov 장군의 승마 교육은 받아들였다. 그러나 많은 학생들이 말만 보면 쩔쩔매는 바람에 장군을 낙담시켰다.

1817년 6월 국립학교의 제1회 졸업식이 황제의 입회하에 차분하게 거행되었다. 모든 학생들이 나이순으로 황제 앞을 지나며 그들의 석차와 수상 경력을 말하게 돼 있었다. 뿌쉬낀은 자기 학급의 14명 중 9등이었다. 그는 공부에는 관심이 없었고, 그가 잘했던 과목은 여전히 러시아 문학과 프랑스 문학, 그리고 펜싱이었다.

졸업을 앞둔 무렵 엥겔하르뜨의 그에 대한 평가는 가혹했다.

뿌쉬낀의 최고, 최종의 목표는 뛰어나자는 것이었는데, 그것도 시에서뿐이었다. 통찰력도 없고 깊이도 없었던 그는 매사가 수박 겉핥기식이었고 프랑스 사람 같은 기질의 소유자였다. …… 그의 가슴은 차갑고 공허했다. 그에게는 사랑도 종교도 없었다. 아마 젊은이로서 그처럼 공허한 가슴을 지녔던 자는 없었을 것이다. 상냥한 마음씨와 젊은이다운 감정은 그의 상상력에서 무가치한 것이었다. 그가 학교에 입학하기도 전에 거의 외우

다시피 했던 에로틱한 프랑스 문학으로 그는 이미 타락할 대로 타락해 있었던 것이다. ……

엥겔하르뜨의 평가 중 가장 흥미로운 것은 뿌쉬낀이 냉혹하고 공허하다는 부분이다. 여기에는 어느 한편으로는 뿌쉬낀과 애정 어린 관계를 맺는 데 실패한 데서 오는 교장의 좌절감이 반영돼 있었을 터이고, 다른 한편으로는 프랑스 문학에 대한 교장의 혐오감이 반영돼 있었을 것이다. 그러나 교장은 이 당시 소년의 성격에서 중요한 면을 확인하고 있었다. 거칠고 불같은 성미에다 짓궂은 장난으로 적들과는 물론 친구들과도 곧잘 다투었던 뿌쉬낀이었지만, 그래도 여전히 그는 사랑에 굶주린, 불안에 떠는 소년이었다는 사실을 교장은 잘 알고 있었던 것이다.

뿌쉬낀에게는 집보다는 학교가 더 중요했다. 국립학교 제1회 졸업생들은 가족처럼 뭉쳤고, 학교를 졸업한 후에도 오랫동안 매년 10월 19일에 안똔 젤비끄 남작의 집에서 만나 국립학교의 개교기념일을 기렸던 것이다. 10월 19일에 쓴 것으로 돼 있는 뿌쉬낀의 몇몇 시들은 그의 최고의 걸작들로 손꼽힌다.

방탕생활

1817~1820

1817년 6월 9일 학교를 졸업한 후, 뿌쉬낀은 쁘스꼬프 Pskov 주의 미하일롭스꼬예에 있는 집에서 잠시 머물렀다. 6년 동안 소박한 시골 생활을 잊고 지냈던 그는 먹 감기, 딸기 따기, 시골 처녀들과의 사교춤 등을 즐겼다. 그는 또한 저 유명한 아브람의 마지막 자손인 뾰뜨르 간니발 Peter Gannibal과 만나는 것도 좋아했다. 그들은 집에서 빚은 보드까를 나누며 아주 좋은 관계를 유지했지만, 시골 무도회에서 한 처녀 때문에 잠시 다툰 적도 있었다. 이때 뿌쉬낀은 그 불같은 성미 때문에 노인에게 결투를 신청하기까지 했었다.

한 달 후, 그의 가족은 상뜨 뻬쩨르부르그의 폰탄까 Fontanka라는 동네의 수수한 아파트로 이사 가게 되었다. 그는 인생의 모든 것을 즐기고 싶은 18세의 청년이었다. 뿌쉬낀이 6년이나 객지 생활을 했지만 그와 부모와의 관계는 나아진 게 없었다. 그의 어머니와 아버지는 가진 것도 없이 사치스러운 생활을 유지하려고 하면서도 뿌쉬낀에게는 인색했다. 쎄르게이는 굶주린 말들이 끄는 낡아빠진 마차를 타고 여전히 자기보다 신분이 높은 귀족들의 집을 들락거렸다. 아들이 무도회에 신고 갈 구두를 사달라고 하자 그는 전 황제의 시대에 신었던 자신의 고물 구두를 주기도 했다. 한번은 뿌쉬낀이 몸이 아파 영업용 마차를 타고 집에 돌아왔는데, 아버지는 어쩔 수 없이 마차 삯 50까뻬이까를 지불하고는 그 후 얼마 동안 두고두고 아들에게 집적거렸다.

그 무렵 그의 어머니는 모든 사람에게 짜증을 부렸고, 기분 내키는 대로 살림을 했다. 하인들은 예사로 취해 있었고 불친절했다. 그녀가 주로 신경 썼던 일은 하인들이 턱수염을 기르지 못하게 한 것과, 남편에게까지도 그랬지만, 파이프 담배를 태우지 못하게 한 것뿐이었다. 아버지도 어머니도 아들에게는 시간을 내주지 않았다. 국립학교의 모든 졸업생들은 군대에 입대하거나 관리직에 들어가도록 돼 있었기 때문에 뿌쉬낀도 외무성의 한가로운 하급 관리직을 맡게 되었다. 보수는 1년에 고작 700루블이었는데, 이걸로는 그가 바라는 인생을 꾸려나갈 수가 없었다. 그러니 돈 때문에 마찰이 생길 수밖에 없었다. 집안 사정이 나빠질수록 아버지는 더욱 인색했고, 어머니는 늘 올가나 레프에게만 돈을 쓰려고 했다.

발이 넓은 아버지와 국립학교에서 사귄 친구들 덕분에 뻬쩨르부르그 사교계의 문은 그에게도 활짝 열려 있었다. 그는 이내 자기보다 훨씬 부유한 젊은이들 — 이 중에는 근위대 장교들도 있었다 — 이 누리는 화려한 세계의 일부가 되었다. 뿌쉬낀의 『벨낀의 이야기들*Tales of Belkin*』 중 「결투」라는 시에 등장하는 실비오 *Silvio*의 말처럼, 이때는 "거친 행동이 유행하던" 시대였다. 외무성에서의 그의 직책은 순전히 명목뿐인 것이었기 때문에 뿌쉬낀은 멋쟁이의 여가를 누릴 수 있었고, 『예프게니 오녜긴』의 제1장에서 생생하게 그려진 것처럼 화려한 세계에서 3년을 보냈다. 오전 내내 침대에서 빈둥거리다가 오후에는 경치 좋은 곳에서 한가로이 산보를 즐겼고, 밤에는 호화판 파티에 초대받곤 하였다. 그 역시 다른 젊은이들처럼 저녁에는 썰매를 타고 유명한 프랑스 식당 탈롱즈Talons에 가서 포도주와 초콜릿 과자를 곁들여 최고급 비프 스테이크, 값비싼 파이, 그리고 고급 치즈를 먹고는 극장으로 행차했다. 또 한편으로는 밀리온Million 가의 병영에서 장교들이나 친구들과 어울렸고, 시인이자 코르네이유Pierre Corneille(1606~1684, 프랑스의 극작가 — 옮긴이)의 번역자인 빠벨 까쩨닌Pavel Katenin을 통하여 극장에 출입하는 선남선녀들을 소개받기도 하였다.

18세의 뿌쉬낀은 작은 키였다(영국의 시인 존 키츠John Keats보다는 작지 않았지만). 하지만 그는 강인한 체격이어서 수영, 승마, 그리고 펜싱을 즐겼다. 황갈색의 안색에 푸른 눈동자를 가진 그의 얼굴은 활기에 넘쳤고, 타고난 격정으로 인해서 '예술협회' 시절의 '귀뚜라미'라는 별명 외에도 '불꽃'이라는 별명이 더 붙게 되었다. 그가 무엇보다도 좋아했던 것은 여자들과 농지거리를 나누는 일이었다. 그의 동생 레프는 형이 대화의 주제에 흥미를 느끼지 못할 때에는 냉담하고 무례하기도 했고 미남도 아니었지만, "여성들에게는 인기가 있었고 여성들과 어울리기를 대단히 좋아했다"고 주장했다.

뿌쉬낀은 부모의 방 위층의 작은 방에서 살았다. 그의 친구 바실리 에르쩰Vasily Ertel은 그가 줄무늬 가운을 걸치고 좁은 침대에 누워있는 모습을 묘사하고 있다. "침대 옆 탁자 위에는 종이와 책들이 있었다.

속물적인 젊은이의 방에 걸맞는 물건들이 학자의 시적 무질서와 뒤섞여 있었다."

　뿌쉬낀의 사춘기는 거친 행동과 가식으로 점철된 시기였다. 그는 손톱을 길게 길렀고, 극장에서는 요란스럽게 굴었다. 그는 끊임없이 취한 상태로 흥청망청 소일하며 온갖 난봉질을 일삼았다. 그처럼 방탕한 생활을 하면서 흔한 병에 걸리기도 했던 그가 건강과 재능을 동시에 유지할 수 있었다는 것은 놀라운 일이다. A. I. 뚜르게네프는 슬픈 일화 한 토막을 소개한다. "뿌쉬낀이 매우 아프다. 그는 어떤 창녀의 문 밖에서 기다리다가 감기에 걸렸던 것이다. 그녀는, 자기의 병을 그에게 옮기지 않으려는 배려에서, 밖에는 비가 너리고 있었지만 그를 들어오게 하지 않았다." 그러나 뿌쉬낀에 대한 뚜르게네프의 글은 대부분이 동정적인 것이 아니어서 이렇게 적기도 하였다. "그는 화류병 때문에 꼼짝없이 침대에 틀어박혀 있을 수밖에 없었다." 뿌쉬낀처럼 호색적인 당대의 많은 젊은 바람둥이들 사이에서 성병이 유행하고 있었던 것이다. "그의 절대적인 관심사 두 가지는 정욕의 충족과 시였는데, 그는 이 두 가지를 자유자재로 구가하고 있었다." 그에게 가장 적대적인 증인인 꼬르프Korff까지도 뿌쉬낀이 그런 방탕생활의 와중에도 계속 시를 썼다는 것을 인정했다. 그가 흥청거리며 어울렸던 대다수의 다른 젊은이들과 달랐던 점이 바로 여기에 있었다. D. S. 미르스끼Mirsky의 말처럼, 1818년에도 그의 시는 다른 시인이 필적할 수 없을 정도로 "순수성과 유연성, 그리고 평안함과 우아함"을 지니고 있었다. 주꼽스끼는 뿌쉬낀이 별 관심을 보이지 않았던 독일 문학에 영향을 받았던 반면, 뿌쉬낀은 어린 시절부터 볼테르의 영향을 받고 있었고, 프랑스 시인 E. D. 파르니^{Parny}의 명징성에 늘 매료되어 있었다. 젤비끄 같은 친구들이 즐겨 다루었던 가벼운 주제들도 일단 뿌쉬낀의 손을 거치게 되면 심하게 뒤틀려 그 나름의 체취를 띠곤 하였다. 머리말에서 인용된 「유레프로」가 그 한 예로, 이 작품은 그가 대개는 감추고 있었던 많은 것을 드러내 보인다. 시인 바뜌쉬꼬프^{Batyushkov}는 이 시를 두고, "이 무뢰한이 어떻게 해서 시 쓰는 법을 배운 것인가" 하고 감탄한 바 있다.

그의 장교 친구들은 청탁을 가리지 않는 뿌쉬낀의 성적 정력을 당연한 것으로 받아들이고 있었다. 훗날 뿌쉬낀 자신은 "나는 내가 알았던 모든 미모의 여성들과 때로는 가벼운 사랑에, 또 때로는 깊은 사랑에 빠지기도 하였다"라고 적고 나서 서러운 심정으로 덧붙였다. "한 사람의 예외가 있긴 했지만, 나는 그들 모두에게 보기 좋게 멸시를 당하면서도 그들과 수작을 나누었다." 그는 세묘노바^{Semenova}라는 여배우와 사랑에 빠지는가 하면, 예쁜 티켓 판매원과도 사랑을 나누었다. 그는 심지어 창녀들과 알고 지내는 것조차도 수치스럽게 여기지 않아, 그의 친구이자 문학적 스승인 주꼽스끼에게 비난받을 각오를 하며 편지를 보냈다. "며칠 밤을 계속해서 잠을 자지 않기도 하고, 하루 종일을 창녀 집에서 보내기도 합니다. 어떤 때는 저녁에 고급 창녀 집에서 놀기도 합니다." 그가 창녀들을 찾는 것은 당대의 사회적 윤리를 비웃어서가 아니었다. 똘스또이도 불과 14세 때에 그의 형이 그를 창녀 집에 데려 갔다고 한다. 그러나 뿌쉬낀은 똘스또이와는 달리, '그 짓을 마치고 나서', 수치심이나 죄의식을 느낀 적은 없었다. 그에게도 미신적 경향이 없었던 것은 아니었지만, 뿌쉬낀은 신의 응보 같은 것은 두려워하지도 않았다. 적어도 이 무렵에는 그에게나 친구들에게나 종교가 중요한 관심사는 아니었다. 이에 대하여 미르스끼는 담담하게 말한다. "비행卑行과 프랑스 철학이 다같이 유행하던 사회에서 종교가 경시되었던 것은 당연하다. 이 시대의 사람들은 대개 근본적으로 비종교적이었고 예외는 드물었다."

왕립 극장은 뿌쉬낀과 그의 친구들이 즐겨 찾았던 화려한 사교생활의 중심지였다. 뿌쉬낀은 자신과 친구들의 행동에 대하여 이렇게 적었다. "오페라나 비극, 혹은 발레가 시작되기 직전에 그 청년은 무대 앞 열 줄의 좌석들 사이로 어슬렁거리며 사람들의 발을 밟기도 하고 아는 사람이나 모르는 사람을 가리지 않고 말을 건넨다……. 그녀가 오늘 공연에 나선다. 그녀는 춤을 추고 있다. 그녀에게 갈채를 보내자. 그녀에게 환호를 보내자. 그녀는 너무나 아름답다. 그녀의 눈동자와 그 조그만 발을 어디에 비기랴!"

훗날 뿌쉬낀은 극장에 대단한 열정과 사랑을 쏟은 사람이었다. 그렇지만 이 무렵에는, 학교를 갓 졸업하고 최신 유행을 좇는 나이였다는 것을 감안해도, 극장에서 너무 철없이 굴었다. 때로는 하품을 하면서 싫증난 바람둥이 행세를 하기도 했다. 어느 날 저녁에는 대 극장에서 친구들의 특등석에 끼어 들어가 공연 내내 시시덕거렸다. 가발을 쓴 탓에 매우 더웠는지 가발을 벗고는 최근에 앓고 난 이후 빡빡 밀어버린 머리를 드러냈다. 공연이 한참 무르익을 무렵에는 가발로 부채질을 하기도 했다. 의자에서 미끄러져 바닥에 나뒹굴었던 것을 보면 아마도 이때 그는 몹시 취했던 것 같다. 또 어떤 이는 그가 앞에 앉은 사람의 대머리를 두들기며 박수를 대신했다고도 한다.

어떤 사람이 그런 행동을 나무라면 그는 즉각 대들었다. 역사가 까람진Karamzin의 부인은 뱌젬스끼Vyazemsky에게 보낸 편지에서, "뿌쉬낀은 거의 매일같이 결투를 한답니다" 하고 안타까워했다. 이 말은 좀 과장되었겠지만 실제로 시비 끝에 결투를 할 뻔한 것이 한두 번이 아니었다. 일례로 한 경비대 소령은 극장에서의 그의 무례한 행동으로 화를 내기도 했지만, 애초부터 생면부지의 청년과 결투를 할 생각은 없었다. 또 뿌쉬낀의 나이 많은 학교 친구인 뀨헬베께르Kyukhelbecker와의 재미있는 결투 이야기도 있다. 뀨헬베께르는 뿌쉬낀이 자신에 대하여 고약한 풍자시를 쓰자 그를 불러냈다. 먼저 총을 쏜 뀨헬베께르의 총알이 빗나가자 뿌쉬낀은 자기의 무기를 내려놓고 친구를 포옹하려고 했다. 뀨헬베께르는 뿌쉬낀이 총을 쏘았다고 우겼지만 뿌쉬낀은 자기 총구가 눈雪에 막혔었다고 주장하였다.

뿌쉬낀은 다른 방탕한 친구들에 비해 술을 덜 마셨던 것 같다. 그러나 그는, 똘스또이의 『전쟁과 평화』의 서두에서 삐에르Pierre가 그랬던 것처럼, 술에 취하는 것을 수치로 여기지는 않았다. 뿌쉬낀은 자기가 럼주 한 병을 다 마시고도 의식을 잃지 않는 데에 돈을 건 적도 있었다. 분명 그는 곤드레만드레가 됐겠지만, 한 손의 손가락들을 계속 움직거려 내기에 이겼다는 판정을 받기도 했다.

1819년 10월 27일, 뿌쉬낀은 빠벨 보리소비치 만수로프Pavel Borisovich Mansurov라는 친구가 상뜨 뻬쩨르부르그를 떠나 노브고로드로 간 후 그에게 편지를 보냈는데, 여기서 그는 대여섯 명의 친구들과 더불어 사학자이자 희극의 번역가인 니끼따 프세볼로즈스끼Nikita Vsevolozhsky의 아파트에서 장난치던 일을 회상했다. 그들은 아침마다 그 아파트 앞을 뛰어가는 한 처녀를 보려고 창밖을 내다보곤 했는데, 그는 편지에서 이렇게 썼다. "늘 그렇듯이 망원경은 물론 우리들의 고추도 그녀에게 조준돼 있었지."

　1819년 뿌쉬낀은 올가 마쏜^{Olga Masson}에게 부치는 멋진 연애 시를 썼다. 한번은 그가 고급 창녀였던 그녀의 집 대문을 두드렸는데, 하녀의 불평과 올가의 매력적인 속삭임만을 듣고 돌아와야 했던 적이 있었다. 이 시는 그녀에 대한 애원으로 끝난다.

　　올가, 친애하는 쾌락의 여 사제,

　　방탕과 성적 황홀,

　　그리고 음탕한 쾌락의 이름으로

　　우리들 호색가의 하소연을 들어주오.

　　거만 떨거나 돈을 밝혀도 좋으니

　　우리에게 황홀과 망각의

　　하룻밤을 마련해주오.

　뿌쉬낀은 귀족 가문에서 태어난 덕분에, 이런 방탕생활과는 판이한, 명망 있는 지식인들이 모이는 살롱에도 드나들 수 있었다. 골리찌나^{Golitsyna} 공주의 살롱도 그 중 하나로, 공주의 미모와 재능이 출중하여 많은 사람들이 그녀의 주변에 모여들었다. 그녀가 주최하는 파티가 새벽 서너 시까지 계속되었던 것은 어떤 집시 점쟁이가 그녀가 밤중에 죽을 것이라고 예언하여 그녀가 새벽이 올 때까지는 잠자리에 들려 하지 않았기 때문이었다. 남편과 헤어지고 환락 속에 탐닉하면서 그녀는 많은 숭배자들을 거느리고 있었다. 그녀는 뿌쉬낀보다 20세나 연상이었지만, 역사가 까람진에 의하면, "그는 그녀에게 푹 빠져 있었다."

　뿌쉬낀은 이반 뿌쉰과 젤비끄 남작을 포함한 이 무렵의 절친한 친구 대여섯 명들과 함께 '초록 등잔회'에 가입돼 있었다. 이것은 대여섯 명의 근위대 장교들을 포함한 젊은 친구들의 모임으로서, 니끼따 프세볼로도비치 프세볼로즈스끼 Nikita Vsevolodovich Vsevolozhsky 집의 커다란 등잔이 있는 한 방에서 만났다. 어떤 면에서 뿌쉬낀에게는 이 '초록 등잔회'가 1818년에 해체된 '예술 협회'를 대신해 주는 것이었다. '초록 등잔회'에서도 친구들이 모여 문학 작품을 읽기도 하고 재치 있는 대화와 풍자시를 교환하기도 하였다. 이 모임에는 술과 카드와 성적으로 개방된 여성들이 있었다.

　젤비끄와 이반 뿌쉰을 포함한 '초록 등잔회'의 여러 회원들은 정치 현안을 심각하게 논의하는 회합도 가졌는데, 뿌쉬낀은 그들의 진보적 견해에 공감을 하고 있었지만 그 회합에는 받아들여지지 않았다. 그들은 러시아 귀족제도를 개혁하기 위한 여러 방안들에 대하여 열띤 논쟁을 벌였고, 그들 중 몇 사람은 나중에 '12월 당원들 운동'의 전신인 '복지 연맹'에도 소속돼 있었다. 뿌쉬낀은 여기에 가입하라는 요청을 받은 적이 한 번도 없었다. 그의 거칠고 지각없는 행동 때문에 그의 친구들이 경계심을 품었던 것인지도 모른다. 그들은 바로 이 무렵에 왕정에 저항하는 비밀 단체를 결성하려 했던 것이다. 1997년 뿌쉬낀 기념관에서 필자와 대화를 나눈 바 있는 포미쪼프 Fomichev 교수는 또 다른 이유를 제시했다. 뿌쉬낀이 황제에 충성하는 장교들을 포함한 전혀 다른 부류의 친구들과도 어울렸던 탓에 그런 친구들에게 우연히 던진 한마디 말이 위험을 초래할 수도 있었기 때문이라는 것이다.

‘12월 당원들’의 많은 이념들은 국립학교 제1대 교장이었던 말리놉스끼와 뿌쉬낀이 좋아했던 교사인 꾸니친의 사상에서 따온 것들이었다. 뿌쉬낀은 그들의 이념에 대체로 공감하고 있었던 터라 그 당시 그가 비밀 단체에 가입하지 않았던 것은 십중팔구 스스로 선택한 결정은 아니었을 것이다. 그것은 그가 너무 흥분을 잘하는 것으로 비쳐져서 엉겁결에 그가 비밀을 발설할 가능성이 높다고 여겨졌기 때문이었을 것이다. 뿌쉬낀의 친구들은 그가 신뢰성이 없다고 생각했던 것이다. 그의 용기는 의심할 나위가 없었지만, 그의 무분별한 태도가 문제였다.

그는 분명 자제력이 없었던 것으로 보인다. 그의 재치, 쾌활함, 그리고 조숙한 지성조차도 그 자체로는 그를 믿음직한 동지로 여기게 해줄 수는 없었다. 대화를 하듯 술술 이어지는 그의 편지들도 읽기에는 재미있었지만 상식이나 신중함은 결여돼 있었다. 노브고로드Novgorod의 친구에게 보낸 편지에서 뿌쉬낀은 어느 날 저녁 샴페인을 마시며 여배우들과 어울렸던 얘기를 전하면서 친구의 웃음을 자아내게 했다. “한 여자는 곤드레만드레 취하고, 다른 여자는 그 짓을 했다네.” 이것은 익살이 넘치는 말이지 결코 점잖은 말은 못 된다. 또 1815년 5월 4일 친구 이반에게 보내는 편지에는 이렇게 적었다. “무덤까지 환락이 우리의 진정한 벗이 될지니, 죽는 순간까지 술잔을 부딪치세나.”

이와 더불어 주목해야 할 점이 있다. 뿌쉬낀은 까람진의 러시아 역사관에 탄복했고, 저 슬픔의 시인 주꼽스끼가 알렉싼드르 대공의 개인 교수 노릇을 했던 덕분에 황후나 뱌젬스끼와 가까운 사이가 될 수 있었지만, 이 두 스승들과 친교를 유지하려 하지는 않았던 것으로 보인다. 뱌젬스끼는 시인이자 요직을 맡았던 부유한 귀족이었지만, 친구들이 꺼렸던 무능한 바람둥이에 불과했다.

뿌쉬낀은 너무나 많은 사람들이 노예로 살아가는 러시아의 개혁을 이미 꿈꿨던 사람이었다. 그렇다면 그의 경솔한 언동은 자신의 진지한 정치 사상을 위장하기 위한 수단이 아니었을까? 1880년 모스끄바에서 거행된 뿌쉬낀의 기념비 제막식에서 이반 뚜르게네프_{Ivan Turgenev}(1818~1883, 러시아의 소설가 — 옮긴이)는 자신의 연설에서 대단한 재능을 가진 시인이었던 예프게니 아브라모비치 바라띤스끼_{Evgeny Abramovich Baratynsky}(1800~1844)의 말을 인용했다. 뿌쉬낀이 죽자 「청동의 기사」를 포함한 죽은 친구의 원고를 분류했던 바라띤스끼는 이렇게 말했다. "우선 무엇 때문에 내가 이 시들을 보고 놀라는지 아시겠습니까? 그것은 바로 풍부한 사상입니다. 뿌쉬낀은 심오한 사상가였습니다. 그 누가 이를 짐작했겠습니까?" 뿌쉬낀의 세대에서 뿌쉬낀 다음으로 손꼽히는 시인이 바라띤스끼였다. 두 사람은 가까운 친구 사이가 될 수도 있었지만, 1997년 상뜨 뻬쩨르부르그에서 알렉싼드르 꾸쉬너_{Alexander Kushner}가 필자에게 말했듯이, "두 사람 다 그걸 원치는 않았다."

뿌쉬낀은 모든 면에서 경솔했던 것은 아니었다. 그는 가볍기 그지없고 지독하게 호색적인 서정시라 할지라도 갈고 다듬었다. 며칠 밤을 환락가에 빠져 있다가도, 매일 아침 3,000행 분량의 동화인 「루슬란과 류드밀라_{Ruslan and Lyudmila}」를 쓰는 작업을 계속할 수 있었다. 친구들은 그가 작업한 분량이 늘어나는 것을 경이의 눈으로 바라보았다. 1818년 주꼽스끼가 뱌젬스끼에게 보낸 편지에는 이렇게 적혀 있다. "믿어지지 않는 재능! 놀라운 시구들! 그의 천부적 시적 재능은 유령처럼 내 주변을 서성거립니다." 하지만 뿌쉬낀은 어처구니없이 1,000루블을 경마에서 잃은 적도 있었다. 앉은자리에서 1년 치 봉급보다 많은 액수를 다 날려버렸던 것이다(그는 출판 예정이었던 시 원고를 팔아 빚을 청산할 수밖에 없었다). 뱌젬스끼가 적은 것처럼, "죽을 때까지 뿌쉬낀은 노름에는 애송이였다. 실제로 그가 죽기 전 마지막 며칠 동안 그는 누구나 쉽사리 돈을 딸 수 있는 상대들에게도 돈을 잃었다." 뿌쉬낀은 항상 노름을 좋아했지만, 평생 동안 불운과 엉터리없는 판단이 노름꾼으로서의 그를 따라 다녔다. 비난에 가까운 꼬르프의 말이 전혀 근거 없는 것은 아니었다. "늘 땡전 한 푼 없고, 끊임없이 빚을 졌고 스캔들을 일으켰으며, 걸핏하면 결투에다, 술집 주인, 창녀 굴, 그리고 뻬쩨르부르그의 창녀들과는 아주 가까웠다."

그의 동생 레프는 회고록에서 뿌쉬낀이 비밀 단체에 가입하기를 꺼렸다고 주장한다. 이 무렵 끼르고프Kirgof라는 독일 출신의 여자 손금쟁이가 뿌쉬낀의 앞날을 점쳐주었다. 그녀의 몇몇 예언들이 정확하게 들어맞는 데 놀란 레프는 끼르고프 여사가 뿌쉬낀이 북쪽과 남쪽의 유배지로 추방당하리라는 것, 그의 결혼, 그리고 우발적인 죽음을 예언했고, 또 그가 키 큰 금발의 사내에 의해 죽음을 당할 것이라고 경고했었다고 주장하였다. 뿌쉬낀은 보통 이상으로 미신에 빠져 있었기 때문에 그녀의 예언을 믿었을 가능성이 농후하다. 하지만 뿌쉬낀은 그 이후에도 금발의 남자들과 결투하기를 주저하지 않았다. 따라서 어떤 비밀 단체의 우두머리가 어느 특정인이라고 해서 그가 그 단체에 가입하기를 거부했다는 설명은 어딘가 신빙성이 없어 보인다. 이보다 훨씬 중요한 문제는 이반 뿌쉰이나 젤비끄, 그리고 뀨헬베께르 등 '복지 연맹'에 가입했던 친구들이 그에게 자기네 단체에 가입할 것을 권하지 않았다는 사실이다.

　그의 절친한 친구였던 이반 뿌쉰은 단언했다. "그는 공동의 목표에 나와 항상 견해를 같이 했고, 우리들의 생각을 자기 방식대로 말이나 시, 그리고 산문에서 밝혔다. 그러나 내가 그를 경계했던 것은 그의 성미가 불같은 데다가 믿을 수 없는 자들과 교제했기 때문이었다." 모든 사람들이 들을 수 있을 정도로 극장 안에서 다음과 같이 떠들어댔던 친구를 이반이 신임하기 어려웠던 것은 당연했다. "지금이야말로 상뜨 뻬쩨르부르그로 가기에 가장 안전한 때입니다. 네바 강에 얼음이 얼었거든요." 모든 관객이 이 말을 겨울철에는 '뻬뜨로빠블롭스끼 요새'에서 탈출하기가 용이하다는 뜻으로 알아들었을 것이다. 이반은 이렇게 적고 있다. "물론 그런 얘기는 허튼 소리였다. 뿌쉬낀은 진보적 견해를 가지고 있었지만, 그의 고결한 성격에 배치되는 고약한 버릇이 있어서 그는 종종 나를, 아니 우리 모두를 성나게 만들었다."

　아무튼 뿌쉬낀은 바보가 아니었다. 위에서 이반이 소개한 그의 행동은 설명이 좀 필요하다. 그는 단순히 취한 상태였을 것이다. 하지만 음주는 뿌쉬낀에게 심각한 문제는 아니었다. 그는 얼음에 채운 샴페인을 즐겨 마셨지만, 한번에 여러 시간을 작업할 때에는 얼음물이나 레모네이드를 더 좋아했다. 극장에서의 그의 무모한 행동은 아마도 가난 때문에 자신이 뻬쩨르부르그 사교계의 멋쟁이 젊은이들과 대등하게 경쟁할 수 없다는 자의식에서 우러났던 것이었는지도 모른다. 그는 미숙한 자기 과시욕에 빠져 있었던 것이다. 이반 뿌쉰은 서글픈 어조로 말했다. "이 멋진 인간은 정말 괴짜다. 나는 그를 사랑하지 않은 적이 없었고, 그의 편에서도 그랬으리라는 것을 나는 안다. 그러나 때로는 그에 대한 깊은 배려에서 나는 그가 자신을 진지하게 되돌아보고 자신의 행동을 직시했으면 하는 심정이 들기도 했다.”

비밀 단체의 회원들 중에는 1825년 ‘12월 혁명’의 지도자가 된 사람들이 많았다. 뿌쉬낀은 그 단체에 가입하지는 않았지만, 그 단체는 그의 많은 시들을 슬로건으로 삼았다. 그의 그러한 시들은 필사본으로만 나돌았지만, ‘12월 당원들’ 이반 야꾸쉬낀Ivan Yakushkin이 말했던 것처럼, “그 당시 군대에서 글줄깨나 읽는다는 소위 치고 그것을 외우지 못했던 사람은 하나도 없었다.” 이 중에서도 가장 유명했던 시는 「자유」였다. 혁명적 사상으로 국립학교의 교사들뿐만 아니라 뿌쉬낀이 학창시절 그토록 부러워했던 몇몇 경기병들에게도 영향을 끼쳤던 라지시체프의 작품에도 「자유」라는 제목의 유명한 시가 있다. 그러니만큼 이 작품이 뿌쉬낀의 시에 어느 정도 영향을 끼치기는 했겠지만, 그 활력, 특히 서구에서는 전무후무했던 독재를 타파하자는 대목에서의 활력은 분명 뿌쉬낀의 것이었다. 탄압자에 항거하여 봉기하자는 표현까지는 없었지만, 전 세계의 독재자들을 무너뜨리자는 표현은 그야말로 정치적 다이너마이트였다.

쓰러진 노예들이여, 용감히 싸워라.
이 말을 좇아 봉기하라.

이 시는 고문도구가 아직까지도 사용된다는 것을 설명하고 나서, 채찍과 족쇄가 존재하는 한 왕국도 위험에 빠지게 된다는 것을 왕들에게 경고한다. 이에 대한 증거로 그는 불과 1세대 전에 프랑스 혁명의 단두대에서 목이 잘린 프랑스의 루이 왕을 독자들에게 상기시킨다. 왕의 목을 자른 도끼를 '범죄자'라고 부르긴 했지만 그는 폭정의 말로를 드러내놓고 반긴다. 알렉싼드르 1세의 입장에서 볼 때 가장 불쾌했던 시는 상뜨 뻬쩨르부르그의 불길하리 만치 고요한 분위기를 그린 작품이다.

> 어둠을 흐르는 네바 강물에
>
> 심야의 별이 반짝일 때,
>
> 고뇌 잊은 사람들이
>
> 고요히 잠들어 있을 때,
>
> 명상에 잠긴 소리꾼이
>
> 황폐한 기념비를,
>
> 또 다른 폭군의 소유였던
>
> 잊혀진 궁전을 바라보고,
>
> 역사의 목소리를 듣는다.

미하일롭스끼 궁전은 알렉싼드르의 아버지였던 빠벨Paul 1세가 암살당한 이래로 비어 있었다. 이 시가 특히 위험했던 이유는 빠벨 1세의 폭정에 대하여 언급했을 뿐만 아니라 부왕의 암살에 알렉싼드르가 연루되었다는 것을 암시하고 있었기 때문이었다. 그 궁전은 알렉싼드르의 지시로 버려진 채로 있었던 것이다. 알렉싼드르 1세는 사실 아버지의 폐위에만 찬동했지만, 어쨌든 자신이 연루된 데 대해서 죄의식을 느끼고 있던 터였다. 그러므로 그는 부왕의 암살이 가볍게 언급되는 것에 대해서도 분노했을 것이다. '복지 연맹'에 가담한 동생이 있었던

A. I. 뚜르게네프는 뱌젬스끼 공작에게 보내는 편지에서 「자유」를 동봉하며 우려의 말을 전했다. "벽에도 눈이 있고 귀가 있습니다." 까람진은 이때의 상황을, "이 당시 시인 뿌쉬낀의 머리 위에는 단순한 구름이 아니라 뇌우를 동반한 먹구름이 감돌그 있었다"라고 적었다.

뿌쉬낀은 또 다른 시를 뾰뜨르 야꼬블레비치 차다예프^{Petr Yakovlevich Chaadaev}라는 철학자에게 써 보냈다. 차다예프는 짜르스꼬예 셀로에서 젊은 장교로 있을 때 뿌쉬낀이 사귀었던 사람으로, 그 당시에는 자신의 사상을 불문^{佛文}으로 유포시키고 있었다. 이 시에서 뿌쉬낀은 "신성한 자유가 도래하는 순간"을 갈망하고 나서 아래와 같이 끝맺는다.

> 나를 믿으시오, 동지여,
>
> 매혹적인 축복의 별이 뜰지니,
>
> 러시아가 잠에서 깨어나는 날에,
>
> 우리들의 이름이 모두
>
> 압제의 폐허 위에 씌어지는 날에.

위 시구는 단지 입헌 정부를 세우기 위하 중대한 조처를 취하자는 뿌쉬낀의 희망을 피력한 것일 수도 있지만, 프랑스 혁명에 버금가는 봉기를 일으키자는 권유로 읽힐 수도 있었다.

또 다른 위험한 시들도 있었다. 1818년 뿌쉬낀은 「노엘」을 썼는데, 이것은 성모 마리아가 천국에서 아기 예수가 울자, 러시아의 황제가 올 거라고 하면서 아기 예수에게 겁을 주는 이야기를 담고 있는 경쾌한 어조의 시이다. 그러나 이 작품에서 황제는 경찰총장 라보로프^{Lavrov}

를 정신병자 수용소로 보내는 한편, 모든 국민에게 인간적인 권리를 보장해줄 것을 약속한다. 이 말에 아기 예수는 황제가 농담을 하는 것이 아닌가 하고 미심쩍어 하면서도 기쁨의 눈물을 흘린다. 성모 마리아는 아기 예수에게 그만 자던지 동화를 더 듣던지 하라고 한다. 「노엘」은 1818년 폴란드의 의회에서 황제가 연설을 하면서 입헌제를 실시하겠다고 한 약속을 깨뜨린 사실을 넌지시 비치고 있다.

「농촌」(1819)은 독재 체제의 비리를 보다 구체적으로 비판하고 있다. 이 시는 건초 더미, 밀밭, 풍차 등 미하일롭스꼬예 주변에 대한 서정적 묘사와 평화로운 명상으로 시작된다. 이 대목은 검열관의 칭찬을 받으며 출판이 허락되었다. 그러나 원고로만 유포되었던 제2부에서는 그러한 평화로운 풍경 뒤의 현실, 특히 끔찍한 노예제도가 그려진다. 지주들은 말라빠진 노예들을 채찍으로 닦달하며 그들이 결코 소유하지 못할 밭을 강제로 갈게 한다. 이때부터 경찰의 감시를 자초하기라도 하려는 듯이, 뿌쉬낀은 또 황제의 총신 아락체예프Arakcheev에 대한 풍자시도 썼다. 여기서 아락체예프는 '위트도 없고 감정도 없고 자존심도 없는 악의에 찬' 인물로 그려져 있다.

뿌쉬낀은 단지 황제에 의해 이루어지는 개혁만을 생각했지만, 이 무렵 알렉싼드르는 개혁에 대한 아주 온건한 움직임조차도 허용하지 않았다. 알렉싼드르 1세는 한때 계몽된 폴란드의 귀족 차르또리스끼Chartoryski의 절친한 친구였고, 그에게 다음과 같이 선언한 적도 있었다. "나는 어떠한 독재라도 반대하고, 모든 이가 권리를 누릴 수 있는 자유를 사랑하네. 나는 프랑스 혁명에 대단한 관심을 가지고 있다네. 그것이 폭력으로 흐른 것은 잘못이라고 생각하지만, 나는 프랑스 혁명의 성공을 부러워한다네." 알렉싼드르는 빠벨의 몇몇 신하들이 미친 황제를 제거하려고 했을 때, 진보주의자로 제대로 평가받고 있었다. 그가 1801년 황제로 즉위했던 때는 그의 나이 24세를 몇 주 앞둔 시점이었다. 교육 개혁의 필요성을 느끼고 있었던 그는 처음에는 미하일 스뻬란스끼Mikhail Speransky의 충고를 기꺼이 받아들였다. 그러나 20년 후 황제는 잔인한 보수주의자 아락체예프의 조언을 즐겨 받아들이게 되었다.

알렉싼드르는 믿음이 깊은 사람이어서, 죄의식에 사로잡혀 괴로워하기도 하였다. 나폴레옹과 전쟁을 벌일 무렵 그는 늘 성경을 읽으며 위안을 찾으려 했을 뿐만 아니라 전황이 러시아에 유리하게 돌아가자 종교적 희열을 맛보기도 하였다. 연이은 불행들, 특히 누이의 사랑하는 딸 까쩨리나Catherina의 죽음으로 인하여 그는 보수주의적 신비주의 성직자들의 손아귀에서 놀아나게 될 수밖에 없었다. 개혁에는 질색이었던 그들의 손아귀에서 알렉싼드르 역시 그렇게 될 수밖에 없었다.

학창시절 친구들은 뿌쉬낀의 공책에 시를 써 놓곤 했었는데, 바로 그 공책에 그의 새로운 작품의 초고와 대여섯 개의 그림들이 있다. 선동적인 시구들은 보이지 않는데, 많은 페이지들이 찢겨 있다. 여기에 또박또박 적혀 있는 그의 장시 「루슬란과 류드밀라Ruslan and Lyudmila」의 초고에는 그림들이 곁들여 있는데, 이것들은 그가 염두에 두었던 것을 시사해 주고 있다. 겉보기에는 별 뜻이 없어 보이는 "드네프르Dneiper 강에 반역의 물결이 출렁거렸다"라는 시구는 반역의 사상을 촉발했던 것으로 여겨진다. 이 시에는 어린 트리톤Triton(그리스 신화에 나오는 반인 반어의 해신 — 옮긴이), 뿌쉬낀의 고전문학 선생이었던 꼬찬스끼Kochansky 교수, 그리고 결정적으로, 알렉싼드르 1세 등의 그림이 곁들여 있는데,

황제는 통통한 뺨과 성긴 머리칼의 천사로 그려져 있으며 뿔 나팔을 불고 있다. 여기에는 또 일련의 날짜들이 적혀 있는데, 가장 이른 날짜는 황제가 틸지트Tilsit에서 나폴레옹과 평화 협정을 맺은 때이다. 뿌쉬긴은 이 협정을 수치스럽다고 생각한 바 있었다.

1820년 4월 21일, 뿌쉬긴은 친구 뱌젬스끼에게 익살스럽게 불평을 늘어놓았다. "시간이 갈수록 시인들은 끼리끼리 더욱 굳게 뭉치고 있다. 머잖아 우리들은 들어주는 사람들이 없어서 우리끼리만 시를 낭독해야 할 판이다." 물론 그의 예측은 어긋난 것이었다.

당국의 의심을 살 만한 그의 시들은 이미 널리 알려져 있었는데, 이 중에는 황제가 아우스테를리쯔Austerlitz의 전투에서 비겁한 태도를 보였음을 시사하는 시구도 있었다. 어떤 형사는 니끼따 꼬즐로프Nikita Kozlov라는 뿌쉬긴의 하인을 통해서 그의 원고들을 입수하려고 했다. 그 하인은 50루블의 뇌물을 주겠다는 유혹에도 불구하고 그 형사의 청을 거절했다. 그 하인을 통해서 얘기를 전해들은 뿌쉬긴은 용의주도하게 자신의 모든 원고들을 태워버렸다. 그 직후 뿌쉬긴은 상뜨 뻬쩨르부르그의 총독인 밀로라도비치Miloradovich 백작으로부터 소환 명령을 받았다.

뿌쉬긴의 친구로서 백작을 잘 알고 있었던 F. N. 글린까Glinka는 뿌쉬긴의 출두 장면을 생생하게 묘사했다. 백작은 글린까에게 자기가 뿌쉬긴의 신병과 그의 원고들을 확보하라는 지시를 받았다는 것, 그리고 시인을 불러 시인 자신이 스스로 원고들을 가져오게 하는 것이 더 재미있을 거라는 얘기를 해주었다. "그는 아주 침착해 보였고, 표정은 밝았다. 내가 원고에 대해서 묻자 그가 대답했다. '백작님, 저의 모든 시들을 태웠습니다. 제 방에서는 아무것도 찾지 못할 것입니다. 어떻게 생각하실지 모르지만, 모든 것이 여기에 들어있습니다'라고 하며 뿌쉬 긴은 그의 머리를 가리켰다. '원고를 가져오라고 명령만 내리시면 제가 쓴 모든 시를 써 올리겠습니다.'"

뿌쉬긴이 그의 전 작품을 외워 쓰자, 백작은 그 솔직함에 마음이 끌리게 되었다. 뿌쉬긴의 이러한 행동은 그의 시가 널리 유포되고 암송되고 있었음을 그 자신도 알고 있었으며 이를 굳이 부인하려 하지 않았음을 시사한다. 이반 뿌쉰은 "이 용감한 행동 끝에 뿌쉬긴은 귀가해서 명령을 기다리라는 조치를 받았다"라고 적었다.

경솔했던 뿌쉬긴이었지만, 아마 가장 위험한 몇 작품들은 그가 의도적으로 빠뜨렸던 것 같다. 그의 염려는 당연한 것이었다. 자신을 나폴레옹의 압제로부터 유럽을 해방시킨 사람으로 인정받고 싶어했던 황제가 불경스럽고 선동적인 시를 두려워하게 되었기 때문이다. 러시아를 장악하고 있었던 아락체예프도 뿌쉬긴의 모욕적인 풍자시를 읽었음에 틀림없었다. 뿌쉬긴은 시베리아나 보다 열악한 백해白海 연안의 쏠로베쯔끼Solovetsky 사원으로 유배될 위험에 처해 있었다.

뿌쉬긴으로서는 다행스럽게도 앞선 세대의 기성 작가들은 그에게 여전히 호의적이었다. 역사가 까람진은 앞으로 2년 동안 정부를 비판하는 글을 쓰지 않겠다는 약속을 뿌쉬긴으로부터 받아내고 그에게 도움을 주었다. 뱌젬스끼와 주꼽스끼도 그를 도왔다. 까람진보다 다소 연하였던 주꼽스끼는 7세 연상의 형님처럼 뿌쉬긴을 보살펴주었다. 뿌쉬긴은 그의 집을 자주 방문했고, 주꼽스끼는 그의 방종한 생활을 못마땅하게 여기기는 했지만 그가 놀라운 재능의 소유자라고 생각했다. 주꼽스끼, 글린까 그리고 A. I. 뚜르게네프는 모두 뿌쉬긴이 동북쪽으로 유배당하지 않도록 힘을 써주었다.

최종 결정을 내리기에 앞서 황제는 뿌쉬낀이 다니던 국립학교의 교장이었던 엥겔하르뜨를 불러 그의 제자가 선동적인 시로 러시아를 들끓게 한다고 비난하였다. 뿌쉬낀에게 특별한 애정이 있을 리 만무했던 엥겔하르뜨였지만 그는 제자를 변호해주었다. 그는 뿌쉬낀의 재능이 러시아에 영광을 가져다 줄 것이라고 말하면서 황제의 관대한 처분을 청했다. 그러나 황제는 그에게 모종의 처벌을 가하기로 작정하고, 결국에는 까람진의 제안대로 그를 시베리아나 백해 연안의 쏠로베쯔끼 사원이 아니라 남부 러시아로 보내 인조프Inzov 중장의 휘하에서 군 복무를 하도록 조치했다. 이 소식을 전해들은 뿌쉬낀은 최악의 사태에서 벗어나게 되어 안도의 한숨을 쉬었다. 뻬쩨르부르그를 떠나게 된 것도 그에게는 유감스러운 일만은 아니었다. 그의 작품의 주인공 예프게니 오녜긴의 말처럼 그 자신이 "시끄러운 파티와 아침이 한밤중으로 바뀌는 것"에 싫증이 날 대로 났었기 때문이었다.

몇몇 전기작가들은 뿌쉬낀이 상뜨 뻬쩨르부르그를 떠나게 됨으로써 그가 깊이 짝사랑했던 여인과도 이별을 하게 되었다고 주장했다. 19세기 뿌쉬낀 전문가였던 A. I. 네제레노프Nezelenov에 의해 최초로 제기되었던 이 주장은 M. O. 게르쉔존Gershenzon에 의해 더욱 가다듬어지게 되었다. 게르쉔존은 뿌쉬낀이 처음으로 수도에서 쫓겨나게 되었을 때 그가 "빠져 나오려고 몸부림쳤던 속박"에 대해서 말한 적이 있다는 것을 지적했고, 이 말은, 북쪽 수도에 남아있는 짝사랑의 대상과 이별한 후에도, 그가 여전히 고통스러운 열정에서 벗어날 수 없었음을 시사한다고 주장하였다. 뿌쉬낀의 1819년대의 편지들뿐만 아니라 1828

년대의 편지들에도 이 불행한 집착이 시사되어 있다. 1829년 뿌쉬낀이 엘리자베따 우샤꼬바Elizaveta Ushakjova의 앨범에 적어 놓았던 소위 '돈주 앙 리스트'에도 게르쉔존의 주장을 뒷받침하는 증거가 있다.

이 리스트에는 뿌쉬낀이 사랑했던 모든 여성들의 이름 첫 글자가 적혀있는데, 2부로 나뉘어 있는 이 리스트의 1부에는 심각한 사랑의 대상들이, 2부에는 가벼운 사랑의 대상들이 수록돼 있다. 1부에서는 'N. N.'이라는 이름을 빼고는 모든 이름들의 주인공들이 확인되었다. 많은 연구자들은 'N. N.'이 뿌쉬낀이 짝사랑했던 뻬쩨르부르그의 여인을 가리킨다고 생각했다. 1820년 초 뻬쩨르부르그에서 쓰인 「도리다Dorida」 라는 시는 뿌쉬낀이 다른 여인을 품에 안고 있으면서도 생각은 자신이 진실로 사랑하는 다른 여인에게 가 있다는 내용을 담고 있다. 그러나 그 다른 여인이 저 신비로운 'N. N.'을 가리키고 있다고 단정할 수 있는 근거는 없다.

이 무렵에 쓰인 뿌쉬낀의 다른 시들과 자신의 창작력이 소진돼가고 있다고 그 자신이 느꼈던 사실도 그 여인의 존재 내지는 정체를 밝혀주는 단서가 될 수 있다. 창작력의 감퇴는 종종 이루지 못한 사랑과 관련이 되는 법이다. 1820년 말 까프까즈에 도착하고 나서 뿌쉬낀이 쓴 시라고는 얼마 전에 탈고한 「루슬란과 류드밀라」의 짧은 맺음말뿐이었다. 여기서 그는 이렇게 한탄한다.

　　시의 불꽃은 꺼지고
　　애써 구해도 감흥은 일지 않네.

이때 이른 불행한 사랑의 대상은 밝혀질 것 같지 않다. 그가 상뜨 뻬쩨르부르그를 떠나기 전 19세의 안나 케른_{Anna Kern}을 만난 적이 있었고, 또 먼 훗날 그녀와 열정적인 사랑을 나누기도 했지만, 이 당시 그녀는 단순히 그의 찬미의 대상이었을 뿐이었다. 또 골리찌나 공작 영애를 연모하여 빠져 슬픔에 젖기도 했었다. 이 외에도 그의 짝사랑의 대상이었음직한 여성들이 더러 있었다. 그러나 보다 중요한 것은 1820년 뿌쉬낀이 자신의 지난 인생을 되돌아 볼 수 있었다는 사실이다. 그 동안 그는 성적 흥분과 부정한 쾌락에 지나칠 정도로 빠져 있었고, 어떤 여성과도 사랑을 주고받지는 못했다. 아마도 그는 그런 사랑을 기대하지도 않았고 원치도 않았을 것이다. 그가 강한 애착을 느꼈던 대상은 어린 시절의 친구들이었다.

1820년 5월 6일, 그는 드네프르 강 연안의 예까쩨리노슬라프_{Ekaterinoslav}로 떠났다. 그는 외무성으로부터 여행 경비로 받은 1,000루블(그의 연봉에 비하면 많은 돈이었다)과 인조프 장군에게 보내는 추천장을 지참하고 있었다. 학창시절의 친구인 젤비끄와 야꼬블례프_{Yakovlev}가 상뜨 뻬쩨르부르그 교외까지 그를 배웅해주었다. 빨간 상의를 입고, 허리띠를 맸으며, 펠트 모자를 쓴 뿌쉬낀은 말쑥한 차림이었다. 그는 몇 개월 후에는 다시 상뜨 뻬쩨르부르그로 돌아오게 될 것이라고 예상하고 있었다. 국립학교에서 쓰기 시작했었던 그의 긴 서사시 「루슬란과 류드밀라」는 1820년 3월 26일 이미 탈고된 상태였다. 이 책을 받은 주꼽스끼는 뿌쉬낀에게 자기의 초상화를 보내주었는데, 여기에는 "패배한 선생으로부터 승리한 학생에게"라고 적혀 있었다. 이를 받아본 뿌쉬낀은 기뻤다. 이 책이 발간되기 3주 전에 추방령에 따라 상뜨 뻬쩨르부르그를 떠날 수밖에 없었던 뿌쉬낀으로서는 선생의 칭찬이 너무도 소중했다. 여행 중 그의 심정은 착잡했을 것이다. 그가 떠나기 직전, 상뜨 뻬쩨르부르그에는 그가 밀로라도비치에게 채찍질을 당했다는 소문이 나돌기 시작하고 있었다. 물론 이것은 헛소문이었지만 그로서는 어떻게 반박해볼 도리가 없었다. 그러나 이 소문에서 오는 그의 굴욕감은 자기가 알고 있었던 유일한 세계를 떠난다는 흥분감에 묻혀버렸을 것으로 짐작된다. 이때는 그가 21세를 3주 앞둔 시점이었다. 비록 그는 쫓겨가는 처지였지만 낙담하기만 했던 것은 아니었다.

제
5
장

/

남쪽으로

뿌쉬낀이 남쪽으로 약 1,000마일 떨어진 예까쩨리노슬라프 Ekaterinoslav에 도착한 것은 떠난 지 2주가 지난 5월 중순경이었다. 이곳은 드네프르 강 연안의 작은 읍으로 주민들은 움막 같은 데서 살고 있었다. 그는 인조프 장군에게 추천장을 보이며 자신을 정식으로 소개했다. 추천장은 외무성 대신 까뽀디스뜨리아 Kapodistria가 쓴 것으로, 뿌쉬낀 자신은 그 내용을 모르고 있었지만 그 일부는 주목할 만하다. 뿌쉬낀은 추방당하는 것이 아니라 황제의 명에 따라 전근 가는 것이었지만, 대신은 그의 품행에 대한 가혹한 공식적 평가를 분명히 밝히고 있다.

그에 관한 몇 가지 사실들을 알려드리고자 합니다. 온통 쓰라린 기억뿐이었던 어린 시절을 뒤로 하고 뿌쉬낀은 아무런 감정도 없이 부모 곁을 떠났습니다. 부모에 대한 애착이 전혀 없었던 그는 독립하고픈 바람만 간절했던 것입니다. 그가 사회에 첫 발을 들여놓았을 무렵, 그는 대단한 상상력의 소유자였지만 원칙이 전혀 없었던 젊은이였습니다. 이 불행한 청년은 극단으로만 치달았지만, 뛰어난 재능으로 놀라운 업적을 이루기도 했습니다. 어떤 시들, 특히 「자유」로 뿌쉬낀은 정부의 주목을 받게 되었습니다. 그 구도와 수법 면에서 이 시는 최고로 아름답긴 하지만 위험한 원리를 보이기도 합니다. 그의 눈물과 약속을 믿어준다면 뿌쉬낀은 새사람이 될 것 같습니다. 아무튼 그의 후원자들은 그가 진정으로 뉘우치고 있다고 생각하고 있고, 얼마 동안 뻬쩨르부르그를 떠나 열심히 일하며 모범적 언행을 배운다면 다시 정부의 훌륭한 일꾼이 되거나 적어도 일류작가가 될 것으로 믿고 있습니다.

뿌쉬낀의 친구들이었다면 분명 그가 어린 시절에 버린 자식처럼 취급당했었다는 점을 부각시켰겠지만, 까뽀디스뜨리아는 뿌쉬낀이 효심과 원칙이 결여돼 있다는 점을 강조하고 있다.

인조프 장군이 추천서에 적힌 평가를 어떻게 받아들였는지는 모르지만, 그는 뿌쉬낀을 아주 친절하게 맞아주었다. 니끼따 뜨루베쯔꼬이 Nikita Trubetskoy 왕자에 의해 양육된 인조프에게는 왕가의 사생아라는 풍문이 따라다녔다. 그래서 그는 불행한 가정환경으로 쓰라린 과거를 가진 젊은이를 각별하게 대해주었을 것이다. 51세의 독신남으로 평생을 군대에서 보낸 그는 비밀결사단체인 프리메이슨의 회원이기도 하였는데, 이때만 해도 이 단체는 감시의 대상이 아니었다. 독서량이 많았던 그는 특히 역사책을 즐겨 읽었다. 이 무렵에 그는 '남부 러시아 식민지 보호 위원회'의 장을 겸임하고 있었다. 뿌쉬낀이 도착한지 얼마 후에 그는 베싸라비아 Bessarabia 주의 총독으로 임경받아 본부를 그 주의 끼쉬뇨프Kishinev로 옮겼다.

1820년 6월, 뿌쉬낀은 자신이 북쪽에서 문인으로서 성공을 거두었다는 사실을 전혀 모르고 있었다. 「루슬란과 류드밀라」는 뿌쉬낀이 밀로라도비치에게 소환되기 직전에 이미 인쇄에 들어가게 돼 있었다. 이 작품은 그의 부재중에 대단히 열렬한 호응을 받아서 뿌쉬낀은 과거 러시아의 그 어떤 시인도 누리지 못했던 인기를 누리게 되었다.

이 작품의 줄거리를 접한 영어권의 독자라면 이 책이 왜 그렇게 대단한 인기를 누렸는지 이해하기 힘들 것이다. 그러나 전래 동화를 시로 옮기려는 주꼽스끼의 시도에 익숙해 있었던 뿌쉬낀과 같은 시대의 러시아 독자라면 능숙하고 물 흐르듯 수월하게 이어지는 뿌쉬낀의 시에 전혀 새로운 맛을 느꼈을 것이다. 또 이 작품의 대화체 형식과 교묘한 풍자는 뿌쉬낀만의 독창적인 것이었다. 작품에 등장한 시인은 앞으로 전개될 동화에 대하여 말한다.

아침마다 깨어나면 나는
하느님께 감사와 찬양을 드려요.
요술쟁이가 사라진 요즈음엔
우리들의 결혼과 그 모든 영광이
위태로워질 이유가 없지요.

「루슬란과 류드밀라」는 요술에 의한 변신, 칼 그리고 괴물이 그려지는 이야기이다. 류드밀라는 결혼식 날 밤에 눈에 보이지 않는 요술쟁이 체르노모르Chernomor에 의해 유괴 당한다. 그녀의 신랑 루슬란 왕자

는 그녀에게 구혼한 적이 있었던 두 남자들과 함께 그녀를 찾아 나선
다. 이들 중 라뜨미르Ratmir는 어떤 성에서 매혹적인 전라의 여인들의
유혹에 쉽사리 넘어가게 된다. 한편 루슬란 왕자는 목이 잘려나간 요
술쟁이의 동생의 커다란 머리통을 목격한다. 그 끔찍한 머리통은 악독
한 요술에 걸려 생명을 부지하고 있다. 그의 몸뚱이는 사막에서 썩어
가고 있지만 그의 영혼은 죽음을 갈망하고 있는 것이다. 이 목 잘린 거
대한 머리통이 마침내 평온히 잠드는 것을 묘사한 슬프고도 기이한 장
면은 감동적인 동시에 초현실적이다. 루슬란이 라뜨미르를 우연히 만
나게 되었을 때, 과거의 두 연적들은 한 동네의 젊은이들처럼 스스럼
없이 얘기를 주고받는다. 라뜨미르는 자기는 남아서 아름다운 여인들
과 어울리며 지내겠다는 결정을 내리는데, 이것은 도덕적 비난의 대상
이 아닌 자연스러운 결정으로 묘사된다. 평범한 인간성을 보여주는 또
다른 일화가 있다. 처음에 류드밀라는 유괴범에 의해 제공된 성찬을
거부하지만, 배고픔을 느끼고는 그것을 먹기 시작하는 것이 그것이다.
그녀는 또 요술쟁이 앞에서는 요술쟁이의 도자를 방바닥에 내동댕이
치지만, 혼자 남게되자 그것을 써 보고픈 마음을 억제할 수 없다.

그녀는 모자를 써봅니다.
처음에는 똑바로, 그 다음에는 비스듬히,
또 그 다음에는 거꾸로. 어찌 될까요?
놀라운 나날과 새로운 요술이 이어집니다.
그녀의 모습이 거울에서 사라지지요.

이 작품은 아리오스토Ariosto(1474~1533, 이탈리아의 시인 ─ 옮긴이)의 영향을 받았음이 분명하고, 어떤 면에서는 스펜서Edmond Spenser(1552~1599, 영국의 시인 ─ 옮긴이)의 작품과 유사하다. 그러나 이 작품에서는 스펜서의 설교조의 경향을 찾아볼 수 없다. 러시아 대중들은 이 작품을 대단히 즐겼다. 뿌쉬낀은 까프까즈를 여행하면서 이 작품에 맺음말을 덧붙였고, 몇 년 후에는 머리말도 추가했다. 이 추가된 머리말은 박식한 고양이의 입을 통해서 말해지는데, 러시아의 어린이치고 이를 외우지 못하는 어린이는 없을 정도이다.

구불구불한 만灣 위에 초록 떡갈나무,

떡갈나무 주위엔 황금빛 사슬.

똘똘한 고양이가 밤낮으로

사슬 위에서 뱅뱅 맴돌지요.

오른쪽으로 돌며 노래하고요,

왼쪽으로 돌며 얘기하지요.

막심 고리끼Maxim Gorky(1868~1936, 러시아의 소설가이자 극작가 ─ 옮긴이)의 3부작 영화 중 제1편을 본 사람이라면 위 시구가, 어린 고리끼가 처음으로 읽는 법을 배웠을 때, 그에게 얼마나 큰 영향을 끼쳤는가를 기억할 것이다.

인조프는 처음부터 한결같이 뿌쉬낀에게 대단히 너그러웠고, 일거리도 별로 주지 않았다. 그러나 뿌쉬낀은 예까쩨리노슬라프에 정을 붙이지 못했고, 자신이 갑자기 유명해진 것을 알고서도 그다지 좋아하지도 않았다. 하루는 뿌쉬낀이 붉은 포도주를 곁들여 캐비어를 바른 빵을 먹고 있었는데, 지방 유지들이 그의 오두막을 방문했다. 뿌쉬낀은 그들에게 용건을 물었고, 그들이 저명한 시인을 뵈러 왔다고 대답하자, 퉁명스럽게 말했다. "자, 이제 그를 봤으니 가보시오." 또 그는 어느 무더운 날 주지사가 베푼 연회에 속옷을 입지도 않고 속이 훤히 들여다보이는 무명 바지를 입고 참석하여 여인들의 비위를 상하게 한 적도 있었다.

그가 도착한지 얼마 되지 않아 그는 드네프르 강에서 수영하다가 감기에 걸리게 되었다. 그는 자리에 누워 회복되기를 기다리고 있었는데 (의사도 부르지 않고 고열에 신음하면서 얼음을 넣은 레모네이드를 마시며), 라옙스끼Raevsky 장군, 그의 아들 니꼴라이Nikolay(뿌쉬낀이 상뜨 뻬쩨르부르그에 있을 때 사귀었던 젊은 장교), 그리고 그의 세 딸 중 두 딸이 뿌쉬낀의 오두막을 방문했다. 뿌쉬낀은 면도도 하지 않은 창백하고 여윈 얼굴로 긴 의자에 누워 있었다. 그러자 니꼴라이는 때마침 남으로의 여행에 동행하고 있었던 주치의 예프스따띠 루디꼽스끼Evstati Rudykovsky로 하여금 그를 진찰케 하였다. 루디꼽스끼는 뿌쉬낀이 심하게 앓고 있다는 진단을 내렸지만, 뿌쉬낀은 그가 처방한 약을 끝까지 먹으려 하지 않았다. 그러자 니꼴라이는 뿌쉬낀에게 자기 가족과 함께 까프까즈로 가서 그 지역의 광천수를 마시자고 제안했다. 시인이 심하게 앓고 있는 것을 본 인조프는 여행을 허락했는데, 더더욱 그럴 수밖에 없었던 것은 라옙스끼 장군이 뿌쉬낀의 행동에 대하여 책임지겠다고 나섰기 때문이었다. 인조프는 뿌쉬낀의 여행 허가에 대한 공식적 이유를 이렇게 달았다. "나는 이 일로 책망 받거나 너무 관대했다는 평을 듣지 않기를 희망한다. 사실 그는 훌륭한 청년이지만, 그가 너무 일찍 공부를 끝마쳤다는 점은 유감이다. 수박 겉핥기 식으로 공부한 자는 영영 껍데기로 남게 될 뿐이다."

뿌쉬낀으로서는 바뀐 환경에 있을 수 있다는 생각만으로도 황홀한 기분이었다. 하지만 그것은 수월한 여행은 아니었고, 그는 마차 속에서 1주일을 더 앓았다. 길은 울퉁불퉁했고, 여행 후반부에는 그 지역 주민들이 러시아의 통치를 반대하고 있었기 때문에 군대의 에스코트를 받아야 했다. 뿌쉬낀은 '거친 아시아의 변경' 까프까즈의 풍광에 압도되었다.

> 나는 두 달 동안을 까프까즈에서 지냈어. 나는 광천수를 마셔야만 했는데, 그들은 분에 넘치게 나를 도와주었지 ……. 약수터는 그리 멀지 않은 까프까즈 산맥의 끝자락에 산재해 있었지. 아우여, 너도 그 장엄한 산맥을 볼 수 있었더라면 좋았을 것을. 개인 날 황혼녘에 아득히 보이는 그 얼음에 덮인 산정은 다채로운 빛깔의, 움직임 없는, 이상한 카드처럼 보이지.

삐찌고르스끼 Pyatigorsky 에서 뿌쉬낀은 상당히 회복되어 루디꼽스끼에게 농담을 걸 정도가 되었다. 의사는 고급 장교였는데, 뿌쉬낀은 지역 사령관의 방명록에 의사 대신 의사의 이름을 '예비 의사'라고 적고 나서, 미안한 마음이 들었던지 자기 이름은 '사춘기'라고 적었다. 이런 어린아이 같은 장난을 계속하긴 했지만 시인으로서의 뿌쉬낀은 빠른 속도로 성숙해가고 있었다. 까프까즈 지방은 그 이후 4년 동안 그의 글에 큰 영향을 끼쳤다. 3년 후에 쓰인 뿌쉬낀의 작업 노트에는 바다로부터 솟아오른 바위의 스케치가 있는데, 이것은 끄림 반도의 까라다그

Karadag 관문으로 보인다. 이 스케치가 그려질 무렵인 1823년 10월에 뿌쉬낀은 『예프게니 오녜긴』의 제1장 46연을 쓰고 있었다.

8월 1일 뿌쉬낀이 건강을 다시 찾게 되자 일행은 귀향길에 올랐다. 도중에 께르취Kerch라는 작은 마을에 들러 미드리데이티즈Mithridates(120?~ 63 B.C., 소아시아 Pontus 나라의 왕으로 로마군과 싸워 패하였음 — 옮긴이)의 무덤으로 추정되는 유적을 구경하였다. 뿌쉬낀은 거기서 기념으로 꽃 한 송이를 꺾었는데, 다음 날 그것을 잃고도 그다지 서운해하지 않았다. 그들은 배를 타고 테오도시아Theodosia에서 끄림 반도의 구르주프Gurzuf 로 갔다. 동생에게 보내는 또 다른 편지에서 뿌쉬낀은 환희에 차서 포플라, 포도밭, 계수나무, 삼나무, 그리고 따따르 족의 촌락을 회상한다. 구르주프에서는 3주를 보냈는데, 그는 동생에게 이때야말로 자기 인생에서 가장 행복한 시기였다고 말한 적이 있었다.

뿌쉬낀은 난생 처음으로 불평도 없고 다툼도 없는 가정생활을 경험하였다. 그는 동생에게 이렇게 말했다. "즐거운 가족들과 어울려 자유롭고 걱정 없던 시간 …… 행복한 남녘 하늘, 경이로운 곳, 즐거운 상상을 일으키는 경치, 산, 과수원, 그리고 바다." 그는 라옙스끼 장군의 티 없이 맑은 마음씨에 탄복했다. 친절하고 상냥한 장군은, 뿌쉬낀이 아버지에게서 바랐던, 그러나 결코 받지 못했던, 사랑으로 그를 대해 주었다. 라옙스끼는 나폴레옹과의 전쟁 시 큰 공작을 세운 영웅이었고, 끼예프Kiev에 주둔하고 있었던 제2군단 제4부대의 사령관이었다. 문학을 사랑했던 그는 자식들도 문학을 좋아하도록 교육시켰다. 상뜨 뻬쩨르부르그 시절 뿌쉬낀이 사귀었던 니꼴라이는 시를 쓰기도 했고 탐독하기도 했다. 세 딸은 모두 아름다웠다. 막내는 15세의 쏘피아Sofya였고 맏딸은 23세의 예까쩨리나Ekaterina였다.

구르주프로 가는 도중 밤중에 배 위에서 쓴, "한낮의 촛불이 꺼졌다"라고 시작되는 시에서 뿌쉬낀은 '사랑이 시들고 시적 영감이 되살아나는' 순간을 적고 있는데, 이는 뿌쉬낀이 끄림 반도에 도착할 무렵에는 이루지 못한 사랑의 고통에서 어느 정도 벗어나게 되었다는 것을 시사한다. 왜냐하면 그는 다시금 시를 쓸 수 있게 되었기 때문이다.

상뜨 뻬쩨르부르그의 뿌쉬낀 기념관에는 뿌쉬낀의 작업 노트 18권이 진열돼 있는데, 그가 두 번째 노트를 받은 곳이 바로 구르주프였다. 노트를 선사한 사람은 라옙스끼의 딸들 중 한 사람이었던 것으로 추측된다. 그 첫 장에는 헌사와 더불어 연필로 그린 어떤 여인의 프로필 스케치가 있는데, 프로필의 주인공이 바로 노트를 선사한 사람이었을 것이다. 첫 장에 "1820년 7월 26일 까프까즈에서"라고 적힌 이 노트에는 「루슬란과 류드밀라」에 대한 맺음말도 적혀있다.

구르주프에 있는 라옙스끼의 저택은 바다가 내려다보이는 전망 좋은 곳에 있었다. 뿌쉬낀은 여기서 산보도 하고 얘기도 나누고 수영도 하면서 3주를 보냈다. 그는 또한 라옙스끼의 아름다운 딸들 중 한 사람을(아마도 모두를) 사랑하게 되었다. 그의 세 딸들, 마리야Mariya, 옐레나Elena, 그리고 예까쩨리나는 그 때 함께 여행을 하고 있었다. 세 자매는 바이런의 시를 좋아했고, 영어로 읽을 수도 있었다. 실제로 그들은 뿌쉬낀에게 영어로 읽는 법을 가르치기도 했다. 바이런의 시는 이미 1815년에 뿌쉬낀의 스승인 A. I. 뚜르게네프, 뱌젬스끼, 주꼽스끼 등에 의해 불어로 번역되었는데, 러시아에서 대단한 인기를 누리고 있었다. 뿌쉬낀이 그 이전에 이미 바이런의 원서를 능숙하게 읽을 수 있었든 그렇지 않았든, 그가 바이런에 푹 빠지게 된 것은 분명 구르주프에서였다. 뿌쉬낀이 특히 매료된 것은 조국에 슬픈 작별을 고하는 「차일드 해롤드^{Childe Harolde}」였다. 구르주프에 머물렀던 것은 불과 몇 주밖에 안 되는 짧은 기간이었지만, 뿌쉬낀은 「까프까즈의 포로」의 초고를 이미 탈고한 상태였다.

뿌쉬낀은 만년에는 바이런에 대하여 비판적이었지만, 구르주프에 있을 때는 아직 쉽사리 감동하는 젊은이였다. 이 무렵 일행에 끼어들게 된 니꼴라이의 형인 무뚝뚝한 알렉싼드르 라옙스끼 대령 역시 바이런의 주인공 같은 염세적인 자세와 인간성에는 경멸할 것밖에 없다는 듯한 말로 뿌쉬낀에게 깊은 인상을 남겼다. 알렉싼드르 라옙스끼는 뿌쉬낀보다 네 살 연상이었고, 안경 너머로 반짝거리는 그의 눈은 뿌쉬낀에게 볼테르를 연상시켰다. 「차일드 해롤드」의 '부도덕하고 미친' 영국인 저자에게 가뜩이나 푹 빠져 있었던 뿌쉬낀은 알렉싼드르 라옙스끼의 냉소적인 견해에 완전히 매료되었다. 뿌쉬낀은 나중에 매력적인 라옙스끼를 '사악한 천재'이며 '나의 영혼에 차가운 독을 부은' 사람이라고 회고하였다. 라옙스끼는 훗날 뿌쉬낀의 일생에서 가장 중요한 연애 사건에서 음흉하고 비열한 역을 맡기도 하였다. 하지만 이 무렵에 그는 뿌쉬낀에게 재치가 넘치는 인물로 비쳐졌고, 예프게니 오녜긴의 성격 중 어느 일면의 모델이 되기도 하였다.

라옙스끼의 세 딸 중 막내인 마리야는 15세였는데, 자그마한 얼굴에 밝은 눈동자, 들창코 그리고 매우 작은 발을 가진 소녀였다. 훨씬 후에 쓰인 일기에서 그녀는 마차에서 뛰어내려 바다로 달려가 헤엄치기 시작했던 것을 회고했다.

바다는 탁 틔어 있었다. 시인이 나를 눈여겨보고 있으리라는 것은 꿈에
도 생각지 못하고, 나는 파도를 좇아 달려가기도 하고, 파도가 밀려오면 뒷
걸음치기도 했다. 흠뻑 젖은 발로 마차로 돌아온 나는 아무 말도 하지 않았
다. 뿌쉬낀은 나의 어린애 같은 장난을 멋지다고 생각했는지 이에 대하여
아름다운 시구를 썼다.

그녀가 말한 시구는 흔히 '발의 탈선'이라고 불리는 『예프게니 오녜
긴』의 유명한 연을 가리킨다.

이 입술이 …… 애무하는 …… 발,
그 발을 덮치는 파도라면 좋으련만.

공산 정권하의 러시아에서는 마리야에 대한 뿌쉬낀의 사랑이 강조
됐었는데, 이것은 그녀가 '12월 당원들'의 영웅 쎄르게이 볼꼰스끼^{Sergey}
^{Volkonsky} 공작과 결혼했기 때문이었다. 그가 시베리아로 추방당하자 마
리야는 남편을 따라가 살뜰하게 보살펴주었다. 그녀에 대한 뿌쉬낀의
감정이 어떠했든 마리야 자신은 이 무렵 그에게 별다른 감정을 느끼지
않았던 것 같다. 「뽈따바^{Poltava}」라는 시에 붙인 뿌쉬낀의 헌사에도 그
녀에 대한 언급이 있었던 것으로 보인다.

뿌쉬낀은 라옙스끼의 맏딸 예까쩨리나에게 연애 감정 같은 것을 느
꼈다. 하지만 그가 그녀를 "권력 지향적이고, 자존심이 강하고, 교활하
며 잔인하다"고 평했던 것으로 보아 그녀에 대한 그의 감정은 일시적
인 로맨스에 지나지 않았던 것으로 보인다. 그는 둘째 딸인 옐레나와

는 가벼운 농담을 주고받았다. 그러나 세 자매는 서로를 질투하기 일
쑤였고, 끄림 반도의 생활을 그리고 있는 그의 시「바흐치싸라이의 샘
The Fountain of Bakhchisaray」이 여성의 질투심을 주제로 하고 있는 것도 이
때의 경험을 바탕으로 했던 것 같다. 뿌쉬낀은 만년에 "사랑을 잊게 되
었다"고 하면서 끄림 반도로 돌아가고픈 심정을 피력하였다.

뿌쉬낀을 책임지겠다고 했던 라옙스끼 장군이 끼예프로 돌아가게
되면서 구르주프에서의 그의 생활도 끝나게 되었다. 뿌쉬낀은 다시 인
조프의 휘하에서 일을 해야 했는데, 이 무렵 인조프의 본부는 끼쉬뇨
프로 옮겨져 있었다. 니꼴라이를 포함한 장군의 수행원들과 함께 뿌쉬
낀은 말을 타고 끄림 반도의 산맥을 넘어 바흐치싸라이에 도착하자,
몸에 열이 좀 났고 그곳의 유적에는 별다른 흥미를 느끼지 못했다. 한
때 여러 왕들이 다스렸던 회교 제국의 중심지였던 바흐치싸라이에는
왕궁이 있었고, 궁전 안에는 '눈물의 샘'이 있었다. 그는 젤비끄에게 보
내는 편지에서 왕궁을 이렇게 묘사했다.

왕궁에 들어서자 버려진 샘 하나가 눈에 띄었네. 녹슨 철제 홈통에서는
물방울이 떨어지고 있었지. 이리저리 왕궁 안을 돌아다니다 보니 은근히
부아가 치밀었다네. 돌보는 사람이 없어 폐허로 변했기 때문일세 ……. 나
는 라옙스끼 때문에 반강제로 흔들거리는 계단을 올라 폐허가 된 사원과
왕의 무덤에 이르게 되었지 ……. 나는 신열로 괴로웠다네.

뿌쉬낀은 왕궁을 보던 당시에는 거기에 별 흥미를 느낄 수 없었지
만,「바흐치싸라이의 샘」에서 다시 왕궁을 묘사하였다. 그는 나중에

이 시를 니꼴라이에게 헌정했는데, 그의 우정에 대한 보답이었다. 일행은 유명한 상뜨 게오르그St. George 사원과 이피게니아Iphigenia(그리스 신화에 나오는 아가멤논과 클리템네스트라의 딸—옮긴이)가 제물로 바쳐졌던 곳으로 전해지는 다이아나 사원의 폐허도 구경했다.

　뿌쉬낀은 라옙스끼 일가와 작별을 고하고 나서 베싸라비아 주로 들어가 그 자신이 '저주받은 도시'라고 불렀던 끼쉬뇨프로 향했다.

제
6
장

끼쉬뇨프

끼쉬뇨프는 베싸라비아 주 비끄Byk 강가의 작은 도시였다. 오토만Ottoman 제국과의 잦은 분쟁으로 주인이 자주 바뀌었던 이 도시는 그 무렵에는 러시아에 병합돼 있었다. 인조프는 그곳 귀족들의 평의회에서 채택된 법과 관습에 따라 그곳을 통치하는 임무를 맡고 있었다. 도시의 구불구불한 좁은 거리들은 몰다비아Moldavia의 농부들, 그리스인들, 터키인들, 유대 상인들, 그리고 여러 나라의 여행자들 등 각양각색의 인종들로 붐비고 있었다. 회교도들의 모자를 쓴 사람들도 있었고, 소매가 긴 터키식 옷이나 바지를 입은 사람들도 있었으며, 소매에 레이스 달린 옷을 입고 불란서 혈통임을 과시하는 사람들도 있었다.

국경 지대의 도시인 끼쉬뇨프는 까프까즈 지방처럼 나름대로 이국적인 멋을 풍기고 있었다. 주민의 10%가 유대인이었는데, 이들은 18세기에 끼쉬뇨프가 상업 중심지가 되자 이곳으로 이주한 사람들로서 무자비한 탄압을 받고 있었으며 상당수가 극빈층에 속했다. 그들의 '오두막'을 유심히 살펴보았던 뿌쉬낀은 비곌Vigel이라는 친구에게 보내는 편지에서 '그들의 더럽고 영세한 점포'에 대하여 적었지만, 러시아인들 특유의, 유대인을 백안시하는 태도는 거의 없었다. 그 자신도 외국계의 선조가 있었고, 이로 인한 이질감을 가지고 있었기 때문에 뿌쉬낀은 그들의 열악한 환경에 동정을 보냈는지도 모른다. 1826년에 쓰인 시에서 그는 오두막에 살고 있는 한 유대인 가족의 공포에 대하여 묘사했다. 노인이 성경책을 읽고 있고, 그의 부인은 볼품없는 저녁상을 차리고 있다.

> 슬픔에 젖은 오두막에서
> 할머니는 저녁상을 차리네.
> 할아버지는 성경책을 덮고
> 문을 잠그네.
> 초라한 저녁상일망정
> 할머니는 식구들을 부르네.

　1820년 9월 20일경에 뿌쉬낀이 도착하자, 인조프는 그를 자기 집에서 머물도록 해주었다. 도시의 외곽에 있었던 그의 집은 포도밭으로 둘러싸여 있었다. 인조프는 뿌쉬낀의 행실을 상뜨 뻬쩨르부르그로 보고하도록 돼 있었는데, 그의 너그럽고 호의적인 보고서에는 뿌쉬낀을 보호하려는 배려가 깃들여 있었다. 뿌쉬낀이 하는 일이라곤 불어로 쓰인 몰다비아의 법률을 러시아어로 번역하는 것뿐이었다. 처음에 그는 끼쉬뇨프의 사교계에 발을 들여놓는 것이 즐거웠고, 거기에 주둔하고 있었던 부대의 몇몇 장교들과 사귀었다. 그는 그들과 어울려 극장이나 파티장에도 가고, 노름을 하거나 점잖지 못한 곳을 돌아다니기도 하였다. 더구나 인조프는 그가 원하는 대로 휴가를 주어 뿌쉬낀은 우끄라이나Ukraine 주의 까멘까Kamenka에 있는 다비도프Davidov 일가의 영지를 방문할 수도 있었다(라옙스끼의 모친의 두 번째 남편은 다비도프라는 성을 가진 사람이었다).

까멘까에서 뿌쉬낀은 당구장을 서재로 제공받아 1821년 2월 「까프까즈의 포로」를 탈고할 수 있었다. 그는 휴가를 대여섯 주나 더 연장받아 라옙스끼 장군의 배다른 동생들인 다비도프 형제들과 즐거운 시간을 보내게 되었다. 뿌쉬낀은 그들 중 형을, 재치 있다기보다는 뚱뚱하다고 해서, 폴스타프Falstaff(셰익스피어의 「헨리 4세Henry IV」와 「윈저 공의 명랑한 아낙들The Merry Wives of Windsor」 에 나오는 쾌활하고 재치 있는 허풍쟁이 뚱뚱보 기사 — 옮긴이)라고 불렀다. 12월 4일 친구 N. I. 그네디치Gnedich에게 보내는 편지에서 뿌쉬낀은 이곳에서의 즐거운 나날을 이렇게 적었다. "나는 귀족적인 식사를 하고 선동적인 논쟁을 하면서 시간을 보낸다네 ……. 여자들은 별로 없지만, 샴페인과 재담, 그리고 책은 얼마든지 있고, 시도 가끔 읽지."

몇 안 되는 여자들 중에는 형의 아내인 아글라야 라는 여자가 있었는데, 그녀는 매력적이고 애교가 넘쳤으며 뿌쉬낀과는 농을 곧잘 주고받았다. 그녀에게 써준 짧은 시에서 뿌쉬낀은 그녀가 남자들에게 너무 쉽게 넘어가는 것을 비웃는다.

내가 아는 사내는 콧수염과 제복으로

나의 아글라야를 품에 안았고,

어떤 사내는 돈으로 그녀를 차지했다네.

프랑스 사내만 보면 달아오르는 그녀.

클레옹은 마음으로, 다미스는 달콤한 노래로

그녀를 흥분시켰다네.

말해다오, 내 사랑 아글라야,

그대 남편은 무엇으로 그대를 얻었는지.

뿌쉬낀 자신도 애교 많은 그녀를 얼마 동안은 좋아했지만, 사랑의 감정은 거의 느끼지 않았다. 그는 12세밖에 안 된 그녀의 딸 아델레^{Adele}와도 지나칠 정도로 시시덕거렸다. 그는 미사 중에도 그녀에게 이상한 표정을 지어 보이기도 했고, 사랑의 즐거움을 맛볼 수 있는 최초의 기회를 놓치지 말라고 충고하는 시를 써주기도 하였다.

이렇게 즐겁게 지내다 보니 허락받은 휴가기간을 훨씬 넘기게 되어 뿌쉬낀은 한 달이 지난 후 인조프에게 편지를 보내 독감에 걸렸다고 둘러대었다. 너그러운 인조프는 답장에서 뿌쉬낀이 겨울의 대평원에서 길을 잃지 않아 다행이라는 것과 다비도프 일가가 그가 건강을 회복할 때까지 그를 붙잡아 두었으면 좋겠다는 답장을 적어 보냈다.

그 후 뿌쉬낀은 끼예프로 가서 예까쩨리나 라옙스까야를 방문했는데, 그녀는 제16사단의 사단장 오를로프^{Orlov}와 약혼한 상태였다. 뿌쉬낀은 오를로프가 자기 자신의 허영심만 가지고도 행복해질 수 있는 유일한 사람이라고 말했다. 모든 사람이 오틀로프의 결혼 소식을 듣고 놀랐는데, 이때 뿌쉬낀은 그에 관한 유명한 풍자시 한 편을 썼다.

천박한 나신으로

오를로프는 이스또미나와 침대에 누웠다네.

장군은 또다시 제대로 시능도 못내고

그만 주저앉아 버렸다네.

돋보기를 든 라이사가 공손히 말했다네.

"무엇으로 저를 꿰시려는지

이제는 정말 살펴보렵니다."

    쏘련의 편집자들은 이 시의 마지막 두 줄을 삭제해버려 시를 완전히 망쳐놓았다. 그의 유년시절 코담배에 대한 멋진 시에서도 러시아 편집자들은 '그녀의 다리 사이로'라는 표현을 '급기야는'으로 바꾸어 놓았던 적이 있었다. 쏘련의 편집자들은 지나치게 외설적이라고 생각되는 어휘들을 가차 없이 공백으로 바꾸어 놓았던 것이다.

    그러나 예까쩨리나의 약혼자 오를로프 소장에게는 뿌쉬낀이 까멘까에서 머무르고 있던 무렵 모르고 있었던 일면이 있었다. 오를로프는 남부 러시아의 많은 장교들이 관련되었던, 점증하던 혁명 운동에서 중요한 역할을 맡고 있었던 것이다. 예전에 '초록 등잔회'에 소속되었던 친구들이 그랬던 것처럼, 이곳의 장교들도 그들이 가슴 깊이 묻어두고 있는 비밀을 뿌쉬낀에게는 털어놓으려 하지 않았다.

    오를로프 자신은 나중에, 주동자 급은 아니지만, 12월 당원이 됐던 인물로, 그는 이미 오랫동안 당국의 감시의 대상이었던 것이다. 뿌쉬낀이 까멘까에 머무르고 있는 동안 혁명 운동의 남부 지부 몇몇 간부들은 거기서 회의를 소집하기도 했다. 그들은 심각한 토론석상에 그를 한 번도 가담시킨 적이 없었다. 어느 날 저녁에는 반정부 비밀단체의 존재 여부가 우연히 화제에 오르게 되었는데, 이 자리에는 그 운동에 가담하지 않았던 라옙스끼 장군도 참석하고 있었다. 한 젊은이가 농담조로 그런 단체가 있을 리 없다고 일축하였다. 그러자 뿌쉬낀이 상기된 얼굴로 일어나 눈물까지 흘려가며 말했다. "전 지금처럼 불행한 적이 없었습니다. 저는 고고한 목표를 향해 나아가는 고귀한 인생을 꿈꿔왔습니다. 그런데 이건 모두 비열한 수작이죠!"

학창시절의 친구 이반 뿌쉰은 뿌쉬낀의 그같은 기질을 알았기에 그에게 비밀 단체에 대하여 한 번도 귀띔을 해주지 않음으로써 그를 위험으로부터 보호하려 했던 것인지도 모른다. 하지만 남부 러시아의 비밀 조직원들은 뿌쉬낀이 너무 무책임하고 충동적인 데다 난봉기까지 심해 믿음성이 없다고 생각했을 것이다. 심지어 그들 중 한 사람은 그를 싫어했고, '깡패같은 놈'이라고까지 생각했다. 공연히 으스대면서 남을 조롱하고 괴롭힌다는 것이다. 뿌쉬낀을 좋아했던 사람들도 그가 너무 경솔한 데다 걸핏하면 흥분하고, 유년 시절의 '귀뚜라미'라는 별명대로 신중하지 못하다고 생각하였다. 이에 덧붙여 포미쪼프Fomichev 교수는 남부의 비밀 회원들이 뿌쉬낀을 가담시키려 하지 않았던 것에 대하여 보다 그럴듯한 이유를 제시했다. 뿌쉬낀은 경찰의 감시를 받고 있었던 요주의 인물이었기 때문에 그를 가담시키면 불필요한 조사만 받게 될 가능성이 많았으리라는 것이다.

1821년 3월에 뿌쉬낀은 끼쉬뇨프로 돌아왔다. 1821년 4월, 까뽀디스뜨리아가 뿌쉬낀에 대한 보고서를 요구하자 인조프는 "세월이 흐르면 그는 이성을 찾을 것입니다"라고 한 다음, "그는 요즈음의 혼란한 상황에 초연해 있습니다"라고 써보냈다. 그러나 정치적 상황은 뿌쉬낀에게 불리하게 돌아가고 있었다. 오를로프 진영의 진보적 견해는 상뜨 뻬쩨르부르그에서는 잘 알려져 있었지만 오를로프 자신은 든든한 가족 배경 덕에 보호받을 수 있었다. 경찰이 진보적 정서의 확산을 막기 위해 최초의 행동을 개시했을 때, 오를로프는 다행히 끼예프를 떠나 있었다.

뿌쉬낀은 또다시 위험한 지경에 놓이게 되었다. 1822년 2월 16일, 본보기로 체포된 사람은 27세의 포병대 소령이었다. 그의 이름은 라옙스끼였지만, 라옙스끼 장군과 친척 관계는 아니었다. 그는 시도 몇 편 썼던 총명한 젊은이로서, 혹독한 군대 생활, 특히 졸병들에 대한 체벌을 비판한 적이 있었다. 그와 뿌쉬낀은 가까운 친구사이였다. 뿌쉬낀은 인조프의 집에서 우연히 어떤 대화를 엿듣고 라옙스끼에게 체포가 임박해 있다고 귀띔해주기까지 했다. 이를 듣고 라옙스끼는 중요한 서류를 태웠지만 체포를 면할 수는 없었다. 그는 5년 동안 감옥에 갇혀 있으면서 대여섯 차례의 재판을 받았다. 그중에는 꼰스딴찐 대공Duke Konstantin이 주심으로 나선 재판도 있었다. 1827년, 라옙스끼는 자신이 마침내 석방될 것이라고 믿었지만, 새로 등극한 황제 니꼴라이 1세가 그의 문제에 직접 개입하여 그를 시베리아로 유배시켰고, 1872년 그는 거기서 죽고 말았다. 라옙스끼는 '복지 연맹'의 회원이었을 뿐만 아니라 비밀공제 조합원이기도 하였다. 1822년 8월 러시아 정부에 의해서 비밀공제 조합의 지부들이 폐쇄된 것은 그의 재판의 여파 때문이기도 했다.

뿌쉬낀은 그 지역의 가장 중요한 비밀 조직원들을 사적으로 잘 알고 있었다. 그중에는 사회개혁 운동의 한 지도자인 P. I. 뻬스쩰Pestel도 있었는데, 정부 비판자들 중에서도 가장 머리가 좋았던 것 같다. 12월 당원 로레르^{Lorer}는 그의 작은 키, 가무잡잡한 피부, 생기 넘치는 검은 눈동자 등이 나폴레옹과 흡사하다고 묘사하였다. 1821년 4월 9일 자의 일기에 뿌쉬긴은 이렇게 적었다. "심정적으로 나는 물질주의자이지만 나의 이성은 그것에 반대했다. 우리는 그와 형이상학적, 정치적, 그리고 도덕적 문제 등에 관하여 토론했다. 그는 내가 알고 있는 사람들 중에서 가장 독창적인 사람이다."

뿌쉬긴이 최초로 그린 뻬스쩰의 초상화는 프로필로서, 얼굴 표현이 재미있었다. 뿌쉬긴은 뻬스쩰의 이마, 콧날, 입술 그리고 턱을 연결하는 선은 그렸지만 눈도 머리도 그려 넣지 않았다. 1823년의 한 원고에는 뻬스쩰의 두 번째 초상화가 그려져 있는데, 여기에도 눈은 그려져 있지 않지만, 프로필의 선은 보다 안정감이 있어 보인다. 세 번째 초상화에서는 뻬스쩰의 군복 깃이 곁들여 있다. 이 그림은 『예프게니 오녜긴』의 제2장 21번째 연의 초고에 들어있다. 이것은 1823년 11월 초에 그려진 것으로, 이때까지도 뿌쉬긴은 뻬스쩰을 사적으로 만나고 나서 느꼈던 강한 인상을 지울 수 없었던 것 같다. 뻬스쩰의 다음 초상화는 확고한 필치로 그려진 완성도가 높은 그림이었다. 이것은 『예프게니 오녜긴』의 제4장 중 오녜긴의 독백을 적은 원고의 여백에 그려져 있는데, "1824년 10월 8~10일, 미하일롭스꼬예"라고 적혀있다. 이 그림에는 뻬스쩰의 머리와 군복의 윤곽이 그려져 있고, 넓은 이마, 가늘게 째진 눈, 곧은 코, 코와 두툼한 입술 사이의 짧은 인중, 크지는 않지만 단호해 보이는 턱, 뒤로 빗겨진 머리, 약간 처진 귀 등이 뚜렷하게 드러나 있다.

뻬스쩰의 정치적 성향은 누구에게나 분명한 것이었지만, 그가 비밀 조직에서 중심적 위치를 차지하고 있다는 사실을 뿌쉬긴에게 말해준 사람은 아무도 없었다. 정말이지 뿌쉬낀은 그런 사실을 전혀 모르고 있었기 때문에 '12월 봉기' 당시 혐의를 살 만한 자료들은 모두 폐기했으면서도 뻬스쩰의 초상화 두 점을 태울 생각은 하지도 않았었다. 그로부터 약 5년 후, 뻬스쩰은 '12월 봉기'의 주동자 5명중의 한 사람으로 교수형을 당했다.

그 당시 뿌쉬낀은 주요 비밀조직이 활동하는 지척에서 살고 있었지만 거기에 연루되지는 않았다. 그러나 그렇다고 해서 그가 재난을 면했던 것은 아니었다. 까멘까와 끼예프에서 돌아온 뿌쉬낀은 방탕한 생활에 빠져들게 되었다. 그러나 그의 생활에는 순진한 면도 없지는 않았다. 그는 집시 음악과 춤을 좋아했고, 때로는 원주민 출신 거리의 광대들과 어울리기도 하였다. 그는 늦은 시간에 잠자리에 들어, 권총의 탄창에 밀랍 탄알을 넣고 방의 벽 위의 무늬를 따라 총을 쏘기도 했다. 그는 모자도 쓰지 않고 시내를 돌아다녔는데, 술을 사려고 모자를 전당 잡혔기 때문이었다. 어떤 때는 이상한 옷을 입고 공원을 돌아다니며 터키인이나 세르비아인, 혹은 몰다비아인 행세를 하기도 했다. 그가 이상한 옷을 입었던 것은 돈이 없었기 때문이기도 하였다. 그는 700루블의 봉급을 제때에 타지 못한 적도 있었는데, 그의 아버지는 돈을 일절 보내주지 않았다. 게다가 그는 습관처럼 노름을 했지만 운도 따르지 않았고 상뜨 뻬쩨르부르그에서처럼 끼쉬뇨프에서도 카드에는 소질이 없었다.

주목할 만한 사실은 뿌쉬낀이 계속해서 자기 스스로를 뻬쩨르부르그에서 추방당한 사람으로 여겼다는 것이다. 남부 베싸라비아의 악께르만Akkerman으로 여행 갔을 때 그는 자신의 처지가 로마에서 추방당한 오비드^{Ovid}(43 B.C.~A.D. 17?, 로마의 시인―옮긴이)와 같다고 생각했다. 리프란디^{Liprandi} 대령과 악께르만으로 가는 도중에 뿌쉬낀은 오비드의 무덤으로 추정되는 유적지를 찾았다. 그는 그 유적지의 반대편에 있는 낡은 탑에서 오비드의 불행을 회고하면서 밤을 보냈다. 뿌쉬낀은 동생에게 보낸 1823년 1월 30일 자의 편지에서 「루슬란과 류드밀라」나 「까프까즈의 포로」보다 「오비드에게」라는 자신의 시를 더 높이 평가한다고 고백하였다. 「집시들」이라는 작품에서도 한 노인이, 노래에 천부적 재능을 가지고 있고 집시들이 사랑하는, 어느 추방당한 시인을 회상하는 아주 아름다운 장면이 나온다. 100여 랭 길이의 6보격의 시 「오비드에게」는 1821년 12월 16일 완성되었다. 이 시의 마지막 부분은 아래와 같다.

> 명성이 아니라 운명이 그대와 같은 나,
>
> 나의 현금^{弦琴}은 북녘 사막에서 메아리치네.
>
> 온 천지에 들어주는 친구 하나 없이
>
> 나는 다뉴브 강변을 홀로 헤맨다네.
>
> 낯선 언덕, 잠든 들판에서 숲에서
>
> 고즈넉이 뮤즈 여신들만이 나를 반겨주네.

뿌쉬낀은 끼쉬뇨프 시절의 첫 번째 작업 노트에 적힌 많은 시들에서 자신을 패배당해 엘바섬에 갇힌 나폴레옹을 비롯한 다른 유배자들과 동일시하였다.

뿌쉬낀은 자신이 사랑하던 사람을 생각하고는 더욱 외로움을 탔다. 그에게 우애는 열정과도 같은 것이었다. 그는 특히 동생 레프를 그리

위했는데, 부모가 동생에게 자신을 잊도록 강요할 것 같아 두려웠다. 1821년 3월 23일 자 젤비끄에게 보낸 편지에서 그는 이렇게 적었다. "나는 그들이 그의 가슴에서 나를 지우게 하려함을 안다. 그들은 그렇게 해야 동생에게 유익하다고 생각하는 것이다. 하지만 우리는 아프리카의 피를 섞은 친구이자 형제로 남을 것이다."

무엇보다도 그는 동료 시인들을 그리워했다. 그 당시 그가 문단과 접촉할 수 있는 유일한 방법은 편지뿐이었다. 뿌쉬긴의 책을 발행했을 뿐만 아니라 『일리아드』의 유명한 역자인 시인 니꼴라이 이바노비치 그네디치 Nikolay Ivanovich Gnedich 로부터 편지를 받았을 때 뿌쉬긴은 "몰다비아의 황야에서 나를 찾아준" 편지라고 말한 바 있다. 1821년 5월 7일 A. I. 뚜르게네프에게 보내는 편지에서 뿌쉬긴은 "당신은 저를 잊지 않았겠지요? 까람진 일가와 당신, 그리고 몇몇 분들이 없다면 끼쉬뇨프가 아닌 다른 곳에 있다 해도 따분할 수밖에 없겠지요"라고 적었다. 그가 '베싸라비아의 황야'에 유배되어 있다는 것은 그가 친구들은 물론 잡지와 신간 서적들과도 격리돼 있다는 것을 뜻했다. 1821년 9월 21일 그는 니꼴라이 이바노비치 그레치 Nikolay Ivanovich Grech 에게 이렇게 썼다. "나는 젤비끄와 그네디치에게 편지를 보냈지만 답장이 없다네. 이게 무엇을 뜻하는가? 단지 내가 잊혀진 것뿐이라면 나는 그들을 비난하지 않겠네. 잊혀진다는 것은 부재한 자의 당연한 운명이니까. 하지만 그들이 나에게 화를 내고 있다거나 내가 답장을 보낼 가치도 없는 자라고 생각하는 것이라면 그건 견딜 수 없네."

뿌쉬긴의 편지를 읽는 것은 그의 목소리를 직접 듣는 것과도 같다. 그의 편지는 자연스럽기도 하고 기발하기도 하며 자신의 감정을 솔직히 드러내기도 하지만 때로는 외설스럽고 장난기를 담고 있기도 하다. 그의 친구 M. F. 오를로프Orlov(외설스러운 풍자시에서 묘사됐던 오를로프로 여겨지는)가 최근에 결혼한 것을 두고 뿌쉬낀은 "그가 머리통과 귀두를 혼동해서 머리통으로 마누라와 성교하지 않는 이상 그런 일이 일어날 수 있다는 것을 도무지 이해할 수가 없다"라고 말했다.

뿌쉬낀 특유의 이런 장난기에도 불구하고 끼쉬뇨프에서의 그는 상 뜨 뻬쩨르부르그에서의 달뜬 시절보다도 더욱 진지하게 읽고 썼다. 누 구나 아는 방탕한 생활을 하면서도 그가 그럴 수 있었던 것은 그의 탁 월한 정력 덕분이었다. 그는 많은 작품들을 썼다. 간밤에 아무리 분탕 질을 쳤어도 어김없이 새벽에 일어나 침대에 책상다리를 하고 앉아 글 을 썼다. 아침을 거르기 일쑤였고 점심을 거를 때도 있었으며, 누군가 가 훼방하면 격분하기도 했다. 날씨가 화창하면 그는 인조프의 정원이 나 그 너머 들판에서 작업하였다. 뿌쉬낀과 함께 남부 베싸라비아로 여행을 갔었던 리프란디I. P. Liprandi는 뿌쉬낀이 사방에 종이 조각을 널 어놓은 채 벌거벗고 의자에 앉아있던 것을 기억한다. 그가 외로움을 이겨낼 수 있었던 것은 정치적 참여가 아니라 시 덕분이었지만 그는 여전히 진보파에 동조하는 입장이었고, 1821년에는 「단검」을 썼다.

어떤 면에서 보면 「단검」은 「자유」만큼이나 위험을 감수하고 쓴 시 였다. 이 작품은 1819년 독일 태생의 극작가이자 러시아 관리인 아우 구스트 프리드리히 폰 코체부에August Friedrich von Kotzebue라는 보수주의 자가 칼 루드비히 산트Karl Ludwig Sand라는 민족주의 계열의 독일 학생에 게 학살당한 사건을 다루고 있다. 이 시는 렘노스Lemnos(에게 해 동북부에 있는 그리스 령의 섬 — 옮긴이)의 수호신이자 무기(뿌쉬낀에 의하면 단검)의 창안자로 알려진 헤파이스토스Hephaistos 신을 장엄한 어조로 불러내는 것으로 시작된다. 헤파이스토스는 옥좌 곁에 있는 자들의 화려한 옷자락 속을 비롯하여 어디에나 존재할 수 있는 자유의 영원한 수호신으로 묘사된다. 이 시는 자유의 적이라면 그가 "닫힌 문 속에 숨어 있을지라도 / 가족들과 더불어 잠들어 있을지라도" 예기치 않은 습격을 받을 것이라고 경고한다.

뿌쉬낀은 대담하게도 산트를 '정의롭다'고 표현했다. 1821년에는 그 자신이 이 작품을 가리켜 "나의 진보주의에 대한 최후의 환희에 찬 표현"이라고 말한 바 있었다. 이 당시 뿌쉬낀의 작업 노트에는 프랑스의 혁명가 마라Marat, 그리스의 왕자 입실란티Ypsilanti, 러시아가 터키의 압제에 항거하는 그리스인의 봉기를 지원하자고 간청한 러시아 황제의 부관 등의 스케치와 더불어 산트의 스케치가 그려져 있다. 뿌쉬낀은 마라의 머리 위에 단두대의 삼각날을 그려 놓았는데, 이는 '환희에 찬' 이 시절에도 그가 프랑스 사람들의 자유를 위한 투쟁에 뒤이었던 테러 행위를 명심하고 있었음을 시사한다.

끼쉬뇨프 시절의 작업 노트 제1권에는 많은 낙서들도 있는데, 이는 그의 주변의 다양한 인종들과 그가 개인적으로 알고 지내던 사람들에 대한 기록이다. 여기에는 데귈리Deguilly라는 관리도 포함되어 있는데, 이 사람은 한때 뿌쉬낀의 결투 신청을 거부한 사람이었다. 1821년 3월 젤비끄에게 보내는 편지에서, "나의 뮤즈 여신은 금욕생활로 시름시름 앓지만, 나는 여신을 범하려 하지 않는다네"라고 불평하면서도 뿌쉬낀은 「까프까즈의 포로」라는 새로운 작품을 탈고했다는 소식을 전했다.

「까프까즈의 포로」는 바이런의 동방 편력기 중의 하나를 모델로 삼은 작품이었지만, 바이런의 작품이 동방의 여행 경험을 바탕으로 했던 것과는 달리 뿌쉬낀의 작품은 거기서 실제로 살았던 경험을 바탕으로 했다는 차이가 있다. 그러나 뿌쉬낀은 「차일드 해롤드」의 영향을 받아 그가 상뜨 뻬쩨르부르그로부터 타의에 의해 추방당한 것을 새로운 시각으로 조명할 수 있게 되었다. 즉 그는 자신이 피상적인 세계를 떠나 추방자의 선택된 자유를 누리게 되었다고 생각하게 되었다. 이러한 생각을 하게 된 뿌쉬낀은 바이런의 모방자이자 바이런적 기질의 비판자가 되었고, 나중에 이러한 비판 정신을 더욱 가다듬게 되었다. 뿌쉬낀이 끼쉬뇨프에 머물렀던 시절에 쓴 시들은 분명 바이런의 「해적The Corsair」, 「이단자The Giaour」, 그리고 「칠론의 죄수The Prisoner of Chillon」 등의 작품에 영향 받은 것들이다.

「까프까즈의 포로」는 체르께스Circass(까프까즈 산맥 북쪽의 흑해연안 지역 ─ 옮긴이)에 있는 집단수용소 생활에 대한 놀라운 묘사로 시작된다. 한 러시아 포로가 초주검의 상태로 밧줄에 묶여 체르께스의 수용소로 끌려오게 된다. 그는 시인이자 몽상가로서 뭐라 설명할 수 없는 쓰라린 사랑의 추억을 간직한, 자유를 찾아 사회를 져버린 사람으로서 이제는 포로의 신세로 전락하게 되었다. 밤중에는 한 아름다운 체르께스의 아가씨가 그에게 말 젖을 갖다 주면서 그의 처지를 딱하게 여긴다. 그녀가 가져오는 포도주를 마시고 그녀의 극진한 간호를 받은 끝에 그는 건강을 회복하게 된다. 그는 체르께스 사람들의 소박한 용기와 친절함에 마음이 끌리게 되었고, 그들의 승마술과 무기에 감탄하게 되었다(뿌쉬낀도 까프까즈 산맥 일대를 여행하면서 그렇게 느낀 바 있었다). 한편 그녀는 그를 사랑하게 되었다. 체르께스의 처녀가 그에게 사랑을 고백하자 그는 솔직하게 그녀의 사랑을 받아들일 수 없다고 한다. 그러자 그녀는, "하지만 누가 당신의 아름다운 연인인가요? / 그녀를 사랑하나요? 그녀도 사랑하나요?"라고 물으며 그의 거부를 이해하지 못한다. 그래도 그녀는 그가 석방되도록 손을 써 주었고, 두 사람은 함께 체르께스를 떠나게 된다. 그 죄수는 그녀를 사랑하지 않았고, 사실 그 누구도 사랑할 수 없었다. 그를 구해준 그 처녀가 얼어붙은 계곡 물에 빠졌을 때에도 분명 그는 그녀를 구하려 하지도 않았다. 이 죄수의 냉정한 태도는 약간의 설명이 필요하다. 뿌쉬낀은 정서적으로 메마른 어린 시절을 보냈던 탓에, 훗날 그가 지나칠 정도로 쾌활한 태도를 보였다 해도, 그의 가슴에는 얼음 조각 같은 것이 남아있어서 쉽사리 남을 동정할 수가 없었던 것이다. 그가 쉽사리 사랑에 빠지고 쉽사리 성적 충동을 느꼈던 것은 별개의 문제이다. 뿌쉬낀은 체르께스 사람들이 금욕주의적 무관심으로 자신들의 운명을 대하는 태도를 찬양할 만한 것이라고 적었지만, 그의 친구들은(이 작품을 칭찬한 친구들까지도) 작중 인물의 이기적 행동을 비난하였다. 1822년 4월 29일 뿌쉬낀은 이 작품을 니꼴라이 이바노비치 그네디치에게 보내며 "출판의 수고"를 부탁한다고 적었다. 그 해 6월 27일 뿌쉬낀은 출판이 확정되었다는 소식을 접하고 기뻐했다.

그네디치에게 보낸 초기의 편지에서 뿌쉬낀은 「까프까즈의 포로」에서 자신은 "그 당시 젊은 세대의 특징인 인생과 그 환희에 대한 무관심, 그리고 영혼의 조숙한 노쇠 현상"을 보여주고 싶었노라고 썼다. 이 당시 뿌쉬낀 자신도 23세에 불과했기 때문에 그 죄수의 성격 묘사가 반영하는 것이 뿌쉬낀의 후천적인 자세인지 아니면 그의 타고난 본성인지 가릴 필요가 있다. 1822년 10월, 뿌쉬낀은 작중인물이 그 처녀를 따라 물에 뛰어들지 않은 이유를 의아하게 생각하는 블라지미르 뻬뜨로비치 고르차꼬프Vladimir Petrovich Gorchakov에게 분명하게 말했다. "그 죄수의 성격은 실패작입니다. 이건 내가 낭만적 시의 주인공을 묘사하는 데에는 재능이 없다는 것을 입증하지요. 그를 묘사하면서 나는 19세기 젊은이들의 뚜렷한 특징인 삶과 그 즐거움에 대한 무관심, 그리고 영혼의 조숙한 노쇠 현상을 그리고 싶었습니다."

분명 이 시점까지도 뿌쉬낀은, 「유레프로」에서 쓴 것처럼, 여성에 대하여 '격렬한 욕정'만을 느꼈고 '사랑'은 거의 느끼지 않았던 것으로 보인다. 그가 말하는 '무관심'도 아마 이 점을 시사했던 것으로 보인다. 그렇다고 해도 이 시점에서의 그의 감정 묘사는 그가 바이런의 추종자였음을 시사해준다. 까프까즈 지방에 머무르면서 뿌쉬낀이 특히 매력을 느꼈던 것은 '차일드 해롤드'의 유명한 감상벽感傷癖이었다. 이 시의 분위기와 「바흐치싸라이의 샘The Fountain of Bakhchisaray」 등 동방의 영향을 받은 작품들로 인해서 뿌쉬낀은 열광적 비평가들로부터 '러시아의 바이런'이라는 별명을 얻게 되었다.

1822년 2월 6일 뿌쉬낀은 뱌젬스끼에게 보내는 편지에서 이 시에 대하여 비교적 솔직하게 언급하였다. "당신은 나의 주인공이 체르께스의 처녀에 대하여 애도하지 않는다고 나무라지만, 그가 무슨 말을 할 수 있었겠습니까? '그는 모든 것을 이해했다'라는 말이 모든 것을 대변합니다. 어떤 사람들은 그 죄수가 물에 뛰어들어 체르께스의 처녀를 구하지 않았다고 화를 냅니다. 그래요 한번 뛰어들어 보라지요. 나도 체르께스의 강물에서 헤엄친 적이 있었습니다. 강물에 뛰어들어 봤자 아무엇도 찾지 못하고 빠져 죽기만 할 뿐이죠. 나의 죄수는 천사 같은 인물입니다. 체르께스의 처녀를 사랑하지도 않았지요. 그가 익사하지 않은 것은 올바른 선택입니다." 이런 활달한 자기변호가 그의 친구들을 납득시켰는지는 알 수 없지만, 다른 독자들은 이런 단서但書 없이 그의 작품을 좋아했고, 그의 독자는 엄청나게 늘어만 갔다. 이 무렵에는 국민 대다수가 교육을 받지 못했지만, 문맹률이 낮아지고 있어서 뿌쉬낀에 대한 열광적인 인기는 교양 있는 엘리트 집단의 울타리 밖으로 널리 펴져 나갔다. 참으로 책과 잡지를 찾는 인구가 늘어만 가 그때까지는 상상할 수도 없었던 문학의 상업화가 이뤄지게 되었고, 이에 따라 불안해진 당국의 검열은 더욱 심해져갔다.

환멸감에 젖은 젊은 방탕아에 관한 낭만적인 이야기인 「까프까즈의 포로」를 마쳤을 무렵 뿌쉬낀은 이미 그의 걸작 『예프게니 오녜긴』을 쓰기 시작했다. 또다시 뿌쉬낀의 작업 노트에 적힌 낙서는 이 당시 뿌쉬낀의 심적 상태가 어떠했는가를 시사해준다. 작업 노트에는 매음굴 안에 있는 여러 인물들이 스케치돼 있고 '사랑에 빠진 악마의 이야기'에 관한 개요가 적혀 있다.

복잡한 구성의 매음굴 그림에는 악마가 한 젊은이를 매음굴로 인도한다. 이 그림에는 또 해골, 펜싱 칼, 두개골 같은 것들이 있는데, 이것들은 나중에 그려 넣어진 것으로서, 사랑에 빠진 악마에 관한 시를 쓰겠다는 뿌쉬낀의 의도를 시사한다. 이 소재는 뿌쉬낀이 남부 지방에 머무르고 있을 때부터 품었던 것이지만, 결코 구체화된 적이 없었다. 냉담하고 신비로울 것도 없는 악마가 한 젊은이를 이 세상에서 파멸시킨다는 소재는 『예프게니 오녜긴』의 플롯과 흡사하다. 그의 작업 노트에는 두 개의 그림이 더 있는데, 하나는 고기 굽는 불쏘시개 곁에 앉은 우아한 악마의 그림이고 다른 하나는 반라의 여인의 환영 위에 있는 악마의 그림이다.

뿌쉬낀이 자기의 모든 작품에 대한 검열을 걱정했던 것은 당연했다. 1822년 6월 21일, 나중에 릴레예프Ryleev와 더불어 『북극성Northern Star』의 편집자가 되었던 비평가 베스뚜쩨프Bestuzhev에게 보내는 편지에서 뿌쉬낀은 빈정거리는 투로 이렇게 적었다. "나의 늙은 여자 친구인 검열자에게 안부를 전해 주십시오. 나의 친애하는 친구는 더욱더 총명해진 것 같군요. 나의 슬픈 소품들이 어찌하여 그 노파의 순결을 더럽혔다는 것인지 도무지 모르겠습니다. 나의 시 「오비드에게」가 발간되면 문제가 발생할 것으로 예상되는군요. 그 노파는 아주 둔한 편이라 어떻게든 속여야 할 것 같습니다. 분명 그들은 내 이름을 대며 노파를 접준 것 같군요."

꼬치꼬치 따지는 검열을 두려워하면서도 뿌쉬낀은 끼쉬뇨프에 머무는 동안 그의 작품들 중에서도 가장 외설스러운 작품이랄 수 있는 「가브리엘리아드Gabrieliad」와 「니끼따 황제와 그의 40명의 딸들Tsar Nikita and His Forty Daughters」을 썼다. 이 작품들을 보면 유머나 소심함이 뿌쉬낀의 마음속에서 사라져버린 것처럼 보인다. 1820년 그는 「그리스도가 소생하셨도다」라는 제목의 소품을 유대인 친구 레베카에게 증정했다. 여기서 그는 그녀에게 부활제를 잘 보내라고 하면서 키스를 하고, 그녀가 자기를 포옹해주면 자기도 그녀의 종교를 따르겠노라고 약속까지 한다. 이 작품은 음탕한 묘사로 끝난다.

나는 기꺼이 '그것'을 그대 수중에 쥐어주겠소.
진짜 유대교도와 진짜 기독교도는
'그것'으로 구별된다오.

1821년 사순절이 끝나갈 무렵에 쓰인 「가브리엘리아드」는 뿌쉬낀이 젊은 유대인 여자의 침대에 누워 그녀에게 시 한 편을 읽어주는 것으로 시작된다.

젊은 유대인 아가씨가 있다네.
나는 그녀의 미모와 영혼을 찬미하네.
검은 눈썹의 그녀는 열여섯의 처녀.
나긋나긋한 그녀의 젖가슴은
아마亞麻 드레스 속에서 오르내리고,
사랑스러운 다리, 보석처럼 고른 이빨 ……
유대 아가씨여, 그대는 어이하여 미소짓는가?
그대 얼굴은 어이하여 발갛게 피어나는가?
귀여운 아가씨여, 미안하지만,
난 그대가 아니라 성모 마리아를 그린다네.

이어서 뿌쉬낀은 세속적이고 불경스러운 어조로 수태고지를 묘사한다. 이야기의 중심은 성모 마리아인데, 그녀는 늙은 목수를 남편으로 둔 젊은 유대인 여자로 그려진다. 그녀의 남편은 부인을 굶기지 않는 데에만 관심이 있을 뿐, 다른 면에서는 그녀에게 아무런 관심도 없다. 하느님이 그녀의 미모에 반해 거룩한 욕정을 느끼고는 꿈속에서 그녀를 천국으로 소환한다. 하지만 그녀는 천국에서 자유분방하고 용모가 준수한 천사 가브리엘에게 마음이 이끌린다. 아무것도 모르는 하느님은 가브리엘에게 중매를 서도록 명한다. 한편 악마는, 어떤 유대인 처녀가 인류를 구원할 아기를 낳을 것이라는 소문을 듣고, 술수를 부려 뱀의 형상으로 성모 마리아의 앞에 나타난다. 그녀가 악마를 알아보자 악마는 아담과 이브에 대해 자신이 저지른 짓을 변명한다. 악마는 억울하게 사실이 왜곡됐다고 말한다. 디브는 하릴없이 동산을 돌아다니고 있었다.

(그녀는) 조용히 순결하게 살았다.
이것도 사는 것인지.
똑같은 나날들과 무료한 세월.

악마는 아담과 이브 사이에 성교가 없었던 것은 하느님 자신이 이브를 원했기 때문이라고 설명한다. 아담과 이브에게 사랑의 기쁨을 가르쳐 주었던 악마는 성모 마리아에게도 에로틱하고 서정적인 어조로 사랑의 기쁨을 묘사하여 젊은 처녀의 성적 충동을 촉발시킨다. 자신의 부추김이 효과가 있음을 확신한 악마는 스스르 잘생긴 젊은이로 변모하여 손으로 성모 마리아의 옷 속을 더듬어 자기가 원하는 부분을 만진다. 이 대목의 사실주의적 묘사는 너무나도 충격적이다. 가브리엘이 악마를 가로막고 악마를 쫓아버리지만, 그녀의 순결을 지켜주는 게 아니라 자기 자신이 성모 마리아와 사랑을 나눈다. 그 이후 하느님이 횐

비둘기로 변신하여 성모 마리아의 가장 은밀한 부분 위에 내려앉는다.

> 그는 그걸 쪼아대고,
>
> 주변을 서성이며 그걸 비틀어댄다.
>
> 그의 작은 부리와 발이
>
> 열심히 그걸 만지작거린다.

성모 마리아는 하루에 세 차례나 사랑을 나눠 몸이 나른해지고 육체적 만족감을 느낀다. 이 시는 자기 만족에 빠진 오쟁이 진 남편 이오시프를 멋지게 묘사하는 것으로 끝맺는다. 시인은 자기 자신이 같은 처지를 당하더라도 부인에게 무한한 인내심을 발휘할 수 있게 되기를 기원한다.

「가브리엘리아드」의 우아한 리듬과 수월하고 단순한 필치는 뿌쉬긴 시의 특징을 그대로 지니고 있다. 이 시는 필사본으로만 읽혀졌다. 뿌쉬긴은, 알렉싼드르 황제의 광신적인 조언자들이 이 작품을 본다면 질겁할 것이 뻔했기 때문에 이 작품의 출판은 염두에 두지도 않았을 것이다. 실제로 뿌쉬긴은 몇 년 후 니꼴라이 1세가 이 작품의 사본을 입수했을 때 그것은 자기가 쓴 것이 아니라고 부정하였다. 그렇지만 뿌쉬긴이 가장 존경했던 시인들은 이내 이 작품을 좋아했다. 1822년 9월 1일 뿌쉬긴은 뱌젬스끼에게 사본 하나를 보냈고, 뱌젬스끼는 1822년 12월 10일 A. I. 뚜르게네프에게 보내는 편지에서 이 작품이 "경박하지만 당당하다"고 평했다.

「니끼따 황제와 그의 40명의 딸들」 역시 1822년 끼쉬뇨프에서 쓰였는데, 이 작품도 마찬가지로 유머러스하다. 자극적인 음란물과는 거리

가 먼 이 작품은 초서를 연상시키는 당당하고 격조 높은 외설을 경쾌
한 필치로 묘사하고 있다.

옛날에 니끼따 황제는 널리, 풍요롭게, 즐겁게,
그리고 한가롭게 다스렸다네.

이야기의 중심은 성기가 없는 황제의 40명의 딸들이다. 황제는 누구
든지 자기 딸들에게 그녀들의 결여된 부분을 말해주는 것을 범죄 행위
로 규정하고, 경솔하게 이를 어기는 자는 누구를 막론하고 엄벌에 처
하겠다고 으름장을 놓는다.

여자들은 혀가 뽑히고
남자들은 더욱 소중한 걸 잃게 된다네.

성기가 없는 딸들이 자라자 어떤 조언자가 한 마녀가 딸들을 도울
수 있을 거라고 말한다. 그의 조언이 적중하여 마녀는 황제의 사자에
게 갖가지 크기와 색깔의 여자 성기가 가득 들은 작은 통을 건네준다.
그러나 돌아오는 길에 사자는 통 속에 들은 것이 무엇인지 알고 싶어
안달하게 된다. 통은 잠겨 있었고, 안에서는 아무 소리도 들리지 않았
지만 냄새를 맡아보니 '낯익은 냄새'가 났다. 놀랍기도 하고 호기심도
발동하여 그는 그 통을 열어볼 수밖에 없었고, 그러자 통 안으로부터
40개의 성기들이 작은 새들처럼 날아올라 근처의 나뭇가지 위에 앉았
다. 사자는 빈 통을 들고 궁성으로 돌아갈 생각을 하니 끔찍했지만, 아

무래도 그 소중한 것들을 설득하여 다시 통 속에 갇히도록 할 수는 없었다. 그때에 터벅터벅 걸어가던 한 노파가 그에게 조언하여 그는 위기에서 벗어날 수 있었다. "저것들에게 그저 당신의 물건을 보여만 주시구려. 그러면 저것들은 자진해서 내려올 거요." 그리하여 여성의 성기들은 다시 안전하게 통 속으로 들어오게 되었고, 사자는 황제에게 돌아와 상을 받게 되었다. 이 시는 주제넘게 뿌쉬긴 자신이 등장하여 사람들이 자신의 의도에 궁금증을 느낄 거라고 말하는 것으로 끝맺는다.

어찌하여 이처럼 우스운 얘기를 하는가?
이게 사람들에게 무슨 의미를 갖는지 알고 싶다.

「까프까즈의 포로」를 마친 지 얼마 후에 뿌쉬긴은 「도둑 형제The Robber Brothers」라는 제목의 대화체 시를 쓰기 시작했다. 이 작품은 탈주하여 사슬에 묶인 채 드네프르Dneiper 강을 헤엄쳐 건너려고 했던 두 도둑들에 대한 실화를 바탕으로 하고 있다. 이 작품은 일부만이 남아있는데 뿌쉬긴 자신이 이 작품의 제2부를 싫어하여 태워버렸기 때문이었다. 이것은 바이런의 「칠론의 죄수」를 연상시키기도 하지만 도둑들의 '지하세계'에 대한 묘사는 참으로 섬뜩하다.

1822년 뿌쉬긴은 위의 작품보다는 덜 경박하고 「까프까즈의 포로」보다는 훨씬 더 특이한 시를 쓰기 시작했다. 1821년 12월경 그는 베싸라비아의 초원지대에 사는 유목민들을 방문하고 거기서 받은 인상을 기록한 적이 있었다. 일설에 의하면 그가 얼마 동안 거기서 집시들과 함께 살았다고도 한다. 현재의 루마니아 사람들은 그 지역의 집시들을 불신하고 있었지만(오늘날에도 그런 것처럼), 뿌쉬낀은 그들의 독립심, 음악 그리고 활달함을 사랑했다. 따라서 「집시들」은 그가 모방했던 바이런의 유사한 소재에 관한 작품들을 훨씬 능가한다. 그는 시의 첫머리에서 그가 가본 적이 있었던 집시들의 야영지를 묘사한다.

그들의 야영지는 자유처럼 쾌활하고,

그들은 하늘 아래서 평화롭게 잠든다.

수레와 마차 바퀴 사이에 낡은 담요가 걸쳐있고,

저녁 요리가 화톳불 위에서 익어간다.

그들의 말이 초원에서 풀을 뜯고,

길들인 곰은 천막 뒤에서 사지를 뻗고 쉰다.

이 시의 초고는 오데싸에 돌아와서야 씌었고, 미하일롭스꼬예에서 수정되었다.

「바흐치싸라이의 샘」역시 끼쉬뇨프 작업 노트의 제1권에 적혀 있는데, 이 시는 뿌쉬낀이 니꼴라이 라옙스끼와 함께 방문한 적이 있었던 회교 궁성 내의 폐허가 된 회교 성전을 배경으로 한다. 방문 당시 뿌쉬낀은 그 성전이나 그곳의 샘에 대해서 별다른 감흥을 느끼지 못했었다. 하지만 뿌쉬낀은 끄림 반도의 한 회교도의 왕이 마리야Mariya라는 아름다운 폴란드 처녀와 사랑에 빠진다는 이야기를 꾸며내었다. 회교 성전에 갇혀 있던 그녀는 풀려나기를 고대하지만, 이유 없이 죽게 된다. 왕은 과거 그의 총신이었던 자레마Zarema가 그녀를 살해했다고 의심하고는 그를 바다에 던져버린다. 전쟁에서 돌아온 왕은 마리야를 기려 눈물의 샘을 조성하게 한다.

이 시의 리듬에 흡족해 하던 뿌쉬낀은 이내 이 작품에 싫증을 느끼게 되었다. 뱌젬스끼에게 보내는 편지에서 그는 이 시를 '허튼 소리'라고 규정하였다. 하지만 1823년에 출판된 「바흐치싸라이의 샘」의 서문에서 뱌젬스끼는 뿌쉬낀을 러시아 시인들을 선도하는 시인이라고 평하였다. 뿌쉬낀은 이 시로 3,000루블을 벌어들일 정도로 이것은 성공작이었다(그는 「까프까즈의 포로」로 500루블 가량을 벌었다). 이 작품이 발행되고 나서 뿌쉬낀은 작품을 쓰는 일로도 생계가 가능할 것 같다는 생각을 하게 되었다. 사실 그는 그런 생각을 하게 된 최초의 러시아 시인이었다. 그는 또 돈벌이를 위해 작품을 쓴다는 사실을 감추려 하지도 않았다. 1823년 3월 뱌젬스끼에게 보내는 편지에 적었던 것처럼, 그는 자기 시가 돈벌이가 된다는 생각에 즐겁기만 했다. "귀족적인 선입견은 당신께는 어울리겠지만 제게는 그렇지 않습니다. 나는 완성된 내 시를 장사꾼이 신발 한 켤레를 보듯 대합니다. 이문을 남기려고 파는 것이죠."

이 무렵 뿌쉬낀의 성격은 지나치게 이율배반적이었다. 문학적인 면에서는 성숙하고 세련되었지만 그는 여전히 어린애 같은 행동을 서슴지 않았다. 1822년 A. I. 뚜르게네프에게 보내는 편지에서 그는 "어떤 귀족의 면상을 치고, 어떤 대령과 권총으로 결투를 했지만, 유혈 사태는 없었습니다"라고 적었다. 한번은 뿌쉬낀이 예까쩨리나의 약혼자 오를로프의 동생을 포함한 세 명의 러시아 장교들과 당구장에 놀러간 적이 있었다. 뿌쉬낀은 그들 중 한 사람과 싸움을 하다가 결투를 할 뻔했다. 뿌쉬낀이 세 장교들 중 두 사람이 당구를 칠 때 그들의 당구공을 흐트러뜨리면서 재미있어 하자 그 중 한 사람이 그를 어린놈이라고 불렀다. 모욕당했다고 생각한 뿌쉬낀은 그에게는 결투 신청을, 다른 장교에게는 입회자가 돼달라고 청했지만 다행히 그 장교의 유머로 뿌쉬낀은 화해를 하고 심각한 사태를 피할 수 있었다.

뿌쉬낀은 끼쉬뇨프에서 자신의 거친 행동으로 많은 결투를 자초했는데, 그는 이를 즐기는 것 같았다. 위기에 처하면 그는 감탄을 자아낼 정도로 냉정해지고 용기를 잃지 않았다. 한번은 주보프Zubov라는 참모장과 카드 도박을 하다가 돈을 계속 잃게 되자 뿌쉬낀은 그가 속임수를 쓴다고 넌지시 말했다. 이것이 결투로 이어지게 되었는데, 일설에 의하면, 뿌쉬낀은 교외의 결투장에 체리를 가져갔다고 한다. 주보프가 조준하는 동안 그는 체리를 먹었는데 주보프의 사격은 빗나가고 말았다. 주보프는 응사하려 하지도 않는 냉정한 상대에게 즉각 달려가 포옹하려 했지만 뿌쉬낀은 말없이 결투장을 떠났다. 뿌쉬낀은 훨씬 더 무서운 또 다른 상대를 만나게 되었는데 그는 S. N. 스따로프Starov 대령이었다. 뿌쉬낀은 스따로프의 부하인 한 젊은 장교와 어떤 오케스트라의 연주가 무곡인지 뿌쉬낀이 좋아하는 마주르카인지를 두고 말다툼을 벌였는데, 스따로프가 여기에 끼어들어 그와 결투를 하게 되었다. 결투는 심한 눈보라 속에서 벌어져 상대가 잘 보이지도 않았다. 양쪽이 두 발씩 쏘았지만 빗나가자 입회자들이 중지를 선언했다. 양쪽의 친구들은 재결투를 막았고, 관례대로 화해의 식사를 하는 자리에서 스따로프는 "사실을 말하자면 자네는 글쟁이이기도 하지만 총알받이이기도 하네"라고 말했다고 한다.

사격을 받으면서 체리를 먹었다는 얘기는 꾸민 얘기겠지만, 결투장의 뿌쉬낀은 항상 의연했다. 그러나 그는 자랑스럽지 못한 처신을, 특히 대체로 겁 많은 몰다비아 사람들에게, 한 적도 있었다. 카드 도박을 하다가 그는 구두를 벗어 어떤 몰다비아 사람의 면상을 후려쳤고(인조프는 이 일에 대하여 가벼운 처벌만을 내렸다), 또 다른 몰다비아 사람에게 똑같은 짓을 되풀이했다. 한번은 한 그리스 사람이 뿌쉬낀이 어떤 책을 읽지 않은 것을 놀라워한다고 해서 결투를 신청할 정도로 뿌쉬낀은 지나치게 흥분을 잘하는 성격이었다.

뿌쉬낀은 또 토도르 발슈Todor Balsh라는 이름의 몰다비아 상인과 결투 소동을 벌였는데, 그의 부인과는 트고 지내는 사이였다. 아마도 발슈의 부인을 골려주려고 했는지 뿌쉬낀은 13세밖에 안된 그녀의 딸에게 집적거리기 시작했다. 어느 날 저녁 부인과 카지노에서 욕설을 주고받다가 뿌쉬낀은 몰다비아 사람들이 겁쟁이라고 했고, 부인은 겁쟁이는 바로 뿌쉬낀 자신이라고 응수했다. 이에 뿌쉬낀은 곧장 발슈에게로 가서 그에게 결투를 신청했다. P. I. 바르테네프Bartenev의 설명에 의하면, 발슈라는 사람이 자기 부인에게 어찌된 영문이냐고 물었고, 뿌쉬낀이 자기를 먼저 화나게 했다는 대답을 듣자, 그는 뿌쉬낀에게 "내 아내를 화나게 하고서 왜 나에게 화풀이를 합니까"라고 불평했다고 한다. 그 상인이 악을 쓰는 바람에 격분한 뿌쉬낀은 발슈의 머리통을 촛대로 후려치려고 했지만, 친구들이 그의 팔을 붙드는 바람에 미수에 그치고 말았다. 불쌍한 발슈가 무슨 잘못을 했는지 모르지만 다음날 그는 뿌쉬낀에게 찾아가 용서를 빌었다. 발슈가 어떤 처분도 달게 받겠다고 하자 뿌쉬낀은 발슈의 뺨을 치고는 방을 나가버렸다. 인조프가 뿌쉬낀을 2주 동안 가택 연금을 시키고, 그것도 미심쩍어 그의 신발을 감추지만 않았더라면 분명 또 한 차례의 곁투가 벌어졌을 것이다.

이 당시 뿌쉬낀의 어린애 같은 처신은 가장 방탕했던 상뜨 뻬쩨르부르그에서의 시절과 흡사했다. 그러나 끼쉬뇨프에서는 그의 속내를 털어놓을 만한 절친한 친구가 없었기 때문에 그의 거친 행동 이면에는 고통스러운 외로움이 도사리고 있었다. 다행스럽게도 인조프는, 그가 아무리 용서받을 수 없는 짓을 저질러도, 한결같이 그를 진정한 사랑으로 대해주었고, 심지어는 돈이나 먹을 것, 때로는 옷을 주기도 하였다. 뿌쉬낀은 이를 감사히 여겼고, 가책을 느끼며 인조프는 "고귀한 감정의 소유자이기 때문에 고귀한 감정을 신봉한다"라고 말했다.

V. P. 고르차꼬프Gorchakov라는 또 다른 육군 장교는 끼쉬뇨프 극장에서 뿌쉬낀을 본 사실을 적고 있다. "작은 키에 딱 벌어진 체격의 젊은이가 필요 이상으로 떠들어대며 낄낄거리다가 돌연 생각에 잠기는 품이 흥미를 자아낸다. 그의 이목구비는 단정하지 못했고 평범했다."

고르차꼬프는 또 다음날 뿌쉬낀을 만났을 때 일어났던 일을 적었다. 그는 뿌쉬낀에게 자작시 한두 편을 낭송해달라고 부탁했는데, 뿌쉬낀은 갑자기 칼을 만지작거리며 장난치기 시작했다. 이때 드루가노프Druganov라는 친구가 나타났다.

그는 못된 아이처럼 칼로 드루가노프를 찌르는 시늉을 하기 시작했다. 드루가노프는 손으로 칼을 막았다. 그러나 뿌쉬낀은 막무가내였고 드루가노프는 화를 내기 시작했다. 싸움을 막으려고 나는 다시 뿌쉬낀에게 몰다비아의 노래를 낭송해달라고 부탁했다. 그는 쾌히 승낙했고, 칼을 옆에 던지더니 열심히 낭송하기 시작했다.

　이밖에도 뿌쉬낀이 자초한 사건들이 많았고, 그때마다 인조프는 그를 한 번에 3주씩 가택 연금에 처하였다.

　뿌쉬낀의 많은 행동들은 철없는 것일 뿐만 아니라 심술에서 우러난 것이기도 했다. 자기에게 한결같이 베풀기만 하는 인조프를 존경하면서도 뿌쉬낀은 그를 골탕먹이는 것이 특별히 재미있었던 모양이었다. 인조프가 소박한 신앙의 소유자라는 것을 잘 아는 뿌쉬낀은 식사 때 신성 모독적인 질문을 던지기가 예사였다. 또 자기 앵무새에게 몰다비아의 욕설을 가르쳐 그 지방의 성직자에게 그것을 되풀이하게 하기도 했다. 교회에서는 인조프의 등 뒤에서 얼굴을 찌푸리기도 하고 자기 코에 엄지손가락을 쑤셔 넣기도 했다. 남자들만이 그의 표적은 아니었다. 젊은 여자의 앨범에 그녀의 미모에 반했다는 투로 알랑거리는 시구를 적어 그 여자를 우쭐거리게 하고는, 뒤에다 “4월 1일 만우절에”라고 적기도 하였다. 어떤 파티장에서는 한 젊은 여자가 발이 아파 구두를 벗고 그것을 의자 뒤에 숨기자, 뿌쉬낀이 그것을 훔친 적도 있었다. 당혹한 그녀는 대문까지 양말을 신은 발을 드러내고 걸어가야 했다. 그의 어떤 행동은 예의범절도 분별도 없었다. 그 지방의 한 신학교에서는 사제 앞에서 성경을 모독하여 장로들로부터 소환령을 받을 뻔한 적도 있었다.

　뿌쉬낀은 끼쉬뇨프에서 사귄 대부분의 여자들에 대하여 잘 기억하지 못했다. 여자들에게 욕정이야 일었겠지만 정감은 일지 않았던 것 같다. 그러나 두 여자에 대해서는 언급할 필요가 있다. 첫 번째 여자는 칼립소 폴리치로니Kalypso Polychroni라는 이름으로, 그리스 점쟁이의 딸인데, 바이런이 터키에서 처음으로 머무를 때 그의 애인이었다고 한다.

바이런의 영향에서 벗어나지 못했던 뿌쉬낀은 바이런을 생각해서라도 그녀와 사귀고 싶었다. 그녀는 터키가 콘스탄티노플Constantinople에서 그리스인들을 공격할 때 터키에서 오데싸로 거처를 옮겼었다. 그녀의 매력은 육체적 아름다움이 아니라 그녀의 열정으로부터 우러나는 것이었다. 구베르Guber는 그녀를 잘 알고 있는 F. F. 비겔Vigel의 말을 인용하여 이렇게 적고 있다. "그녀는 못생긴데다가 키도 작고 가슴도 절벽에 가까웠다. 표정 없는 긴 얼굴은 늘 상기되어 있었고, 코는 길쭉했고 커다란 눈동자는 불타는 듯했다. 그녀의 목소리는 부드럽고 매혹적이었는데, 말할 때뿐만 아니라 섬뜩하고 우울한 터키의 노래를 부를 때도 그러했다. 그녀가 불렀던 어떤 노래는 〈검은 숄〉이라는 제목으로 러시아어로 번역되기도 했다. 칼립소는 터키어와 그리스어뿐만 아니라 아랍어, 몰다비아어, 이탈리아어 그리고 프랑스어를 알고 있었다. 그녀가 페리클레스Pericles(495~429 B.C., 아테네의 장군이자 정치가 — 옮긴이)의 시대에 살았더라면 그녀의 이름은 분명 역사에 남았을 것이다."

칼립소는 뿌쉬낀을 1821년 중반에 만났는데, 1822년 초에 뿌쉬낀은 이미 그녀에 대한 흥미를 잃어가고 있었다. 그녀의 만년에 관해서 신빙성은 없지만 낭만적인 이야기가 전해진다. 루마니아 작가 네그루치Negrucci의 기록에 의하면 그녀는 몰다비아의 한 사원으로 가서 깊은 믿음을 가지고 모든 종교 의식에 빠짐없이 참여했고, 그녀가 죽을 때까지 아무도 그녀가 여자였다는 것을 몰랐다고 한다.

뿌쉬낀이 매력을 느꼈던 또 다른 상대는 풀크헤리아Pulkheria라는 이름의 루마니아 여자였는데, 활기 없고 매사에 열의가 없었던 그녀는 모든 면에서 불같은 칼립소와 정반대였다. 그녀는 바르폴레메이Barfolemey

라는 귀족의 딸이었는데, 뿌쉬낀 외에도 그녀를 연모하는 남자들이 많았다. 뿌쉬낀과 같은 시기에 끼쉬뇨프에 살았던 A. F. 벨트만Veltman은 그녀를 아래와 같이 그리고 있다.

그녀는 뭐라 설명할 수 없는 자연의 현상이었다. 나 자신은 몇 차례나 그녀가 자연의 산물이 아니라 완벽한 예술작품이라고 말하고 싶었다. 그녀의 동작은 마치 기계의 기계적 동작과도 같았다. 그녀의 얼굴과 손은 너무도 고와 잘 펴진 양피지를 연상시켰다. 풀크헤리아는 동글동글하고, 토실토실하며 산뜻한 아가씨였다. 그녀는 으레 미소를 띠며 말하지만, 그것은 요염한 여자의 미소는 결코 아니었다. 그것은 다만 건강하고 편안한 가슴에서 우러나는 미소였다. 많은 남성들이 그녀의 손을 잡고 결혼식을 올리고 싶어했고, 그녀의 아버지도 그녀를 결혼시키고자 했다. 그러나 정작 약혼 대상자가 그녀의 마음을 떠보려 하면 풀크헤리아는 "당신은 누구죠?"라고 물어 상대를 낙담시키곤 했다.

뿌쉬낀은 아마도 그녀의 천진스러운 아름다움과 '욕망이나 질투를 모르는 그녀의 반응 없는 가슴'을 높이 샀을 것이다. 그러나 뿌쉬낀 역시 그녀에 대한 사랑을 성취할 수는 없었다.

극적 사건을 벌이기를 좋아했던 뿌쉬낀은 어리석게 결투를 하기도 했지만, 그리스의 독립을 위한 초기 소요가 일어났을 때 그는 보다 고귀한 동기에서 흥분하게 되었다. 베싸라비아에는 이미 터키의 압제를 피해 온 많은 피난민들이 있었는데, 칼립소 폴리크로니Kalypso Polychroni도 그중 한 사람이었다. 격한 성격의 젊은이라면 당연히 압제자에 대항하는 그리스의 고귀한 투쟁에 동조하려 했을 것이다. 바이런처럼 뿌쉬낀도 그리스인들이 위대한 고대 문명의 후예들이라고 생각했다. 1821년 3월 초순 뿌쉬낀은 바실리 리보비치 다비도프Vasily Lvovich Davydov에게 환희에 들뜬 마음으로 편지를 보냈다.

그리스가 봉기하여 자유를 선포했네. 2월 21일 알렉싼드르 입실란티 Alexander Ypsilanti공작이 그리스의 항쟁을 선포했고, 이는 요원의 불길처럼 퍼지고 있다네. 드디어 터키 멸망할 시간이 다가왔네. 위대한 세력도 위대한 정신의 성취를 인정했다네!

'위대한 세력'이란 러시아를 가리키는데, 뿌쉬낀도 많은 사람들이 그렇게 생각했던 것처럼, 러시아가 입실란티의 독립운동을 지원할 것이라고 생각했다. 원래 그리스 측의 계획에 의하면 1820년 12월에 봉기를 일으키기로 돼 있었다. 1820년 초 한 밀사가 상뜨 뻬쩨르부르그로 가서 외무성 대신 까뽀디스뜨리아Kapodistria에게 그리스 비밀항쟁 조직의 지도자를 인정해줄 것을 요청하였다. 대신이 이를 거절했지만, 알렉싼드르 입실란티 공작은 자신을 인정해주는 곳은 어디에나 기꺼이 갔다. 그는 그의 가족 영지가 있는 끼쉬뇨프로 가서 그리스인의 봉기가 "강력한 세력에 의해 지지 받을 것"이라고 공언했다. 그리고 나서 입실란티는 그의 군사를 이끌고 프루트Prut 강변의 국경을 넘었다.

다비도프에게 보낸 같은 편지에서 뿌쉬낀은 흥분한 나머지 경솔하게도 30년 전에 그리스의 해방을 목표로 결성된 한 비밀협회에 관해서 적고 있다. 뿌쉬낀은 그리스인들을 지원하기 위해서 그 협회의 지부에 가입하긴 했지만, 그 당시에도 그 이후에도 바이런처럼 그들의 독립 운동에 일생을 바치려 하지는 않았다. 그러나 그가 가담한 사실은 상뜨 뻬쩨르부르그로 보고되었다. 뿌쉬낀의 4월 2일 자 일기에는 이렇게 적혀 있다. "나는 그리스가 승리하고 25,000,000명의 터키인들이 쫓겨 갈 것을 믿어 의심치 않는다. 호머와 테미스토클레스Themistocles(527?~460? B.C., 그리스 아테네의 장군, 정치가 — 옮긴이)의 적법한 상속자들이 저 위대한 그리스를 되찾을 것이다."

그러나 실제로는 터키가 몰다비아와 월레이키아Wallachia(원래 유럽 동남부의 공국으로 1861년 몰다비아와 합병하여 루마니아의 일부가 되었음 — 옮긴이)같은 공국들을 다시 점령하였고, 6월 들어 용감했지만 오판했던 입실란티는 오스트리아로 패주했다. 러시아 정부의 개입 여부는 분명치 않았지만, 뿌쉬낀은 만일 러시아가 개입한다면 전투에 참여할 수 있게 되기를 희망했다. 그는 이런 희망을 A. I. 뚜르게네프에게 보내는 편지에도 밝혔다. 그 당시 뚜르게네프는 오데싸에 머물러 있었지만, 뿌쉬낀은 그를 만나도 된다는 허락을 받지 못하고 있었다. 뿌쉬낀은 이렇게 적었다. "전쟁이 일어난다면 정말이지 나는 여기 베싸라비아에 남아 참전하고 싶습니다."

러시아 군대의 지원을 받지 못한 봉기는 이내 진압되고 말았다. 남부 러시아를 떠나기 직전인 2년 후, 뿌쉬낀은 뱌젬스끼에게 보내는 편지에서 "불한당과 상점주인들로 구성된 비열한 민족을 교과서에 나오는 훌륭한 인물들의 후예이자 상속자"라고 생각했던 것은 자신의 오판이었다고 적고 있다. 로빈 에드몬즈Robin Edmonds는 처음에 뿌쉬낀이 그리스의 봉기에 대해서 열광했던 것이나 나중에 자신의 지지를 철회했던 것은 모두 경솔한 처사였다고 주장했는데, 그의 주장을 반박하기는 어려울 것 같다. 한편, 뿌쉬낀이 직면해야 할 또 다른 정치적 문제가 가까이에 있었다.

그는 자신의 운명이, 다른 유럽 국가들과는 전혀 다른 양상으로 전개된, 러시아의 역사와 대단히 밀접하게 관련되어 있다는 사실을 이해하기 시작했다. 뿌쉬낀이 러시아 역사의 전개에 대하여 방대한 연구를 시작한 것은 바로 끼쉬뇨프에 머무르던 시절이었다. 그는 러시아의 근세사, 특히 예까쩨리나 대제의 통치 기간에 대한 노트를 작성하는 것으로 그 연구를 시작했다. 그 노트에서 뿌쉬낀은 동시대의 외국 저술가들이 예까쩨리나에게 빗발치듯 찬사만 늘어놓는 것에 대하여 분노하고 있다. 그녀가 노예제를 명목상 철폐하긴 했지만, 그 당시에는 자유로웠던 벨로루스Belorus와 폴란드 지방에서 농노제를 강요했던 사실을 그들은 간과하고 있었다. 그녀는 또 명목상으로만 고문을 철폐한다고 했지 그 이면에는 비밀 경찰을 키우고 있었다. 서구의 저술가들은 예까쩨리나가 볼테르와 교환했던 서신들을 통해서만 그녀를 알고 있을 뿐이었다. 그녀가 계몽주의 사상을 전파시켰던 니꼴라이 이바노비치 노비꼬프Nikolay Ivanovich Novikov에게 슐루쎌베르그Schlusselberg 요새에서 15년의 감금형을 선고했던 사실을 그들이 알았다면 적어도 당혹해했을 것이라고 뿌쉬낀은 생각했다. 러시아 역사를 철저히 연구하면서 뿌쉬낀은 베싸라비아, 까프까즈, 그리고 끄림 반도 사람들의 언어와 민속에도 커다란 흥미를 느끼게 되었다.

뿌쉬낀의 편지들을 보면 그가 러시아 시에 대한 프랑스 문학의 편재하는 경향에 대해서 거부감을 느끼기 시작했다는 것을 분명히 알 수 있다. 그는 "늘 판에 박은 듯한 지루한 작시법과 소심하고 창백한 시어"를 지적하며 프랑스 시를 거부했다. 1822년 6월 27일 그네디치에게 보내는 편지에서 그는 이렇게 환호했다. "영문학이 러시아에서 영향력을 갖기 시작했네. 내 생각에 영문학은 소심하고 가식적인 프랑스 시에 비해 아주 모험적인 것 같네." 뿌쉬낀이 바이런의 작품을 포함하여 영문학을 찬양한 것은 나름대로 비평적 판단에 따른 것이었다. 그는 이미 로렌스 스턴Laurence Sterne(1713~1768, 영국의 소설가로 대표작은 『트리스트람 쉔디』 — 옮긴이)에 탐닉해 있었는데, 스턴은 나중에 『예프게니 오녜긴』에도 영향을 끼치게 된다. 뿌쉬낀은 주꼽스끼가 무어Thomas Moore(1779~1852, 영국의 시인 — 옮긴이)의 「랄라 루크Lalla Rookh」를 번역한 데 대해서 "「랄라 루크」 전체가 『트리스트람 쉔디』의 열 줄 만한 가치도 없다"고 적었다. 그네디치에게 보낸 위의 편지에서 뿌쉬낀은 주꼽스끼가 사우디Robert Southey(1774~1843, 영국의 시인 — 옮긴이)의 「로데릭Roderick」을 번역하려고 하는 것을 참을 수 없다고 말했다.

이 무렵에도 뿌쉬낀과 그의 아버지와의 관계는 여전히 소원하여, 아버지는 그에게 헌 옷이나 몇 벌 보내주는 정도였다. 그러나 그의 누나와 동생에 대한 사랑과 배려는 여전하여 1822년 7월 21일 그들에게 보내는 편지에서 뿌쉬낀은 "나는 누나와 동생이 보고싶어. 지금 무엇을 하고 있지?"라고 적었다. 그는 동생에게 자기처럼 시인이 되지는 말라고 충고했다. "말해봐. 이제는 다 자랐겠지? 내가 떠날 때 너는 어린애였지." 누나 올가에게는 추신에 이렇게 적었다. "재미있게 지내고 결혼하도록 해." 1822년 9월 4일 동생 레프에게 보내는 편지에서 뿌쉬낀은 레프에게 군인이 되라고 권하면서 라옙스끼의 연대로 들어오면 곧 장교가 될 수 있을 거라고 적었다. 9월 4일과 10월 5일 사이에 쓰인 편지에서는 좀 더 구체적인 권고가 적혀 있는데, 이 편지는 프랑스어로 씌어 있었다. 아마도 레프가 러시아어로 편지 쓰기를 싫어했기 때문에 레프가 쉽게 읽을 수 있도록 배려했기 때문이었던 것 같다. 이 편지에 적힌 도덕적 충고는 금욕주의적 색채를 띠고 있다. "결코 남의 호의를 받아들이지 말아라. 대개 호의란 배신으로 끝나기 마련이야. 절대로 남의 후원을 받아들이지 말아라. 그것은 너를 노예로 삼고 타락시키기 때문이지." 뿌쉬낀이 이어서 폴로니우스Polonius(셰익스피어의 〈햄릿〉에 나오는 오필리아의 아버지로 수다스러운 궁내대신이다—옮긴이)를 연상시키는 충고를 덧붙인 것은 위선이 아니라 뼈저린 경험에서 우러난 것이었다. "절대 돈을 빌리지 말고 차라리 가난을 견뎌라. 정말이지 가난은 사람들이 생각하는 것만큼 끔찍하지는 않아. 머잖다 네가 부정직한 사람이 되거나 남의 눈에 그렇게 보이는 것보다는 가난이 훨씬 낫단다."

그러나 여자에 대한 뿌쉬낀의 충고는 어조가 전혀 다르다.

한 여자를 덜 사랑할수록 더욱 확실하게 그녀를 손에 넣을 수 있다는 사실만은 꼭 너에게 가르쳐주고 싶다. 하지만 그 즐거움은 18세기에 태어난 늙은 원숭이만한 가치뿐이란다. 정말이지 네가 사랑하는 여자가 생긴다면 그녀를 품에 안도록 해라.

뿌쉬낀은 상뜨 뻬쩨르부르그의 문학계의 소식을 레프에게 물었고, 그의 옛 친구들과 동료들을 찾아뵈라고 당부도 했는데, 레프는 이를 쾌히 응했다. 하지만 뿌쉬낀은 동생에 대하여 잘 알 수가 없었다. 1823

년 뱌젬스끼에게 보내는 편지에서 그는 이렇게 적었다. "그는 어떻습니까? 사람들 말로는 좋은 친구이자 모스끄바의 멋쟁이라고 하던데, 사실입니까?" 레프는 부모들이 응석받이로 키웠지만 싹싹한 성격이었다. 그는 기억력이 비상하여 형의 시 대부분을 외울 수 있었다. 그런데 그는 수다스럽기도 해서 끼쉬뇨프에서의 뿌쉬낀의 행적을 함부로 지껄였다. 뿌쉬낀이 그의 작품의 발행자인 쁠레뜨녜프Pletnev와 다투었던 것도 뿌쉬낀이 레프에게 보내는 편지에서 쁠레뜨녜프의 시를 좋지 않게 평한 것을 레프가 떠들어댔기 때문이었다. 뿌쉬낀은 이와 같은 동생의 경솔한 짓에 대하여 화가 나기도 했지만 너그럽게 받아들였다. 1822년 11~12월 경 뿌쉬낀은 쁠레뜨녜프에게 화해의 편지를 보냈는데, 여기서 그는 이렇게 적고 있다. "제 별명이 본래 울화통 아닙니까. 저의 지각없는 글을 용서해주시리라 믿습니다."

그는 동생이 시인이 되려는 것에 대해서는 한사코 만류했다.

보내준 시 감사하다. 그러나 산문을 보내주었더라면 더 좋았을 것이다. 정말이지 시는 삶의 갖가지 걱정과 괴로움을 잠시 잊기 위해서 우리가 가끔 들러보는 친절하고 지혜로운 할머니와 같다. 할머니의 재미있는 동화를 듣노라면 기분 전환이 되지. 그렇지만 그 할머니와 사랑에 빠진다는 것은 무모한 짓이 아니겠느냐.

뿌쉬낀 자신도 진지하게 산문을 써볼 생각을 했었다. 1822년에 쓴 아래의 글은 평생 출판되지는 않았지만, 그가 문학적으로 성숙되어 간다는 것을 입증해 준다.

정확과 간결이 산문이 갖는 두 가지 장점이다. 점점 더 많은 분야에서 이 것이 요구된다. 이것이 결여돼 있다면 아무리 뛰어난 표현이라 할지라도 그 목적을 이루지 못한다(그러나 시인들에게는 보통 이상으로 과거의 사상을 많이 축적하고 있다는 것이 해가 되지는 않는다. 그렇다고 해도 사라진 청춘의 기억에만 매달린다면 우리 문학은 성공을 거두지 못할 것이다).

뿌쉬낀은 끼쉬노프에서 자주 풀이 죽어 있었고, 때로는 그가 문단으로부터 완전히 잊혀지는 것은 아닐까 하고 두려워하기도 했다. 그는 이 시기에 쓰인 대부분의 자전적 기록들을 스스로 없애버렸지만, 친구들에게 자주 편지를 보내 상뜨 뻬쩨르부르그로 돌아갈 수 있게 도와달라고 하소하였다. 어린 시절의 성장 환경으로 인해서 그는 걸핏하면 남에게 무시당하고 있다는 생각을 했지만, 이 무렵 남부에서 버림받은 듯한 느낌은 그렇게 느낄 만한 확고한 근거가 있었다.

뿌쉬낀에게 관심을 가져 주었던 까뽀디스뜨리아 백작은 이미 공직뿐만 아니라 러시아를 떠난 상태였다. 황제가 제국의 머나먼 남녘 변방에 처박혀 있는 보잘 것 없는 관리를 기억해줄 리도 없었다. 주꼽스끼도 외국에 체재 중이었다. 1823년 뿌쉬낀은 용기를 내어 신임 외무성 대신으로 부임한 네쎌로데Nesselrode 백작에게 편지를 보내기로 했다. 그리하여 그의 복귀 청원은 황제에게 진언되었지만 황제는 이를 거부했다. 이제 뿌쉬낀은 자기의 유배가 영원히 지속될 것이라는 두려움에 휩싸이게 되었고, 그의 낙담은 깊어만 갔다.

1823년 3월 그는 뱌젬스끼에게 편지를 보냈는데, 편지는 언짢은 어조였지만 무례하지는 않았다. "편지 고맙습니다. 하지만 동봉한 시는 그저 그렇더군요. 저는 1820년에 이미 당신의 「첫눈」을 읽고 그것을 외우고 있습니다. 새로운 소재가 없습니까?" 하지만 친구들은 그를 잊지 않고 있었다. 뚜르게네프와 뱌젬스끼는 서로 서신 연락을 취하며 뿌쉬낀을 오데싸의 보론쪼프Vorontsov 백작의 휘하로 전근시키는 문제를 의논하고 있었다. 뱌젬스끼는 이렇게 썼다. "서두르세, 친절한 친구들이여! 더더욱 그래야 하는 것은 뿌쉬낀이 진심으로 안정을 찾고자 하기 때문일세. 하지만 따분함과 괴로움은 나쁜 조언자들일 뿐이지."

뿌쉬낀은 끼쉬뇨프의 생활이 괴로웠지만, 1823년 5월 28일 그가 『예프게니 오녜긴』을 시작한 곳도 바로 이곳이었다. 이 시의 시작은 바이런의 「돈주앙」과 흡사했지만, 이것은 그 모델을 훨씬 능가하는 작품이었다. 8년 동안 이 작품을 쓰면서 뿌쉬낀은 정서적으로 더욱 성숙할 수 있었다. 『예프게니 오녜긴』의 중요한 초기 장면들은 그가 두 번째로 비밀단체에 가담했을 무렵에 쓴 것들이었다. 그 무렵에 그가 그린 그림들은 그가 프랑스 혁명을 비롯한 많은 분야에 관심을 갖고 있었음을 보여준다.

정말이지 뿌쉬낀은 끼쉬뇨프에 와서야 낭만주의의 허식을 벗어 던질 수 있었다. 5월 말 그는 오데싸로 가서 한 달을 보내면서 그곳을 좋아하게 되었다. 7월 초 그는 끼쉬뇨프를 떠나 오데싸로 가서 M. S. 보론쪼프의 휘하로 들어가게 되었다.

오데싸

1823.7~1824.7

남부 러시아의 행정 중심지인 오데싸는 흑해 연안의 번화한 항구로서 유럽풍의 훌륭한 개인 저택들이 즐비했다. 이 도시는 서부 유럽의 관광객들이 즐겨 찾는 곳이기도 했다. 포장 도로도 거의 없고 음료수 공급도 원활치 않았지만, 뿌쉬낀이 여러 해 뒤에 오녜긴의 여행에 관해서 쓸 때 회상했던 것처럼, 이를 상쇄시킬 만한 좋은 점도 적지 않았다. 포도주가 관세 없이 수입되었고, 훌륭한 프랑스 식당도 있었으며, 오페라 극장에서는 최근에 발표된 롯시니의 오페라도 감상할 수 있었다. 얼마 동안 뿌쉬낀은 끼쉬뇨프에서 이곳으로 오게 된 것을 반겼다.

그는 그곳의 총독을 맡고 있는 보론쪼프 백작 밑에서 일하게 되었다. 영국 대사를 역임했던 아버지를 둔 백작의 집안은 당시 오데싸 사교계의 정점에 있었다. 보론쪼프는 인조프와는 딴판이었다. 그는 늘 완벽한 옷차림에 딱딱한 태도를 보였고 매사에 꼼꼼했다. 뿌쉬낀은 처음에 노드 호텔에서 머물다가 중심가에 있는 주택으로 거처를 옮겼는데, 바다가 내려다보이는 집이었다. 그러나 오데싸로 온지 한 달 후인 8월 19일 뱌젬스끼에게 보낸 편지에서 그는 이곳 생활이 벌써 지루하다고 적었다.

오데싸에서 뿌쉬낀을 처음 만났던 F. F. 비겔의 회고록을 보면 그가 싫증을 느낀 이유를 어느 정도 짐작할 수 있다. 뿌쉬낀보다 연상인 비겔은 상당한 능력의 소유자로 베싸라비아의 투지사까지 됐던 사람이다. 예술협회의 회원이기도 했던 그는 뿌쉬낀의 몇몇 친구들과도 연락을 취하고 있었다. 그 해 8월 그는 뿌쉬낀에 대한 인상을 이렇게 적고 있다.

추방당한 시인 뿌쉬낀은 내 옆방에 살고 있었다. 오데싸에 온 이후 그때까지도 그는 맘에 맞는 친구를 사귀지 못하고 있었다. 뿌쉬낀의 대화는 나의 내부에 전기처럼 와 닿았다. 그의 말을 들으면 문득 행복했던 젊은 시절의 무수한 생각들이 연상되어 우리는 동년배라 착각이 들기도 했다. 종종 한가롭고 재미있는 대화 속에서도 그의 영혼으로부터 재치 있는 참신한 착상이 튀어나와, 나는 그의 폭넓은 지식에 감탄할 수밖에 없었다. 차츰차츰 나는 그의 냉소주의라는 더러운 외투 속에 감춰진, 묻혀진 보석 같은 건전한 사고와 고귀한 사상을 발견하게 되었다.

뿌쉬낀과 아주 가까웠던 친구들도 그의 경솔한 언동 속에 감춰진 그 '고귀한 사상'을 찾을 수 있었던 사람이 드물었다. 비겔이 그럴 수 있었던 것은 아마도 뿌쉬낀이 오데싸에서 처음으로 외로움을 느껴 비겔에게 특별한 친근감을 가졌거나, 혹은 많은 회고록 작가들이 그러하듯,

비겔도 나중에 알게 된 사실을 그 당시에 알았던 것처럼 꾸몄기 때문인지도 모른다. '맘에 맞는 친구'가 없었던 것은 뿌쉬낀으로서는 분명 견디기 어려운 일이었을 것이다. 그는 오데싸가 '매력적인 부인이나 마담, 또는 책방 주인도 없는, 저주받은' 끼쉬뇨프보다 더 낫다고 생각했다. 그러나 비겔이 얼마 후 끼쉬뇨프로 떠나가자 뿌쉬낀은 그에게 보내는 편지(10월 11일~11월 4일)에서 그 '저주받은 도시'에 향수를 느낀다고 적었다. 그는 비겔에게 자기가 아직도 풀크헤리아에게 깊은 사랑을 느낀다는 것을 그녀에게 전해달라고 부탁했다. 뿌쉬낀은 또 자기가 오데싸에서 롯Lot(구약성서에 나오는 인물로 타락의 도시 소돔에서 탈출하였음—옮긴이)처럼 퍼마셨지만 롯의 딸 같은 처녀는 보이지 않는다고 불평하듯 적었다. 술친구나 성적 대상이 아닌 맘에 맞는 친구는 드물었다. 같은 편지에서 그는 이렇게 말했다. "얼마 전만 해도 우리는 여기서 재미있게 보냈지요. 술자리에는 내가 주빈이었죠. 모두가 취했고 우리는 창녀 집을 돌아다녔죠."

그가 외로움을 느꼈던 데에는 또 다른 이유가 있었다. 오데싸는 끼쉬뇨프보다 생활비가 훨씬 더 들어 뿌쉬낀은 늘 돈에 쪼들릴 수밖에 없었다. 여기에는 공짜로 하숙을 제공하는 인조프 같은 사람도 없었기에 연봉 700루블로는 기본 생활을 하기에도 모자랐다. 오페라 극장이나 좋은 식당은 돈이 없다면 그림의 떡에 불과했다. 11월에 그는 동생에게 도움을 청하는 편지를 썼다. "아버지에게 분명히 전해라. 돈을 보내주지 않으면 난 살 수 없다고. 아버지는 편지에는 아주 기분 좋게 말하면서도 내 처지에 아주 냉담한데, 나는 그게 구역질이 날 정도이다."

아버지에 대한 뿌쉬낀의 불평은 부당한 면이 없지 않았다. 아버지

역시 돈이 궁했던 사람이기 때문이었다. 그러나 그의 아버지는 토지가 있었고, 뿌쉬낀은 씁쓰레한 심정으로 아버지가 자기가 돈 쓰는 데에는 불평을 늘어놓았지만, 레프에게는 그렇지 않았을 걸로 생각하고 있었다. 동생에게 보낸 같은 편지에서 뿌쉬낀은 불만스러웠던 기억을 털어놓는다. "상뜨 뻬쩨르부르그에서의 일이 생각난다. 가을에 진창길이 되거나 서리가 내릴 때면 나는 안니치꼬프Annichikov 다리에서 택시를 타곤 했는데, 아버지는 택시비 8까뻬이까에 대해서 늘 나를 나무랐지. 너나 나라면 하인이 그랬어도 나무라지 않았을 거야."

뿌쉬낀은 자기 자신을 '오데싸의 은둔자'라고 표현하기 시작했다. 그가 무엇보다도 필요했던 것은 사랑이었다. 뿌쉬낀에게 사랑이란 어떤 여자에게 일종의 흥분감을 느끼는 상태를 뜻했는데, 이는 시인으로서의 그의 창작 생활과 직접적인 연관이 있었다. 1997년 필자와의 대화에서 모스끄바의 시인 윤나 모리츠Yunna Morits가 지적했듯이, 뿌쉬낀이 성적으로 추구했던 많은 여자들 중에 단 한 사람이라도 그가 사랑했던 여자가 있었는지는 알 수 없는 노릇이다. 초기의 뿌쉬낀 전기 작가였던 헨리 트로얏Henri Troyat은 이렇게 말했다. "뿌쉬낀에게 사랑과 시는 동전의 양면과도 같았고 그의 사랑은 순수 아프리카적 관능이었다." 그렇지만 그는 오데싸에서 두 여자를 동시에 사랑하게 되었다. 그러나 이들에게 똑같은 감정을 느꼈던 것은 아니었다. 그의 '돈주앙 리스트'에는 아말리아 리즈니츠Amalia Riznich와 엘리자베따 보론쪼바Elizabeta Vorontsova의 첫 글자가, 구베르Guber가 지적하듯이, '사이좋게 나란히' 적혀 있다. 아말리아 리즈니츠는 오데싸의 부유한 상인의 아내였고, 엘리자베따는 다름 아닌 보론쪼프 총독의 부인이었다.

뿌쉬낀이 아말리아 리즈니츠를 만난 것은 1823년 여름으로, 아마 오데싸의 오페라 극장에서였을 것이다. 그녀의 남편 이반 리즈니츠Ivan Riznich는 세르비아 출신 곡물상으로 친절하고 매력적인 사람이었다. 그는 1822년에 비엔나에서 아말리아와 결혼했고, 1823년에 그녀를 러시아로 데려왔다. 그녀는 오스트리아의 은행가 리프Ripp의 딸이었고, 조상은 독일계나 이탈리아계, 아니면 유대계였다. 그녀를 직접 본 사람에 의하면, 그녀는 키가 크고 날씬했고, 열정적인 눈동자, 희디흰 목덜미의 소유자였으며, 땋은 검은머리는 길이가 4피트가 넘었다고 한다. 구베르는 "그녀의 발이 매우 컸기 때문에 그녀는 항상 땅바닥에 끌리는 긴 드레스를 입었다"고 적고 있다. 뿌쉬낀은 예쁘고 날씬한 여성의 발에 특히 약했지만, "그는 아름다운 아말리아에 푹 빠져 그녀의 이런 약점을 발견하지 못했다." 많은 증인들의 말을 인용하여 뿌쉬낀의 오데싸 시절에 관해서 글을 쓴 바 있는 K. P. 젤레네쯔끼Zelenetsky라는 한 교수는 아말리아의 아름다운 모습, 독특한 의상과 태도 등을 훌륭하게 그리고 있다. 젤레네쯔끼는 보론쪼프가 자기 집에 그녀를 초대하지 않으려 했던 사실을 두고 수수께끼처럼 "그런데 그건 다른 사정이었던 것 같다"라고 적고 있다. 이것은 아마도 행실이 나쁜 여자라는 아말리아의 평판을 암시하는 것으로 보인다. 아말리아는 남자의 모자를 쓰고 승마복을 즐겨 입기도 했다.

오데싸 상류계층의 거의 모든 남자들은 노소를 막론하고 리즈니츠 집의 손님들이었다. 만찬, 모임, 그리고 피크닉이 끊임없이 이어졌고, 그때마다 리즈니츠는 뒷전에 있었지만 안주인 아말리아는 온갖 칭찬을 들었다. 그녀는 춤과 카드놀이를 즐겼고, 그녀의 숭배자들과 거침없이 어울렸다. 뿌쉬낀도 그녀와 어울리는 것이 좋았고, 그의 매력은 이내 아말리아의 관심을 사게 되었다. 그가 그렇게 된 것은 시인으로서의 명성 탓도 있었겠지만, 레프의 회고록에 의하면, "그는 대체로 시와 문학에 관해서 얘기하는 것을 싫어했다. 더군다나 여자들과는 그런 주제를 입밖에 꺼내지도 않았다. 특히 이 무렵에는 많은 여성들이 그가 시인이라는 사실을 알고 있었다." 시를 좋아하는 사람이라면 누구나 그의 이름을 잘 알고 있었다. 시몬즈^{Simmons}는 뿌쉬낀이 남부 러시아에서 야전 포병중대를 구경했던 이야기를 전한다. 그가 유명한 시인이라는 사실이 밝혀지자 그는 영광스럽게 장교의 막사로 안내되었고, 그를 기리는 예포까지 울렸다고 한다. 아마 아말리아 리즈니츠도 그의 명성을 잘 알고 있었을 것이다.

뿌쉬낀과 아말리아의 관계에 대해서는 여러 가지 설이 있다. 여러 해가 흐른 후 이반 리즈니츠는 이렇게 주장했다. 그는 항상 "부인의 행실에 감시의 눈을 붙였고, 그녀가 탈선하지 않도록 세심하게 배려했다. 그녀를 수발하는 충실한 하인은 부인의 일거수일투족을 알았고, 모든 것을 주인에게 보고했다." 뿌쉬낀은 아말리아를 열렬하게 사랑했고, 리즈니츠에 의하면, "그녀 주위를 고양이처럼 어정거렸지만," 그것은 짝사랑일 뿐이었고 아말리아는 그에게 냉담했다는 것이다.

그의 부인이 뿌쉬낀에게 냉담했다는 리즈니츠의 주장을 곧이곧대로 믿을 필요는 없다. 이런 경우에는 대개 남편만이 내막을 모르고 있거나, 마침내 내막을 알게 된다 해도 그것은 낯선 사람들과의 대화에서는 부정되기 마련이다. 그러나 훗날 아말리아의 인생은 그녀의 정조를 지켜주려는 리즈니츠의 기도가 완전히 실패로 돌아갔음을 보여준다. 더군다나 뿌쉬낀은 그녀와의 관계를 감추려고 하기는커녕, 시에서 그녀와의 육체적 관계를 노골적으로 표현했다. 그러나 그들의 관계를 시사하는 시가 어떤 시인지는 평자마다 견해가 다르다. 뿌쉬낀이 이 당시에 쓴 훌륭한 서정시의 중의 하나인 아래 시는 그들 사이의 육체적, 감정적 관계를 드러내준다.

> 한 자루의 양초가 나의 침대 곁에서
> 서글픈 불빛을 던진다.
> 그대에 대한 사랑으로 가득한 시구를
> 내가 읊조리면 그대도 따라 읊조리고,
> 그대 아름다운 눈동자는 어둠 속에서도 빛난다.
> 사랑이여, 내 사랑이여.
> 나 그대를 사랑하리 …… 나는 그대의 것.

어떤 평자들은 뿌쉬낀이 오데싸에 있을 때 쓴 모든 연애 시들이 그녀와의 관계를 다루고 있다고 주장한다. 또 어떤 평자들은 아말리아에게 바쳐진 시들을 「나의 시샘하는 꿈을 용서하겠소?」(1823), 「그녀 조국의 푸른 하늘 아래」(1826), 그리고 『예프게니 오녜긴』의 6장 이후의 두 장에 국한시킨다. 특히 『예프게니 오녜긴』의 제16장에서 뿌쉬낀은 젊어서 죽은 관능적인 여인에 의해 일게 된 정감을 회고한다.

뿌쉬낀에 대한 아말리아의 감정이 어떠했든 뿌쉬낀은 질투심에 사로잡혀 있었다. 『예프게니 오녜긴』의 제6장에서 삭제된 두 연에서 묘사된 렌스끼Lensky의 질투심은 그가 오데싸에서 아말리아에게 느꼈던 감정을 회고하고 쓴 것이 분명하다. 아말리아 리즈니츠 덕분에 뿌쉬낀의 시는 새로운 경향, 즉 정열적 단순성을 띠게 되었다. 그의 이같은 경향은 「나의 시샘하는 꿈을 용서하겠소?」의 마지막 구절에도 나타나는데, 이 구절은 일상적 대화처럼 자연스럽고, 모차르트의 음악처럼 거침이 없다.

> 아침이 오기 전 분별을 모르는 시간에
>
> 어머니도 동무도 없이 반라半裸의 상태로
>
> 당신이 어떻게 그를 맞이하겠소?
>
> 나를 사랑하지 않소? 우리 둘뿐일 때
>
> 너무나 부드러운 당신의 키스는 불과도 같소.
>
> 사랑하는 친구여, 제발 이 고문을 멈추시오.
>
> 당신은 모르리, 내가 얼마나 사랑하는지.
>
> 당신은 모르리, 내가 얼마나 괴로운지.

이러한 질투심이 일어났던 것은 아말리아의 숭배자들이 많았기 때문이었다. 뿌쉬낀의 가장 큰 라이벌은 폴란드의 부유한 지주 소반스끼Sobansky와 야볼론스끼Yabolonsky 공작이었다. 뿌쉬낀과 그녀와의 정사가 시작된 지 6개월 이상이 지난 1824년 5월, 아말리아는 폐결핵에 걸려 어린 아들을 데리고 이탈리아로 갔다. 야볼론스끼 공작이 그녀를 따라가 거기서 잠시 그녀와 동거했는데, 결국 공작은 그녀를 버렸고, 얼마 후 그녀도 죽고 그들 사이의 아이도 죽었다. 끔찍한 결말이었다. 젤레네쯔끼Zelenetsky는 아말리아의 남편이 그녀가 '탈선'하지 않도록 신경을 썼다는 얘기와는 정반대로, 그녀가 이탈리아에서 지독한 가난에 시달려도 도와주지도 않고 폐병으로 죽게 내버려두었다고 주장하지만, 이것은 옳지 않은 것 같다. 뿌쉬낀은 한참 후에야 그녀가 죽었다는 소식을 듣게 되었는데, 이때는 '12월 당원들' 친구들이 처형당했다는 끔찍한 소식을 듣고 그녀에 대한 감정이 식어있었다. 뿌쉬낀은 그의 이러한 감정 상태를 「그녀 조국의 푸른 하늘 아래」라는 시에서 다루었다. 그는 1830년에 쓰인 또 다른 훌륭한 서정시에서 아말리아에 대한 기억을 떠올렸다.

뿌쉬낀이 성적 욕구의 충족뿐만 아니라 절실한 사랑을 원하기 시작했던 것은 오데싸에서였다. 그의 욕구는 아말리아 리즈니츠 같은 난잡한 여인을 정복함으로써 채워지지는 않았다. 그는 아말리아에 대해서 질투심을 느끼면서도 백작 부인 보론쪼바에게는 전혀 다른 감정을 품게 되었다. 이 무렵에 쓰인 시와 그의 오데싸 노트북의 기록으로 판단하면 뿌쉬낀이 엘리자베따를 사귄 것은 1823년 여름이나 가을이었던 것 같다. 이 당시 그는 여전히 아말리아와의 관계를 유지하면서 그녀의 거실을 자주 찾아가곤 했었다. 앞에서 인용한 바 있는 「나의 시샘하는 꿈을 용서하겠소?」가 쓰인 1823년 10월이나 그 이후 얼마 동안까지도 그는 아말리아에게 푹 빠져 있었다. 그러나 그 해 12월이 되자 그의 가장 열렬한 동경의 대상은 아말리아가 아니라 엘리자베따 보론쪼바였다.

그녀에 대한 그의 집착으로 인하여 그와 보론쪼프 백작과의 관계가 개선될 리는 만무했다. 오데싸에서의 뿌쉬낀의 행동거지를 보고하는 책임을 진 보론쪼프는 매사에 뿌쉬낀을 못마땅하게 생각하고 있던 터였다. 시인들을 좋아하지 않았던 그는, A. I. 뚜르게네프의 부탁으로 뿌쉬긴을 끼쉬뇨프에서 전근시켜주기는 했지만, 뿌쉬긴을 항상 부하로만 대할 뿐이었다. 보론쪼프는 최근에 베싸라비아의 부총독으로 임명받은 비겔에게 뿌쉬긴이 좀 더 가치 있는 일을 하도록 설득해보라는 부탁까지 했다. 이에 비겔은 뿌쉬긴 같은 사람은 위대한 시인이 될 수밖에 없다고 응수했지만 백작은 냉담하게 시인이란 별로 쓸모가 없는 존재라고 일축하였다. 그의 부하들도 백작의 영향을 받아, 그의 비서 중 한 사람은 나중에 뿌쉬긴의 친구가 된 러시아 장교 리프란디I. P. Liprandi에게 뿌쉬긴이 "허영기 많고 성질이 고약하며, 친구들 때문에 버르장머리가 없게 된 작자"라고 소개했다. 보론쪼프는 자기 집에서도 뿌쉬긴이 총독 사무실의 일개 직원에 지나지 않는다고 공공연히 말하였다.

뿌쉬긴은 자신의 가문에 대해서 내세울 게 없었지만, 보론쪼프와 그의 부하들에게 받은 대우는 그의 자존심을 상하게 했다. 그러나 뿌쉬긴은 백작의 부인에게는 존경심에 가까운 감정을 품고 있었다. 엘리자베따의 처녀적의 이름은 브라니쯔까야Branitskaya로서, 폴란드 고관의 딸이자 유명한 뽀쫌낀Potemkin 공작의 조카였다. 그녀는 라옙스끼 및 다비도프 일가와도 친척 관계였다. 보론쪼프 백작은 가문도 훌륭했을 뿐만 아니라 점령지 러시아 주둔군 사령관이라는 유력한 직책을 맡고 있었으므로 그녀에게는 잘 어울리는 배필이었다. 그러나 그들의 결혼은 이해타산만을 따진 결혼이어서, 그녀는 남편에게 특별한 감정이 없었다. 보론쪼프 역시 그의 아름답고 젊은 부인에게 남편으로서의 지조를 지킬 필요가 없다고 생각하고 있었다. 뿌쉬긴이 그녀를 만났을 때 그녀는 30세 전후의 나이였다.

백작 부인을 잘 알고 있었던 비겔은 이렇게 말한다. "그녀는 어느 모로 보나 순진한 처녀 같았다. 그녀는 남들처럼 사교계의 생활을 모른 채 오랫동안 엄격한 어머니와 함께 시골에서 살았다. 그녀는 외국으로 첫 나들이 가서 보론쪼프와 결혼했고, 갑자기 인생의 온갖 즐거움을 누리게 되었다. 그녀는 가슴도 젊었고 외모도 젊어 보였다. 그녀는 일반적인 잣대로 아름답다고 할 수는 없었지만 그녀의 감미로운 작은 눈동자가 부드럽고 민첩하게 상대방을 쳐다볼 때면 상대방을 꿰뚫어보는 것 같았다. 어떤 여성에게서도 볼 수 없는 그녀의 입술에 감도는 미소를 보면 절로 입맞춤하고 싶은 생각이 든다." 이 당시 뿌쉬낀은 원고에 한 여자의 머리를 그렸는데, 이는 백작부인의 그림으로 추측된다.

저명한 학자인 게르쉔손Gershenson은 뿌쉬낀과 엘리자베따 보론쪼바 사이에 육체적 관계가 있었을 가능성은 희박하다고 주장한다. "'돈주앙 리스트'로만 판단한다면, 그 사랑이 오래 갔던 짧았던, 뿌쉬낀이 보론쪼바를 사랑했던 것으로 보인다. 그들의 관계가 가까웠다는 것은 전혀 근거 없는 말이다." 그들의 관계가 성적인 것은 아니었지만 그녀가 그의 사랑에 대하여 무반응으로 일관했던 것은 아니었다. 그녀는 그에게 헤브루 글자로 도장을 새긴 반지를 주었고, 뿌쉬낀은 이를 부적처럼 생각했다. 그의 누나는 뿌쉬낀이 미하일롭스꼬예에서 반지의 것과 똑같은 도장이 찍힌 편지들을 받았다는 얘기를 전한다. 그 무렵 그는 방에 틀어박혀 편지를 읽고 있었는데, 이는 아마도 백작부인의 편지였을 것이다.

그 반지는 뿌쉬낀이 1827년에 쓴 시 「부적」에도 언급된다. 그것은 질병을 예방하거나 부를 가져다주는 마력이 있는 것이 아니라 미래에 거짓된 연인들로부터 그를 보호해주는 마력을 지닌 것으로 묘사된다.

그대를 사로잡아

함정에 빠뜨리는 눈동자가 있다면,

사랑도 없이 너무도 능숙하게

그대에게 키스하는 입술이 있다면,

사랑하는 친구여,

그대가 현혹되지 않고 배신당하지 않게

이 영험한 부적이 그대를 지켜주리라.

1823년 뿌쉬낀은 그가 끼예프에서 처음으로 만났던 폴란드계의 유명한 미인 까롤리나Carolina와도 많은 시간을 함께 보냈다. 그녀는 나중에 발자크와 결혼한 예벨리나 한스끼Evelina Hansky의 언니였다. 뿌쉬낀은 끼쉬뇨프에서 까롤리나를 잠시 다시 만난 적이 있었는데, 그녀는 비트Witt 백작의 부인이 되어 오데싸에서 살게 되었던 것이다. 오데싸에서 뿌쉬낀은 그녀와 벤자민 꽁스땅뜨Benjamin Constant의 「아돌프Adolphe」를 함께 읽었다. 먼 훗날인 1830년 2월 2일, 그녀에게 보낸 한 편지에서 뿌쉬낀은 그녀를 「아돌프」의 여주인공인 엘레노어Ellenore라고 부르며 오데싸 시절의 그들 사이의 우정을 회상하였다. 그는 그녀를 이렇게 회고하였다. "당신은 필요 이상으로 격정적이었고 흥분을 잘 했지요." 1830년 1월 5일 자 까롤리나의 앨범에 그는 저 유명한 서정시 「내 이름이 그대에게 무엇이랴?」를 써주었다. 그들의 관계는 아마 감상적인 차원 이상의 것은 아니었을 것이다. 이 시는 슬픈 어조로 시작된다.

그대에게 내 이름이 무엇이랴?

그것은 스러지고 말리라,

아득한 해변의 슬픈 파도소리처럼,

한밤중 고요한 숲의 속삭임처럼.

그러나 이 시는 그녀가 불행할 때 위안을 삼도록 이렇게 끝난다.

적어도 나는 한 사람의 가슴속에 남아있다네.

쓰인 날짜는 미상이지만 뿌쉬낀의 가장 유명한 서정시 「나는 한때 너를 사랑했었지」역시 그녀를 두고 쓰인 것으로 추측된다.

뿌쉬낀이 보론쪼바 백작부인과 관계를 맺은 것은 그가 아말리아와의 관계를 끝내지 않았던 무렵에도 위험한 일이었다. 그녀와의 관계로 인하여 그가 아주 비참한 지경에 빠지게 된 것은 바이런을 연상시키는 그의 옛 친구 알렉싼드르 라옙스끼가 도착하고 나서였다.

뿌쉬낀은 그의 옛 친구를 진심으로 반겼다. 그로서는 오데싸에 온 라옙스끼의 주목적이 보론쪼바 백작부인과 새 출발을 하기 위해서였다는 것은 꿈에도 상상할 수 없었다. 라옙스끼는 그가 프랑스에서 보론쪼프 백작의 부관이었을 때 백작부인을 처음으로 만났고, 매사에 냉소적인 그였지만 그녀를 열렬히 사랑하게 되었던 것이다. 그러나 그는 뿌쉬낀에게 그녀에 대한 자신의 감정을 고백하지 않았고, 친구의 그런 감정을 전혀 모르고 있었던 뿌쉬낀이 자신의 감정을 인정했을 때에는 너무 물러빠졌다고 놀리기까지 하였다. 뿌쉬낀은 다른 문제에는 솔직했지만, 보론쪼바에 대한 자신의 구애에 대해서는 화제로 삼지 않았다. 뿌쉬낀이 그녀를 몰래 만났다 해도 라옙스끼는 이에 대하여 짐작만 하고 의심의 눈초리를 던졌을 뿐이었다. 뿌쉬낀은 보론쪼바로 인한 자신의 슬픔을 뱌젬스끼의 부인에게 털어놓은 적이 있었는데, 1824년 8월 1일 남편에게 보내는 편지에서 그녀는 뿌쉬낀이 "정말 순결한 짝사랑에" 절망하고 있다고 적었다. 그러나 라옙스끼가 추측한 사실만으로도 뿌쉬낀은 오데싸에서 추방당할 수 있었다.

라옙스끼는 뿌쉬낀이 백작부인을 계속 사랑하도록 부추겼는데, 이는 메스꺼운 동기에서 우러난 술책이었다. 그는 백작부인에 대한 뿌쉬낀의 투명한 사랑을 그녀에 대한 자신의 관심을 보론쪼프 백작이 알아채지 못하도록 해주는 방패막이로 삼았다. 무자비하게도 라옙스끼는 백작에게 부인에 대한 뿌쉬낀의 집착은 소문난 화젯거리라고 귀띔하기까지 하였다. 1824년 10월경에야 비로소 뿌쉬낀은 라옙스끼가 백작부인의 또 한 사람의 숭배자였을 뿐만 아니라 한때는 연인이기까지 했다는 놀라운 사실을 알게 되었다. 뿌쉬낀이 라옙스끼의 배신을 알기 전인 1823년에 쓴 시 「악마」는 '자신을 끝까지 따라다니는 사악한 천재'를 묘사하고 있다. 이 시는 이렇게 끝난다.

> 애기를 나누며 나는 분노했다,
> 그의 냉혹한 미소와 수작 때문에.
> 그의 욕설은 불경스러웠고,
> 그에게 아름다움은 공허한 꿈,
> 환상은 곧 불신의 대상이었다.
> 자유와 사랑을 모르는 그는

인생을 냉소적으로 살았다.

모든 일과 지상의 모든 것들을

가차없이 경멸했다.

비곌은 그의 회고록에서 뿌쉬낀과 농담을 하며 아프리카 혈통을 지닌 뿌쉬낀을 오델로에, 라옙스끼를 이아고에 비유했던 것을 기억한다. 뿌쉬낀은 그 말을 듣고 웃어넘길 수가 없었다. 라옙스끼의 배신이 너무도 충격적이었던 것이다.

한편 보론쪼프는 당국에 보내는 보고서에서 뿌쉬낀을 더욱더 좋지 않게 평했는데, 이는 전혀 놀라운 일이 아니었다. 1824년 3월 6일, P. D. 끼셀레프Kiselev 장군에게 보내는 편지에서 그는 이렇게 적고 있었다. "보름이 지나도록 뿌쉬낀과 얘기를 나눈 것은 단 서너 마디뿐입니다. 그가 나를 두려워하는 것은 언젠가는 내가 그에 관한 나쁜 보고서를 최초로 쓰고 나서 그를 여기서 내쫓을 것이며, 그리되면 아무도 그를 떠맡지 않으리라는 것을 그 자신이 잘 알고 있기 때문이죠. 오데싸의 한 지사인 구레프Gurev의 말로는 그가 지금은 대체로 아주 사려 깊고 신중하게 처신한다고 합니다. 그의 처신이 나빠진다면 나는 그를 보내버릴 겁니다. 사적으로 나는 그렇게 된다면 기쁠 겁니다. 나는 그의 태도도 싫고 그의 재능을 높이 평가하지도 않기 때문입니다. 공부도 하지 않고 진정한 시인이 될 수는 없는 법인데, 그는 전혀 공부하지 않습니다."

반면에 뿌쉬낀은 그의 상관에 관하여 모욕적인 시를 쓰면서 즐거워했다. 그 중 가장 유명한 것이 아래의 풍자시일 것이다.

지체 높은 양반 같기도 하고 구멍가게 주인 같기도 하고

학식이 깊은 것 같기도 하고 속물 같기도 하고,

범죄자 같기도 하다. 이제 이런 것들이

적어도 어느 정도 뭉뚱그려질 기회가 왔다.

비겔의 비망록에 의하면, 백작 부인 보론쪼바에 대한 깊은 집착으로 결국 인생을 망치게 된 것은 다행히 라옙스끼였다. 반면 뿌쉬낀의 섬세한 감정은 시로 표출되었다. 그녀로 하여 뿌쉬낀은 그의 가장 독창적인 서정시들 중의 하나로 손꼽히는 시를 쓰게 되었다. 그의 쓰라린 심정이 시라는 형태로 표출되었던 것이다. 뿌쉬낀은 연극의 한 등장인물이 큰 소리로 낭독하는 것을 관객들이 듣듯이 자신의 작품을 듣도록 우리들을 초대한다. 구두점의 사용은 연극 대사의 휴지休止와도 같다. 이 시는 달밤의 바닷가를 배경으로, 파도를 구경하는 한 여인의 묘사로 시작된다.

거기에 그녀는 서글픈 심정으로 홀로 앉아있다 ······

홀로 ······ 사랑을 애걸하는 자도,

황홀히 그녀의 무릎에 키스하는 자도,

그녀의 어깨를 받쳐줄 자도 없다.

젖은 입술을 포갤 상대도, 흰 가슴을 보여줄 상대도 없다.

······

······

······

그녀의 거룩한 사랑을 그 누가 감당하랴.

그렇지 않은가? 그대는 혼자이고, 나는 말이 없다.

……

하지만 그렇지 않고 ……

(구두점은 뿌쉬긴의 것임)

참으로 이 정열적인 시를 쓰게 된 동기가 보론쪼바라는 것은 전혀 중요한 문제가 아니다. 이 작품은 「까프까즈의 포로」에서 보였던 냉담한 태도와는 전혀 다르게 뿌쉬긴이 아련한 동경과 사랑의 고통을 겪고 있다는 것을 보여주기 때문이다. 이 작품의 동기가 된 그의 이러한 감정은 이제까지 그가 한번도 내보인 적이 없었다. 그녀가 뿌쉬긴을 사랑했던 그렇지 않았던, 보론쪼바는 『예프게니 오녜긴』의 저 사랑스러운 따찌야나Tatyana의 모델 중 한 사람이 되었다.

오데싸에서 뿌쉬긴의 형편은 라옙스끼의 간악한 흉계로 인하여 더욱 악화되었다. 뿌쉬긴에 대한 보론쪼프의 혐오감도 더욱 커져가기만 하여, 그는 1824년 3월 27일 외무대신에게 보내는 편지에서 뿌쉬긴을 "평판 나쁜 바이런 경이라는 사람의 형편없는 모방자"라고까지 평하게 되었다. 이제 그는 어떻게 해서든 뿌쉬긴을 오데싸에서 축출하고 싶었다. 그가 외무대신 칼 네쎌로데Karl Nesselrode에게 편지 쓸 때, 그는 뿌쉬긴을 그의 전임지였던 끼쉬뇨프로 돌려보내는 것도 성이 차지 않는다고 적었다. 공식적으로 시인은 아직 외무성 소속이었던 것이다. 비겔에 의하면 그가 이 무렵 보론쪼프에게 뿌쉬긴 애기를 할 때마다 보론쪼바는 얼굴이 창백해지면서 다시는 그 악당 애기를 입 밖에 꺼내지도 말라고 했다 한다. 5월 2일 자 뿌쉬낀을 전근시켜 달라는 요청에 대하여 만족스러운 답변을 받지 못하게 되자, 보론쪼프는 네쎌로데에게 보내는 공식 문서에서 이렇게 적었다. “저는 다시 한번 요청합니다. 저를 뿌쉬낀으로부터 해방시켜 주십시오. 그가 탁월한 인물이고 훌륭한 작가인지는 모르지만 저는 그가 오데싸에 있는 것도 끼쉬뇨프에 있는 것도 더 이상 원치 않습니다.”

보론쪼프는 어떻게 해서든 뿌쉬낀을 오데싸에서 축출하고 싶어했던 나머지 같은 달 케르손Kherson 지역이 메뚜기 떼의 습격을 받았을 때 뿌쉬낀에게 자기 휘하의 몇몇 부하와 함께 그곳에 가서 상황을 보고토록 명하였다. 뿌쉬낀은 이 명령을 그를 모욕하려는 의도로 간주하고 격분하였는데, 여기에는 그럴 만한 이유가 있었다. 1820년 뿌쉬낀을 인조프에게 위임하는 서한에 의하면 그에게는 어떤 직책도 부여되지 않았고, 따라서 그는 휴가 중인 외무성 직원으로서의 대우를 받았었다. 보론쪼프의 수석부관인 까즈나체예프Kaznacheev에게 보내는 편지에서 뿌쉬낀은 자기가 연봉 700루블을 받는다고 해서 명령받은 어떤 일이라도 해야 한다는 주장에 대하여 단호하게 반박하였다. 그는 까즈나체예프에게 모스끄바나 상뜨 뻬쩨르부르그에서 했던 자기 본연의 작업인 시를 쓰고 출판하는 작업을 몇 년 동안이나 할 수 없었다고 상기시켜 주었다. “나는 공무원의 봉급으로서가 아니라 추방당한 노예의 용돈으로서 700루블을 받습니다.” 건강 악화를 구실로 사직하겠다는 감정적인 제안도 위와 같은 주장도 아무런 소용이 없었다. 뿌쉬낀은 울며 겨자 먹기로 동쪽으로 약 500리 길을 여행할 수밖에 없었다. 그러나 그는 별 조치도 취하지 않고 불과 3일 만에 오데싸로 돌아왔다.

보론쪼프가 뿌쉬낀에게 그 임무를 맡기기도 전에 이미 뿌쉬낀과 엘리자베따 사이에는 편지만 오고갔을 뿐, 가까운 대화가 끊어진 상태였던 것으로 보인다. 구베르Guber에 의하면 그들의 마지막 만남은 1824년 봄이나 여름의 어느 날 밤에 어떤 정원에서 이뤄졌다고 한다. 뿌쉬낀이 보론쪼바에게 보낸 편지들 중 현재 남아 있는 유일한 것은 1956년에 발견된 것으로, 그 마지막 만남이 이뤄진지 여러 해 후인 1834년 3월 4일에 쓰인 것이다. 이것은 1833년 12월 26일 자 엘리자베따의 편지에 대한 답장이었는데, 그녀의 편지에는 오데싸의 빈민 구제를 위해 그녀의 후원으로 발간되는 연감에 실을 그의 작품을 보내달라는 요청이 씌어 있었다. 이 편지는 E. 윌베만스Wilbemans라는 본인을 알아보기 힘든 익명으로 서명돼 있었지만 뿌쉬낀은 그녀의 필체를 알아볼 수 있었다. 그는 작품 한 편을 그녀에게 보냈지만 너무 늦게 도착하여 그녀의 연감에는 게재될 수 없었다. 그의 답장은 지극히 사무적이었지만 이렇게 끝을 맺고 있다. "부인께 감히 말씀드리건대 저는 당신의 편지를 받고 행복한 순간을 맛보았습니다. 당신의 가장 충직한 노예를 당신이 아직도 완전히 잊지는 않았다는 생각이 들어서입니다."

모스끄바나 뻬쩨르부르그 시절 그의 유일한 수입원이었던 문학 활동을 계속할 수 있도록 전근시켜달라는 외무성 상관에 대한 뿌쉬낀의 청원은 결코 부당한 것은 아니었다. 시인으로서 생계를 유지하려면 출판이 이뤄지고 독자가 있는 현장에 있어야만 했다. 「루슬란과 류드밀라Ruslan and Lyudmila」는 절판된 지 오래여서 권당 25루블에 팔리고 있었지만, 뿌쉬낀은 그네디치Gnedich가 출판 사업을 제대로 하지 못한다고 생각했다. 그래서 「까프까즈의 포로」에 대한 출판으로 2,000루블을 제안 받자 뿌쉬낀은 그 판권을 쁠레뜨네프^{Pletnev}에게 넘겨버렸다. 뱌젬스끼에게 출판을 위임했던 「바흐치싸라이의 샘^{The Fountain of Bakhchisaray}」에 대한 대가로 뿌쉬낀은 3,000루블을 받았는데, 이는 1행 당 5루블에 해당된다. 뱌젬스끼는 너무도 열심히 그리고 꼼꼼하게 교정을 보아 한번은 "아픔을 주는 키스"라는 시구는 성병을 연상시킨다고 주장하였다. 뿌쉬낀은 선선히 그의 주장을 따라 '아픔을 주는'을 '꿰뚫는'으로 바꾸면서 이렇게 우스개 소리를 덧붙였다. "그건 아주 새로운 표현이 될 겁니다. 문제는 얌전빼는 우리의 여주인공이 깨문다는 사실인데, 모든 독자가 이를 알아야만 하겠죠."

　뿌쉬낀이 글로써 생계를 유지할 수 있는 것은 독자의 취향 덕분이었다. 그러나 그는 이 역시 그의 독립성에 제약을 줄 수 있다고 생각했다. 「서적상과 시인의 대화^{Conversation between a Bockseller and a Poet}」(1825)라는 시에서 그는 돈 때문이 아니라 재미 삼아 글을 쓰던 태평한 시절을 아쉬워한다. 그런데 서적상의 아래와 같은 충고는 아주 현대적이다.

> 우리 장사꾼들처럼 나이먹으면 냉정히
> 돈만이 자유를 준다고 생각한다오.
> 명성이 뭔지 아예 생각을 마시오.
> 시인의 누더기에 붙은 헝겊 조각이라오.
> 우리가 바라는 건 돈, 돈, 또 돈이라오.

　하지만 뿌쉬낀은 가난 때문에 귀족 신분으로서 시를 팔아먹는다는 따위의 체면을 생각할 겨를도 없었다. 그는, 꺼림칙하다고 느끼긴 했겠지만, 부끄러울 게 없다고 공언했다. 동생에게 보내는 편지에서 그는 이렇게 썼다. "빵 굽는 사람이 빵을 굽고, 재단사가 바느질을 하고, 꼬즐로프Kozlov가 글을 쓰고, 의사가 사람을 죽이듯이 나는 돈, 돈, 돈을 위해서 노래한다."

뿌쉬낀이 잠시나마 오데싸를 떠나고 싶어했던 것은 돈 때문만은 아니었다. 그는 그가 안주하고픈 세계로부터 소외당한 듯한 기분이 들었던 것이다. 1823년에 쓰인 매혹적인 한 서정시에서는 새장에서 풀려나오는 새를 그리고 있는데, 이 시가 더욱 쓰라리게 느껴지는 것은 이당시 뿌쉬낀 자신이 절망적으로 갇혀 있다고 생각했기 때문이다.

> 낯선 땅에서도 나는
> 그곳 나름의 관습대로
> 이 화창한 축제의 봄날에
> 한 마리 새에게 자유를 준다.
>
> 그렇게 하노라면 위안이 된다.
> 신께 푸념은 해서 무엇하랴?
> 신이 창조하신 단 하나, 그의 작은
> 피조물에 자유를 줄 수 있는데.

기약 없는 유배생활로부터 벗어나게 해달라는 그의 요청은 황제의 장관에 의해서 번번이 거부당했고, 그는 세련된 문학적 대화를 나누던 옛시절이 그리웠다. 연애에 정신이 팔려 있었던 1823년에 이미 그는 젤비끄^{Delvig}에게 보내는 편지에서 자신이 오데싸에서는 어울리지 못하고 싫증을 느끼고 있다고 푸념하였다. 그는 또 12월 1일, A. I. 뚜르게네프^{Turgenev}에게 보내는 편지에서 곧 오게 될 오페라 단을 "낙원의 사절단"이라고 적고, 다음과 같이 불평을 늘어놓았다. "숨막히는 아시아의 한 지역에서 유폐생활을 한 지 3년 만에 비로소 유럽적 분위기의 진정한 가치를 감상할 수 있게 되었습니다." 오페라, 특히 롯시니의 오페라는 오데싸에서 그의 위안거리 중의 하나였다. 『예프게니 오녜긴』에서 그는 롯시니를 다음과 같이 열정적으로 묘사한다. "그는 항상 같으면서도 항상 새롭다. 그로부터 쉼 없이 흘러나오는 멜로디는 젊은이의 입맞춤처럼 타오르고, 모든 것을 관능의 늪에 잠기게 한다." 그는 이처럼 오페라를 사랑하기는 했지만, 가극을 쓰려는 뱌젬스끼^{Vyazemsky}의 시도를 비웃었다. 시인은 음악가의 보조 역할을 해서는 안 된다는 것이 뿌쉬낀의 생각이었다. 그러나 아이러니컬하게도 지난 200년 동안 뿌쉬낀의 대부분의 작품이 서구에 최초로 소개되었던 것은 차이꼽스끼^{Tchaikovsky}(1840~1893, 러시아의 작곡가 — 옮긴이), 림스끼 꼬르사꼬프^{Rimsky Korsakov}(1844~1908, 러시아 민족음악의 대표적 작곡가 — 옮긴이), 그리고 무쏘르그스끼^{Petrovich Mussorgsky}(1839~1881, 러시아의 작곡가 — 옮긴이) 등의 오페라 덕분이었다.

절망에 빠진 뿌쉬낀은 심지어는 알렉싼드르 1세에게 직접 호소할 생각도 해보았다. 1824년 1월 동생에게 보내는 편지에서 "남은 것은 '뻬뜨로빠블롭스끼 요새' 반대편의 '겨울 궁전'에 머무르고 있을 '그'에게 직접 편지를 써보내거나 남몰래 의관을 갖추고 빠져나가 콘스탄티노플을 구경하는 것 뿐이다"라고 뿌쉬낀은 적었다.

그러나 그는 며칠간의 짧은 여행도 거부당했다. 고립된 상태에서 뿌쉬낀에게 남은 유일한 행복은 시를 쓰는 일뿐이었다. 그것은 늘 그의 생활의 중심이었고, 그가 사랑했던 여성들에게서 느끼는 즐거움조차도 시에 대한 열정에는 못 미치는 것이었다 해도 무방할 것이다. 1824년 3월 8일 그는 뱌젬스끼에게 이렇게까지 말했다. "나는 나 자신을 위해서 쓰고, 돈을 위해서 출판하는 것이지 아름다운 여성의 미소를 위해서 그렇게 하는 것은 결코 아닙니다." 그의 많은 시들이 출판을 기대하고 쓰인 것은 아니었다. 『예프게니 오녜긴』이 그 대표적인 예인데, 이에 대해서 그는 이미 1823년 11월 4일 뱌젬스끼에게 이렇게 말한 적이 있었다. "출판을 염두에 두는 것도 부질없는 짓입니다. 내가 쓰고 싶은 대로 쓸 뿐입니다." 그 해 12월에는 『예프게니 오녜긴』의 놀라운 두 장章이 이미 탈고되어 몇몇 친구들에게 보내지게 되었다. 그 친구들 모두가 다 상뜨 뻬쩨르부르그의 삶에 대한 풍자적 묘사에 찬동하는 것은 아니었는데, 일례로 이 작품의 냉소적 주인공은 그를 괴롭혔던 라옙스끼와 형제간이자 그의 옛 친구인 니꼴라이 라옙스끼를 당혹시켰다. 사실 라옙스끼는 '문학을 잘 모르는' 친구였다.

그가 오데싸에서 쓰기 시작한 또 다른 걸작은 「집시들The Gypsies」이었다. 이 시는 뿌쉬낀이 끼쉬뇨프에서 본 것과 같은 한 집시의 천막에 대한 묘사로 시작된다. 이어서 한 노인이 등장하여 모닥불 옆에서 그의 딸 젬피라Zemfira가 돌아오기를 기다린다. 이윽고 그녀는 집시들과 어울려 살고자 하는 러시아 애인 알레코Aleko를 데리고 돌아온다. 그는 「까프까즈의 포로」가 그랬듯이 문명사회로부터의 도피자였다. 노인은 알레코의 출신에 대해서는 캐묻지도 않고 그를 따스하게 맞이해 주고, 연인들은 잠자리에 들게 된다. 이른 아침에 집시들은 천막을 걷고,

노새들, 어른들, 아이들, 그리고 사슬에 묶인 곰으로 이루어진 어릿광
대 행렬이 유랑 길에 오른다. 당분간 젬피라와 알레코는 연인으로서
행복하게 지낸다. 젬피라가 알레코에게 자기와 함께 살려고 그가 버린
것이 무엇이냐고 묻자 알레코는 자신이 한때는 숨막히는 도시와 그 쾌
락에 연연해했던 것을 기억하고는 쓴웃음을 짓는다. 도시의 처녀들이
아무리 꾸며도 젬피라의 아름다움을 따라갈 수는 없는 노릇이다. 하지
만 노인은 알레코에게 편안한 생활에 길들여진 사람은 자유를 오래도
록 누릴 수는 없는 법이라고 일깨워준다. 그러면서 노인은 사람들에게
재미있는 얘기를 들려주며 다뉴브 강둑에서 살았던 한 시인의 얘기를
해준다. 이 시인은 결코 유배 생활에 익숙해질 수는 없었다는 것이다.
오비드를 떠올리며 알레코는 회상한다.

　　　말해보라, 영광이 무슨 가치가 있는가.
　　　찬양의 목소리도 공허하지 않은가.
　　　영광도 찬양도 먼 훗날에는
　　　여기 운무 자욱한 호젓한 곳에선
　　　한 마디 욕설에 지나지 않는 것을.

　　알레코는 곰을 춤추게 하는 법을 배우면서 2년 동안 집시들과 더불어
생활한다. 그러나 도전적인 카르멘의 전신이랄 수 있는 젬피라는 그의
사랑에 싫증을 느끼고 집시 고유의 노래를 부르며 알레코를 조롱한다.

　　늙은 남편, 침울한 사내여,

　　　　　　　　　　　　　제7장_오데싸 1823.7~1824.7

나를 불태우거나 베어주오.
난 아무래도 좋아, 불이든 칼이든
난 두려워하지 않으니.

알레코가 그처럼 야만적인 노래를 멈추라고 하자 그녀는 이를 일축
하면서 이번에는 용기 있는 젊은 연인에 대한 노래를 부른다.

고요한 밤에
난 그를 열렬히 애무했지요.
백발이 성성한 당신의 머리가 떠올라
우리는 깔깔 웃었지요.

알레코가 젬피라는 자신을 더 이상 사랑하지 않는다고 한탄하자, 노
인은 집시의 자유란 바로 이런 것이고 여자들도 제멋대로 행동한다고
설명한다. 위안 받을 길이 없던 알레코는 어느 날 밤에 젬피라의 뒤를
밟아 그녀가 새 애인과 함께 있는 것을 보고는 그녀의 면전에서 그를
죽이고 만다. 하지만 젬피라는 살의를 품은 알레코의 분노에 아랑곳하
지도 않는다.

그쯤 해두시죠. 난 당신도
당신의 협박도 두렵지 않아요.
난 살인자 당신을 저주해요.

이에 격노한 알레코는 그녀까지도 살해하지만, 그녀의 마지막 말은 사뭇 도전적이다.

난 당신을 증오해요.

당신을 경멸해요.

난 다른 남자를 사랑하죠.

그를 사랑하며 죽어가요.

두 시체는 집시의 전통 의식에 따라 매장된다. 알레코를 처형하려는 시도는 없었지만 노인은 아주 엄숙한 어조로 그에게 사라지라고 말한다.

오만한 사내여, 이제 우리 곁을 떠나게.

우리는 법 없이도 사는 종족이다.

우리는 올가미나 고문대로

우리에게 해 입힌 자를 처형하진 않지만

살인자들과 더불어 살지는 않네.

자네가 알게 된 자유를

자네 자신만을 위해 써먹게나.

우리는 자네 목소리만 들어도 불쾌하다네.

우리는 양처럼 온순하지만

자네는 난폭하다네. 그러니 떠나게.

말없이 우리 곁을 떠나게.

　자신의 글이 더욱더 풍부해지고 유려해지는 것을 의식하면서 뿌쉬긴은 문학적 성공으로 다시금 돈을 버는 일에 유일한 장애가 되는 것은 당국의 검열이라고 생각했다. 벤켄도르프^{Benckendorf}와 그의 수하들이 뿌쉬긴이 쓴 모든 시를 꼼꼼하게 검열했고, 그 과정은 번거롭고 더뎠다. 이제 뿌쉬긴의 명성은 널리 퍼지게 되어 사람들은 그의 「바흐치싸라이의 샘」이 발간되기도 전에 그것이 낭송되는 것을 들어보려고 할 정도였다. 그가 이런 지명도를 과거에는 반겼겠지만, 오데싸에서는 그같은 낭송회가 열린다는 소식에 짜증을 내기까지 했다. 그는 동생 레프에게 그런 낭송회로 자기 책의 판매 부수가 떨어질 거라고 하면서 이렇게 말했다. "현재와 같은 검열을 계속 받는 한, 나는 펜으로 먹고 살 수가 없다." 그렇지만 1824년 3월 8일경에는 인조프에게서 빌렸던 350루블을 갚을 수 있었다. 인조프가 베풀었던 과거의 도움이 너무도 고마워 그렇게 한 것이었을 뿐, 뿌쉬긴은 여전히 돈에 쪼들렸다. 동생 레프에게 보내는 1824년 4월 1일 자의 편지에서 뿌쉬긴은 이렇게 적었다. "나는 여기서 근근히 아사餓死를 면할 정도이다. 사람들은 나의 이름만 외쳐댈 뿐이지. 너도 아버지도 나의 애가哀歌에 대해서는 한 마디도 써보내지도 않고, 돈도 보내주지 않는구나."

　한때 여성에 대한 뿌쉬긴의 태도는 거칠고 즉흥적이었지만, 그는 여성들을 묘사하는 자신의 시들이 공개되어 그 여성들이 뭇사람들의 입방아에 올라 당혹감을 느끼는 일이 없도록 신경을 썼다. 오데싸로부터 문학 작품 편집자인 A. A. 베스뚜쩨프^{Bestuzhev}에게 보내는 1824년 6월 29일 자의 편지에서 뿌쉬긴은 라옙스끼의 딸들 중 한 사람에 대한 자신의 사랑을 폭로할 가능성이 있는 시구를 인쇄한 데 대해서 그를 나무랐다.

나는 광적인 사랑에 빠진 적이 있었습니다. 그런 경우, 다른 사람들은 눈물로 침대를 적시겠지만, 나는 대개 애가를 씁니다. 그런데 젖은 나의 이불자락을 공개적으로 널어놓는 것이 친절한 짓입니까? 신은 당신을 용서할지는 모르겠지만, 나의 '애가'의 마지막 세 줄을 인쇄함으로써 당신은 나를 망신시켰소. 그것이 인쇄된 것을 보았을 때 내가 얼마나 당황했겠는지 한 번 상상해보시오. 그녀도 이 작품에 대한 평을 보게 될 겁니다. 그녀가 뭐라고 생각하겠소? 내가 그녀의 이름을 거론하지 않았다는 것, 편지가 불가린Bulgarin에 의해서 개봉되고 발행되었다는 것, 그 놈의 '애가'를 도대체 누가 당신에게 보냈는지 모른다는 것, 그 누구의 잘못도 아니라는 것 등을 그녀가 어떻게 알겠소? 솔직히 말해서 세상의 모든 평론이나 모든 독자들의 견해보다도 나는 이 여인의 견해를 더 높이 평가합니다.

1824년 4월 초, 뿌쉬낀은 자신이 발행이 불가능하리라고 여겼었던 『예프게니 오녜긴』을 발간하고자 하는 출판인들이 있다는 사실을 알고 흥분하게 되었다. 뿌쉬낀은 뱌젬스끼에게 보내는 편지에서 아래와 같이 적었다.

이제 사업 얘기, 즉 돈 얘기 좀 합시다. 슬로님Slonim은 내가 원하는 대로 돈을 주겠다고 합니다. 문제는 검열이죠. 농담하는 게 아닙니다. 나의 미래와 내가 반드시 이루고자 하는 나의 독립이 여기에 달려 있기 때문이죠.

뿌쉬낀이 검열에 대하여 걱정을 한 것은 새 문부성 장관이자 검열의 책임자로 쉬쉬꼬프Shishkov 제독이 임명되었기 때문이었다. 그는 보수적 정치관을 가진 사람으로, 슬라브 교회에 뿌리 깊은 믿음을 가지고 있었고, 지방색을 불신했으며, 한때는 보수주의적 문학회의 회장을 지내기도 했었다. '예술협회'가 창립됐던 것도 이 문학회에 대항하기 위해서였다. 예술협회 회원들 중 비교적 강경한 회원들과 충돌을 일으켰었던 쉬쉬꼬프가 뿌쉬낀의 풍자적 작품을 인정해줄 리 만무했다. 1824년부터 1828년까지 4년 동안 쉬쉬꼬프는 문부성 장관 겸 검열국 국장을 지냈다.

1824년에 이르러 뿌쉬낀은 바이런으로부터 필요한 것은 다 배운 터였고, 『예프게니 오녜긴』에서는 그의 정신적 스승을 완전히 능가하고 있었다. 남부에 머물던 몇 해 동안 독문학과 영문학을 공부했던 것도 나름대로 도움이 되었다. 뀨헬베께르Kyukhelbecker에게 보낸 편지에 의하면 그는 괴테(아마도 불어판)와 ― 보다 중요하게 ― 셰익스피어를 탐독했다고 한다. 이들을 읽음으로써 그는 그때까지의 우상을 비판할 정도로 자신감을 가질 수 있게 되었다. 1824년 6월 24~25일 뱌젬스끼에게 보내는 편지에서 그는 이렇게 말했다. "「돈주앙」의 처음 두 편이 나머지 편들보다 낫습니다. 바이런은 모든 면에서 거꾸로 가는 사람입니다. 그의 발전 과정은 단계적이 아닙니다. 그는 어느 날 갑자기 성숙한 것이죠. 노래하다가 갑자기 입을 다물어버린 그는 초기 경향을 결코 되찾을 수 없게 되었던 겁니다. 우리는 「차일드 해롤드Childe Harold」의 제4편 이후에는 바이런의 목소리를 더 이상 들을 수 없습니다. 제4편 이전의 시인은 그 이후의 시인보다 훨씬 뛰어난 재능으로 노래했던 겁니다."

1824년 4월 바이런이 미쏠롱기Missolonghi에서 죽자 많은 유럽의 시인들이 애가를 지어 그의 서거를 애도했지만 뿌쉬낀은 그렇게 하지 않았다. 1824년 6월 27일 오데싸를 방문한 뱌젬스끼의 부인인 베라 뱌젬스카야Vera Vyazemskaya는 남편에게 이렇게 적어 보냈다. "뿌쉬낀은 요지부동으로 바이런의 죽음에 관한 글을 쓰려하지 않아요." 이와 같은 뿌쉬낀의 태도는, 다음과 같은 그 자신의 말처럼, 그가 바이런이 죽을 때까지 고수했던 대의명분에 환멸을 느꼈기 때문이기도 할 것이다. "나는 그리스에 신물이 납니다. 나의 형제 흑인들의 운명에 대하여 누구나 자기 주장을 펼 수 있는 것처럼, 그리스 사람들에 대해서도 그렇게 할 수 있겠죠. 그러나 유럽의 모든 지식인들이 그리스에 열광한다는 것은 용납될 수 없는 유치한 짓입니다." 바이런에 대한 뿌쉬낀의 태도는 불안정한 그의 정신 상태 때문이었는지도 모른다. 뱌젬스끼의 부인은 이렇게 적었다. "그의 두뇌는 아주 복잡해서 아무도 그를 설득할 수 없어요. 그렇게 변덕스럽고 욕 잘하는 사람은 난생 처음입니다." 이와 같은 태도 때문에 뿌쉬낀은 진지하지도 못하고 예측할 수도 없는 사람이라는 인상을 종종 받았을 것이다. 뿌쉬낀을 좀 더 잘 알게 되었을 때 그녀는 그에 대한 생각을 바꿀 수 있게 되었다. 7월 1일 자의 편지에서 그녀는 이렇게 적었다. "그는 좋은 사람이라고 믿어요. 하지만 불운이 그를 비참하게 만들었어요."

대개의 경우 뿌쉬낀의 깊은 사고는 그의 현란한 어휘 속에 감춰져 있어서 친구들조차도 이를 눈치채는 이가 드물다. 오데싸에서 열심히 독서하면서 그는 혁명 사상에 대하여 숙고했었다. 1821년 5월 4일 시인은 끼쉬뇨프에서 비밀단체에 가입한 바 있었다. 7개월 후 이 단체가 해산되자 뿌쉬낀은 단체의 장부를 은밀하게 가져와 자신이 사용했었는데, 이 장부의 2절지 7면에는 프랑스 혁명 시절의 의상 및 헤어스타일의 자화상이 그려져 있다.

바젬스카야가 언급한 바 있는 뿌쉬낀의 불운은 사실이었다. 그는 이러저러한 상관들의 판단에 의해서 좌지우지되는 자신의 위치를 불행하게 생각했다. 뿌쉬낀은 공직에서 물러나고픈 심정에서 6월 24일 까즈나체예프Kaznacheev에게 이렇게 적어보냈다. "우리들에게 쓰레기 같은 우둔한 작품들을 과시한 최초의 영국인 무뢰한보다도 내가 나의 조국에서 낮은 평가를 받는 것이 지겹게 느껴집니다." 그의 친구 A. I. 뚜르게네프에게 보내는 7월 14일 자의 편지에 명시돼 있는 것처럼 그는 한 달 후에도 여전히 당국으로부터의 회신을 기다리고 있었다.

「바흐치싸라이의 샘」의 인세의 일부로 3,000루블을 받은 후, 6월 14일 뿌쉬낀은 건강의 악화를 구실로 공직에서 물러나겠다는 공식 요청서를 제출하였다. 그가 구실로 삼은 병이란 한쪽 다리에 생긴 정맥류靜脈瘤에 불과했지만, 그는 이를 '동맥류'라고 적었다. 하지만 그의 요청은 거부당했다. 6월 24일 바젬스끼에게 보내는 편지에서 뿌쉬낀은 공직 사퇴 요청서를 제출했다는 것과 보론쪼프Vorontsov와 다툰 사실을 적어 보냈다.

그의 사퇴 요구가 관철되지 않고 있는 가운데 뿌쉬낀은 어떤 사건에 휘말리게 되었다. 뀨헬베께르나 바젬스끼에게 보내는 편지 중 어느 하나가 경찰 당국의 수중으로 들어가게 되었는데, 여기서 그는 가벼운 마음으로, 그러나 아주 경솔하게, 아래와 같이 적었다.

나는 다채로운 낭만시 한 편을 쓰면서 무신론을 배우고 있습니다. 여기에는 영국인이 한 사람 있는데, 그는 귀머거리 철학자로 내가 아는 유일한 지적 무신론자입니다. 그는 천여 페이지에 걸쳐서 창조주가 존재하지 않는다는 것을 입증하고 있고, 곁들여 영혼의 불멸을 반박하고 있습니다. 이 이론은 흔히 생각하는 것처럼 그다지 위안이 되지는 못하지만 불행히도 진실이라 할 수 있습니다.

위에 언급된 영국인은 허친슨Hutchinson 박사로서, 보론쪼프 집안의 주치의 노릇을 하기도 했었다. 5년 후 허친슨 박사는 영국 교회의 목사가 되었는데, 이는 오데싸에서의 그의 무신론적 견해가 철학적 사색에 불과했다고 말한다. 그의 견해는 그 당시 영국에서는 전혀 혁명적이랄 수 없었지만, 러시아에서는 사정이 달랐다. 부왕의 살해에 자신이 연루된 것을 떨쳐버릴 수 없어 더욱 침울해져 가던 독재적인 황제는 교회를 유일한 속죄의 수단으로 간주하고 있었다. 그러니 뿌쉬낀의 편지 내용은 지극히 위험한 것일 수밖에 없었다. 그런 생각을 종이 위에 옮겨놓는다는 것 자체가 경솔한 짓이었다. 그의 친구 뱌젬스끼는 이렇게 나무랐다. "부탁 하나 들어주게. 자네 혀와 펜을 조심하란 말일세. 자네 미래가 달린 일이야……. 정부에 대한 자네의 농은 너무 지나쳤고, 정부를 자극하여 이제 정부와는 끝장이란 말일세."

상뜨 뻬쩨르부르그 당국은 뿌쉬낀의 명퇴는 불허했지만 그를 해고시킬 근거를 찾게 된 것, 즉 "무신론을 배운다"고 적은 그의 편지를 입수하게 된 것을 반겼다. 결국 뿌쉬낀의 이름은 외무성 관리의 명단에서 삭제되었고, 그는 여행 경비 조로 389루블만을 받고 부모가 있는 쁘스꼬프Pskov 지역의 미하일롭스꼬예Mikhaylovskoe로 쫓겨가 지방 경찰의 감시를 받는 신세가 되었다.

하지만 뿌쉬낀이 떠났다고 해서 아름다운 부인에 대한 보론쪼프의 걱정이 끝난 것은 아니었다. 뿌쉬낀이 오데싸를 떠나고 나서 얼마 동안 라옙스끼는 부인을 쫓아다녔다. 1824년 말, 그녀가 그를 버릴 때까지 그는 그녀와 가깝게 지냈던 것 같다. 그녀에게 버림받고서도 그는 여전히 그녀를 괴롭혔고, 1828년에는 대로상에서 그녀가 탄 마차를 멈춰 세우고, "우리 사이의 아이들을 잘 키우쇼"라고 악을 썼다. 더러운 추문이 뒤를 이었고, 보론쪼프는 라옙스끼를 추방시켰다.

뿌쉬낀은 그의 마음을 끌었던 이전의 어떤 여성들보다도 엘리자베따 보론쪼바를 사랑하고 있었다. 1824년 가을에는 그의 상상 속에서 살아남아 있었던 여성은 그녀뿐이었다. 그녀의 사려 깊고 순결한 태도를 모델로 『예프게니 오녜긴』의 따찌야나Tatyana가 창조된 것으로 보인다. 뿌쉬낀은 그녀가 그에게 준 반지를 부적으로 계속 간직하고 있었고, 라옙스끼는 그의 인생에서 완전히 제외시켜 버렸다.

그 당시 알렉산드리아에서 엘리자베따와 함께 있었던 라옙스끼는 뿌쉬낀에게 연락을 계속 취하자는 편지를 보냈는데, 이 편지를 보면 적어도 라옙스끼는 엘리자베따와 따찌야나를 동일시했던 것으로 여겨진다. "따찌야나에 대해서 한 마디 하겠네. 그녀는 자네에게 닥친 불행을 유감으로 생각했다네."

「바다로To the Sea」라는 뿌쉬낀의 시는 오데싸에 대한 그의 고별사였다. 현대 러시아의 위대한 시인 마리나 쯔베따예바Marina Tsvetayeva는 이 시에 크게 감동을 받아, 어린 시절 네르비Nervi에서 휴일을 보낼 때 뿌쉬낀이 그린 바다가 떠올라 우울한 기분을 떨칠 수가 없었다고 한다. 뿌쉬낀은 바다 구경을 좋아했는데, 특히 귀족들이 저녁에 바다내음을 즐기려고 찾아갔던 방파제 끝의 테라스를 자주 찾았다. 그는 종종 부근의 오두막에 들어가서 『예프게니 오녜긴』 중 가파른 해안을 달음박질해 내려가는 장면을 묘사하는 연들을 썼다. 그리고는, 마치 낙원을 찾은 회교도처럼, 파이프를 입에 물고 짭쪼롬한 바다내음을 맡으며 동양산 커피를 즐겼다.

「바다로」는 "거침없는 바다여, 안녕히"라는 낭랑한 울림을 갖는 구절로 시작된다. 이어서 때로는 어부의 작은 배를 품어주기도 하고 때로는 해군 함대 전체를 전복시키는 바다의 변덕스러운 위력을 묘사한다. 아래의 두 시구에서 뿌쉬낀은 나폴레옹의 죽음을 애도한다.

그는 사라져도 세상에 그의 월계관을 남겼다.
자유를 사랑하는 이들 모두 이제 그를 애도하리.
그대의 폭풍우를 풀어내어 폭풍우와 더불어 포효하라.
망망대해의 포효는 다름 아닌 그대의 노래 소리.

그대의 잔상殘像이 망망대해 위에 각인되고,
망망대해는 다름 아닌 그대의 혼으로 이루어졌거니.
그대처럼 망망대해는 검고, 그윽하고, 강력하고,
그대처럼 망망대해는 두려울 것이 없어라.

미하일롭스꼬예로 떠날 때 뿌쉬낀은 「집시들」의 초고(미하일롭스꼬예에서 수정되었음)와 더불어 오데싸 시절 최고의 역작이랄 수 있는『예프게니 오녜긴』(끼쉬뇨프에서 있었던 1823년 5월 9일에 시작되었음)의 처음 두

장을 마무리지은 상태였다. 『예프게니 오녜긴』의 마지막 장은 1831년 짜르스꼬예 셀로Tsarskoe Selo에서 비로소 완성되었다. 그가 이 작품을 시작한 것은 그의 나이 24세 때였고 완성한 것은 32세 때였다. 『예프게니 오녜긴』은 장장 8년에 걸쳐서 완성된 작품이지만, 놀라울 정도로 문체의 통일성을 유지하고 있다. 1연이 복잡한 각운을 갖춘 14행으로 구성되어 있고, 모두 8장으로 나뉘어진 이 작품은 겉으로는 힘들이지 않고 써 내려간 즉흥시처럼 보이지만 도처에서 재치가 번뜩이고, 구어체의 산문처럼 그 흐름이 아주 자연스럽고 도도하다. 뿌쉬낀이 가담했던 비밀단체의 장부에 적힌 『예프게니 오녜긴』의 초고에 아무런 낙서도 없다는 것은 그가 경쾌한 처음 몇 장들을 시작할 때부터 이미 이 작품의 중요성을 인식하고 있었다는 반증이 된다. 그런데 『예프게니 오녜긴』이 시작되기 전인 이 장부의 2절지 3면에는 그가 남부에 유배당해 있던 시절의 중요 인물들의 스케치가 그려져 있다. 그가 끄림 반도에서 만났던 예까쩨리나 라옙스까야Ekaterina Raevskaya, 오데싸에서의 그의 연인 아말리아 리즈니츠Amalia Riznich, 보론쪼프 백작, 그리고 단테 등이 그들이다. 뿌쉬낀은 이 작품과 더불어 성장했고, 그가 성장할수록 작품 속의 등장인물들에 대한 그의 인식도 그 깊이를 더해갔다. 작품의 줄거리는 제인 오스틴Jane Austen(1775~1817, 영국의 여류 소설가로『오만과 편견』등의 작품이 있다 ─ 옮긴이)이나 죠지 엘리엇George Eliot(1819~1880, 영국의 여류 소설가로『싸일러스 마아너』등의 작품이 있다 ─ 옮긴이)의 작품처럼 단순해 보이고, 작품의 화자도 현학적인 비판자는 결코 아니다.

상뜨 뻬쩨르부르그 출신의 난봉꾼인 예프게니 오녜긴은 시골에 거처를 정하고 거기서 감상적인 젊은 시인 렌스끼Lensky와 사귀게 된다.

심심하기도 하고 호기심도 일어 오녜긴은 라린^{Larin} 씨의 저녁 파티에 가게 된다. 그는 그 집안의 딸이자 렌스끼의 연인인 올가^{Olga}의 미모에 찬사를 보낸다. 올가의 언니 따찌야나^{Tatyana}는 오녜긴을 사랑하게 된다. 솔직한 그녀는 오녜긴에게 사랑을 고백하는 편지를 보내지만, 오녜긴은 자신은 결코 성실한 남편은 될 수 없다고 하면서 그녀의 사랑을 거부한다. 따찌야나의 성명축일 파티에서 오녜긴은 올가와 시시덕거리지만 사실 그녀에게는 별 관심이 없었다. 그러나 이 일로 해서 오녜긴은 렌스끼와 결투를 벌였고, 렌스끼는 죽임을 당했다. 죄의식에 사로잡혀 몇 년을 방황하던 오녜긴은 상뜨 뻬쩨르부르그로 돌아온다. 거기서 그는 따찌야나가 권력 있고 부유한 남자와 결혼을 했고, 오만한 미녀로 소문이 자자하다는 것을 알게 된다. 그는 그녀를 열렬히 사랑하게 되고 이를 편지로 고백하지만 그녀는 남편을 배반할 수 없다고 하면서 그의 구애를 거부한다.

뿌쉬긴과 이 작품의 주인공을 동일시하는 것은 잘못이다. 뿌쉬긴 자신도 독자가 그렇게 생각하지 않도록 애쓴 흔적을 보인다. 사실 이 작품에는 세 사람의 주인공이 있다. 즉, 쉽사리 권태를 느끼는 난봉꾼 오녜긴, 2류 시인 렌스끼, 그리고 양식화된 뿌쉬긴이랄 수 있는 작품의 화자이다. 뿌쉬긴의 어떤 스케치에는 몸을 기대고 네바^{Neva} 강을 바라보는 오녜긴이 그려져 있는데, 그의 옆에 있는 꾸부정한 자세의 남자는 누구의 눈에도 뿌쉬긴이라는 것이 명백하다. 뿌쉬긴과 그의 주인공 사이에는 공통점이 있긴 했지만 — 뿌쉬긴 역시 네바 강변을 배회했고, 그의 아버지 역시 늘어만 가는 빚이 있었다 — 오녜긴은 시의 음보도 제대로 구별 못했고 시를 쓰려고 작심하고는 하품부터 하는 친구였다.

　　그렇다 하더라도 뿌쉬낀이 『예프게니 오녜긴』의 제1장을 몰두해서 쓸 수 있었던 이유 중의 하나는 이것을 쓰기 시작함으로써 상뜨 뻬쩨르부르그에서 보냈던 자기 자신의 사춘기를 회고하고 또 평가할 수 있었기 때문이었다. 뿌쉬낀은 오녜긴의 상뜨 뻬쩨르부르그 생활을 그리면서, 딸론스Talons 식당에서 함께 식사하곤 했던 자기의 친구 까베린Kaverin을 주저 없이 등장시키기도 하고, 오녜긴이 자기가 좋아하던 메뉴인 로스트 비프, 초콜릿 과자, 스트라스부르그 파이, 림버그 치즈 등을 즐기는 장면이나, 자기가 그랬던 것처럼 오녜긴이 식사 후에 발레나 극장에 가는 것을 묘사하기도 하였다. 오녜긴처럼 뿌쉬낀 역시 하루 저녁에 대여섯 군데의 파티장에 들렀고, 우쭐대는 기분으로 비밀단체에 가입하기도 했으며, 순진한 남자들의 부인과 바람을 피우기도 했다. 이들은

> 자기 자신과 저녁 식사와 부인을 비롯한
> 자기 인생의 모든 것에 만족감을 느끼는

남자들이었다. 그러나 뿌쉬낀은 결코 오녜긴이 아니었다. 화자와 오녜긴은 다같이 자기네 인생이 권태롭다고 말하지만, 그에게 닥친 갖가지 불운에도 불구하고 뿌쉬낀은 끼쉬뇨프와 오데싸에서, 산다는 것 자체(자신이 처해 있는 상황이 아니라)와 그것에 관한 얘기를 즐겼다. 바이런의 차일드 해롤드처럼 오녜긴은 여자와 책을 지겹다고 하며 멀리 하지만, 뿌쉬낀은, 오데싸에서처럼 여성을 곰살궂게 대해주는 태도를 갖기 이전에도, 잠자리를 같이 한 여자들을 쉽사리 버린 적은 없었다. 또 뿌쉬

긴은 오녜긴처럼 허무감에 사로잡힌 적도 없었다. 물론 그러한 허무감이 사춘기 때에 그를 엄습하기도 했지만 그것은 한 순간 스쳐 지나가는 감정에 불과했다. 그의 초기시의 주인공들은 무력감에 빠져 있었다기보다는 그런 것처럼 "가정했다"고 말하는 것이 옳다. 그러나 뿌쉬긴은 실제로 얼마 동안은 권태와 허무에 젖어있는 듯한 알렉싼드르 라옙스끼에게 마음이 끌린 적도 있었다. 그는 자신이 추방당하고 고립돼 있었던 시절, 그와의 어울림을 반기며 이렇게 묘사했다.

그의 차갑고 냉철한 지성으로 인하여
나는 쓰라렸고, 그 자신은 절망했다.

뿌쉬긴이 회고해볼 때 뻬쩨르부르그에서 지냈던 나날들은 마법의 땅에서 보낸 세월처럼 여겨졌다. 『예프게니 오녜긴』의 제1장에서 그는 그 나날들을 떠올린다.

극장은 만원이고 특등석은 번뜩거린다.
들뜬 관객들은 손뼉 치며 아우성이다.
일반 객석들은 온통 들썩거리고,
커튼이 살랑거리며 솟아오른다.

그는 자신이 한때 짝사랑을 느꼈던 발레 무용수 이스또미나Istomina를 묘사한다.

> 한쪽 발을 바닥에 고정시키고
>
> 다른 발을 서서히 돌리더니
>
> 그녀는 이제 펄쩍 뛰고 맴돈다.

뿌쉬낀은 한때는 분명 오녜긴처럼 무례를 가장하기도 했지만, 이 시에서는 손뼉 치고 아우성치는 젊은 멋쟁이들에게 혐오감을 보인다. 그들이 들떠 있는 동안 극장 밖의 풍경이 묘사된다.

> 피곤한 하인들이 여전히
>
> 마차 곁에서 모피를 깔고 잠들어 있다……
>
> 고삐에 묶여 지겨운 말들은 여전히
>
> 눈 위에서 안절부절 몸을 떤다.
>
> 모닥불 곁의 마부들은
>
> 주인들을 욕하며 손을 비빈다.

오녜긴의 의상실은 뿌쉬낀이 가져본 적이 없었던 아주 사치스러운 방이다.

> 수입된 터키산 호박 파이프,
>
> 멋진 도자기와 청동 제품들……

오녜긴과 뿌쉬낀의 또 다른 중요한 차이는 그도 오녜긴처럼 거울 속에 비친 자신을 3시간이나 들여다본 적이 있었지만, 거울 속의 모습을 싫어했다는 점이다. 뿌쉬낀의 일생에서 그의 외모에만 반한 여성은 한 사람도 없었다. 오녜긴이 그토록 좋아하는 춤을 그도 한때 좋아했던 적은 있었지만, 그의 춤 솜씨에 반한 여성은 더더구나 없었다.

『예프게니 오녜긴』의 많은 부분은 이상하리 만치 뿌쉬낀 자신의 앞날을 예시해준다. 하지만 이 시의 비극이 시골에서 일어났다는 것은 어떤 중요한 의미도 없다. 게다가 시골에서 들아다니는 주인공을 묘사하는 시구들은 뿌쉬낀이 미하일롭스꼬예로 송환되기 전에 쓰인 것들이다. 이 작품은 오녜긴이 아저씨의 임종을 지키려고 서둘러 떠나는 것으로 시작된다. 그는 아저씨의 토지를 물려받고 싶은 생각은 간절하면서도 임종을 지키는 따분한 일을 견뎌야 하는 것을 지겹게 여긴다. 그러나 아저씨는 이미 죽은 뒤였고, 그는 숲과 공장과 하천을 물려받았다. 처음에 그는 흥청망청 돈을 낭비하지 않는 자기 자신이 대견했다. 그는 노예들에게 소작료를 감해 주었는데, 이로 인해 이웃 지주들의 미움을 사게 되었다. 하지만 그는 이웃들을 멸시하기만 했을 뿐이었다. 알렉싼드르 라옙스끼처럼 오녜긴은 그가 아는 모든 사람들을 경멸하였다. 그러나 그는 예외적으로 포부가 큰 젊은 시인 렌스끼와는 친하게 지냈다. 렌스끼는 괴팅겐^{Göttingen}에서 유학을 하고 돌아온 지 얼마 안 되는, 자유분방한 성격의 소유자로 어릴 적 소꿉친구였던 올가 라리나^{Olga Larina}에게 낭만적 사랑의 감정을 품고 있었다. 올가는 아름다웠지만 아주 평범한 처녀였다. 오녜긴은 친구가 그런 여자에게 빠진 것을 놀려댔고, 자신은 "정열의 불꽃이 더 이상 타오르지 않는" 사람이라고 우쭐대었다.

사랑스러운 여주인공 따찌야나^{Tatyana}는 올가의 언니이다. 뿌쉬낀에게는 따찌야나라는 이름이 '소박한 하인들의 방'을 연상시켰지만, 셰익스피어의 독자라면 오베론Oberon(중세전설에 나오는 요정들의 왕으로 그의 부인은 티타니아Titania이다 — 옮긴이)의 요정들의 여왕을 떠올릴 것이다. 따찌야나는 우수에 젖은 처녀로 그려진다. 그녀는 바느질이나 인형, 그리고 동생이 좋아하는 유치한 놀이에는 관심이 없고, 하루 종일 창가에 앉아 있기를 좋아한다. 백작부인 엘리자베따 보론쪼바의 몸가짐과 독서열이 따찌야나의 묘사에 반영되었을 것이다. 따찌야나는 특히 리차드슨Samuel Richardson(1689∼1761, 영국의 소설가로『파멜라Pamela』등의 작품이 있다 — 옮긴이)과 루소의 소설을 좋아했는데, 그녀의 부모는 이를 나쁠 것도 없다고 생각했다. 그녀의 어머니도 소설을 읽었는데, 그랜디슨Grandison보다는 러브리스Lovelace를 더 좋아했다(두 인물은 리차드슨 소설의 주인공들로, 전자는 신사의 전형이고 후자는 난봉꾼의 전형이다 — 옮긴이). 실제로 그녀는 자기가 결혼한 남자보다 더 적극적인 구애자를 좋아했다. 뿌쉬낀은 도시생활을 마다하고 시골에 정착해서 사는, 상류층 출신의 그녀를 애정을 가지고 사실적으로 그린다. 그러나 결혼 직후 그녀는 낭만적 사랑 같은 것은 깡그리 잊고 남편의 토지 관리와 가사 일을 정력적으로 해나간다.

> 그녀는 마차로 돌아다니며 일꾼들을 독려했고,
>
> 가을철에 대비하여 버섯도 절여 놓았다.
>
> 일주일에 한 번은 목욕탕에 들렀고,
>
> 장부도 관리했고, 게으름뱅이의 면도도 해주었다.
>
> 화가 나면 하녀들을 구타했다 ……

뿌쉬낀은 오데싸에서 유배자로서 향수를 느끼며 글을 썼다. 그는 여인들의 화려한 드레스, 여인들과의 시시덕거림, 몰래 전해주던 쪽지 등을 회상했다. 그런가 하면 작고 예쁜 발을 볼 때마다, 아름다운 발을 들어올려 말에 태워주던 때, 그리고 파도가 한 처녀(아마도 라옙스끼 집안의)의 발을 적시는 것을 보았을 때 즐거워했던 자신을 떠올리기도 했다. 그러나 그의 마음은 상뜨 뻬쩨르부르그에 가 있었다. 그곳에서는 무도회가 끝난 후의 아침도 아름다운 기억뿐이었다. 예프게니가 잠자리로 돌아오는 시간은 아래와 같은 때이다.

> 장사꾼이 깨어나고, 우유배달 처녀가
> 간밤에 내린 눈을 뽀드득 밟으며 바삐 지나간다.
> 마부는 열 지어 선 마차들을 향해 터벅터벅 걷는다.
> 유쾌한 소음 속에서 아침이 깨어나면 셔터가 열리고,
> 굴뚝에는 파르스름한 연기가 가늘게 피어오른다.

이제는 뿌쉬낀 자신이 쁘스꼬프Pskov 지방에서 전원생활의 즐거움을 새롭게 찾게 될 것이다.

미하일롭스꼬예

1824~1826

8월 5일 뿌쉬낀이 그의 충실한 시종 니끼따와 함께 오데싸를 떠나기 직전, 그는 예기치 않게 카드놀이로 900루블을 따게 되었다. 이것은 천만다행이었다. 돈이 별로 없었기 때문에 부모가 사는 1,000마일 북쪽의 쁘스꼬프 지방까지 타고 갈 마차를 빌릴 길이 막막했던 참이었기 때문이다. 부모의 사유지는 구릉진 숲, 초원, 강, 그리고 아름다운 호수로 둘러싸여 있었다. 그 사유지가 소재하는 미하일롭스꼬예는 끼예프와 상뜨 뻬쩨르부르그를 연결하는 간선도로에서 그리 멀지 않은 곳에 있었다.

뿌쉬낀은 통이 넓은 터키 바지와 몰다비아 망토를 입고 터키 모자를 썼으며, 그의 숱 많은 곱슬머리는 어깨까지 내려와 있었다. 오데싸를 떠나기 전 그는 도중에서 멈추는 일이 없도록 하겠다고 서약했던 터였고, 노정을 마음대로 선택할 수도 없게 돼있었다. 당국은 그가 끼예프나 까멘까Kamenka가 아니라 비테브스크Vitebsk를 경유하도록 지시했던 것이다. 그러나 모길례프Mogilev에서 국립학교의 교장이었던 엥겔하르뜨Engelhardt의 조카 일행이 그를 알아보고는 뿌쉬낀에게 즉각 샴페인을 대접했다. 새벽 4시까지 떠들썩하게 마시고 나서야 뿌쉬낀은 다시 마차에 오를 수 있었다.

1824년 8월 8일 그가 미하일롭스꼬예에 도착하자 온 가족이 그를 반겼다. 동생 레프와 누나 올가도 여름을 보내려고 집에 와 있었다. 그의 부모는 유별나게 반가워했다. 그들의 사회적 지위는 크게 떨어져 있었고, 그들은 몇 년 사이에 많이 늙어 보였다. 그들은 처음에는 그의 유명한 아들을 중심으로 반겼지만, 그가 낙향하게 된 경위를 듣고 나서는 태도가 돌변했고, 이기적으로 아들의 처신이 자기네들의 안전을 해치지 않을까 하고 걱정했다. 그렇게 걱정하면서 그들은 아들의 처지를 함께 슬퍼하는 것이 아니라 오히려 나무랐다. 뿌쉬낀의 아버지는 이미 집안의 반항적 기질을 걱정하고 있던 터였다. 레프가 최근에 퇴학당했는데, 소문에 의하면 그가 뿌쉬낀의 학교 친구이자 진보적 사상가인 러시아 선생 빌헬름 뀨헬베께르Wilhelm Kyukhelbecker를 위해 스트라이크를 일으켰기 때문이라는 것이었다.

그들의 집은 1층 목조 건물이었는데, 뿌쉬낀이 7년 전에 보았을 때보다 훨씬 초라해 보였다. 가구도 형편없었고 겨울에는 추웠다. 뿌쉬낀은 레프나 올가와는 잘 지냈지만 부모와는 티격태격했다. 하루는 쁘스꼬프의 지사가 뿌쉬낀을 소환하여 처신을 바르게 하겠다는 서약을 시키고, 그 지방의 사제에게 뿌쉬낀을 정신적으로 선도하게끔 했다. 한편, 그 지역 내 귀족층의 우두머리인 뻬슈추로프Peshchurov는 그의 아버지에게 접근하여 아들을 나날이 감시하도록 지시하였다. 부자간의 관계가 좋았더라면 아버지가 감시를 해도 수월하게 넘어갈 수 있었겠지만, 실제로 뿌쉬긴은 이를 견딜 수가 없었다. 특히 그는 아버지가 그의 편지를 뜯어보려는 것을 참을 수가 없었다. 아버지가 그를 엿보는 것은 감출 것도 없었으므로 대수로울 게 없었지만, 편지를 개봉하는 것은 별개의 문제였다. 그때까지도 엘리자베따 보론쪼바를 잊을 수가 없었던 뿌쉬긴은 그녀가 그에게 부적으로 준 반지와 비슷한 디자인의 반지 도장으로 봉인한 편지를 학수고대하고 있었다. 오데싸에서 그렇게 봉인된 편지가 올 때마다 뿌쉬긴은 자기 방에 틀어박혀 그것을 읽었고, 그러는 동안 아무도 들어오지 못하게 했다. 『예프게니 오녜긴』의 32연이 끝난 후 시작되는 제3장의 원고에는 "1824년 9월 5일 보론쪼바의 편지"라고 적혀 있다.

아버지의 간섭으로 부자간에는 매일같이 말다툼이 벌어졌는데, 한번은 아주 심하게 다투어 쎄르게이가 방을 뛰쳐나오며 아들이 자기를 때리려 한다고 고함쳤다. 이에 뿌쉬긴은 쁘스꼬프의 지사에게 집에서 이렇게 있느니 지사의 요새로라도 보내달라는 편지를 썼다. 하지만 그는 이 편지를 보내지는 않았다. 1824년 10월 말, 뱌젬스끼의 부인에게 보내는 편지에서 뿌쉬긴은 이렇게 썼다. "저의 바보 같은 꼴이 어떨지 궁금하실 겁니다. 이렇게 틀어박혀 있으니 가뜩이나 참기 어려운 고통이 더욱 커져만 가는군요. 부모들은 제가 집으로 소환 당한 것을 나무라기만 하고, 자기네들도 저 때문에 불행해진다고 믿고 있습니다. 그들은 제가 천사 같은 누나와 아직 어리지만 재미있는 동생에게 무신론을 설교한다고 멋대로 생각하고 있습니다. 제 시를 아주 좋아하는 동생을 정말이지 저는 잘 보살펴주고 싶습니다."

주꼽스끼Zhukovsky에게도 그는 지사에게 했던 요구를 되풀이했다. "서둘러 주십시오. 집안에서 아버지의 비난을 모르는 사람이 없습니다. 이웃들도 알고 있지만 저는 그들에게 이러쿵저러쿵 변명하고 싶지도 않습니다. 정부에서 이런 사실을 알게 된다면 무슨 일이 벌어질지 한번 생각해 보시기 바랍니다. 저는 바보 같은 편지 때문에 이리로 추방당했습니다. 아버지가 비난하는 내용을 정부가 안다면 무슨 일이 벌어지겠습니까? 교수대로 향하게 될지 집단수용소로 가게 될지 모르는 일입니다."

그처럼 이성을 잃고 고함이 오가는 집안 분위기에서는 차분한 대화가 불가능했다. 뿌쉬낀은 심지어 아버지를 명예훼손죄로 고소할 생각까지도 했었다. 다행히 아버지도 아들만큼이나 그런 분위기를 싫어해서 아들에게 괴물 같은 놈이라고 욕하고는 올가와 레프를 데리고 미하일롭스꼬예를 떠나버렸다. 그리고 나서야 비로소 뿌쉬낀은 유모 아리나 로지오노브나Arina Rodionovna와 더불어 평온한 전원생활을 누릴 수 있었다.

뿌쉬낀은 난방비를 줄이기 위해서 자기 방을 침실이자 서재, 그리고 식당으로 사용했다. 복도를 사이에 두고 그의 방 맞은편에는 그가 여전히 '마마'라고 부른 아리나 로지오노브나의 침실이 있었다. 뿌쉬낀은 아침 일찍 일어나 우선 강에서 수영을 하거나 냉수마찰을 하였다. 첫 커피를 마신 후에는 오전 내내 독서를 하거나 글을 썼다. 그리고 나서 집안 사유지에서 산보하거나 말을 탔다. 외출할 때 그는 붉은 셔츠를 입고, 장식 허리띠를 매었고, 통 넓은 바지를 입었고, 흰 밀짚모자를 썼으며, 묵직한 지팡이를 들고 다녔다. 그는 또 시골 시장을 즐겨 찾았다. 말을 타면서 글을 구상하기도 했고, 돌아오면 유모에게 자기가 쓴 것을 큰 소리로 읽어주기도 했다. 뿌쉬낀은 「겨울 저녁」이라는 시에서 유모와 함께 있는 장면을 아름답게 묘사했다. 이 시에서 밖에서는 태풍이 몰아치고 있지만, 희미한 불빛이 비치는 그들의 오두막에는 유모가 돌리는 물레만이 삐걱거린다. 1824년 11월 동생에게 보내는 편지에서 그는 이렇게 적었다. "저녁 식사 전 나는 비망록을 쓴단다. 식사를 늦게 하지. 저녁을 먹고 나면 승마를 하고, 밤에는 동화를 듣는단다."

위에서 동화는 아리나 로지오노브나가 들려주는 얘기를 말한다. 밤에는 주로 그녀의 동화를 즐겨 들었지만, 때로는 권총사격 연습을 하기도 했고 혼자서 당구를 치기도 했다. 이와 같이 소일하는 것이 그의 성에 차지는 않았겠지만, 주꼽스끼가 지적한 대로, 나름대로 유익한 면도 있었다. 11월의 편지에서 주꼽스끼는 이렇게 썼다. "자네에게 벌어진 그 모든 일 중에서, 그리고 자네 스스로 초래한 모든 일 중에서 단 하나 가치 있는 것은 바로 시일세. 자네에게는 재능이 아니라 천재성이 있다네. 자네는 부자일세. 부당한 불운을 극복할 수 있는 양도할 수 없는 수단을 자네는 가지고 있단 말일세. 자네는 도덕적 위엄을 가질 수도 있고 또 가져야만 하네. 자네는 위대한 시인이 되도록 태어났고, 또 능히 그렇게 될 걸세."

그가 시인의 길로 매진하는 데에 장애가 될 만한 것은 별로 없었다. 뿌쉬낀은 그 당시 상뜨 뻬쩨르부르그로 돌아가 있던 동생에게 편지를 보내 책을 구해달라고 했고, 오데싸에서처럼 역사, 비망록, 당대의 문학, 독일·영국·이태리의 고전들 등을 손에 잡히는 대로 읽었다. 그는 특히 셰익스피어, 월터 스코트, 그리고 쉴러 Schiller(1759~1805, 독일의 시인·극작가 ― 옮긴이)를 탐독했다. 그는 동료 문학인들과 활발하게 서신을 주고받으며 어떤 작품이 좋고 나쁜가를 토론하기도 하였다. 그가 읽은 영국의 고전 중에는 리차드슨^{Samuel Richardson}(1689~1761, 영국의 소설가 — 옮긴이)의 『클라릿사^{Clarissa}』도 있었는데, 그는 이 작품의 여주인공에 대해서, "참으로 견딜 수 없이 지겨운 바보"라고 적었다.

그는 동생과는 좋은 관계를 유지했고, 동생을 대리인으로 삼을 생각도 했었지만 그런 뜻을 이루지는 못했다. 조만간 대리인 역할을 맡게 되었던 사람은 성품 좋은 2류 시인 쁠레뜨녜프^{Pletnev} 교수였다. 이후 8년 동안 뿌쉬낀은 저서에 의한 수입으로만 생계를 꾸려나갔다. 그래서 남부에서 4년 동안 썼던 글의 양보다도 미하일롭스꼬예에서 2년 동안 쓴 글의 분량이 훨씬 더 많았다. 이 중에는 「집시들」의 교정, 『예프게니 오네긴』의 대부분, 아래와 같은 훌륭한 러시아어 서정시 등이 포함된다.

> 장미 아가씨여, 내 그대의 노예라 할지라도
>
> 그대에게 구속된 것을 부끄러이 여기지 않으리.
>
> 월계수 숲 속의 나이팅게일도
>
> 고고하고 아름다운 장미꽃 곁에서
>
> 기꺼이 장미의 노예가 되어,
>
> 저 어둡고 육감적인 밤을 지새워
>
> 장미를 위해 부르리라, 다정한 노래를.

1824년 12월 9일 오데싸의 한 친구에게 보내는 편지에서 뿌쉬낀은 이렇게 말했다. "이 촌구석으로 온 지 4개월이 지났네. 따분하다네. 이런 데서 뭘 하면서 지내겠나? 바다도 푸른 남녘 하늘도 이태리의 오페라도 없다네. 하지만 그 대신 메뚜기 떼도 보론쪼프 나리도 없다네.”

낙향하고 얼마 동안은 뿌쉬낀의 눈에 띄는 여자가 없었지만, 11월에 그는 올가Olga라는 이름의 토지 관리인의 예쁜 딸을 찾을 수 있게 되었고, 그녀와 동침했다. 이 처녀가 P. E. 슈체골레프Shchegolev가 주장하는 것처럼 뿌쉬낀의 ‘돈주앙 리스트’에 적힌 ‘올가’인지 그렇지 않은지는 분명치 않다. 어쨌든 그녀와 관계를 맺으며 뿌쉬낀은 육체적인 만족을 느낄 수 있었고, 그녀는 이내 임신했다.

이 시대의 러시아 신사들은 이와 같은 남녀관계를 맺고도 양심의 가책을 느끼는 경우가 드물었지만, 뿌쉬낀은 이 여자와의 관계를 어떻게든 원만히 해결하려고 했다. 1826년 5월 뱌젬스끼에게 보내는 편지에서 뿌쉬낀은 이렇게 썼다. “아주 사랑스럽고 착한 처녀를 당신께 보냅니다. 당신 친구들 중 한 사람이 경솔하게 그녀를 배불뚝이로 만들었습니다. 저는 당신의 따뜻한 성품과 우정을 믿습니다. 그녀에게 거처를 마련해주시고 필요한 만큼 돈도 좀 주십시오. 때가 되면 그녀를 볼지노Boldino(암탉, 수탉, 그리고 곰들이 돌아다니는 우리 집안의 사유지)로 보내주시기 바랍니다. 아기가 아들이면 아버지처럼 돌봐주실 것도 부탁드립니다. 저는 그 아기를 기아棄兒 탁아소에 보내고 싶지는 않습니다. 아기를 오스따페보Ostafevo(뱌젬스끼의 사유지) 같은 마을에서 키울 수는 없을까요? 하느님을 우러러 때늦은 양심의 가책을 느낍니다.”

그러나 뱌젬스끼는 올가의 후견인 노릇을 받아들일 수 없었다. 그녀는 법적으로 뿌쉬낀의 아버지가 소유한 노예였기 때문이다. 그 대신 그는 뿌쉬낀에게 모든 사실을 그녀의 아버지 깔라슈니꼬프Kalashnikov에게 털어놓으라고 조언했다. 그에게 언젠가는 관리인 장 자리를 주겠다고 잘 타일러서 그로 하여금 사태를 마무리 짓게 하라는 것이었다. 5월 27일 자의 편지에서 뿌쉬낀은 이를 받아들였고, 7월 1일 올가는 볼지노에서 사내아이를 낳았다. 아이는 빠벨^{Pavel}이라는 세례명을 받았으나, 그가 아버지의 재능을 물려받았는지의 여부 등 그에 관해서는 아무것도 알려진 게 없다. 올가는 한 소작농에게 시집갔는데, 불행히도 그는 주정뱅이였다.

뿌쉬낀은 농부들의 오두막 주변을 돌아다니기를 좋아했다. 농부들과 대화를 나누기도 하고, 그들의 농담이나 노래를 들어주기도 하였다. 황제의 비밀경찰들은 이를 예의 주시했는데, 그들의 관찰 결과가 1826년 여름에 작성한 공식 보고서에 적혀있다. 애써 작성한 보고서였지만, 가장 이상하다고 기록된 것은 고작해야 뿌쉬낀의 옷차림이었다. D. S. 미르스끼^{Mirsky}가 이웃 마을의 주막 주인 노보르제프^{Novorzhev}로부터 입수한 정보는 아래와 같다.

① 스뱌또고르스끼^{Svyatogorsky} 수도원에서 장이 섰을 때, 뿌쉬낀은 블라우스를 입고 있었는데, 분홍색 리본으로 허리띠를 대신했고, 챙이 넓은 모자를 썼으며 손에는 쇠막대를 들고 있었다.

② 아무튼 그는 분별력이 있었고 신중했다. 정부 얘기는 하지도 않았고, 그에 관한 소문도 전혀 없었다.

③ 그는 사람들과 잘 어울리지도 않았고, 선동적인 노래도 부르지 않았으며, 더더구나 농민들을 부추긴 적이 없었다.

어떤 기관원은 뿌쉬낀과 같은 동네에 사는 한 지주의 집에서 아래와 같은 얘기를 들었다.

　① 뿌쉬낀은 가끔 러시아식 블라우스를 입고 챙이 넓은 밀짚모자를 쓴다.
　② 뿌쉬낀은 농부들과 친하고, 인사할 때 그들과 악수하기도 한다.
　③ 그는 말을 타고 가다가 목적지에 이르면 시종에게 말을 풀어주게 하며 모든 동물은 자유를 누릴 권리가 있다고 말한다.

수도원 마을에 사는 어떤 농부는 "뿌쉬낀은 대단히 친절한 신사로, 자기 노예들에게도 팁을 주고, 소박하게 처신하며, 남을 괴롭히는 적이 없다"라고 말했다.

미르스끼는 오뽀츠까Opochka 출신의 한 상인의 일기를 인용하기도 한다. 여기에는 뿌쉬낀의 옷차림이 자세히 묘사돼 있는데, 이 일기를 보면 뿌쉬낀의 이름이 무식한 중류층에게도 이미 잘 알려져 있다는 것을 알 수 있다.

나는 다행히도 알렉싼드르 쎄르게예비치, 즉 뿌쉬낀씨를 만나 보았다. 그의 옷차림을 보고 나는 어안이 벙벙했는데, 밀짚모자를 쓰고, 주홍색 블라우스를 입고 있었고, 허리띠 대신 푸른 리본을 매고 있었으며, 손에는 쇠막대를 들고 있었다. 그의 구레나룻은 너무 길어 턱수염처럼 보였다. 그는 엄청나게 긴 손톱으로 오렌지 껍질을 까고 게걸스럽게 먹었는데, 자그마치 대여섯 개나 되었다.

이상야릇한 옷차림을 하고 거침없는 태도를 보이면서도 뿌쉬낀은 자신이 감시받고 있다는 것을 잘 알고 있었다. 10년 후 그가 미하일롭스꼬예를 다시 찾았을 때, 그는 감시받고 있었던 때의 자신의 생각을 이렇게 털어놓았다.

어느 모로 보나 동료 같은 사람이 배반자가 된다. 모든 사람이 배반자나 적처럼 여겨졌다. 나는 쓰라린 심정이었다. 내 가슴속에서 폭풍이 휘몰아치듯 증오심으로 가득했고, 아득한 곳을 꿈꾸었다.

뿌쉬낀의 전원생활의 경험은 『예프게니 오녜긴』의 제2장에 그려져 있다. 뿌쉬낀은 시골사람들과의 교제를 전적으로 회피하지는 않았지만, 오녜긴은 ― 적어도 처음에는 ― 그렇지 않았던 것으로 묘사된다.

이웃들은 들었다, 그가 늘 말을 대기시키고,
초대받지 않은 이웃이 그의 집 근처에서
눈에 띄거나 다가오는 소리가 들리면
즉각 사라져버린다는 얘기를.
그들은 분노하여 모두가 그와 절교하고
찾아주는 이 아무도 없었다.

1825년 1월 11일 국립학교 시절 뿌쉬낀의 가장 절친한 친구였던 이반 뿌쉰이 그의 겨울 은거지로 찾아왔다. 미하일롭스꼬예에서 뿌쉬낀을 만나서는 안된다는 당국의 협박을 무릅쓰고 온 것이었다. 뿌쉬낀을 찾는 일이 위험하다는 것은 이반 뿌쉰의 계획을 들은 A. I. 뚜르게네프

가 깜짝 놀랐다는 사실로도 확인된다. 이 무렵 이반은 군대에서 전역
했고, 가난한 소송자를 돕겠다는 뜻에서 법원의 하급직에 종사하고 있
었다. 이반의 비망록에는 그가 아침 8시경에 썰매를 타고 도착했을 때
의 감동적인 장면이 기록되어 있다. 뿌쉬긴은 잠옷만을 걸치고 문 앞
에 서 있었고, 이반은 마차에서 뛰어내려 그를 포옹했다.

나는 그를 껴안은 채 방으로 들어갔다. 밖은 몹시 추웠지만 이와 같은 순
간에는 감기에 걸리지 않는 법이다. 우리는 마주보며 입맞춤을 했고, 할 말
을 잃었다. 그는 옷 입는 것도 잊고 있었고, 나는 얼어붙은 모피 코트와 모
자 생각은 떠올리지도 않았다. 아침 8시 경이었다. 달려온 노파는 우리가
들어올 때와 같이 껴안은 자세로 있는 것을 보았다. 한 사람은 벌거벗다시
피 하고 있었고, 다른 사람은 온통 눈으로 범벅되어 있었다. 마침내 눈물이
흘렀고(35년이 흐른 지금도 그 생각을 하면 눈물이 안경을 가려 글을 쓰기
가 힘들다), 그런 후에야 비로소 우리는 제정신이 들었다.

이반이 보니 뿌쉬긴의 방에는 가구도 별로 없었고, 침대는 '종이 뭉
치와 구겨진 종이, 몽당 깃털 펜 등으로 어질러져' 있었는데, 국립학교
시절에도 뿌쉬긴이 항상 몽당 펜으로 글을 쓰던 생각이 났다.

커피를 마시고 담배를 태우며 두 친구는 오데싸에서의 뿌쉬긴의 생
활, 보론쪼프의 질투, 그가 이리로 송환 당하게 된 이유 등에 대하여 애
기를 나누었다. 그들은 이름을 밝히지는 않았지만, 엘리자베따를 위해
건배를 들기도 했다. 이야기 도중에 뿌쉬긴은 흥분하여 자리에서 벌떡
일어섰다. 이반이 러시아의 발전을 위해서 참여하고 있는 협회 생각을

떠올렸기 때문이었다. 그러나 그는 친구에게 자신을 가입시켜줄 것을 강요하지는 않았다. "자네가 나를 믿지 못하는 것은 당연하네. 정말이지 나는 바보 같은 짓들을 너무 많이 저질러 그런 신임을 받을 만한 놈이 못 되지."

뿌쉬낀은 이미 그의 아이를 임신하고 있었던 토지 관리인의 딸 올가와의 관계를 그 바보 같은 짓들 중의 하나도 염두에 두고 있지는 않았던 것 같다. 뿌쉬낀이 집안 여기저기를 친구에게 안내할 때 그들은 어떤 방에 들어가게 되었는데, 거기에는 아리나 로지오노브나의 감독 하에 여자들이 바느질을 하고 있었고, 그중에는 올가도 있었다. 이반은 그 미모와 거동이 빼어난 한 예쁜 처녀를 주목하였다. 그는 즉각 그녀가 뿌쉬낀과 어떤 관계가 있으리라고 짐작했고, 자신에게 윙크를 보내는 뿌쉬낀의 눈동자는 이를 확인시켜 주는 듯했다.

이반은 『지혜로부터의 슬픔*Woe from Wit*』이라는 작품의 원고 사본을 가져왔는데, 이것은 그들 두 사람이 다 존경했던 동시대의 작가 그리보예도프Griboedov의 작품이었다. 포도주를 곁들인 저녁 식사를 마치고 나서 뿌쉬낀은 한껏 감정을 넣어서 이 작품을 낭독하려고 했다. 바로 그 때 그 지방의 사제(실제로는 수사관)가 나타나는 바람에 뿌쉬낀은 작품을 바꿔 『성자들의 삶Lives of the Saints』을 낭독하면서 그 사제에게 차와 럼주를 대접했다. 그가 가자 뿌쉬낀은 다시 『지혜로부터의 슬픔』을 읽었다. 두 친구는 대여섯 병의 샴페인을 즐기면서 하루 종일을 함께 보냈다. 그 가운데 뿌쉬낀은 「집시들」의 처음 연들을 친구에게 구술해 주었는데, 그들은 이를 『뽈야르나야 즈베즈다Polyarnaya Zvezda』라는 잡지에 발표할 계획이었다.

새벽 3시가 되자 밖에서 기다리는 썰매의 방울소리가 들렸다. 이제 작별의 순간이 다가온 것이다. 술잔을 부딪치며 모스끄바에서 만나자는 약속을 하면서도, 그들에게는 이것이 마지막이라는 예감이 들었다. 뿌쉬낀에 대한 이반의 마지막 기억은 그가 눈 덮인 현관에 서서 촛불을 들고 "잘 가게, 친구"라고 외치던 모습이었다.

그로부터 1년 후 이반은 '12월 당원들'에 가담한 죄로 시베리아로 유배당했다. 한편 뿌쉬낀은, 친구가 선고를 받은 후, 서글픈 심정으로 그들의 작별의 순간을 짧은 서정시에 담아놓았다.

나의 첫 친구여, 가장 소중한 벗이여,

뜰에 눈발이 흩날리던 날,

자네가 탄 썰매의 방울소리는

얼마나 크나큰 축복이었나.

신께 청하노라, 나의 이 시구가

영어囹圄에 갇힌 자네의 영혼에 이르러

학창시절 그 눈부신 날들처럼

자네 슬픔에 위안이 되기를.

뿌쉬낀은 가장 절친한 친구와의 이별에서 오는 슬픔을 오시뽀프_{Osipov} 일가와 친분을 맺음으로써 어느 정도 달랠 수 있었다. 오시뽀프 일가는 미하일롭스꼬예에서 2마일 가량 떨어진 뜨리고르스꼬예_{Trigorskoe}라는 아름다운 영지에서 살고 있었다. 쁘라스꼬뱌 알렉싼드로브나 오시뽀바Praskovya Alexandrovna Osipova는 뿌쉬낀과는 먼 친척으로서 대가족을 거느린, 남편을 두 번이나 여읜 43세의 과부였다. 그녀는 결코 미인이라 할 수는 없었지만 비단결 같은 갈색 머리의 토실토실하고 복스러운 여성이었고, 시를 좋아했으며, 뿌쉬낀이 이 지방을 떠난 후에도 오랫동안 여전히 그에 대한 애정을 가지고 있었다. 뿌쉬낀이 어떻게 해서 그녀에게 마음이 끌리게 되었는지는 확실치 않지만 그가 그녀의 지성을 존중한 것은 분명했다. 그는 그녀로부터, 그의 유모 아리나 로지오노브나와 할머니에게서처럼, 그의 어머니에게서는 결코 느낄 수 없었던 모성애를 느꼈던 것 같다. 아무튼 그는 미하일롭스꼬예를 떠난 후에도 오랫동안 그녀와 편지를 주고받았다. 뜨리고르스꼬예는 오시뽀바의 친딸들과 의붓딸들을 포함해서 젊은 처녀들도 많았지만, 그는 오시뽀바와 시시덕거리기도 하였다. 10월에 뱌젬스끼의 부인에게 보내는 편지에서 뿌쉬낀은 오시뽀바와 대화를 나누는 것이 '유일한 낙'이고 그녀의 딸들은 "롯시니를 연주하기는 하지만 모든 면에서 매력이 없다"고 적었다. 그는 12월에 누나에게 보내는 편지에서는 뜨리고르스꼬예의 모든 사람들이 "그 집안의 어머니를 제외하고는 참을 수 없는 바보들"이라고 말했다.

그런 식으로 헐뜯으면서도 뿌쉬낀이 그들을 찾는 횟수는 더욱 잦아졌다. 1829년에 그는 겨울철 전원생활에서 오는 외로움과 이웃이 찾아오리라는 기대감에 부풀었던 일을 회상하며 아래와 같은 시를 썼다.

혼자 체스를 두며 조용히 앉아 있노라면
아마도 마차나 썰매가 도착하겠지.

갑자기 나타난 우연한 손님들은

한 어머니와 두 딸들 ─ 맵시 있는 금발의 두 자매.

그들이 찾아와 궁벽한 두메는 아연 활기 띠고,

세상은 좋은 일로만 넘쳐흐르네.

뿌쉬낀은 뜨리고르스꼬예의 유일한 남자와도 사귀었는데, 그는 20세의 알렉쎄이 불프Alexey Vulf로 도르파트Dorpat 대학에 재학 중이었는데, 오시뽀바와 첫 남편 사이의 아들이었다. 이 젊은이는 뿌쉬낀을 시인으로서 존경했고, 성적 문제에 있어서는 그를 즐겨 메피스토펠레스Mephistopheles(괴테의 『파우스트』에 나오는 악마 ─ 옮긴이)인 양 모시려고 했다. 하지만 불프의 일기를 보면 그가 여성과의 관계에서 냉담하고 계산적이었다는 것이 드러나는데, 이는 뿌쉬낀으로부터 배웠을 리 만무한 태도였다.

10월의 편지에는 오시뽀바 집안의 여자들이 매력이 없다고 적었었지만, 뿌쉬낀은 그 집안의 모든 여자들과 농을 주고받았다. 그는 15세의 예프락시아Yevpraksia에게 가장 마음이 끌렸는데, 이 소녀는 『예프게니 오녜긴』에 나오는 지지Zizi의 모델이기도 하다. 그 지방의 상류층 사람들은 이 소녀를 뿌쉬낀의 미래의 이상적인 부인으로 간주했지만, 뿌쉬낀 본인은 결혼을 염두에도 두지 않고 있었다. 레프에게 보내는 편지에서 그는 예프락시아의 허리띠로 자신의 허리둘레를 재어 보았는데, 둘레가 같다고 말하니까 그녀가 토라졌다고 적었다. 뿌쉬낀과 이 집안 처녀들과의 관계는 심각한 것은 아니었지만, 알렉쎄이의 누나 안나 불프와의 관계는 예외적이었다. 그녀는 이미 노처녀 소리를 들을만

한 25세의 평범한 처녀로, 그를 깊이 사랑하게 되었다. 뿌쉬낀은 그녀의 사랑을 받아주기도 했고, 실제로 그의 '돈주앙 리스트'의 제2부에 그녀의 이름 머리글자를 적어 넣기도 했지만, 심각한 관계는 생각지도 않고 있었다. 그녀의 간절한 편지들을 보면, 1826년까지 두 사람 사이의 관계가 지속될수록, 매달리는 쪽은 그녀였고 뿌쉬낀은 그녀를 점점 더 냉담하게 대했다는 것을 알 수 있다.

예컨대 1825년 7월 21일 '우울하게 취하고' 이미 다른 여자에 빠진 상태에서 그는 이렇게 썼다.

① 정말이지 남자친구들 앞에서나 흐트러진 모습을 보일 일이다. 그들은 나름대로 취할 것만을 취해간다. 하지만 여자친구들은 너에게 해를 입힐 것이다. 여자들은 너 자신 만큼이나 허영기가 있고 수다스럽다는 것을 명심하라. ② 발이 예쁘다면 짧은 드레스를 입어라. 불행히도 얼굴이 둥글게 태어났다고 해서 관자놀이를 머리칼로 가리지 말아라. 그것이 너의 헤어스타일이라 해도 그렇게 하지 말아라. ③ 최근에 너는 아주 박식해졌지만 그런 것처럼 행세하지 말아라.

뿌쉬낀이 스스로 평범하고 무미건조하다고 평가했던 불행한 처녀를 아내로 맞을 리는 만무했다. 결혼은 그녀 쪽의 일방적인 바람이었다. 3월 초 말리니끼Malinniki에서 뿌쉬낀에게 보낸 그녀의 편지를 보면 그녀 편에서는 결혼에 대하여 아무런 반대도 없다는 것을 알 수 있다. 그녀는 말리니끼에 사는 한 사촌이 그녀에게 열렬히 구애하고 있다면서 이렇게 적었다. "그 사람은 무엇보다도 저에 대한 사랑을 증명하고 싶어하죠. 마치 당신을 보는 것 같아요. 그는 제가 당신 같은 무뢰한과 함께 지낸 적이 있다는 사실을 받아들일 수가 없나 봅니다. 하지만 슬프게도 저는 그에게 아무런 감정도 느낄 수 없답니다." 며칠 후의 편지에서 그녀는 어머니와 끔찍하게 다투었노라고 적었다. "정말로. 어머니는 당신을 독차지하려는 것 같아요. 어머니가 저를 여기에 있게 하는 것도 저에게 질투심을 느끼기 때문이죠. 어머니 생각만 하면 화가 치밀어요. 세상에 그런 여자가! 결국 이 역시 당신 탓입니다. 어머니는 제가 떠날 때 당신이 슬퍼 보인다고 했어요. 제가 떠나기 때문이라는 거죠. 제가 돌아가고 싶다는 말만 꺼내도 어머니의 의심을 살 테니 돌아가겠다는 말도 더 못하겠어요."

뿌쉬낀은 그녀가 편지를 심술 사납게 "안녕, 난 당신이 미워요"라고 끝맺은 데 대해서 약이 올랐을 것이고, 그녀와의 관계를 우유부단하게 방치했던 것을 후회했을 것이다. 그 직후에 그녀는 그에게 다시 편지를 보내 자기 체면을 좀 세워달라고 하소했고, '뭔가에 끔찍하게 홀렸던 것'에 대해서 사과했다. 4월 20일에는 어조가 다시 바뀌어 자기를 끈질기게 유혹하려는 또 다른 남자가 있다는 편지를 보냈다. "그는 커다란 보폭으로 목표를 향해 나아갑니다. 그 사람은 염치없기로 말하면 당신보다 더한 것 같아요. 하지만 걱정 마세요. 그 사람에게는 아무런 감정도 느낄 수 없거든요. 그 사람을 대하면 그저 무덤덤하지만, 당신 생각만 하면 열이 오른답니다. 설마 저를 사랑하지 않는 건 아니겠죠. 당신의 감정은 그저 스쳐 지나는 욕망인가요." 뿌쉬낀은 열심히 사랑을 구하면서도 불성실한 연인이기는 했지만, 결코 냉정한 사람은 아니었다. 올가 깔라슈니꼬바의 임박한 출산 문제 처리도 골칫거리였던 터에 그녀의 편지들은 그를 더욱 당혹시켰다. 그래서 그는 출산 문제를 제외하고는 더 이상 자상하게 굴지 않기로 했다.

안나 불프의 오랜 친구인 안나 뻬뜨로브나 케른Anna Petrovna Kern은 뿌쉬낀이 올레닌Olenin의 집에서 5년 전에 만난 적이 있던 여자였다. 그 당시 안나 뻬뜨로브나와 그녀의 남편은 아주머니인 엘리자베따 올레니나Elizaveta Olenina의 집에 머무르고 있던 중이었다. 올레니나의 남편 알렉쎄이Alexey는 예술원의 원장이자 공립 도서관의 관장이었기 때문에 폰탄까Fontanka에 있는 그의 집은 작가와 예술가의 집합 장소였다. 올레닌의 집에 머물면서 안나 뻬뜨로브나는 난생 처음으로 사려 깊고 독서량이 많은 사람들을 만날 수 있었다. 그 집에서는 그녀가 회고록에 쓴 것처럼 "카드놀이도 춤도 없었지만, 샤레이드 놀이를 했다."

뿌쉬낀이 처음으로 그녀의 미모에 반한 것은 올레닌의 집에서였다. 그 당시 안나 자신은 샤레이드 놀이에 정신이 팔려있는 데다가 어떤 청년이 낭송을 하는 바람에 뿌쉬낀을 주시하지 못했었다. 안나 케른은 그 집에서의 모임을 적고 있는데, 여기서는 뿌쉬낀의 재치보다는 그의 넘쳐흐르는 젊음이 주목받고 있다.

다음 차례의 샤레이드에서 나는 클레오파트라 역을 맡기로 돼 있었다. 그래서 꽃바구니를 들고 서 있는데 뿌쉬낀과 나의 사촌 알렉싼드르가 나에게 다가왔다. 바구니를 보고 사촌을 가리키면서 그가 주제넘은 말을 하여 나는 토라져 아무 말도 않고 가버렸다. 저녁 식사가 간략하게, 서열도 따지지 않고, 작은 식탁들 위에 차려졌다. 뿌쉬낀은 사촌과 함께 내 뒤에 앉아서 나의 환심을 사려는 듯, 비위맞추는 말을 했다. 그리고는 누가 죄인이고 죄인이 아닌지에 대하여 농담이 이어졌다. 뿌쉬낀이 말했다. "아무튼 지옥에는 예쁜 여자들이 많을 거야. 그러니 우리 모두가 거기서 샤레이드 놀이를 할 수 있겠지. 케른 부인에게 혹시 지옥으로 가고 싶지 않은지 물어보게." 나는 정색을 하고 퉁명스럽게 가고 싶지 않다고 대답했다. 그러자 뿌쉬낀이 말했다. "그러면 나도 가지 않겠어. 거기에 예쁜 여자들이 아무리 많다고 해도 말일세."

안나 케른은 그녀의 회고록에 뿌쉬낀이 현관에 서서 그녀가 나가는 것을 바라보았다고 적고, 『예프게니 오녜긴』의 제8장에 나오는 시구들을 인용하면서 그것이 그 때의 만남을 가리키는 것이라고 말한다(그러나 그녀의 회고록 편집자들은 그 시구들이 백작부인 나딸리야 빅또로브나 스뜨로가노바Natalya Viktorovna Stroganova를 가리키는 것이라고 주장한다).

안나 불프는 얼마 동안 안나 뻬뜨로브나 케른과 서신을 교환했는데, 뿌쉬낀이 이 서신에 큰 관심을 보인 것을 보면, 5년 전 상뜨 뻬쩨르부르그에서 뻬뜨로브나가 그에게 상당히 깊은 인상을 남겼던 것으로 여겨진다. 뿌쉬낀은 그녀가 늙은 남편에게는 어울리지 않는 눈부시게 아름다운 부인이라고 생각했을 것이다. 안나 불프와 주고받은 편지들 중에는 뻬뜨로브나가 뿌쉬낀의 초기 시를 좋아하는 이유를 자세히 적은 것도 있었다. 뿌쉬낀은 그녀가 지식이 많을 뿐만 아니라 「까프까즈의 포로」와 『예프게니 오녜긴』의 제1장(이 당시 이 작품들은 뻬쩨르부르그에서 출간돼 있었다)을 읽었다는 데에 호기심을 느끼게 되었다. 뻬뜨로브나가 시인인 친구 로드쟌꼬Rodzyanko와 아는 사이라는 말을 듣고 뿌쉬낀은 그에게 실례가 될 만한 편지를 써보냈다.

나에게 설명해주게, 친구. 자기 사촌에게 나에 관하여 많은 친절한 얘기를 써보낸 안나 뻬뜨로브나 케른이 어떤 여자인가를. 그녀가 매력적이라고들 하는데 어쨌든 자네의 바람기와 모든 면에서의 탁월한 재능으로 보아 자네 사업이 이미 마무리되었거나 마무리 단계에 있다는 생각이 든다네. 축하를 보내네, 친구. 애가를 쓰든지 풍자시를 쓰든지 하게나.

로드쟌꼬는 이에 대하여 5월 중순까지도 답장이 없더니, 안나 뻬뜨로브나와 함께 쓴 답장을 보내왔다. 그녀가 남편과의 사이에 합법적인 자식이 없더라도 로드쟌꼬로 대체하지는 않겠다는 내용이었다.

안나 케른의 초상화들은 그녀와 근사하게 닮은 것들뿐이라는 얘기가 있는데, 아무튼 그녀는 분명 미인이었다. 뿌쉬낀의 전기 작가들은 그녀의 성품에 대해서 관대하지 못한 편이었다. 일례로 D. S. 미르스끼Mirsky는 뿌쉬낀이 그녀에게 바친 가장 유명한 서정시들을 인용한 후에 아래와 같이 말한다.

케른 부인은 '진정으로 아름다운 천재'는 결코 아니다. 그녀는 육감적이고 경박한 25세의 여자로, 불행한 남편을 대단히 혐오했다. 그녀는 뿌쉬낀에게도 강렬한 감정을 갖지는 않았던 것으로 보인다. 그녀는 만나는 모든 남자에게 쉽사리 따르는 여자이다. 뿌쉬낀은 결코 혐오감을 주는 사람이 아니다. 게다가 그녀는 유명한 시인에 의하 사랑받는 영광을 누리는 데에 아주 민감했다. 이런 감정이 그녀의 회고록에 뚜렷이 드러나고 있다.

현대의 독자라면 케른 부인의 회고록을 미르스끼보다는 호의적으로 읽었을 것이다. 성적인 면에서 순결하다고 볼 수는 없었지만, 그녀는 결코 품행이 나쁜 여자는 아니었다. 젤비끄Delvig와 글린까Glinka 같은 시인들과 음악가들은 그녀가 쾌활하고 독창적이며 강인한 성격의 소유자라고 입을 모은다. 그녀가 뿌쉬낀을 만나기 전후해서 쓴 일기와 그녀가 1858년에 쓴 회고록을 보면 그녀가 뿌쉬낀 뿐만 아니라 젤비끄, 글린까, 그리고 그녀에게 홀딱 반한 황제까지 만난 사실이 기록돼 있다.

안나는 1800년 외조부인 I. P. 불프Vulf가 지사로 있던 오렐Orel 주에서 태어났다. 그녀의 아버지는 뽈따바Poltava 지방의 지주로 추밀 고문관이었으며, 변덕스럽기는 했지만 지적인 사람이었다. 그녀의 어머니는 상냥했지만 병약하고 남편에 순종하는 부인이었다. 그녀의 부모는 안나가 태어난 지 몇 개월 밖에 되지 않았을 때 루브니Lubny라는 황량한 우끄라이나 주의 한 마을로 이사갔고, 거기서 다시 뜨베르스끄Tversk 부근의 베르노프Bernov에 있는 불프의 사유지로 이사갔다. 8세부터 12세까지 안나는 프랑스인 여자 가정교사로부터 초등교육을 받았는데, 그녀는 안나로 하여금 어머니 서재에서 책을 폭넓게 읽으라고 격려하였을 뿐만 아니라 뜨베르스끄의 들판과 숲에서 산보도 하게 했다. 안나는 16세까지 집을 떠나지 않았다. 그녀는 한 권의 책을 들고 숲에서 몽상에 잠기기도 했고, 무도회에 가서 춤을 추기도 했으며, 아마추어 연극에서 연기도 하였다. 17세가 되기 한 달 전, 그녀는 52세의 지역주둔군 장군인 예르몰라이 케른Ermolay Kern과 원치 않는 결혼을 하게 되었다. 케른은 안나의 부모에게 딸이 장군의 부인이 될 거라며 그들을 추켜세웠다.

케른은 낮은 계급부터 장군에 이르기까지 군대에서 평생을 보낸 사람으로서, 거칠고 속이 좁은 사람이어서, 안나의 예술적 포부는 배려해주지도 않았고 행진, 사열, 그리고 작전에만 관심이 있었다. 남편으로서 그는 그녀를 싫어했고, 따라서 결혼과 더불어 행복한 인생에 대한 그녀의 꿈은 산산이 조각나게 되었다. 결혼 후 10년 동안 그녀는 남편을 따라 이곳저곳으로 옮겨다녔는데, 군대 막사에서 살았던 적도 있었다. 그들 사이에는 1818년과 1821년에 태어난 두 딸이 있었다. 그녀는 친구가 거의 없었다. 다른 군인들의 부인들은 그녀가 장군의 부인이라는 것을 부러워할 뿐이었다. 그녀의 초기 인생에서 가장 흥미로웠던 것은 1817년 리가^{Riga}에서의 군대작전 중에 황제 알렉싼드르 1세와 만났던 일이었다. 황제는 그녀에게 상뜨 뻬쩨르부르그를 방문해달라는 초대를 했지만, 젊은 신부는 정중히 거절하면서, 순진하게도 남편이 루브니^{Lubny}에 계속 머물러 있어야한다는 이유를 댔다. 그녀는, 순진하면서도 애교있게, 그 대신 황제께서 루브니를 방문해달라고 청했다. 황제는 웃으며 그렇게 하겠노라고 약속했다.

그녀의 가정 생활은 갈수록 따분해졌고, 남편과의 다툼도 잦아졌다. 1820년 그녀는 아래와 같이 썼다.

얼마나 지겨운지. 나는 뭘 해야 할지도 모르겠다. 내 형편을 상상해 보라. 말을 걸 상대는 한 사람도 없고, 머리는 독서로 빙빙 돌고, 책 읽기를 마치고 나니 온 천지에 나 홀로 있는 것 같은 느낌이 든다. 남편은 잠들어 있거나, 작전 중이거나, 아니면 담배를 태우고 있겠지.

1824년 그녀는 부모가 사는 곳으로 돌아와, 시인이자 뿌쉬낀의 친구인 이웃 아르까지 로드쟌꼬Arkady Rodzyanko를 만나게 되었다. 그는 그녀와 사귀면서 그녀에게 뿌쉬낀의 「까프까즈의 포로」, 「바흐치싸라이의 샘」, 그리고 『예프게니 오녜긴』의 제1장을 주었는데, 이 작품들은 검열을 통과하고 1825년 2월에 출판되어 있었다. 이런 연유로 안나 뻬뜨로브나가 이 작품들에 대하여 즐거운 마음으로 안나 불프에게 편지를 쓸 수 있었던 것이다. 1825년 6월 안나 뻬뜨로브나가 오시뽀프의 집을 방문했을 때, 그녀는 뿌쉬낀이 가까운 이웃이라는 사실을 잘 알고 있었다.

어느 날 오시뽀프 일가가 점심을 먹고 있었는데 "갑자기 뿌쉬낀이 길고 굵은 지팡이를 들고 방으로 들어왔다. 그 이후에도 그는 점심 식사시간에 종종 왔지만 식사는 한 번도 하지 않았다. 그는 자기 집에서 훨씬 일찍, 아주 조금 먹는다는 것이었다. 그는 언제나 커다란 이리 사냥개 두 마리를 데리고 다녔다. 내 옆에 앉아있던 아주머니가 나를 소개했지만, 그는 말이 없었다."

얼마 되지 않아 뿌쉬낀은 뜨리고르스꼬예 영지를 거의 매일같이 찾았다. 안나는 그의 행동이 예측불허라고 적고 있다. "어떤 때는 쾌활하게 떠들어댔고 또 어떤 때는 슬퍼하기도 했고, 어떤 때는 수줍어했고 또 어떤 때는 건방지기도 했으며, 어떤 때는 더할 수 없이 상냥했고 또 어떤 때는 오래도록 풀이 죽어 있기도 했다. 다음 순간 그의 기분을 예측하기란 불가능했다. 그는 자기 감정을 감추지 못하고 늘 진지하게 털어놓았으며, 뭔가 즐거운 일이 생기면 그렇게 좋아질 수가 없었다. 그가 사람들과 어울리려 할 때는 그 누구도 그의 번뜩이는 재치와 매력적인 언동을 따라갈 수가 없었다."

기분이 좋을 때 뿌쉬낀은 그들에게 바실렙스끼Vasilevsky 섬까지 마부를 따라간 악마 얘기를 해주기도 했고, 모든 사람들이 그의 주변에 모인 가운데 커다란 검은 장정의 책에서 「집시들」을 낭송해주기도 했다. 안나 케른은 이에 응수해, 맹인 시인 꼬즐로프Kozlov의 시를 개작한 「베니스의 밤」을 노래했다. 그 날 저녁 이후 뿌쉬낀은 친구 쁠레뜨녜프Pletnev에게 이렇게 써보냈다. "꼬즐로프에게 내 말을 전해주게. 이곳을 방문한 어떤 아름다운 여인이 그의 시를 천사처럼 노래했다고 말일세. 꼬즐로프가 그녀를 보지는 못하더라도 그녀의 노래를 들을 수 있기를 비네."

그 다음 몇 주 동안 뿌쉬낀은 안나 케른을 매일같이 보았다. 그녀를 올레닌의 집에서 처음으로 만났을 때 그가 가졌던 그녀에 대한 본래의 인상이나 로드쟌코에게 보낸 편지에서 밝혔던 그녀에 대한 그의 경박한 견해는 이제 바뀔 수밖에 없었다. 안나 케른이 뜨리고르스꼬예를 떠나기 전날 밤 아주머니가 그녀에게 미하일로스꼬예를 방문할 것을 권했다.

6월의 달밤에는 들판의 서늘함과 향기가 서려 있었다. 우리는 두 대의 마차에 나뉘어 타고 있었는데, 아주머니와 그 아들이 한 대에, 사촌 안나, 뿌쉬낀, 그리고 내가 다른 한 대에 탔다. 그가 그토록 친절하고 쾌활한 것은 전무후무한 일이었다. 그의 농담에는 날카로운 풍자가 없었다. 가령 그는 달이 어리석다고 빈정대지 않고 달에게 찬사를 보냈다. 미하일롭스꼬예에 이르러 우리는 집안으로 들어가지 않고, 곧장 숲이 우거진 오래된 공원으로 갔다.

그 황홀한 기회에 두 사람이 무슨 말을 했고 무엇을 했는지는 모르지만 — 안나 불프와 그녀의 어머니 오시뽀바의 질투 어린 감시의 눈 때문에 특별한 일은 없었을 것이다 — 뿌쉬낀은 다감하게 그 당시의 안나 케른을 기억하고 있었다. 안나 불프에게 보내는 편지에서 그는 이렇게 썼다. "매일 밤 나는 공원을 거닐며 '그녀가 여기 있었지'라고 중얼거립니다. 그녀를 휘청거리게 했던 돌이 내 책상 위 시든 자줏빛 꽃가지 옆에 놓여 있습니다."

다음 날 안나 케른은 사촌과 함께 리가^{Riga}로 떠났다. 그 날 아침, 그녀가 떠나기 직전, 뿌쉬낀이 와서 그녀에게 『예프게니 오녜긴』의 제2장의 사본을 건네주었다. 그 안에는 접힌 종이가 있었는데, 거기에는 그의 가장 아름다운 서정시들 중 한 편이 적혀 있었다. 이 시는 상뜨 뻬쩨르부르그에서의 그들의 첫 만남을 회상하는 것으로 시작된다.

나는 그 황홀한 순간을 기억합니다.
처음으로 당신을 보았던 그 순간을.
그대는 진정으로 아름다운 천재,
덧없이 사라지는 환영입니다.

여러 해가 지난 후 그가 그녀를 잊었다고 생각했을 때에도 그 기억은 그의 상상력과 꿈속에서 지워지지 않고 있었다. 그녀의 모습이 그의 영혼을 일깨워주는 것으로 이 시는 끝난다.

다시 한번 세상이 내 가슴을 일깨워
삶에서 눈물에서 그리고 사랑에서,
창조와 신성神性과 환희에
나는 새롭게 눈뜹니다.

안나 뻬뜨로브나는 이렇게 적고 있다. "내가 그 시를 꾸려 넣으려 하자 그는 오랫동안 나를 뚫어지게 응시하더니, 갑자기 그것을 빼앗고 돌려주지 않았다." 이로 미루어 안나가 이 시를 외울 시간도 없었겠지만, 훗날 그녀는 이를 젤비끄 남작에게 들려주어 남작은 자신의 잡지 『북녘의 빛Northern Lights』에 이를 발표할 수 있었다. 글린까도 그녀의 낭독을 듣고 이를 바탕으로 작곡하였다.

안나 뻬뜨로브나는 휴가를 끝내고 리가로 돌아왔다. 그녀는 아주머니 앞으로 부친 뿌쉬낀의 편지 한 통을 받았는데, 거기에는 그가 직접 그린 그녀의 스케치가 있었고, 불어로 이렇게 적혀 있었다. "그녀는 부드럽고 너그럽다. 곧잘 슬픔에 잠기다가도 스스로 위안을 찾는다. 그녀는 수줍음을 타면서도 용감한 행동을 하기도 한다. 그녀는 아주 매력적이다." 그녀가 어떤 용감한 행동을 했는지는 분명치 않지만, 뿌쉬낀은 그녀가 남몰래 그에 대한 애정을 키우고 있었다고 확신하였다. 7월 25일 그는 리가에 있는 그녀에게 직접 편지를 써보내 자기와 편지를 주고받기로 하자고 청하였고, 그녀는 이를 수락했다. 그가 그녀에게 보낸 5통의 편지는 현존하지만, 그녀의 것은 남아있지 않다. 재치 있는 농담 속에 감춰진 그녀에 대한 그의 감정이 얼마나 심각한 것이었는지 그의 편지만으로는 추측하기 힘들다. 케른의 회고록 편집자들은 그녀를 "문학 게임에서 그의 파트너이고 편지 속에서는 로맨스의 공동저자"라고 부른다. 그러나 이 로맨스는 뿌쉬낀의 만년에 들어 본격적인 성적 관계로 발전하게 되었다.

그녀에게 보낸 첫 편지에서 그는 이렇게 썼다. "편지로는 아무것도 이룰 수 없다는 것을 잘 압니다. 하지만 당신의 예쁜 손으로 적은 글을

받고 싶은 바람은 어찌할 수 없습니다." 같은 편지의 후반부에서 그는
아래와 같이 적고 있다.

> 너무나도 따분해서 다시 펜을 듭니다. 내 마음에서 당신을 지울 수가 없
> 군요. 이 편지를 몰래 읽어주시기 바랍니다. 이 편지를 또다시 당신의 가슴
> 속에 묻어주시겠습니까? 제 경솔함이 걱정되시면 가공의 이름으로 서명해
> 주십시오. 내 가슴은 당신을 알아볼 수 있을 겁니다.

따분하다고 했지만 뿌쉬낀은 사실 열심히 작업하고 있었다. 그는
1825년 레투르뇌Letourneur의 불역판으로 읽고 있었던 셰익스피어에 대
하여 이렇게 적었다. "나는 그를 극복할 수 없다. 셰익스피어에 비하면
바이런은 얼마나 형편없는 비극작가인가. 바이런은 단 하나의 인물만
을 상정할 수 있었다." 뿌쉬낀은 희곡과 더불어 극예술에 관한 슐레겔
Schlegel(1767~1845, 독일의 시인·비평가, 셰익스피어의 작품을 독일어로 번역한 것
으로 유명함 — 옮긴이)의 강연집도 읽었는데, 이것은 셰익스피어 비평의
선구로 간주되었다. 〈보리스 고두노프Boris Godunov〉는 뿌쉬낀이 주로 라신
느Racine(1639~1699, 프랑스의 극작가 — 옮긴이)의 지배를 받는 러시아의 극
장에 셰익스피어 드라마의 활력을 불어넣기 위해 쓴 작품이다. 이에 대
한 뿌쉬낀의 의욕은 대단한 것이어서, 의사의 진찰을 받아보라는 주꼽
스끼에게 뿌쉬낀은 이렇게 써보냈다. "나는 죽지 않습니다. 그건 불가능
해요. 신도 나와 고두노프가 죽는 것을 원치 않을 겁니다."

이 희곡의 배경을 이루는 역사는 서구의 독자들에게는 대체로 생소
할 것이다. 무쏘르그스끼Mussorgsky의 한 오페라는 뿌쉬낀의 이 작품을

토대로 구성되었는데, 그 오페라의 줄거리가 곧 그의 작품의 줄거리를 대변한다. 요약하면 보리스는 작위가 없는 귀족으로서, 독재자 이반의 딸과 결혼한 상태이다. 보리스의 부인이 이반의 딸이라는 것은 이반만이 아는 비밀이었다. 이반의 아들 드미뜨리Dimitry는(아마도 간질병이 발작하여) 스스로 할복하고 죽었다. 드미뜨리가 죽으면 보리스가 왕위에 오를 것이 뻔했기 때문에 역사가들은 오래전부터 보리스가 드미뜨리를 죽였다고 의심해왔고, 뿌쉬낀 역시 그렇게 생각하고 있었다. 1584년 이반이 죽은 후에는 '천사 같은 황제'라고 불리는 표도르Feodor가 실질적인 통치자였다. 보리스는 1598년 1월에 황제로 선출되었는데, 뿌쉬낀의 희곡은 이 시점에서 시작된다.

보리스는 이반과 같은 극도의 잔인성은 없었지만 특권 귀족의 전횡을 제한하는 정책을 계속 실시했다. 그가 품고 있었던 민주주의적 이상은 특권 계층의 소외를 불러왔지만, 1601년 대 기근 중에 농민계층의 대중적 지지를 받기에는 미진하여 실패로 끝나게 되었다. 1603년에는 살해당했다고 알려져 있었던 드미뜨리가 폴란드에서 살아있다는 소문이 나돌기 시작했다. 보리스는 그 소문을 일축했지만, '가짜 드미뜨리'는 폴란드의 예수회와 전격적으로 손을 잡고 3,500명의 군사와 미신을 믿고 그를 따르는 군중들을 이끌고 모스끄바로 진군했다. 1605년에 보리스가 급사했고, 13개월 후 드미뜨리는 황제로 등극하였다. 쏘련의 마르크스주의 사학자들은 중앙집권을 강화하려 했던 보리스 고두노프의 시도가 1666~1667년의 '농민 전쟁'의 단초를 제공했다고 생각했다. 분명 이 전쟁은 전제주의에 대항한 러시아 민중 최초의 투쟁이었다.

뿌쉬낀의 희곡은 약강격弱强格의 무운無韻시 형식으로 씌어졌는데,

이런 시형은 러시아 고유의 것이 아니었다. 이는 이 당시 뿌쉬낀이 셰 익스피어로부터 얼마나 큰 영향을 받았는가를 시사한다. 그리고 그는, 셰익스피어가 홀린쉐드Holinshed(?~1580?, 영국의 역사학자 — 옮긴이)를 출 처로 이용하며 그랬던 것처럼, 까람진Karamzin의 유명한『러시아의 역사 History of Russia』를 출처로 하면서 플롯뿐만 아니라 중요한 세부사항들도 그대로 따왔다. 또 셰익스피어가 사극에서 그랬던 것처럼, 뿌쉬낀도 산 문과 운문을 혼용하였다. 그리고 그는 자기 작품의 중심인물들이 셰익 스피어 작품의 인물에 버금가는 깊이를 갖기를 원했다. 보리스는 맥베 스의 죄의식과 절망, 리처드 3세의 교활함, 볼링브로크Bolingbroke(셰익스 피어의 〈헨리 4세〉, 〈리처드 2세〉 등의 사극에 등장하는 인물 — 옮긴이)의 영리함 을 두루 갖춘 인물로, 나약하고 절망하는 남자의 전형을 이룬다.

이 작품에는 멋진 장면들이 나오는데, 리투아니아 국경 부근의 선술 집에서의 장면이 그 한 예이다. 황제의 칙령을 받든 경찰들이 체포할 남 자를 찾고 있었다. 그들은 죄 없는 탁발승을 붙잡았는데, 그는 체포 영 장에 묘사돼 있는 남자와는 닮은 구석이 한 군데도 없었다. 그러나 그는 꼼짝없이 붙들려 갈 판이었다. 그 때 겨우 까막눈에서 벗어난 그의 친구 가 나서서 칙령을 검토했다. 친구가 보건대 칙령에는 교수형에 대한 언 급은 없었다. 그래서 그는 경찰들이 글을 모른다는 사실을 알고는, 주막 안의 엉뚱한 사람을 속으로 지목하고 칙령을 읽는 척하면서 그 사람의 생김새를 읊어댔다. 그러니 그의 읽기는 갑자기 빨라질 수밖에 없었다.

잠깐 기다려, 이 작자들아. 내가 그리슈까Grishka냐구? 뭐라구? 50줄에 흰 턱수염과 똥배라구? 내가 글을 읽어본 지가 오래 됐지만 사람의 생사에 관한 문제라니 내가 한번 읽어보지(그는 더듬더듬 읽는다). 여기를 봐. 나이가 이제야 20세가 지났다잖나. 뭐야, 친구들? 어디에 50이라고 적혀 있나? 보란 말야.

이 장면을 묘사하고 있는 구어체적 산문은 러시아의 무대에서는 전혀 새로운 시도였다.

어떤 장면들은 셰익스피어의 것에서 직접 따온 것도 있다. 일례로 이런 장면이 그렇다. 보리스가 한 신하에게 그들이 본 시체가 드미뜨리의 것이 확실하냐고 물었을 때 그들은 겁먹고 그렇다고 대답한다. 그러나 그는 신하가 뭐라고 대답하든 드미뜨리의 사칭자가 자기의 통치에 여전히 위협이 된다고 생각한다.

> 아, 숨이 막힌다. 숨 좀 돌려야겠구나.
> 바로 이것 때문에 지난 13년 동안
> 매일 밤 나는 죽은 아이의 꿈을 꾸었구나.
> 그래, 그래, 그게 이유지. 이제야 알겠구나.
> 그런데 나의 두려운 적, 그는 누구냐?
> 그건 뭐냐, 이름뿐인 껍데기, 환영?
> 그것이 어찌 나의 옥좌를 앗을 수 있으랴?

보리스가 임종시에 남긴 말은 헨리 4세의 유언과 아주 유사하다. 또 어떤 장면은 코리오레이너스Coriolanus(셰익스피어의 동명의 사극의 주인공으로 로마의 귀족 — 옮긴이)와 그의 어머니 사이의 대화를 연상시킨다. 젊은 귀족 코리오레이너스가 자기가 건방지게 굴어도 어머니는 눈감아 줄 것을 부탁하지만 어머니로부터 거절당한다는 것이 그 내용이다. 뿌쉬 낀의 작품에서 드미뜨리는 폴란드 여자인 그의 아름다운 애인 마리나가 자신이 옥좌에 오르는 것에만 관심을 두고 있다는 사실이 믿어지지 않아 자기가 사칭자라는 것을 고백하지만, 그가 바랐던 대로 그녀의 격려는커녕 심한 경멸을 받을 뿐이다. 마리나는 애인의 나약함에 가차 없이 비꼬는 멸시의 말을 내뱉는다.

누가 그런 고백을 요구했나요?
친밀한 아버지나 혹은
왕에게 우쭐대며
털어놓지 않았다니 놀랍군요.

하지만 어머니의 상식을 좇은 코리오레이너스와는 달리, 드미뜨리는 이반의 유령이 그를 양자로 맞이한 양 그녀의 말에 그녀 못지않게 거만하게 대꾸하고, 고통스럽긴 하지만 마리나에게 등을 돌린다. 그러면서 자기 이름이 갖는 신통력에 온 나라가 궐기하여 그를 따르게 됐다고 한다.

나, 황제의 계승자는 부끄럽게도
품위 없이 폴란드 계집을 사랑했도다.
이제는 영원히 이별이로다.

뿌쉬낀은 〈보리스 고두노프〉를 항상 높이 평가했다. 1825년 11월 7일 뱌젬스끼에게 보내는 편지에서 그는 들뜬 기분으로 거리낌없이 말했다. "대단하죠 뿌쉬낀은, 대단한 망나니죠! 나의 '거룩한 바보'는 익살스러운 친구이고, 폴란드 계집 마리나는 매우 아름답고, 늘 서약만 하는 마가렛 대위는, 그는 검열에서 통과되지 못할 겁니다."

뿌쉬낀이 관직에서 물러나 글로 생계를 꾸려가게 된 이상, 검열은 그에게 다른 수입원이 있는 작가라면 상상도 못할 큰 영향을 끼치게 되었다. 뿌쉬낀은 이런 자신의 처지에 화가 났다. 1825년 6~8월 릴례예프 Ryleev 앞으로 쓴 편지 초안에서 뿌쉬낀은 하나같이 글을 써 돈을 버는 서구의 작가들과 러시아 작가들의 처지를 대비시켰다. "러시아 시인들은 (나를 제외하곤) 허영심 때문에 글을 씁니다. 거기서는 먹을 게 없으면 책을 쓰는데, 여기서는 먹을 게 없으면 관직을 얻고 글을 쓰지 않습니다."

미하일롭스꼬예에서 2년 동안 머무는 동안 뿌쉬낀의 편지는 친구들과의 유쾌한 대화를 대신하게 되었고, 홀로 있으면서 그는 자기 자신의 비판적 안목에 의지하는 경향이 생기게 되었다. 뿌쉬낀은 뱌젬스끼에게 「집시들」을 스스로 폄하하는 편지를 보낸 적이 있었다. 그러나 1825년 1월 25일 다시 그에게 보내는 편지에서 뿌쉬낀은 「집시들」에 대한 종전 자신의 평가를 뒤집고 의기양양하게 주장했다. "전에 「집시들」이 전혀 좋은 작품이 아니라고 말씀드렸던 것 같은데, 믿지 마십시오. 그건 거짓말이었습니다!"

노시인에게 경의를 표하기는커녕 뿌쉬낀은 뱌젬스끼의 과작寡作에 대하여 다시 한번 "돌아가신 뱌젬스끼께서 남기신 시들이 없습니까?" 하고 놀렸다. 혼자 있으면서 그는 러시아 문학에 대하여 때때로 우상

파괴적인 판단을 갖게 되었고, 그러한 자신의 판단에 확신을 가지게 되었다. 1825년 6월 1일 젤비끄에게 보내는 편지에서 뿌쉬낀은 제르자빈_{Derzhavin}을 다시 읽고 느낀 점을 적었다. "그는 러시아 언어의 정신에 대해서 아무것도 모르네. 그의 작품을 읽고 있으면, 어떤 근사한 작품을 제멋대로 엉터리로 번역한 것 같다는 생각이 드네. 정말이지 야만인들이나 그를 천재라고 할걸세."

특기할 만한 것은 1825년 11월 그가 뱌젬스끼에게 보낸 편지인데, 이를 보면 뿌쉬낀이 아주 현대적인 정신의 소유자라는 것을 알 수 있다.

바이런의 노트북을 잃어버린 것이 뭐가 그리 상심할 일입니까. 오히려 잃어버린 것이 다행입니다. 잃어버린 것이 다행이란 말입니다! 바이런은 시를 쓸 때 시적 황홀감에 빠져서 자기도 모르게 고백했습니다. 냉정하게 산문을 쓸 때는 거짓말도 했고 가장도 했겠지요. 우리는 바이런을 잘 압니다. 사람들은 바이런이 자기 침실의 변기에 앉아있는 꼴을 상상하고 싶어 합니다. 사람들은 고백이나 회고록 따위에 열중합니다. 자기네들 태생이 천한 탓에 위대한 사람이 타락하고 권력자가 나약해지는 것을 보면 희희낙락하기 때문이죠. 어떤 지저분한 일이 폭로되면 사람들은 기뻐 날뜁니다. '그 친구도 우리처럼 별 거 아니군. 타락하기는 우리와 마찬가지야'하고 말입니다. 비열한 군중들, 그들은 거짓말을 하고 있습니다. 그는 하찮고 타락했을지 모르지만, 그 방식이 그들과는 전혀 다릅니다.

뿌쉬낀은 글을 일필휘지로 수월하게 쓰는 사람이었지만, 편지는 아주 꼼꼼하게 초안을 잡았다. 그럴수록 그는 자연스럽게 대화할 수 있는 분위기가 그리웠다. 대화를 해야만 그는 예측불허하고 변화무쌍한 자아를 되찾을 수 있었다. 1825년 내내 그는 먼 곳의 절친한 친구들이 그리웠다. 1826년 1월 25일 그는 뱌젬스끼에게 자신의 기쁜 심정을 적어 보내면서 감추고 있었던 자신의 진정한 감정상태를 갑자기 드러내게 되었다. "내일이나 모레에 제 동생과 젤비끄가 올 예정입니다. 그때까지 저는 완전히 혼자입니다."

뿌쉬긴은 특히 그의 친구 젤비끄의 도착을 학수고대했다. 그들은 국립학교의 동기 동창생이었다. 학창시절, 젤비끄는 뿌쉬긴과 함께 잡지를 편집하였고, 그의 시적 천재성에 찬사를 보냈었다. 그 당시에는 한 학생이 이야기를 시작하면 다른 학생이 그것을 받아 이야기를 계속하는 이야기 놀이가 있었는데, 젤비끄는 그 놀이에서 타의 추종을 불허했다. 뿌쉬긴은 항상 젤비끄의 심미안을 높이 평가했고, 그의 시를 칭찬했으며, 1815~1816에는 젤비끄의 누이동생 마샤Masha에게 편지를 보내기도 하였다. 항상 재치 넘쳤던 젤비끄는 학생들의 필사로 만든 잡지 『국립학교의 학자』의 제2호에 "검열관 젤비끄 남작에 의해 발행 허가됨"이라는 익살스러운 제명題銘을 각인하기도 하였다.

상뜨 뻬쩨르부르그에서 뿌쉬긴이 방탕한 세월을 보낼 때에도 젤비끄는 그의 절친한 친구 중 한 사람이었다. 두 사람은 이반 뿌쉰과 함께 '거친 사람들'처럼 옷을 입고 똘마조프Tolmazov 가의 싸구려 술집에서 술을 마시기도 하였다. 뿌쉬긴이 학교 친구인 뀨헬베께르Kyukhelbecker 와 결투를 하게 됐을 때, 젤비끄는 뀨헬베께르의 입회인이었는데, 뿌쉬긴은 "젤비끄, 내 옆에 서. 이쪽이 더 안전하거든"이라고 소리쳐 뀨헬베께르를 격분시키기도 하였다. 뿌쉬긴의 시를 항상 찬양했던 젤비끄는 1824년 9월 뿌쉬낀에게 편지를 보냈는데, 여론은 확실히 보론쪼 프가 아니라 뿌쉬낀의 편이지만 두어 해 동안은 '경솔한 글'을 쓰지 말라고 충고하는 내용이었다. 그는 여러 번에 걸쳐서 뿌쉬낀에게 찾아가겠다는 약속을 했었다. 그러나 1824년 3월 12일까지도 그는 약속을 지키지 못했다. 그래서 뿌쉬낀은 비테브스끄Vitebsk에 있는 그에게 농담조의 편지를 보냈다. "젤비끄, 자네 아직도 살아있는 건가?"

젤비끄는 지혜가 깊고 친절했을 뿐만 아니라 게으른 것으로도 유명했다. 그가 뿌쉬낀의 여러 번의 편지에 답장을 하지 못한 것도 아마 게으름 때문이었을 것이다. 그러나 그는 많은 시형에 통달해 있었고, 러시아에서 소네트(이태리에서 시작되어 셰익스피어 등의 작가에 의해 영국에서 유행된 14행 연가 — 옮긴이)를 우아하게 구사한 최초의 러시아 시인이었다. 학교를 졸업하고 10년이 지난 뒤 뿌쉬낀이 그에게 감동적인 찬사를 보내며 인정했듯이, 젤비끄는 무엇을 하려고 마음만 먹으면 그 누구보다도 잘하는 사람이었다. 특히 아래의 예에서 보듯이 그는 풍자나 경구에 특별한 재능이 있었다.

나 죽음이 두렵지 않건만

육체를 잃으면 후회하리라.

입던 옷이 닳았다고 한들

그 누가 벗으려 하랴?

젤비끄는 1년에 한 번 발행되는 문집의 편집인이었던 까닭에 그의 집은 재치 있고 박식한 친구들이 모이는 활기찬 곳이었다.

마침내 젤비끄가 오자 두 젊은이는 며칠을 함께 보내며 문학 얘기도 나누고 당구도 쳤다. 그러나 실망스럽게도 젤비끄의 방문기간은 짧았다. 1825년 4월 초 뿌쉬낀은 뱌젬스끼에게 편지를 보냈는데, 뜨리고르스꼬예의 처녀들이 모두 젤비끄에게 반했지만 젤비끄는 "이미 약혼자가 있었기 때문에 나무토막처럼 무뚝뚝했다"는 내용이었다.

젤비끄가 떠나자 뿌쉬낀은 다시 서신과 책을 지적 동반자로 삼을 수밖에 없었다. 그가 엄숙한 자세로 공부에 임하는 경우는 드물었다. 3월 14일 동생에게 보내는 편지에서 겨자, 럼주, 오이 절임, 그리고 필요한 책들을 보내달라고 하면서 그는 어떤 러시아 시집에 대해서 평했다. "75루블이면 큰돈이야. 러시아를 다 준대도 그 돈이 아깝겠다." 그를 찾아온 학창시절의 친구들 중에는 1825년 여름에 방문한 젊은 시인 야지꼬프Yazykov도 있었다. 젤비끄는 그가 쓴 최초의 시들에 대하여 격려를 보낸 바 있었다. 야지꼬프는 알렉쎄이 불프의 친구였고, 니꼴라이 고골Nikolay Gogol이 좋아한 시인이기도 하였다

뿌쉬낀은 이 당시 미하일롭스꼬예에서 유럽의 어느 나라 책이든 가리지 않고 책을 수집했는데, 이때 수집한 책들이 그의 방대한 장서의 기초가 되었다. 그의 장서는 오늘날까지도 그가 마지막으로 살았던 상뜨 뻬쩨르부르그의 한 아파트에 보존되어 있다. 이 당시 그는 또한 예멜리안 뿌가초프Emilyan Pugachev의 봉기에 대한 자료를 수집하기 시작했다. 이것은 사료史料로서도 가치가 있었을 뿐만 아니라 뿌쉬낀의 저 유명한 소설 『대위의 딸The Captain's Daughter』의 토대가 되기도 하였다.

이 무렵 뿌쉬낀이 자기 자신의 문학적 판단을 신뢰하게 된 것은 다행이었다. 상뜨 뻬쩨르부르그의 모든 친구들이 『예프게니 오녜긴』이

중요한 시라고 간주하지는 않았기 때문이다. 문학 편집자 베스뚜쩨프^{Bestuzhev}와 시인 릴레예프^{Ryleev}(나중에 '12월 당원들'에 연루되었음)는 『예프게니 오녜긴』의 처음 장들이 사회적 인식이 결여돼 있다고 생각했다. 특히 릴레예프는 뿌쉬낀에게 바이런의 영향을 떨쳐버릴 것을 촉구했다. 늘 뿌쉬낀의 탁월함만 강조하다 보면 문단에는 그에 버금가는 시인들이 있다는 사실을 때로는 망각하기 십상인데, 릴레예프가 바로 그런 시인이었다. 특히 사회개혁에 대한 그의 진지한 태도를 찬양한 독자들은 그렇게 생각하였다.

1825년 2월 동생에게 보낸 편지에서 이미 뿌쉬낀은 릴레예프가 그의 외조부 간니발을 뾰뜨르 대제의 심복에 포함시켜야 할거라고 우스개 소리로 제안한 바 있었다. "그의 새까만 얼굴이 뽈따바^{Poltava} 전투에 대한 전반적인 묘사에 묘한 효과를 불러일으킬 거야." 뿌쉬낀은 릴레예프의 시를 아주 관대하게 평가하며, 그는 '진짜 시인'이라고 말했고, 릴레예프가 그에게 보내온 몇몇 시들에 대해서 독창성이 있다고 칭찬했었다. 그러나 뿌쉬낀은 "대체로 그의 시들은 창의성과 구조면에서 약해"라는 솔직한 달도 곁들일 수밖에 없었다. 뿌쉬낀은 릴레예프를 동료 시인이라고 추켜세우며 편지를 끝냈지만, 릴레예프의 지적대로 자신의 노선을 바꾸지는 않았다.

1825년 3월 24일, 베스뚜쩨프의 『예프게니 오녜긴』 비판에 대한 응답으로 뿌쉬낀은 이렇게 적었다.

당신의 편지는 매우 지적입니다. 그렇다 해도 당신이 잘못 생각하신 겁니다. 『예프게니 오녜긴』을 잘못된 각도에서 보신 거죠. 그것은 여전히 나의 최고의 걸작입니다. 당신은 제1장을 『돈주앙』에 비교하고 있습니다. 나보다 『돈주앙』을 높이 평가하는 사람은 없습니다(처음 5편에 대해서 말하는 겁니다. 나머지는 읽지 않았으니까요). 그러나 그 작품은 『예프게니 오녜긴』과 공통적인 것이 하나도 없습니다. 당신은 영국인 바이런의 풍자에 대해서 말하고, 그것을 나의 풍자와 비교하면서, 바이런에 버금가는 풍자를 요구합니다. 아니죠, 너무 지나친 요구를 하시는 거죠. 나의 '풍자'가 어디에 있습니까? 『예프게니 오녜긴』에는 풍자라고는 티끌만치도 찾아볼 수 없습니다. 다음 편들이 나올 때까지 기다려 보시죠.

이 무렵 뿌쉬낀은 시간을 할애해서, 그가 유일한 진짜 친구라고 부르는, 유모 아리나 로지오노브나로부터 들은 많은 민담들의 줄거리를 적어 놓았다. 특히 그는 그녀의 농사꾼다운 말투를 그대로 옮기는 것이 즐거웠고, 친구들에게 그녀가 따찌야나의 유모의 모델이라고 되풀이해서 말하곤 했다. 무엇보다 중요한 것은 그가 『예프게니 오녜긴』을 계속해서 썼다는 사실이다.

뿌쉬낀은 미하일롭스꼬예에서의 자신의 외로운 처지를 잘 이용했는데, 이것이 그의 주인공 예프게니와 다른 점이었다. 뿌쉬낀은 아이러니컬하게 예프게니는 고적한 들판의 아름다움을 즐기다가도 이틀만 있으면 싫증을 내는 친구라고 말하고 있다. 예프게니가 시골은 재미가 없다고 하며 싫증을 내는 반면, 뿌쉬낀은 시골에서의 모든 경험을 시로 바꾸어 놓았다. 그는 이미 탄력적이고 유창한 『예프게니 오녜긴』의 시 형식을 고안했었다. 나보꼬프Nabokov는 약강사보격弱强四步格의 소네트와 유사한 그 14행의 시연詩聯을 채색된 공이나 팽이에 멋들어지게 비유하면서, "그 무늬가 처음에는 눈에 띄지만 한참 돌아갈 때는 흐려지고 만다"고 말했다. 처음 두 장에서 그런 형식을 도입함으로써 뿌쉬낀은 말의 강세와 음조를 변화시켜 아이러닉한 분위기를 연출할 수 있었다. 그 이후에는 그런 형식 속에 보다 어두운 소재를 담게 되었다.

미하일롭스꼬예에서 쓰인 『예프게니 오녜긴』의 네 장들은 순전히 주인공의 행보에 의해 묶여지는 피카레스크 이야기라기보다는 흐름이 힘차고 간결한 소설에 가깝다. 『예프게니 오녜긴』은 행위의 전개가 등장인물에 의해 자연스럽게 이뤄지는 '심리 내러티브'라고 할 수 있다. 뿌쉬낀은 제인 오스틴의 사회적 리얼리즘과 섬세한 통찰력을 구비한 작가였다. 『예프게니 오녜긴』의 대화는 너무도 수월하게 읽혀져 독자들은 이 작품이 복잡한 시연으로 구성돼 있다는 것을 느끼지도 못할 정도이다.

제3장이 시작되면서 예프게니는 — 종종 그렇듯이 — 권태감을 느낀다. 그래서 그는, 시인 렌스끼가 라린^{Larin} 같은 대수롭지 않은 사람의 집에서 저녁마다 어울린다고 빈정댄 적이 있긴 했지만, 기분전환 삼아 그 집에 가보기로 한다. 거기서 그는 잼을 담는 접시, 나무열매 술, 소박한 대화 등 시골의 풍물에 접하게 된다. 예프게니는 속물이라 할 수 있지만 분별력도 없지 않아, 말없이 뭔가를 동경하는 따찌야나를 보고는 렌스끼가 훨씬 더 평범한 올가를 좋아하는 것이 이상하게 생각되었다.

내가 저 시인이라면, 여러분,

나는 언니 쪽을 택하겠소.

오녜긴처럼 바람직한 총각의 방문을 받은 라린의 집안에서 뒷말과 억측이 무성한 것은 당연한 일이다. 따찌야나는 이내 그 핸섬한 손님을 사랑하게 된다. 사랑에 빠진 그녀는 예프게니를 그녀가 너무도 좋아하는 영국 소설의 낭만적 주인공이라고 상정한다. 뿌쉬낀은 그런 주인공의 변덕과 이기주의와 우울함을 찬미하는 처녀들을 풍자한다.

이제 처녀들의 침상 탁자에 놓이는 것은
영국 작가의 객쩍은 얘기뿐이다.

뿌쉬낀은 자기가 산문 작가라면, 영국 작가들과는 달리, 평범한 러시아의 삶을 쓰겠다고 말한 적이 있었다. 『예프게니 오녜긴』의 세부 묘사는 놀라울 정도로 날카롭다. 따찌야나의 유모에 대한 묘사가 그 예이다. 누비옷을 입고 머리에 수건을 둘러 맨 유모는 따찌야나가 잠 못 이루면 어머니처럼 보살피고, 열이 오르면 걱정하면서 주름투성이 손으로 따찌야나에게 성호를 긋고 러시아 고유의 축원을 읊조린다. 유모는 아리나 로지오노브나처럼 건전한 상식의 소유자로, 따찌야나에게 쏟는 정성이 지극하다. 따찌야나가 유므에게 옛날 유모의 사랑 얘기를 들려달라고 조르자, 유모는 그저 웃어넘긴다.

글쎄요. 다른 세상에서 살았던
우리는 그런 걸 들어보지도 못했다우.

따찌야나가 오녜긴에 반하게 된 것은 처음에는 그녀가 읽은 책들의 영향이 컸다. 독자들이 그녀를 사랑하게 되는 것은 그녀가 타산적이 아니기 때문이다. 사랑에 빠진 그녀는 구애의 편지를 보내는데, 교태라고는 찾아볼 수 없는 내용이다. 너무도 순진하고 솔직한 그녀가 사내들을 부추기려고 으레 냉정과 순결을 가장하는 사교계의 미녀들과 대비된다.

> 바람둥이 여자는 언제나 차갑게 따지겠지만
> 따찌야나의 사랑은 그윽하고 진실하네.
> 귀엽고 귀 여린 아이들처럼
> 그녀는 온몸으로 무조건 순종하네.

그녀가 기다리는 답장은 오지 않는다. 뿌쉬낀은 답장을 기다리는 그녀를 매력적으로 묘사한다. 따찌야나는 창가에 서서 차가운 유리 위에 숨을 내쉬고, 김이 서린 유리에 예프게니 이름의 머릿글자를 써본다. 말발굽 소리만 들려도 그가 오는가보다 하고 생각한다. 결국 그녀는 우연히 어떤 정원에서 그를 만나게 된다. 뿌쉬낀은 여기서 이 장을 끝내고, 독자들로 하여금 그들의 만남이 어떻게 진전되는지 궁금하게 만든다.

제4장은 돈 죠반니 형의 남자들, 특히 불평불만으로 가득한 예프게니의 무감각한 가슴에 대한 분석으로 시작된다. 그는 매사에 권태를 느끼는 사람으로, 여자를 계속 쫓아다니면서도 더 이상 열정을 느끼지 못한다.

> 그는 여자를 구해도 기쁘지 않았고
> 여자를 떠나도 괴롭지 않았네.
> 여자들이 사랑하든 토라지든 관심 없이,

한밤중 우연한 손님이

늘 어울려 카드놀이 하듯,

놀이가 끝나면 그는

작별을 고하고는 떠나버리네.

예프게니가 냉소적이고 타락한 난봉꾼으로 묘사되어 있기 때문에, 독자들은 그가 이미 점찍어 둔 바 있는 아름다운 처녀를 제멋대로 이용하리라고 예상하기 십상이다. 그러나 그는 그렇게 하지 않는다. 오히려 그는 다감하고 솔직한 따찌야나의 편지에 마음이 끌리게 된다(뿌쉬낀 자신도 글을 쓰면서 따찌야나에게 애정을 느낄 정도였다). 그들이 정원에서 만났을 때, 그는 그녀의 솔직한 태도에 감동하여, 비록 젠체하는 말투이기는 하지만, 자기 자신에 대하여 숨김없이 털어놓으며 자기는 감동할 줄 모르는 인간이라고 말한다. 내친 김에 그는 따찌야나에게 자기 같은 난봉꾼의 결혼관에 대해서도 얘기해준다. 또, 자기가 결혼하고 싶은 생각이 든다면 그 상대는 곧 따찌야나이겠지만, 불행히도 자기가 그녀에게 싫증을 느끼게 될 것이므로 결혼은 두 사람을 파탄시킬 거라는 얘기도 해준다.

세상에서 제일 이상한 곳은 가정.

평생 동안 밤낮으로 홀로 버려진 부인이

쓸모없는 남편 탓에 속 썩이는 곳.

남편은 내심 부인이 고맙지만

늘 부루퉁 화내고 말이 없는 곳.

뿌쉬낀은 화자를 통하여 잠시 가까운 사람들의 불행을 쑥덕거리는 친구들의 악취미를 회고해본다. 이 회고 장면은 그의 사춘기 시절 프랑스의 한 재담집에서 누차 보았던 것에 대한 회고이다. 이 무렵 뿌쉬낀은 결혼은 꿈도 꾸지 않고 있었기 때문에, 오녜긴이 총각으로서의 자유를 만끽하는 것에 대하여 비난하는 내용을 쓸 수가 없었다. 천한 신분의 처녀를 건드려 임신까지 시킨 뿌쉬낀은 안나 불프에 대한 처신에서도 오녜긴보다 도덕적 신중함이 결여돼 있었다. 아래와 같은 화자의 말에서 우리는 이 당시 뿌쉬낀의 여성관을 짐작할 수 있게 된다.

누구를 사랑하고 신뢰하며 소중히 여기랴?
세월이 흐르면 그 누가 배반하지 않으랴?
우리의 말과 행동 그대로를 믿어줄
자상한 사람이 그 어디에 있으랴?
우리의 결점을 과장하고
모략하지 않을 자 그 어디에 있으랴?

이 화자의 말은 독자들에게 이기적 냉소주의를 권하는 것으로 끝나는데, 바이런을 연상시키는 이 장면은 참으로 아이러니컬하다.

어찌하여 그대는 덧없는 일에 매달리는가?
그대 자신만을 사랑하고 고통을 덜어라……
그럴 가치가 있는 목표라고 말하는가.
걱정 말아라, 진정한 사랑은 결코 없으니.

한편 예프게니는 뿌쉬낀이 그 해 여름 미하일롭스꼬예에 살았던 것과 같은 일과를 보내게 된다. 즉 그는 7시에 일어나 수영하고, 돌아와 커피를 마시며 평론지 최근호를 읽는다. 겨울철에는 눈이 내려 이런 일과를 보낼 수 없어, 예프게니는 월터 스코트를 읽고 술을 마시거나 당구를 친다. 이때 그는 렌스끼를 통하여 따찌야나의 성명축일 파티에 초대를 받게 된다. 렌스끼는 앞으로 2주 후면 올가와 결혼하게 돼 있었다.

제5장은 동화와 같은 분위기로, 러시아의 겨울에 대한 멋진 묘사로 시작된다. 한 어린이가 곱은 손으로 썰매를 타고, 겨울나무들은 진홍빛 섬광을 반사한다. 따찌야나는 다른 시골 처녀들이 성명축일 때 그러는 것처럼 미신을 믿고 주문을 외운다. 그리고 예시적인 꿈을 꾸는데, 꿈속에서 그녀는 겨울 들판에서 길을 잃고 서 있다. 그 때 곰 한 마리가 나타나 그녀가 어떤 위험한 다리를 건너도록 도와준다. 다리를 건넌 따찌야나는 도망을 가지만 여전히 바로 뒤에서 곰이 쫓아왔고, 결국 기진맥진해서 쓰러지고 만다. 놀랍게도 곰이 그녀를 메고 얌전하게 자기 우리로 데려간다. 깨어보니 브루겔Breughel(1525?~1569, 플런더스의 화가―옮긴이)이 그린 지옥의 괴물 같은 형상들이 그녀를 에워싸고 실없이 웃으며 손뼉치고 있다. 이윽고 그녀는 이 코끼리와 돼지 같이 생긴 집단의 우두머리가 예프게니라는 것을 알게 되었다. 따찌야나를 보자 그는 "이 여자는 내 꺼야"라고 선언하고, 괴물들이 모두 빠져나가자 그녀를 천천히 간이침대로 데려간다. 바야흐로 에로틱한 장면이 이어지려는 순간, 올가와 렌스끼가 나타나 예프게니와 격렬한 언쟁을 벌이고, 예프게니는 칼을 휘둘러 렌스끼를 찌른다.

꿈에서 깨자마자 그녀는 갖가지 꿈 해설서를 찾아보지만, 어디에서도 흡족한 해답을 찾을 수가 없다. 그녀의 성명축일이 불길하게 시작된 것이다. 만찬이 열리자 예프게니가 식탁을 사이에 두고 그녀의 맞은편에 자리 잡는다. 그는 수심 어린 그녀의 얼굴을 보고서도 위로해주기는커녕 화를 낸다. 그의 차례가 되어 그녀와 잔을 부딪칠 때도 그는 딱딱한 인사만을 한다. 만찬이 끝난 후에는 카드놀이와 춤이 이어진다. 예프게니는 별난 심술을 부려, 렌스끼의 약혼자 올가에게 춤을 청하고, 춤이 끝난 후에는 그녀와 시시덕거린다. "그녀의 새침한 얼굴이 우쭐하여 붉게 타오른다"라고 묘사되는 것처럼 올가는 그의 알랑거림에 홍조를 띤다. 예프게니는 심심풀이로 알렉싼드르 라옙스끼처럼 못된 짓을 하고 있는 것이다. 그는 여자들이 쉽사리 넘어가는 것에 재미를 느끼고, 질투심에 불타는 친구의 고통은 모른척한다. 이윽고 렌스끼가 올가에게 춤을 청하자 예프게니와 또다시 춤을 추기로 약속했다는 올가의 말에 그는 다시 한번 놀란다. 올가의 거부에 격분한 렌스끼는 연회장을 떠나버린다.

제6장의 첫머리에서 예프게니는 렌스끼가 떠나간 것을 알고, 그의 짓궂은 놀이의 대상과 올가에게 싫증을 느끼고 자신도 연회장을 떠난다. 다음 날 아침 렌스끼로부터 결투하자는 전갈이 온다. 예프게니는, 뒤늦게 자기 자신의 처신을 다소 부끄럽게 여기면서도, 이를 받아들인다. 뿌쉬낀은 전갈을 전한 사람을 아주 이상한 인물로 묘사함으로써 예프게니와 그의 친구 사이의 결투를 필연적인 것으로 몰아갔다. 즉 이 메신저는 수다쟁이로 소문나 있었기 때문에 예프게니는, 만일 자기가 결투를 거부한다면, 이 자가 자기가 겁쟁이라는 온갖 추문을 떠들고 다닐 것이 두려웠던 것이다. 한편 렌스끼는 올가에게 화가 나 있었

지만, 약속된 결투 장소로 가는 도중에 올가를 만나 보기로 한다. 그녀
가 "어제 밤에는 왜 그렇게 일찍 갔지요?"라는 단순한 질문을 던지며
그를 맞이하자, 그는 즉각 그녀가 아직도 자기를 사랑하고 있음을 깨
닫는다. 그는 행복한 기분을 되찾지만, 예프게니를 용서할 수는 없다.
결투가 진행된다.

장전되는 권총에 대한 뿌쉬낀의 묘사는 놀라우리 만치 자세하다. 탄
환이 제 자리에 들어가고, 회색빛 화약가루가 약실에 넣어지며, 부싯
돌이 쇠붙이에 단단히 고정된다. 이어서 두 사람은 몇 발자국씩 걷고,
예프게니가 먼저 발사한다. 그 단 한 차례의 총격에 렌스끼는 쓰러져
죽는다. 불과 몇 분전만 하더라도 그토록 열정과 시로 가득하던 가슴
이 '폐가처럼' 조용하다.

죽은 육체를 뜻하는 그 '폐가'의 이미지가 독자의 마음속에 메아리칠
것이다. 뿌쉬낀 자신도 결투 끝에 눈 위에서 쓰러져 37세의 나이로 죽
었다는 것을 염두에 두고 이 장면을 읽는다면 너무나도 기이한 우연의
일치에 독자는 전율을 금할 수가 없을 것이다.

예프게니는 친구의 생명 없는 육체를 보고 고통을 느꼈다. 뿌쉬낀은
독자들이 예프게니의 입장이라면 어떤 반응을 보이게 될지 생각해보
라고 한다.

자, 말해보세요. 여러분은 …… 마음속에서

무엇을 생각할지 …… 혹은 그저 느낄지,

여러분의 친구가 지금 여러분 앞에서

죽음이 드리운 얼굴로 누워있다면.

뿌쉬낀은 위대한 시를 쓸 수도 있었던 시인의 죽음에 대해서 독자들이 깊이 애도하지 않는다고 나무라는 한편, 죽은 시인이 고상한 취향이나 따지는 무기력한 40대로 간주될 가능성도 반반이라고 지적한다. 이 장을 나머지 등장인물들의 운명에 대한 언급 없이 끝내면서 뿌쉬낀은 자기 자신에 대하여, "앞으로는 장중한 산문을 쓰고 싶다"고 말한다. 이어서 그는 생각에 잠기게 된다.

젊음은 되돌릴 수 없는가?
정말 내가 곧 서른이 되는 건가?

이 당시 뿌쉬낀은 26세에 불과했지만, 이 우울한 생각은 하릴없이 유희로 세월을 보내는 것이 이제는 지겨워졌다는 것을 시사한다. 최근의 작품들, 특히 『예프게니 오녜긴』에 대해서 흡족해 하면서도 그는 자신의 초기 작품들에 대해서 싫증을 느꼈던 게 분명했다. 1825년에 쁠레뜨녜프Pletnev가 그의 초기 작품들을 단행본으로 출판했는데, 뿌쉬낀은 1825년 3월 27일 동생에게 보내는 편지에서 이 책에 대하여 빈정거리는 투로 평했다. 그의 논평은 자기 작품에 대하여 못마땅하게 생각하는 내용으로, 이 책의 서문으로 삼을 만했다. "많은 시들이 시시하고, 러시아 대중이 열심히 읽어볼 만한 것이 못 된다. 나는 이 작품들을 도대체 누가 출판했는지도 모르고 그 제목조차도 모른다. 식자공이 수정한 것과 발행자가 실수한 것이 눈에 띈다. 기왕에 나왔으니 탐독할 사람도 있겠지."
8월 25일 뿌쉬낀은 렌스끼가 죽는 것으로 『예프게니 오녜긴』의 제6

장을 마무리지었다. 그러나 그는 여전히 재미있는 담시譚詩 쓰는 일에 관심을 가졌다. 그의 흥미로운 이야기 「눌린 백작Count Nulin」도 이 무렵에 쓰였다. 이 작품은 아주 빠른 속도로(2일 만에) 쓰였다고들 한다. 이것은 셰익스피어의 「루크리스의 겁탈The Rape of Lucrece」의 패러디이자 나태한 시골 상류사회의 내면적 부도덕성을 경쾌한 필치로 다룬 작품이다. 한 집안의 주인이 9월에 사냥개들을 데리고 사냥을 떠난다. 집에는 부인만이 홀로 남아 '진창과 진눈깨비와 먼 데 이리떼의 울음소리'를 벗삼을 것이다. 뿌쉬낀은 버섯을 소금에 절이기, 거위에 먹이주기 등 여주인공 나따샤가 해야 할 일들을 늘어놓고 나서, 그녀가 가사를 전혀 돌보지 않고 소설만 읽는다고 한다.

어느 날 나따샤는 마차가 전복되는 소리를 듣고 기분 전환이 될 만한 재미있는 일이 벌어지겠거니 하고 예감한다. 그녀는 하인을 시켜 불행한 여행자에게 들어와 저녁 식사를 권한다. 방문객은 눌린 백작으로 멋쟁이 남자였다. 그는 프랑스인 시종을 데리고 있었지만 돈이 거의 다 떨어진 상태였다. 여행에 대비해서 모자, 부채, 조끼, 커프스 장식, 그리고 유행하는 다른 장식품을 사는 데에 유산을 탕진했기 때문이었다. 나따샤처럼 눌린 백작도 로망스와 로시니의 아리아를 즐긴다. 그는 옷을 갈아입고 나따샤와 함께 식사를 한다. 그녀는 그의 상처를 염려해주고, 그는 그녀의 매력을 음미하면서 파리가 그립다고 말한다. 자정이 되자 그녀는 그만 일어서자고 했고, 그가 고개를 숙일 때 그의 손을 잡고 슬며시 눌러주었다. 그는 이를 은근한 유혹으로 받아들여도 될 성싶었다.

나따샤는 하녀 빠라샤에게 옷을 벗기게 하고 침대에 누웠다. 백작은 월터 스코트에 집중할 수도 없었고 잠이 오지도 않았다. 결국 눌린은 줄무늬 비단 가운을 입고 그녀의 침실을 찾아 나선다. 뿌쉬낀은 명백히 그리고 아이러니컬하게 눌린을 셰익스피어 작품의 타르퀸^{Tarquin}에, 나따샤를 루크레티아에 견주고 있다.

눌린은 잠든 것인지 잠든 척하고 있는 것인지 알 수 없는 나따샤의 옆에 무릎을 꿇고 앉는다. 아무튼 그가 애정의 표시를 하자 그녀는 그에게 세찬 따귀 세례를 보낸다. 이때 하녀 빠라샤의 발걸음 소리가 들리자, 나따샤를 강간하려 했던 눌린은 황급히 몸을 피한다. 이어서 눌린이 빠라샤와 함께 밤을 보냈다는 것을 시사하는 암시 이상의 묘사가 제시된다.

다음 날 아침식사를 하면서 나따샤는 여전히 쾌활하게 눌린과 수다 떤다. 이때 그녀의 남편이 돌아와 그들은 대화를 멈추고, 눌린 백작은 작별을 고한다. 별거 아닌 내용 같지만 이 이야기는 그 결말에서 가시를 숨기고 있다.

> 우리 주인공의 마차 소리가 사라져 간다.
> 이윽고 나딸리야 빠블로브나는
> 그녀의 남편에게, 이웃들에게, 모든 이에게
> 그의 무모한 모험을 들려주었다.
> 그런데 나딸리야 빠블로브나의 얘기를 듣고
> 박장대소한 자는 누구였을까?
> 아무도 모를 것이다. 어찌 된 셈인가?
> 물론 그녀의 남편이라고? 아니다, 그는 아니다 ······.

이처럼 놀라운 시들이 쏟아져 나오게 된 것은 그의 고독한 생활 덕분이었지만, 뿌쉬낀은 미하일롭스꼬예에서의 유배생활에서 벗어나고 픈 꿈을 저버릴 수가 없었다. 1825년 봄 그는 이런 꿈을 이루는 데에 자신의 정맥류를 다시 이용하기로 작정했다. 그때까지도 그는 남들에게는 자기 병이 동맥류라고 말해왔었다. 그는 황제에게 보내는 편지의 초안을 작성했는데, 그 편지의 내용은 치료받을 수 있도록 타지로의 여행을 허락해달라는 요구였다. 이와 더불어 그는 되도록 많은 친구들에게 자기의 '동맥류'에 대한 소문을 퍼뜨렸다. 1825년 5월 주꼽스끼 Zhukovsky는 그의 질병 상태를 염려해주는 편지에서 가급적이면 진지하게 답장을 보내달라고 썼다.

자네 어머니와 동생으로부터 자네가 아프다는 얘기를 들었네. 사실인가? 자네 다리에 동맥류 같은 것이 있다는 게 사실인가? 10년 동안이나 아무에게도 말하지 않고 이 손님을 혼자 즐겼다는 게 사실인가?

뿌쉬낀은 오데싸를 떠나고 싶어했을 때 자신이 같은 병 얘기를 꺼냈다는 사실을 주꼽스끼가 잊을 리가 없다고 생각하고는 아주 솔직하게 답장을 써보냈다. 그의 정맥류는 나중에 치료해도 되지만 미하일롭스꼬예가 그를 질식시켜 타지로 나가게 허락해주기를 간절히 바란다는 내용이었다. 주꼽스끼와 까람진은 뿌쉬낀의 어머니에게 시인을 위해 황제의 감정에 호소하는 편지를 쓰게 했다. 뿌쉬낀이 리가^{Riga}로 가서 전문의의 치료를 받을 수 있도록 허락을 받으라는 것이었다. 이 요구는 거부당했지만, 그 대신 고맙게도 쁘스꼬프^{Pskov}까지는 가도 된다는 허락을 받아냈다.

뿌쉬낀은 쁘스꼬프에서 치료를 받아야 한다는 것을 생각만 해도 화가 치밀었다.

나는 쁘스꼬프에 있는 의사들을 조사해보았다. 사람들은 거기에 프세볼로드^{Vsevolod}라는 의사가 있다고 했다. 그러나 그는 훌륭한 수의사였고, 학계에서는 말의 치료에 대한 저서로 널리 알려져 있었다.

그는 미하일롭스꼬예에서 도피하려는 계획을 대여섯 가지나 세워보았지만 그건 모두 환상이었다. 그중에는 이런 교묘한 계획도 있었다. 알렉쎄이 불프의 하인으로 위장하고 도르파트^{Dorpat}까지 가서, 그가 유럽에 머무를 수 있다면 그곳이 어디든지 혁명적 사상가 차다예프^{Chadaev}와 합류한다는 계획이었다. 그의 동생이 이 계획을 듣고는 바보같이 상뜨 뻬쩨르부르그에서 이를 발설해버렸다. 동생의 바보 같은 짓여 아니었더라도, 동생에게 보낸 뿌쉬낀의 편지에는 여행 가방, 장거리 마차 여행에 대한 안내서 등을 보내달라는 요청과 통상적인 경로는 피하고 싶다는 얘기가 적혀 있었기 때문에, 그의 의도는 감시의 눈길에 포착됐을 것이 뻔했다. 편지에서 요구한 것들은 누가 봐도 큰 수술을 받아야 할 사람에게 필요한 물건들이 아니었기 때문이다.

결국 주꼽스끼는 선수를 쳐 자기 친척인 닥터 모이예르Moier로 하여금 쁘스꼬프로 가서 그를 치료하게 했다. 이 얘기를 들은 뿌쉬낀은 위험하다는 구실로 수술을 받지 않았다. 그는 상심해서 이렇게 결론지었다. "따분해서 죽으나 동맥류로 죽으나 죽기는 매한가지다. 그래도 전자는 실수로 사람을 죽이지는 않지."

뿌쉬낀은 안나 케른에게 뻔뻔스러운 편지를 계속 보냈다. 이 무렵 그녀는 그를 순수한 감정으로 대해주었지만, 그는 솔직하게 자기가 사랑하는 것은 그녀의 마음이나 인격이 아니라고 했다.

당신은 내가 당신의 인격을 모른다고 말합니다. 당신의 인격이 내게 무슨 의미가 있습니까? 나는 전혀 비웃는 게 아닙니다. 아름다운 여자들은 반드시 인격이 있어야만 합니까? 중요한 것은 눈과 이빨과 손과 발입니다(가슴도 덧붙이고 싶지만 당신의 사촌 안나 불프가 너무 많이 써먹어서 ……당신과 함께 있으면 14세의 어린애처럼 행동하게 됩니다).

이처럼 무엇보다도 여자의 외모를 강조하는 태도는 『예프게니 오녜긴』의 여주인공 따찌야나의 내면적 아름다움에 대한 뿌쉬낀의 관심과 현저한 대조를 이룬다. 뿌쉬낀은 결크 페미니스트는 아니었지만 여성의 정신적 자질도 인정하고 있었다. 같은 편지에서 뿌쉬낀은 안나 뻬뜨로브나가 다시 뜨리고르스꼬예를 방문할 수 있도록, 한 가지 묘안을 제시한다. 그는 또한 알렉쎄이 불프에 대한 자신의 여전한 질투심을 숨김없이 드러내기도 한다. "어찌된 영문인지 나는 케른씨도 싫고 이런 학생 놈들도 싫습니다."

그 후에 보낸 편지에서 그는 이렇게 썼다.

> 안녕. 지금은 한밤중입니다. 슬픔에 잠긴 듯하면서도 요염한 당신의 이미지가 떠오릅니다. 나는 당신의 눈길과 반쯤 열린 당신의 입술을 봅니다. 안녕. 나는 지금 당신의 발치에 있다고 믿습니다. 나는 당신의 발을 껴안고, 당신의 무릎을 쓰다듬어요. 이게 현실이라면 그 한 순간을 위해서 나의 온 생명을 바치렵니다.

이 당시 안나 케른은 남편과의 이혼을 고려하고 있었는데, 뿌쉬낀은 아래와 같은 편지를 보내왔다.

> 당신의 남편이 당신을 그토록 따분하게 만든다면 그를 떠나십시오. 그런데 방법은 알고 있습니까? 아예 온 가족을 버리고 역마를 타고 오스뜨로프까지 가십시오, 그 다음에는 어디로 가시겠습니까? 뜨리고르스꼬예요? 천만에요. 미하일롭스꼬예입니다. 이건 지난 15분 동안 내가 고심 끝에 궁리해낸 묘안입니다. 그렇게만 된다면 내가 얼마나 행복하겠습니까? 당신은 이렇게 말하겠지요. "남편이 노발대발하고 또 이어지는 스캔들은요?" 제기랄! 남편을 떠나는데 무슨 스캔들입니까? 나머지 일이야 아무러면 어떻습니까?

10월이 돼서야 안나가 겨우 다시 뜨리고르스꼬예로 왔는데, 남편을 동반한 아주 단정한 차림이었다. 그녀가 오게 된 경위는 이러하다. 오시뽀바는 안나 뻬뜨로브나와 뿌쉬낀 사이의 서신 연락과 자기 아들 알렉쎄이가 뻬뜨로브나에 빠져 있다는 사실을 알고 리가를 떠났었다. 9월 들어 뿌쉬낀이 뻬뜨로브나에게 아주머니와 화해하고 알렉쎄이 불프와의 서신 왕래를 중지하라고 요구하자, 안나는 자기가 직접 나서야 오시뽀바와 화해를 할 수 있다고 장군인 남편을 설득했다. 그래서 이들 부부는 며칠 동안 뜨리고르스꼬예를 방문하게 됐던 것이다. 안나의 회고록에 의하면, 뿌쉬낀은 장군이 있어도 아랑곳없이 대여섯 차례 안나와 단둘이 만났다고 한다. 그 짧은 방문이 끝난 후 뿌쉬낀은 그녀에게 보내는 편지에서 그녀를 "운명이 나의 고독을 달래려고 보내준 천사"라고 묘사했다. 그는 추신에서 이렇게 덧붙였다.

내가 다시 펜을 든 것은 내가 당신 곁에 있고, 나 항상 당신을 사랑하고, 그저께 당신에 대하여 아주 불쾌한 얘기를 했을 때처럼, 때로는 당신을 혐오하고, 당신의 아름다운 손에 입맞춤하고, 일이 잘 풀리기를 빌며 다시 한 번 그 손에 입맞춤하며, 나는 더 이상 어찌 할 바를 모르겠다는 것을 말씀드리기 위해서입니다.

위 추신에서처럼 다정함과 빈정거림이 뒤섞인 그의 양면적 태도가 그녀에게 보내는 그의 모든 편지들에서 한결같이 엿보인다. 1826년 별 생각 없이 알렉쎄이 불프에게 보내는 편지에서도 그는 이런 태도를 보이는데, 거기서 그는 안나 뻬뜨로브나를, 그녀에게 어떤 경의도 표하지 않고, "우리들의 바빌론의 창녀"라고 불렀다. 안나에게 보낸 위의 편지는 일련의 편지들 중 마지막 편지였다. 우연하게도, 알렉싼드르 1

세가 예기치 않게 죽은 것도 이 무렵이었다.

수도로 돌아가려는 뿌쉬낀의 모든 계획은 황제가 아조프Azov해海 연안의 따간로그Taganrog에서 죽었다는 소식과 더불어 갑자기 종지부를 찍게 되었다. 이것은 전혀 예상치 못했던 사태의 반전이었다. 황제가 따간로그로 여행했던 것은 자기 자신이 아니라 황후의 건강을 돌보기 위해서였다. 그의 사망 소식은 1825년 11월 27일에야 비로소 상뜨 뻬쩨르부르그에 알려지게 되었고, 미하일롭스꼬예에 알려진 것은 그로부터 3일 뒤였다. 뿌쉬낀이 자기를 상뜨 뻬쩨르부르그로부터 6년 동안 추방시켰던 통치자가 죽었다는 소식을 들었을 당시에 흥분했던 것은 자신의 유배생활이 이제 끝나게 될 것이라는 기대감 때문이었다.

12월 1일 뿌쉬낀은 오시뽀바의 하인으로 가장하여 상뜨 뻬쩨르부르그로 향했는데, 그 동기는 확실히 알려지지 않았다. 시몬스Simmons는 이반 뿌쉰이 그를 뻬쩨르부르그로 불렀다고 주장한다. 그러나 이 시기를 전후한 뿌쉰의 행동을 보면 그랬을 가능성은 희박하다. 뿌쉬낀이 들뜬 마음으로 뻬쩨르부르그로 향한 데에는 다른 많은 이유들이 있을 수 있었다. 그가 명예롭게도 혁명을 도모하는 일에 가담하게 되었기 때문이라는 설명은 가당치도 않았다. 변덕스러운 뿌쉬낀은 뻬쩨르부르그로 가는 도중에 산토끼 한 쌍과 한 신부를 보고는 이것이 불길한 징조라고 생각하고 미하일롭스꼬예로 되돌아갔던 것이다. 알렉싼드르 1세가 죽었다는 소식을 들은 후, 12월 4~6일 그의 작품의 발행인 쁠레뜨녜프Pletnev가 받은 편지를 보면 뿌쉬낀이 임박한 반란을 까맣게 모르고 있었다는 것과 그의 예단력豫斷力에는 한계가 있었다는 것을 알 수 있다.

제발 사람들이 황제에게 내가 오뽀츠까Opochka나 리가에서 살도록 청원하지 않게 해 주십시오. 그런 곳들은 아무작에도 쓸모가 없어요. 그 대신 황제에게 수도나 외국으로 가도록 청원하게 해주십시오.

이번에는 뿌쉬낀의 미신이 근거가 있었던 셈이었다. 그가 가는 길을 건너갔던 산토끼가 그의 목숨을 구해준 것이다. 뿌쉬낀이 변방에서 아무것도 모르고 살던 남쪽에서나 그의 절친한 친구들이 있는 북쪽에서나 사람들은 그 해 12월에 혁명이 일어나리라고 예견하고 있었다. 왕위계승 문제는 불확실했다. 알렉싼드르가 아들이 없었기 때문에 그의 후계자는 동생 꼰스딴찐Constantine이 돼야 했다. 그러나 꼰스딴찐은 폴란드의 로마 카톨릭계 가문과 결혼하고는 왕위계승을 포기하고 동생 니꼴라이Nicholas에게 양보했다. 그의 왕위 포기는 비밀에 부쳐지고 있었다. 두 사람 다 평판이 좋지 않았지만, 니꼴라이가 더욱 나빴다.

뿌쉬낀이 여행을 계속했더라면 그는 12월 13일 저녁에 상뜨 뻬쩨르부르그에 도착해서, 아마도 곧장 릴레예프Ryleev의 집으로 갔을 것이다. 그리고는 십중팔구 '12월 당원들'의 집회에 참석했을 것이다. 이때 이 집회에 참석했던 공모자들은 임시 정부를 구성하고 노예의 해방을 선언하기로 결정했던 것이다. 다행히도 뿌쉬낀이 상뜨 뻬쩨르부르그의 반란 소식을 들은 것은 미하일롭스꼬예에서였다.

모반자들은 권력 핵심부의 혼란을 이용하자는 것 외에는 다른 실질적인 계획이 없었다. 릴레예프가 작성한 선언문을 보아도 그들은 성공에 대한 확신이 없었던 게 분명했다. "그렇다 해도 우리는 시작을 해야 한다. 그것을 초석으로 무언가가 뒤이어 일어날 것이다."

봉기는 그 조직부터 엉성했다. 공모자들은 당원들 중 가장 고참 장군인 뜨루베쯔꼬이Trubetskoy 공을 사령관으로 추대했다. 12월 14일은 니꼴라이의 선서일로 잡혀 있었다. 12월 당원들은 그들을 지지하는 모든 연대들을 '상원 광장'에 집결시켜 꼰스딴찐과 입헌정치를 연호하도록 계획하였다. 상뜨 뻬쩨르부르그에 주둔한 16개 근위연대 중에서 1개 대대와 몇몇 중대들만이 반란에 가담하였다. 뜨루베쯔꼬이는 현장에 나오지도 않았고, 지휘자가 없는 반란군은 아무런 행동도 취하지 못했다.

반란군들이 공격하지 않으리라는 것이 분명해지자 처음에는 공포에 떨던 니꼴라이가 용기를 내어 그의 지원 부대에 발사 명령을 내렸다. 항명자들은 몇 발 쏘지 않았는데도 뿔뿔이 흩어졌다. 뜨루베쯔꼬이는 그 날이 저물기도 전에 경찰에 자진 출두했고, 모든 반란자들이 두 시간 이내에 체포되었다.

손쉬운 승리를 거두고 난 니꼴라이의 대응은 잔인했다. 공모자들 및 그 추종자들에 대한 심문은 아주 철저했고, 1826년 6월까지 계속되었다. 미르스끼Mirsky에 의하면 몇몇 심문에는 황제 자신이 직접 나섰는데, 그 수법이 하도 기발하고 교묘하여 대여섯 사람들이 자백했고, 변절자도 나왔다고 한다. 하지만 변절자들은 감형을 받지도 못했다. 12월 말 모반의 주동자들은 교수형이나 사지를 찢기는 형의 언도를 받았다. 나중에 니꼴라이는 이를 교수형으로 통일했다. 그가 사형을 언도한 사람들 중에는 뿌쉬낀이 오데싸에서 만나 좋아했던 뻬스쩰 대령, 뿌쉬낀이 오랫동안 편지를 교환하던 릴례예프 등이 포함돼 있다. 니꼴라이는 또 전원이 상류층 출신인 120명의 공모자들에게 추방과 더불어 강제노동을 선고했다. 시베리아로 유배된 사람들 중에는 이반 뿌쉰, 뀨헬베께르, 알렉싼드르 베스뚜쩨프 등 뿌쉬낀과 절친했던 동창생들과 릴례예프와 『북극성Northern Star』의 공동 편집인이었던 쎄르게이 볼꼰스끼Sergey Volkonsky 장군이 포함돼 있었는데, 볼꼰스끼는 마리야 라옙스까야Maria Raevskaya와 최근에 결혼했던 터였다.

사형 집행이 7월 13일까지 계속되었는데, 때로는 끔찍한 실수를 저질러 사형수들 중에서 세 사람은 두 번이나 목을 매달아야 했다. 같은 날 시베리아에서 징역형을 선고받은 100여 명의 훌륭한 장교들이 유배지로 길을 떠났는데, 이들의 역정은 1년 이상이 걸렸다. 체르니고프Chernigov 연대의 임관되지 않은 120명의 군인들은 곤장형을 받고 죽거나 불구자가 되었으며, 376명은 훈장이나 휘장을 박탈당하고 수레에 실려 까프까즈로 추방당했다.

뿌쉬낀은 모반자들 중에서 아주 유경한 사람들은 다 알고 있었고, 그들과 반란이 일어나기 직전까지 서신 교환을 했었다. 그들의 체포와 심문 소식에 접했을 때 그가 겁에 질렸던 것은 당연했다. 자신이 체포당하는 것도 임박한 것 같았다. 그래서 그는 친구들이나 자기 자신이 모반에 연루된 것처럼 여겨질 수도 있는 내용이 적힌 비망록들은 모두 태워버렸다.

미하일롭스꼬예에 고립되어 있는데다가 이제는 편지를 보내는 사람들도 드물어 뿌쉬낀은 대여섯 달 동안 상뜨 뻬쩨르부르그에서의 사태 진전을 제대로 알 수가 없었다. 그의 두 번째와 세 번째의 작업노트를 보면 그가 이 당시 무엇을 생각했고 무엇을 걱정했는지 알 수 있다. 두 번째 작업노트에 수록된 『예프게니 오녜긴』의 제5장의 여백에는 프랑스 혁명 시절의 옷을 입은 자화상, 뻬스쩰과 릴례예프의 초상화,

그리고 이반 뿌쉰과 뀨헬베께르의 초상화가 그려져 있다. 그는 우편으로 편지를 보내는 것도 압수당할 것이 두려워 1월 하순까지 기다렸다가 상뜨 뻬쩨르부르그로 가는 인편을 통하여 주꼽스끼에게 편지를 보냈다. 이 편지가 쓰인 때는 친구들의 운명에 대해서 무성한 소문만을 듣고 있던 때였다.

당신께 저의 황제 알현에 대한 중재를 부탁드리기가 어렵군요. 아마 정부는 제가 음모에 가담하지 않은 사실을 이미 알고 흡족해 할지도 모르겠습니다. 그러나 정부는 음모 사실을 알고서도 경찰에 알리지 않은 사람들을 모두 처벌하기로 했습니다. 하지만 경찰과 정부를 제외하고 그걸 몰랐던 사람이 어디 있습니까? 반란 모의는 어느 거리 모퉁이에서나 논의 됐었습니다. 제가 결백하다고 생각하는 이유도 바로 이때문입니다. 제가 체포당한 이러저러한 인물들과 정치적 대화를 했다고 해서 저도 구속당할 가능성이 농후합니다. 그들 대부분이 제 친구들입니다(라옙스끼 형제가 체포당했다는 것이 사실입니까? 그들이 정말 요새에 갇혀 있습니까? 알려주시기 바랍니다).

바로 이 무렵 '심문 위원회'는 대부분의 피고들에 대한 조사를 시작했었는데, 이 위원회는 피고들에게 그들이 처음으로 진보주의적 사상에 접하게 된 계기를 물었다. 심문 받은 많은 사람들이 뿌쉬낀의 「자유송頌」을 그 계기로 들었다. 그래서 젤비끄 남작, 주꼽스끼, 그리고 뱌젬스끼 등은 모두 뿌쉬낀에게 닥쳐온 새로운 상황에 대해서 걱정하고 있었다.

1826년 2월 뿌쉬낀은 젤비끄 남작에게 편지를 썼다.

물론 나는 아무 일에도 연루되지 않았네. 정부가 시간을 두고 내 문제를 숙고한다면 나의 결백이 쉽사리 증명될 걸세. 하지만 나는, 특히 지금과 같은 처지에서, 청원을 해야 한다는 것이 부끄럽네. 내 성향은 잘 알려져 있지. 나는 지난 6년 동안, 불명예스럽게 공직을 박탈당하는 등, 박해받아왔고, 압수당한 편지의 단 두 줄 때문에 벽지로 유배당한 것이네. 그러니 돌아가신 황제에게 좋은 감정을 가질 수가 없네. 물론 그에게 장점이 있다는 걸 인정하네만, 나는 결코 반역이나 혁명을 옹호한 적이 없네. 그 반대이지.

주꼽스끼에게 보내는 솔직하게 쓴 편지에서 뿌쉬낀은 자기가 유배당하게 된 것은 단지 "물론 누구라도 반박할 수 있는 지각없는 견해" 때문이었음을 상기시켰다. 4월 12일 주꼽스끼는 답장을 보내왔다.

자네는 아무 일에도 연루되지 않았지. 그건 사실일세. 그러나 적극 가담자들의 서류에서 자네의 시들이 발견되었네. 이러니 자네가 정부와 친해질 수 없는 일일세.

뿌쉬낀의 감정 상태는 불안과 비탄 사이를 오락가락했다. 그는 그의 작품의 새로운 발행인이 된 쁠레뜨네프로 하여금 더 이상 『예프게니 오녜긴』도, 〈보리스 고두노프〉도 발행하지 못하게 했다. 1826년 3월 7일 뿌쉬낀은 "나의 〈보리스 고두노프〉에서는 등장인물들이 온갖 언어로 욕을 해댄다. 그러니 이것은 여성들이 보기에는 부적합한 비극이다." 그는 친구들의 소식을 알기 전에도 초조하고 불행한 상태였다.

뿌쉬낀의 가장 간절한 소원은, 5월 27일 쁘스꼬프에서 뱌젬스끼에게 써보냈듯이, 러시아를 떠나는 일이었다. 그는 선택의 자유를 가진 사람이 러시아에 남아 있고자 하는 것을 이해할 수가 없었다.

당신은 구속되지도 않았는데, 왜 러시아에 남아 있습니까? 황제가 저에게 자유를 허락한다면 저는 한 달도 남아 있기 싫습니다. 우리는 불행한 시대에 살고 있습니다. 런던, 철도, 기선, 영국의 잡지, 파리의 극장과 창녀촌 등을 떠올리면 이 외딴 미하일롭스꼬예는 저를 우울하게 합니다. 『예프게니 오녜긴』의 제4편에는 제 인생을 묘사한 장면이 나옵니다. 당신은 언젠가는 그걸 보시고 미소를 지으며 "나의 시인은 어디로 갔는가? 그는 뛰어난 재능이 있었지"라고 말씀하시겠지요. 그러면 이런 대답을 듣게 될 것입니다. "그는 파리로 가버렸는데, 저주받는 러시아에는 결코 돌아오지 않을 겁니다. 아, 그 영리한 친구는!"

서부 유럽의 자유와 풍요롭고 다양한 삶에 대한 상상 속의 매혹적인 비전은 결코 실현될 수 없었다. 니꼴라이는 의기양양했다. 새 황제는 한 술 더 떠 알렉싼드르 1세의 것보다 훨씬 더 능률적인 비밀경찰국을 신설했고, 그 우두머리로 그가 가장 신임하는 측근인 끔찍한 인물 벤켄도르프Benckendorf 백작을 앉혔다. 그는 반란이 일어나기도 전에 알렉싼드르 1세 통치 시에 '12월 당원들'의 음모를 적발했던 바로 그 사람이었다.

황제의 선고에 대한 소식이 미하일롭스꼬예에 전해지자 뿌쉬낀은 공포에 떨게 되었는데, 그는 평생동안 이 공포감을 떨칠 수가 없었다. 그의 세 번째 작업노트에는 결투 장면과 렌스끼의 죽음을 다루어 분위기가 암울한 『예프게니 오녜긴』의 제5, 6, 7장이 적혀있다. 그 작업노트의 2절지 37면에는 "나는 어릿광대처럼 교수형에 처해졌을 것이다"
라는 낙서 아래, 성문과 단두대와 공중에서 흔들거리는 시체 다섯 구
를 그린 스케치가 있다. 같은 면에 10여 명의 프로필도 그려져 있는데,
그중에는 뿌쉬낀의 아버지와 삼촌 바실리Vasily도 포함되어 있다. 이들
은 분명 뿌쉬낀의 단죄斷罪의 대상이었을 것이다.

우연하게도, 뿌쉬낀이 주모자들의 사형집행과 이반 뿌쉰을 포함한
절친한 친구들의 추방 소식을 들은 것은 으데싸에서 그를 질투심에 불
타게 했던 아말리아 리즈니츠Amalia Riznich의 부고가 전해진 바로 다음
날이었다. 아말리아는 이태리에서 가난과 결핵에 시달리다 결국 사망
했던 것이다. 그녀를 위한 애가에 묘사된 바와 같이, 그녀의 사망 소식
을 듣고도 이상하리만치 그에게 별 감정이 일지 않았던 것은, 절친한
친구들의 비참한 운명을 알게 된 것이 너무 고통스러웠기 때문일 것이다.

제 나라의 푸르른 하늘 아래서

그녀는 병들고 시들어갔다 ……

젊은 그녀는 지금도 아마 유령 되어

내 위에서 서성이겠지.

허나 이제는 우리들의 이별만이 생각날 뿐,

아무런 감정도 일지 않고

그녀의 죽음을 전하여

그 입술만 떠오른다.

그러나 그녀는 나날이 절망하고 고뇌하며,

열렬히 사랑했던 나의 사랑.

그녀로 하여 쓰라린 비애와 고통을 느끼고

심지어 나는 미칠 것만 같았었다.

그 시절의 고통과 사랑은 어느덧 사라지고,

사무친 그녀의 혼이야 아쉽겠지만,

감미로운 옛 추억이 되살아나도

눈물도 원망도 내게는 없다.

이제 그의 운명도 심판받게 되었다. 러시아에서 가장 유명한 시인을
출국시키기는커녕, 새 황제는 뿌쉬낀을 소환해서 자신을 대면하도록
했다. 1826년 9월 3일 그는 다음과 같은 소환장을 받았다.

뿌쉬낀은 스스로 여장을 갖추고 오되, 죄수가 아니라 자유로운 신분이지
만, 특사의 호위만을 받도록 하라. 모스끄바 도착 즉시, 황제 폐하 사령부
의 당직 장군에게 출두하라.

제
9
장
/

뿌쉬낀과 황제

뿌쉬낀이 미하일롭스꼬예를 떠난 직후에 아리나 로지오노브나가 뜨리고르스꼬예에 나타나 숨을 헐떡이고 울먹이며 오시뽀프 일가에게 시인을 모스끄바로 데려가려고 온 특사 얘기를 전했다. 4년 전 뿌쉬낀이 글을 잘못 써서 그가 위기에 처했었다는 사실을 잘 알고 있었던 오시뽀프 일가는 이내 압수된 서류가 있는지 물어보았다. 아리나 로지오노브나는 압수당한 것이 아무것도 없고 파기된 서류도 없다고 대답하여 그들을 안심시켰다. 그녀는 또 솔직하게 덧붙여 말하기를 자기가 뿌쉬낀이 좋아하던 독일제 치즈를 그 냄새가 너무 역겨워 없앴노라고 했다.

그녀는 충심으로 슬퍼하였다. 그녀와 그녀가 항상 어머니처럼 돌봐주던 뿌쉬낀 사이의 사랑은 이 일이 있은 지 얼마 후에 그녀가 뿌쉬낀에게 보낸 편지(구술로 적게 한)에서도 확인된다.

사랑하는 나의 친구 알렉싼드르 쎄르게예비치, 당신이 보내준 편지와 돈을 잘 받았어요. 당신의 친절에 충심으로 감사 드립니다. 당신은 늘 내 가슴과 마음속에 있어요. 잠들 때라면 모를까, 당신과 당신의 친절을 내 어찌 잊겠어요. 나의 천사여, 미하일롭스꼬예로 오세요. 타실 말들을 있는 대로 모두 준비해놓겠어요. 당신의 건강을 생각해서 과자도 만들어 놓았고 기도도 드린답니다. 건강하세요, 꼬마 친구님. 우리는 서로 사랑해야죠. 나도 건강하게 잘 있습니다. 하느님께 감사 드려요.

1826년에 쓴 짧은 시에 나타나 있는 것처럼 뿌쉬낀은 아리나 로지오노브나가 자기 걱정을 얼마나 해주는지 잘 알고 있었다.

내 어려울 때마다 진정한 나의 친구,

친애하는 쇠약한 내 동무여,

나 돌아오기만을 학수고대하며

당신은 홀로 숲 속 오두막에서 늙어갑니다.

창밖을 내다보며 걱정도 하고,

늘 불안한 심정으로 서성이며 또 내다보다가

이윽고 닳아빠진 그 늙은 손가락으로

천천히 바느질을 이어갑니다.

닥쳐올 엄청난 위험에도 불구하고 뿌쉬낀은 쁘스꼬프로 가는 도중에 쾌활한 기분이었다. 마차에 말을 바꾸는 동안 주막에서 식사하면서 그는 유리창에 음란한 4행시를 쓰기도 했다. 쁘스꼬프에서 모스끄바까지는 500마일이나 더 가야 했기 때문에 그는 새 황제가 자기에게 어떤 태도를 보일지 생각해볼 시간적 여유가 충분했다. 형 꼰스딴찐과는 달리 니꼴라이는 진보주의자도 아니었고 반역자들에게 관용을 베풀지도 않았다. 그는 프랑스 혁명으로 루이 16세가 어떤 신세가 됐는지 잘 알고 있었고, 유사한 반란으로 자기가 어떤 위험에 처할지도 잘 알고 있었다.

지난 6개월 동안 뿌쉬낀은 앞으로 자기가 어떻게 될지 이 궁리 저 궁리를 해보았다. 8월까지만 해도 그는 여전히 시베리아로 유배당한 모반자들이 사면되리라고 믿고 있었다. 그러나 이제 그는 자기 운명이 '12월 당원들' 친구들의 운명과 같은 길을 걷게 될 것이라는 생각이 들었다. 그는 심문당했던 많은 사람들이 진보적 사상을 불어넣은 인물로 볼테르 및 루소와 더불어 자기 이름을 거론했다는 걸 알고 있었다. 그는 이미 진보적 사상 때문에 처벌을 받았던 터였다. 사실 모반자들이 그를 신뢰하지는 않았지만 그것을 증명하기란 쉬운 일이 아니었다.

그가 이같은 당연한 걱정을 한 것은 용기가 없어서가 아니라 순교자가 될 생각은 조금도 없었기 때문이었다. 3월 7일 자의 편지 내용이 그의 태도를 대변해준다. "나의 정치적 종교적 사상이 어떤 것이든 나는 그것을 온전히 고수하겠지만, 바보처럼 일반적으로 공인된 질서와 불가피한 것에 반대할 생각은 없다."

뿌쉬낀이 모스끄바에 도착한 것은 떠난 지 4일 만인 9월 8일이었다. 그가 막료장 디비치Dibich 남작의 집무실에 출두했을 때 그는 수염이 더 부룩했고, 더러웠으며, 지쳐 있었다. 디비치는 오후 4시에 추도프Chudov 궁전의 서재에서 황제를 알현하라고 지시하였다. 뿌쉬낀과 니꼴라이 1세가 한 시간 동안 단 둘이 만났을 때 뿌쉬낀은 여행복 차림 그대로였다.

뿌쉬낀은 당연히 탄원자의 입장일 수밖에 없었다. 니꼴라이 1세는 뿌쉬낀보다 거의 12인치가 더 큰 당당한 체구였다. 그는 슬라브계보다는 독일계에 가까운 준수한 용모에 절도 있는 분위기를 풍겼다. 20년 후 빅토리아 여왕은 니꼴라이의 용모가 "고상하고 아주 인상적이다"고 말한 바 있다. 대조적으로 뿌쉬낀은 텁수룩하고 "땅딸막한 체구에 불안한 표정으로, 긴 곱슬머리였다"는 것이 『도스끄바 통신』의 편집자이자 뿌쉬낀의 찬미자인 미하일 뽀고진 Mikhail Pogodin이 이틀 뒤에 적은 시인의 인상이었다.

니꼴라이가 뿌쉬낀의 시인으로서의 천재성을 높이 평가했더라면 두 사람 사이의 키, 옷차림, 그리고 신분에서의 차이는 극복될 수도 있었던 문제였다. 그러나 니꼴라이는 독서량이 많았던 선왕과는 달리 문학에는 관심이 없었다. 니꼴라이는 다만 뿌쉬낀의 시가 많은 모반자들에게 큰 영향을 끼쳤다는 데에 깊은 인상을 받았고, 소수 식자층 사이에서 뿌쉬낀의 인기가 높다는 것을 잘 알고 있었다. 그래서 그는 '12월 당원들'의 반란에 대한 자신의 가혹한 대응으로 가뜩이나 충격을 받은 사람들의 불필요한 반감을 살 만한 조치는 취하고 싶지 않았다. 1826년 가을, 황제는 겉으로는 자신감에 차 있어 보였지만 나름대로 불안감도 없지 않았다. 당장에 그는 발칸 반도, 까프까즈, 그리고 폴란드에서 해결해야 할 문제도 있었다. 그는 두 손에 피를 묻히고, '상원 광장'에서의 적대적인 군중에 대한 결코 잊을 수 없는 기억을 지니고 옥좌에 오른 사람이었다. 그는 자기에게 인기가 없다는 것과 맥빠진 대관식의 분위기를 잘 알고 있었다. "무엇보다도 그는 평생을 '배우'처럼 살고자 했지만, 알맞은 배역을 찾지 못한 상태였다. 그는 사형집행과 추방으로 통치를 시작한 황제였다." 그는 정말 인기가 아쉬웠다. 이런 이유들로 해서 그는 사전에 이 시인을 사면해주기로 작정했을 것이다. 게다가 그는, 주꼽스끼와 까람진이 장담한 대로, 이 시인의 사면을 통치의 장식물, 즉 잔인한 압제자라는 자신의 이미지를 없애주는 제스처로 이용하고자 했다.

바르떼네프Bartenev에 의하면, D. 블루도프Bludov 장군이 황제가 뿌쉬긴에게 호감을 느꼈다는데 대한 유일한 증인이라 한다. 뿌쉬긴과 만난 날 밤, 황제는 프랑스 대사관 주최 무도회에서 블루도프 장군을 만나 이렇게 말했다. "자네는 내가 오늘 러시아에서 제일 똑똑한 사람과 장시간 얘기를 나눈 것을 아나?" 이것은 물론 즉흥적인 얘기였고, 말할 당시에는 자기 속내를 그대로 드러냈었다고 하더라도, 니꼴라이는 두 번 다시 유사한 얘기를 꺼내지도 않았고, 뿌쉬긴이 죽을 때까지 그의 시와 고초에 대해서 냉담했다.

뿌쉬긴은 황제와의 알현에서 어떻게 처신했던가? 그는 대화를 나누면서 그다지 경계심을 품지는 않았다. 미르스끼Mirsky에 의하면, 황제가 뿌쉬긴을 아주 편하게 대해주어 시인은 예의 차리는 것도 잊고, "책상에 기댄 불경스러운 자세 그대로 황제와 대화를 나누어 황제로부터 가벼운 꾸지람까지 받았다"고 한다.

1826년 9월 8일 뿌쉬긴이 황제를 만났던 데 대한 기록은 29가지나 된다. 그들은 단 둘이서만 대화를 나누었기 때문에 실제로 무슨 얘기가 오갔는지 확실히 알려져 있지는 않다. 그러나 여러 기록들에서 말하는 주요 화제는 '12월 당원들' 중 뿌쉬긴의 친구들, 니꼴라이의 정책 방향, 뿌쉬긴의 시집 발행에 대한 황제의 중재자 역할 약속 등이다. 가장 흥미로운 것은 뿌쉬낀이 어떻게 해서 젊은 황제의 호감을 샀는가 하는 문제이다. 러시아의 개혁 필요성에 대한 뿌쉬낀의 생각은, 비록 니꼴라이가 아래와 같이 말한 것으로 전해지지만, 황제에게 그다지 깊은 인상을 주지는 못했던 것으로 보인다.

> 자네가 속한 파당을 탄압한다고 자네는 짐을 증오하겠지. 하지만 정말이지 짐도 역시 러시아를 사랑한다네. 짐은 결코 러시아 인민의 적이 아니야. 짐도 러시아의 자유를 원하지만, 먼저 내실이 다져져야 한단 말일세.

많은 평자들이 일치를 보이는 한 가지 사실은 니꼴라이가 뿌쉬낀에게 시베리아로 유배된 공모자들 중 많은 사람들이 그의 친구가 아니냐고 물어본 것이다. 이에 뿌쉬낀은 용감하게 대답했다. "사실입니다. 저는 그들을 사랑하고 존중하며 지금도 같은 생각입니다."

이 시점에서 니꼴라이가 뿌쉬낀이 12월 14일에 상뜨 뻬쩨르부르그에 있었다면 뭘 했을 거냐고 물어보았다고 한다. 이에 뿌쉬낀은 솔직하게, 자기도 '상원 광장'의 군중들 속에 끼어 있었을 거라고 대답했다 한다. 그로서는 선택의 여지가 없었다. 우정과 신의야말로 귀족으로서 뿌쉬낀이 지켜야 할 명예였던 것이다.

황제도 시인도 이 얘기를 부인하지 않았다. 이때 황제는 뿌쉬낀의 용감하고 솔직한 대답에 호감을 가졌던 것으로 보인다. 그러나 유리 로뜨만Yuri Lotman의 주장에 의하면, 뿌쉬낀이 지적으로 황제를 감동시켰던 것은 그가 니꼴라이의 가슴 한가운데에 자리잡은 고민을 알아차렸기 때문이라고 한다.

젊은 황제가 개혁 노선을 취하도록 촉구하는 한편, 큰 역사적 본보기를 제시하려고 뿌쉬낀은 니꼴라이의 입장이 1698년 뾰뜨르 대제의 입장과 유사하다는 것을 상기시켰다. 뾰뜨르 대제 역시 유혈과 혼란으로써 통치를 시작했던 것이다. 그렇게 함으로써 뿌쉬낀은 황제가 자기 역할을 확립하지 못하고 있을 때 황제의 역할을 제시해주었다.

자신의 이미지를 뾰뜨르 대제와의 유사성 속에서 찾을 수 있게끔 니꼴라이 1세에게 하나의 거울을 제시할 수 있었던 것은 뿌쉬낀의 비범한 재능이었다. 하지만 뿌쉬낀이 그렇게 제시했던 것은 자신의 희망을 피력한 것에 지나지 않았다. 유리 로뜨만에 의하면 뿌쉬낀이 그같은 희망을 품게 되었던 것은 그가 최근에 읽은 러시아 역사 덕분이었다고 한다.

대화 중 황제는 뿌쉬낀이 그 때 쓰고 있는 작품이 무어냐고 묻기도 했다. 뿌쉬낀은 검열이 너무 심하고 아무 잘못도 없는 작품들을 마구잡이로 금지하는 바람에 별로 쓰는 것이 없다고 대답했다. 니꼴라이는 "자네가 쓰는 글은 무엇이든지 짐에게 보내게. 이제부터 짐이 자네의 검열관이 되겠네"라고 대꾸했다. 이 말은 뿌쉬낀으로 하여금 다시 한번 글로써 생계를 유지할 수 있게 해주겠다는 보장으로 받아들일 수 있었고, 뿌쉬낀이 황제의 서재를 그토록 기분 좋게 나설 수 있었던 이유였다.

황제는 뿌쉬낀을 옆방으로 데려가, 거기 모여 있는 사람들에게 "여러분, 여기 새사람이 된 뿌쉬낀이 있소이다. 과거의 뿌쉬낀은 잊도록 합시다"라고 말했다. 뿌쉬낀은 안도감에 눈물이 흐를 지경이었고, 한달음에 삼촌댁에 가서 이 기쁜 소식을 전했다.

이 면담의 결과는 처음에는 유리한 측면뿐이었다. 이제 뿌쉬낀은 제

국내의 어디든 가고 싶은 곳을 여행할 수 있게 되었다. 단지 상뜨 뻬쩨르부르그에 한해서 황제의 특별 허가를 받아야만 갈 수 있었지만, 뿌쉬낀은 그런 제한이 부당하다고 생각지는 않았다.

그러나 뿌쉬낀의 사면은 1794년 단두대에서 처형당한 프랑스 시인 앙드레 쉐니어 André Chenier에 관해서 쓴 그의 유명한 시 때문에 완전히 물거품으로 돌아갈 뻔했다. 이 시의 한 대목에서 뿌쉬낀은 죽은 시인의 시에 대하여 언급하고 나서, 전 세계가 애도했던 바이런보다는 쉐니어를 찬미한다.

오랫동안 슬퍼해주고

울어주는 이 없었던 또 다른 유령이,

피투성이 단두대에서 내게로 온다.

편히 쉴 무덤을 찾으려는가.

한때 사랑과 나무를 노래한 시인,

나는 그의 무덤에 꽃다발을 바친다.

그가 나의 현금弦琴을 모른다 해도

당신도 그도 내 노래를 들으리라.

이 시는 1826년, '12월 당원들'의 반란이 있기 훨씬 전, 검열을 받은 후 출판됐었다. 그렇지만 이 작품의 검열 전의 복사본들이 나돌았는데, 그 중 어떤 책에는 릴레예프가 그의 부인에게 보낸 마지막 편지가 첨가된 것도 있었다. 이것만으로도 이 시가 12월 14일의 사건을 암시하는 것이라고 몰아붙일 수도 있었다. 분명 경찰 당국이 8월경에 이 문제를 황제에게 보고했을 것이므로 황제도 이를 염두에 두고 있었을 것이다. 이 일이 황제와의 대화중에 거론됐었다면 뿌쉬낀은 이 시가 오래전에 쓰인 것이라고 변명했을 것이다. 그러나 이것이 거론되지 않았다는 것은 니꼴라이가 겉으로는 그를 용서하는 태도를 보였지만 내심으로는 여전히 그를 의심했었다는 반증이 된다.

아무튼 뿌쉬낀의 기쁨은 오래가지 못했다. 모스끄바에 올 때, 그는 이 무렵 가장 애착을 느끼고 있었던, 자신의 새 작품 〈보리스 고두노프〉를 가져 왔다. 그는 9월 10일 동생 레프의 학교 친구인 쏘볼렙스끼Sobolevsky의 집에서 이 작품의 낭송회를 열었고, 10월 12일에는 드미뜨리 블라지미로비치 베네비띠노프Dmitry Vladimirovich Venevitinov의 집에서 다시 한번 낭송회를 열었다. 베네비띠노프는 『예프게니 오녜긴의 비평집』을 낸 사람으로 그 당시 21세에 불과했다. 1825년 4월 미하일롭스꼬예에서 그의 책을 읽어본 뿌쉬낀은 그를 무척이나 만나고 싶어 했었다. 먼 친척 관계였던 두 사람은 즉각 의기투합하였다. 뿌쉬낀은 젊고 준수한 용모의 베네비띠노프의 프로필을 그린 적이 있는데, 그 초상화 아래에는 "뿌쉬낀이 상상하는 예프게니 오녜긴"이라고 적어 놓았다.

〈보리스 고두노프〉에 대한 뿌쉬낀의 제2회 낭송회는, 뽀고진Pogodin에 의하면, 청중들에게 큰 감동을 주었다고 한다.

어떤 사람들은 눈시울을 붉혔고, 또 어떤 사람들은 전율하였다. 사람들은 자제할 수가 없었던 것이다. 어떤 사람은 갑자기 의자에서 벌떡 일어났고, 또 어떤 사람은 흐느껴 울었다.

낭송회가 끝나자 눈물로 얼룩진 사람들이 뿌쉬긴을 에워싸고 축하의 말과 샴페인을 권했다. 이에 열광한 뿌쉬긴은 그 날 밤 다른 시들도 계속 읽었다.

그러나 〈보리스 고두노프〉는 황제의 재가를 받은 작품이 아니었다. 그 낭송회 소식이 당국의 귀에 들어가자 벤켄도르프는 그 이유를 서면으로 물었다. 친구의 집에서 낭송회를 연 것이 출판에 준한다는 사실도 몰랐고, 친구들 중에 비밀경찰의 하수인이 있을 수도 있다는 사실도 몰랐던 뿌쉬긴은 자신이 이내 그토록 난처한 처지에 빠지게 된 것에 그저 어안이 벙벙할 따름이었다. 그는 순순히 그 원고를 황제에게 보냈다.

황제는 장담했던 것과는 달리, 문학에는 전혀 문외한이었다. 3주 후인 1826년 12월 14일, 벤켄도르프가 반송한 원고를 받아보니, 황제는 자필로 이렇게 적었다. "짐은 뿌쉬긴씨가 자신의 코미디를 적절히 삭제하여 월터 스코트류의 역사 이야기나 소설로 바꾸었더라면 소기의 목적을 달성했으리라고 본다." 뿌쉬긴은 셰익스피어류의 산문과 운문, 그리고 역사적 소재가 혼합된 자신의 희곡 형식에 지대한 관심을 가지고 있었기 때문에 황제가 문학적 소양이 없는 것을 보고는 크게 실망할 수밖에 없었다. 니꼴라이가 검열관 역할을 자처한 것이 결국 그에게는 이익이 아니라 해가 되는 일이었다. 뿌쉬긴이 실망한 것은, 황제의 평도 평이지만, 『고두노프』가 자신이 원했던 것처럼 러시아의 연극계에 혁신을 가져오지 못했다는 데 있었다. 이 작품은 뿌쉬긴의 생전에는 지난 낭송회 때와 같은 열광적인 호응을 다시는 얻지 못했다.

1827년 1월 3일 뿌쉬긴은 벤켄도르프에게 정중한 답장을 보냈다. 그는 이렇게 적었다. "황제께서 지적하신 대로 이 작품은 비극이 아니라 역사 소설에 가깝습니다. 유감스럽지만 제가 쓴 글을 바꾼다는 건 제 능력 밖입니다.”

뿌쉬낀은 걸핏하면 경솔한 판단을 했지만, 황제는 그렇지 않았다. 뿌쉬낀과 대화한지 4개월 후, 황제는 뿌쉬낀 어머니가 서면으로 요청한 그의 공식 사면을 거부했다. 젊은 시인 야지꼬프Yazykov에게 보낸 편지를 보면 뿌쉬낀은 여전히 “황제가 나를 검열에서 해방시켰다”는 믿음을 가지고 있었다. 그는 황제를 검열관으로 둠으로써 나아진 것이 별로 없다는 사실을 온전히 인식하지 못하고 있었다. 과거에는 그의 작품들이 통상적 경로를 통해서 송부되고 검열을 받았었지만, 이제는 황제에게 직접 보내져야 했고, 이것은 사실상 비밀경찰의 우두머리인 벤켄도르프의 검열을 의미했다.

모스끄바

뿌쉬낀의 명성은 이제 그 절정에 올라 있었고, 그 당시 여론에 의하면, 그는 당시의 문단에서 가장 큰 인물로 간주되었다. 그는 기회만 닿으면 친구들과 대화하기를 즐겼고, 또 새로운 친구들을 사귀기도 하였다. 가는 곳마다 사람들이 그를 알아보았고, 극장에 가면 관객들이 모두 그를 가리켰으며, 명문가들이 앞다투어 그를 초대했다. 신문기자인 V. V. 이즈마일로프Izmailov는 성공한 뿌쉬낀을 너무나 만나고 싶어했던 나머지 이렇게 쓰기까지 하였다. "나는 모스끄바가 부럽다. 그것은 황제의 대관식을 치르더니 이제는 한 시인에게 월계관을 씌운다."

뿌쉬낀은 처음에 유로빠Europa 호텔에 머물다가, 이내 S. A. 쏘볼렙스끼Sobolevsky의 아파트로 거처를 옮겼다. 뿌쉬낀으로부터 '폴스타프' 혹은 '칼리반'Caliban(셰익스피어의 「템페스트」에 나오는 불구자로 잔인하고 사악하다—옮긴이)이라는 별명을 받은 쏘볼렙스끼는 외무성에서 근무했지만,

그의 별명이 시사하듯이, 무절제하게 살았고 무언가에 취해 있는 경우가 많았다. 그 역시 시를 사랑했고, '지혜의 연인들'이라고 자처한, 독일 낭만주의에 큰 영향을 받은 지식인 단체에 소속돼 있었다. 이 단체에는 뿌쉬낀이 그의 집에서 〈보리스 고두노프〉의 낭송회를 연 바 있었던 드미뜨리 베네비띠노프와 그 낭송회의 분위기를 기록했던 뽀고진도 끼어 있었다. 뿌쉬낀 자신은, 쉘링의 어떤 이론들을 높이 평가하기는 했지만, 독일 형이상학을 탐탁지 않게 여겼다. 이로 미루어 보아도 뿌쉬낀이 대중의 취향에는 전혀 개의치 않았음을 잘 알 수 있다.

뿌쉬낀은 새로 사귄 많은 친구들에게 황제에게 감사드린다는 말을 했고, 벤켄도르프가 통솔하는 황제의 문서국 제3과도 처음에는 뿌쉬낀을 불편하게 하는 경우가 드물었다. 유배당한 친구들에 대한 뿌쉬낀의 심정은 비통했겠지만, 니꼴라이에 대한 그의 충성심은 진실한 것이었다. 황제는 뿌쉬낀의 정치적 신뢰성을 시험해보려고 그에게 교육제도의 개혁에 대한 보고서를 제출하도록 지시했다. 뿌쉬낀은 그 과제를 열심히 수행했지만, 황제는 그가 재능과 지식을 지나치게 강조하고 규율과 건전한 도덕은 소홀히 취급했다고 하여 그의 안을 받아들이지 않았다.

뿌쉬낀은 여전히 벤켄도르프가 풀어놓은 첩자들의 철저한 감시를 받았다. 첩자의 운용이 쏘련 체제에서보다도 니꼴라이의 통치시에 더 효율적이었다는 사실은 지금 생각해도 소름끼치는 일이다. 벤켄도르프가 받은 경찰의 보고서들 중에는 "여자들이 그 젊은이를 추켜세우고 망친다"라고 적힌 것도 있었다. 명성은 미약媚藥과도 같은 법이다. 〈보리스 고두노프〉의 낭송회가 열린 후에는 뿌쉬낀의 한 마디 한 마디가 기록되고 보고되었으며, 벤켄도르프는 수집된 보고 내용을 다시 뿌쉬긴 본인에게 확인시켰다. 벤켄도르프는 뿌쉬낀이 어떤 편지를 받은 것을 인정하지 않는다고 불만을 털어놓으며, "당신이 그 편지 내용에 대해서 몇몇 사람에게 발설했잖소"라고 뻔뻔스럽게 말하면서 뿌쉬낀이 그 편지를 받은 것이 틀림없다고 주장한 적도 있었다.

처음에 뿌쉬낀은 모스끄바의 축제 분위기에 덩달아 마음이 들떠 벤켄도르프 때문에 중압감을 느끼지는 않았다. 귀족층의 무도회에는 천여 명의 하객들이 몰려와, 무도회장으로 가는 사람들이 탄 마차들이 꼬리를 물고 끊임없이 이어져 있었고, 잔치 상들이 1마일이나 늘어져 있었다. 뿌쉬낀은 그때까지도 뜨리고르스꼬예에 있었던 쁘라스꼬뱌 오시뽀바Praskovya Osipova에게 보내는 편지에서 이를 "고기 파이들이 마치 통나무처럼 제공됩니다"라고 묘사한 적이 있었다. 그러나 그는 이 거대한 향연보다 아름다운 지나이다 볼꼰스까야Zinaida Volkonskaya 공주가 주최하는 파티에 가는 것이 더 좋았다. 지나이다 공주는 시인이자 가수로, 그녀의 살롱에는 여러 나라의 지식인들과 예술가들이 모여들었다.

지나이다 공주는 상당한 재력을 갖춘 눈부시게 아름다운 여자로 '북녘의 공주'라는 별명을 가지고 있었다. 그녀의 집은 전 세계에서 모은 그림과 조각으로 장식돼 있었다. 그녀는 산문과 시 모두에 능통했고, 음악에 열정을 가지고 있었다. 그녀는 자택에서 콘서트를 열기도 했고, 로씨니Antonio Rossini(1792~1868, 이탈리아의 작곡가 — 옮긴이)의 오페라에서 탄크레드Tancred의 역을 맡고, 능숙한 연기와 놀라운 목소리로 모든 사람들을 감동시켰다. 그녀의 집에서는 겨울 내내 오페라가 공연되었고, 모스끄바의 상류사회에서 내로라하는 사람들이 초대받았다. 젊고 재능있는 시인 베네비띠노프는 그녀를 정열적으로 사랑했고 비극적으로 일찍 죽기 전까지 그녀에게 감상적인 시들을 바쳤다.

그녀의 손님들 중에는 위대한 폴란드 시인 미키비치^{Mickiewicz}도 있었는데, 뿌쉬낀은 얼마 동안 그와 친분을 나누었다. 이 폴란드 시인은 고향의 친구에게 보내는 편지에서 자기가 뿌쉬낀을 사귀게 되었다고 하면서, "뿌쉬낀은 거의 내 적수일세. 대화를 해보니 재기가 넘치고 열정적이었으며 동시대의 문학에 정통하더군. 그의 시론^{詩論}은 순수하고 고상했네"라고 덧붙였다.

지나이다 공주의 살롱에서는 아무도 카드놀이는 하지 않았지만, 모든 손님들이 다 교양이 있는 것은 아니었다. 샤레이드 놀이도 했는데, 뿌쉬낀은 이 놀이에 열심이었다. 한번은 그가 히브리 민족이 이동 중에 마주친 사막의 바위 역을 맡았는데, 이것은 표현해내기가 아주 어려운 역이었다. 뿌쉬낀은 붉은 숄을 뒤집어쓰고, 어떤 사람에게 자기를 막대기로 치게 하더니, 밖을 살펴보고는 유리병에 담긴 물을 바닥에 쏟았다. 이는 그가 공주의 살롱에서 얼마나 느긋하고 즐겁게 어울렸는지를 보여주는 악의 없는 장난이었다.

이 귀족적 살롱이 니꼴라이의 숙청에도 불구하고 이처럼 흥청거릴 수 있었다는 것은 놀라운 일이었다. '12월 당원들'의 공모자들과 여기에 모여든 귀족층이 대체로 절친한 사이였다는 것을 감안하면 더더욱 그러했다. 뿌쉬낀은 지나이다 공주의 집에서, 그가 까프까즈에서 발이 예쁘다고 칭찬한 바 있는, 라옙스끼 장군의 딸 마리야를 만나게 되었다. 그녀는 그때 지나이다 공주의 시누이가 되어 12월 당원이었던 남편 쎄르게이 볼꼰스끼^{Sergey Volkonsky}를 만나러 시베리아로 갈 참이었다. 뿌쉬낀은 마리야 편에 볼꼰스끼와 다른 친구들을 위한 시를 보내려 했다. 그러나 이 시를 그들에게 전한 것은 다른 12월 당원의 부인이었다.
이 시에서 "자유를 사랑하는 목소리"를 스스로 내비치고, 아래와 같이
마무리지은 것은 경솔한 짓이었다.

> 당신들의 무거운 사슬이 떨어져나가고,
>
> 당신들의 감옥은 허물어지리라.
>
> 자유가 기꺼이 당신들을 맞이하고
>
> 당신들은 칼을 돌려받으리라.

천만다행으로 이 시는 벤켄도르프 백작의 제3과의 검열을 피할 수
있었다. 유배당한 뿌쉬낀의 친구들은 이 시를 보고 고무되었겠지만,
유배자들에게 칼을 준다는 것은 어떤 맥락이었을까? 아마도 뿌쉬낀이
염두에 둔 것은 단순히 예전의 관행처럼 사람들이 칼을 차고 다닐 수
있게끔 하자는 것이었지, 또 다른 혁명의 무기를 그들의 손에 쥐어주
겠다는 의도는 아니었을 것이다.

1826년 12월 그는 「시련詩聯들, 1826」이라는 제목의 모호한 시를 썼
다. 이것은 충심으로 정부에 충고하는 내용이 담긴 작품으로서, 여기
서 그는 니꼴라이에게 뾰뜨르 대제의 본보기를 따라 국민의 계몽을 촉
진시키고, 단호하되 자비와 관용으로 통치하라고 당부한다. 그런데 이
작품은 시베리아로 추방된 친구들의 사면을 호소하는 내용으로도 읽
혀지고, 또 다른 내용으로도 읽혀질 수 있다. 뿌쉬낀은 이 시에서 니꼴
라이에게 진보적인 자세를 촉구하는 한편, 자신이 권력에 아부한다고
의심할 수도 있는 친구들을 달래기도 한다.

이 시의 첫머리에서 뿌쉬낀은 뾰뜨르 대제의 통치도 반란과 처형이라는 우울한 사건으로 시작되었듯이, 12월 당원 반란자들의 처형이 반드시 폭정의 서막을 알리는 것은 아니라고 독자들에게 설명한다. 뿌쉬낀은 이미 이에 대하여 니꼴라이와 의견을 주고받았던 것으로 보인다. 두 번째 연에서는 뾰뜨르 대제의 칙령에 대한 날카로운 비판으로 유명한, 야꼬프 돌고루끼Jakov Dolgoruky의 합리적 비판이 모스끄바 주둔부대 지휘관들 중 한 사람으로서, 잔인하기로 악명 높은 스뜨렐치Streltsy의 맹목적 반대와 대비된다. 게오르그 G. 구체George G. Gutsche는 뿌쉬낀이 자신을 돌고루끼와 같은 범주의 인물로 간주함으로써 자기변호를 했던 것이 아닌가 하고 의문을 품는다. 사실이 그랬다면 뿌쉬낀은 그의 친구들을 포함한 12월 당원들을 은연중에 비판했던 셈이다. 뿌쉬낀은 친구들이 추방당한 것을 슬퍼하기는 했지만, 이반 뿌쉰 등이 수호하려 했던 대의명분을 결국은 불신했을 가능성이 매우 높다. 이 시의 나머지 연들은 앞선 연들보다 쟁점이 적다. 4연에서는 뾰뜨르 대제를 칭송하고 마지막 연에서는 황제에게 선조들에 대허 자긍심을 가지는 한편, 증오심을 버리고 용서하라고 권고한다.

뿌쉬낀이 어떤 결투 신청도 기꺼이 받아들였다는 사실이 증명하는 것처럼, 그는 결코 자신의 무사안일만을 추구했던 사람은 아니었다. 그는 늘 자기 희생을 할 준비가 돼 있었다. 그는 자기가 말하는 것에 대하여 확신을 갖지 못한 경우에도 옳다고 생각되는 것을 의식적으로 꾸미지 않고, 있는 그대로 표현했었다. 니꼴라이를 뾰뜨르 대제에 견주어 아첨한 것처럼 보였던 것은 그가 뾰뜨르 대제를 잘 알고 있었고, 목가적인 분위기와는 거리가 먼 그 시대에 자기 선조가 관련돼 있었다는 사실도 잘 알고 있었기 때문이었다. 그의 외가 쪽의 간니발^{Gannibal}은 뾰뜨르 대제의 측근이었고, 친가 쪽의 뿌쉬낀은 17세기 말 뾰뜨르 대제의 명령으로 교수형을 받았던 사람이었다.

니꼴라이의 본성이 어떠했든, 이 무렵 뿌쉬낀의 견해는 단지 추측에 근거했을 뿐이었다. 그는 나라의 미래 등에 대한 생각을 마음속에서 지우고, 친구들과 어울렸다. 많은 사람들이 그를 기꺼이 초대했는데, 뿌쉬낀은 특히 마리야 림스까야 꼬르사꼬바^{Mariya Rimskaya Korsakova}라든가 우샤꼬프^{Ushakov}의 집에서는 그 딸들에게 아련한 연정을 느꼈다. 그는 우샤꼬프 집안과는 아주 각별한 사이였다. 그는 그 집안의 장녀인 예까쩨리나^{Ekaterina}에게는 시를 써 주었고, 그 동생 엘리자베따의 앨범에는 저 악명 높은 '돈주앙 리스트'를 적었다. 그런데 이 리스트에는 두 자매들 중에서 예까쩨리나의 이름만이 적혀 있다. 이때 뿌쉬낀과 예까쩨리나가 결국 결혼하게 될 거라는 소문이 나돌았지만, 그녀는 다른 남자를 남편으로 맞았다. 결혼 후 그녀의 남편은 뿌쉬낀에 대한 부인의 애정에 질투심을 느껴 시인이 그녀에게 주었던 팔찌를 망가뜨린 적도 있었다.

여자들을 희롱하면서 모스끄바에서 즐겁게 보내기도 하고, 쉽게 허락을 받아 상뜨 뻬쩨르부르그에 가기도 했지만, 뿌쉬낀은 잠시 미하일롭스꼬예로 가서 글을 쓰기로 작정했다. 1826년 11월 9일 뱌젬스끼에게 보내는 편지에서 적었던 것처럼 그는 시골이 마음에 맞았다. "빠져나온 감옥으로 자유롭게 돌아간다는 생각을 하니 시적 자유 같은 것이 느껴집니다." 그러나 그는 11월 2일, 추방당한 뿌쉰의 친구인 주브꼬프^{Zubkov}에게는 어떤 실망감 때문에 더더욱 모스끄바를 떠나야겠다는 그의 결심을 암시하는 메모를 보냈었다. "나는 1월 1일까지는 시골에 묻혀 있으려고 하네. 가슴에 죽음을 간직하고 나는 떠나네."

자신의 정신 상태에 대한 이와 같은 극적인 묘사는 새로운 사랑에 대한 좌절감에서 우러난 것이었다. 그것은 부정한 사랑이 아니라 정식 청혼이었다. 뿌쉬낀은 결혼하여 안정을 찾을 생각을 하기 시작했던 것이다. 그의 절실한 감정은 약간의 설명이 필요하다. 그는 이제 유배된 처지도 고립된 처지도 아니었지만 부인을 얻어야 한다는 그의 새로운 생각은 분명 절박한 것이었다. 마치 그는 남은 평생을 독신으로 지내게 될까봐 걱정하는 사람 같았다.

이미 10월에 바실리 주브꼬프의 집에서 뿌쉬낀은, 그와는 먼 친척 관계인, 젊고 아리따운 쏘피아 뿌쉬끼나Sofya Pushkina를 만났었다. 그녀는 검은 눈동자에 오목조목하게 생긴 늘씬한 처녀였다. 뿌쉬낀은 한눈에 그녀에게 청혼하기로 마음먹었다. 그러나 그녀는, 모스끄바의 신사로 앞날이 촉망돼 보이는, V. A. 빠닌Panin과의 약혼을 앞두고 있었다. 그래서 그녀는 뿌쉬낀의 청혼을 진지하게 받아들이려 하지 않았다.

그의 청혼은 심사숙고 끝에 나온 것 같아 보이지도 않았다. 그는 쏘피아의 젊음과 천사 같은 순결함에 분명 매력을 느끼기는 했지만, 그의 청혼은 너무 급작스러운 것이었다. 마치 그녀에 대한 자기 관심이 시들해질까봐 서두르는 것 같았다. 그는 또 쏘피아에 대해서 보다 깊이 알려고 하지도 않았고, 그녀가 자기에 대해서 더 아는 것을 원치도 않는 것 같았다.

그는 마치 알렉산더 포프Alexander Pope(1688~1744, 영국의 신고전주의 시인으로 풍자시에 능함—옮긴이)의 "대부분의 여성들은 전혀 인격이 없다"는 금언을 가슴에 새겨두고 있는 것 같았다. 여자에게 젊음과 신선미가 있는 한, 그는 신붓감으로 고른 여자의 성격을 형성시켜줄 자신이 있었다. 그가 중요하게 생각했던 것은 그의 마돈나가 귀족 가문 출신이어야 한다는 것, 그리고 세련된 교양을 갖추어야 한다는 것이었다. 그가 다정다감하고 꾸밈없는 처녀로 묘사했던 따찌야나도 상류층과 어울려 사교 생활을 한 후에야 비로소 예프게니 오녜긴의 눈에 완벽한 여성으로 비쳐졌던 것이다. 나중에 뿌쉬낀은 쏘피아 뿌쉬끼나를 사랑했던 것과 똑같은 유형으로 안나 올레니나 Anna Olenina에게 구혼하게 된다.

쏘피아로부터 거절당한 후 뿌쉬낀은 마차의 두 바퀴가 부러지는 사고를 겪었던 8일 간의 여행 끝에, 11월 9일 미하일롭스꼬예로 돌아왔다. 아리나 로지오노브나는 새로운 기도를 올리고 있었는데, 그것은, 가슴이 뭉클하게도, 황제의 잔인성을 누그러뜨리기 위한 기도라는 것이었다. 하지만 뿌쉬낀은 역설적으로, 뱌젬스끼 공에게 보내는 편지에서, 이 기도문은 아마도 폭군 이반의 치세 하에서 작성된 것 같다고 하면서 기도를 올려봤자 소용없을 거라고 썼다.

뿌쉬낀은 시가 생각했던 만큼 잘 쓰이지 않아 초조했다. 이런 경우, 그가 기분전환 삼아 오락 같은 것에 빠지곤 했지만 그때마다 그는 늘 어려움을 겪었었다. 1826년 12월 1일 그는 모스끄바로 가는 도중에 쁘스꼬프에 들러 가슴 통증의 치료를 받았는데, 거기서 그는 뱌젬스끼에게 보내는 편지에서 자기가 홧김에 도박에 빠졌는데 다시 돈을 잃어 "『예프게니 오녜긴』의 제7장을 집필하기는커녕 써놓은 것도 모두 날릴 판입니다"라고 썼다. 그는 도로 사정이 나쁘더라도 모스끄바에 불시에 돌아갈 생각을 하고 있었다.

한편, 1826년 12월 1일 자 친구 주브꼬프에게 보낸 편지를 보면 뿌쉬
낀은 이미 쏘피아를 신부로 선택한 것을 재고하고 있던 참이었다. 그
녀가 동의한다 할지라도 그처럼 귀엽고 아름다운 처녀를 자기 곁에 두
는 것이 공정할 것 같지 않다는 생각이 들었던 것이다. "지금까지 내 인
생은 방황과 파란의 연속이었고, 나는 늘 외고집인 데다가 질투 많고
성 잘 내고 난폭하며 무기력하다."

모스끄바로 돌아온 후 몇 달 동안 뿌쉬낀은 또다시 도박에 빠져, 여
유도 없으면서 거금을 잃었다. 그 당시 그는 시 덕분에 상당한 돈을 거
머쥐기는 했었지만 시를 출판하는 일은 늘 복잡한 협상을 거쳐야 했
다. 비밀경찰은 그의 거동을 객관적으로 관찰하며 냉소적으로 적었다.
"그는 이제 시보다는 노름으로 더 바빠 보인다." 1827년 2월 18일 보로
쁘스끄에 사는 친구에게 보내는 편지에서 뿌쉬낀은 이 당시 자신의 모
스끄바 생활에 대해서 "첩자들, 용기병들, 창녀들, 그리고 주정뱅이들
이 아침부터 저녁까지 우리 동네에서 어슬렁거린다"고 적었다. 명성으
로 누렸던 기쁨이 이내 사라져갔고, 그는 모스끄바의 귀족들이 자신을
동등한 친구로 대해주는 것이 아니라 문단의 거물로 대하는 것에 역겨
움을 느끼기 시작했다. 2월에 그는 뜨베리^{Tver}로 달려가서, 그가 뜨리
고르스꼬예에서 '난봉꾼'이라고 별명을 붙여준 바 있었던, 알렉쎄이 불
프와 두 주일을 함께 보냈다.

한편, 뿌쉬낀은 빠벨 V. 나쉬쪼낀^{Pavel V. Nashchokin}과 새로 사귀었는데,
그는 변덕스러웠지만 매력도 있었고, 적어도 얼마 동안은 풍족하게 지낼
수 있는 상당한 재산도 있었다. 나쉬쪼낀은 뿌쉬낀에게 자기 집의 방을
마음대로 쓰게 했다. 상뜨 뻬쩨르부르그의 모이까^{Moika}에 있는 뿌쉬낀 박

물관을 방문한 사람이라면 나쉬쪼긴이 인형의 집을 위해 만들도록 지시했던 축소 모형들을 보았을 것이다. 여기에는 제대로 음을 맞춰 놓은 피아노, 샹들리에, 식탁, 의자 등의 모형들이 있는데 장인匠人의 완벽한 솜씨로 만들어진 것들이다. 뿌쉬낀도 이 축소 모형들을 아주 좋아했다.

뿌쉬낀이 다시 모스끄바를 방문했을 때 나쉬쪼긴은 집시 처녀와 동거하고 있던 참이라 뿌쉬낀은 그가 좋아했던 집시 음악을 즐길 수 있었다. 27세가 된 그는 옛날처럼 방탕한 총각 행세를 하지 않았다. 뿌쉬낀은 너그러운 나쉬쪼긴에게 더욱 깊은 고마움을 느끼게 되었다. 그는 자기가 황제의 변덕에 매달릴 수밖에 없는 신세라는 데 대해서 중압감을 느끼고 있었던 터였다. 2월 28일 쏘볼렙스끼에게 보내는 편지에서 그는 이렇게 썼다. "문제는 내가 검열을 받지 않는다 해도, 뭐 하나 출판하려면, 아무리 시시한 것이라 해도, 황제에게 미리 보여야 한다는 걸세."

뿌쉬낀은 그때까지도 벤켄도르프의 처사에 대해 크게 불평할 이유가 없었다. 그는 뿌쉬낀에게 편지 쓸 때 합당한 예의를 갖추었고, 황제만이 그의 검열관이 될 수 있다는 황제의 기분 좋은 약속을 재확인시켜주곤 했다. 그러나 벤켄도르프는 황제와 마찬가지로 문학에는 별로 관심이 없는 사람이었다.

1827년 3월 22일, 뿌쉬낀은 젤비끄가 그의 연감『북녘의 꽃들』에 자기의 시 몇 편을 게재하려고 이미 그것들에 대한 사전 검열 신청을 했다는 사실을 알게 되었다. 그래서 그는 잘 부탁한다는 간곡한 어조의 편지를 벤켄도르프 백작에게 보냈지만, 백작의 답장은 실망스러웠다. 그는 자기가 '만나보는 영광을 누리지도 못했던' 젤비끄 남작이란 사람이 그런 짓을 한 것에 놀라움을 표하고, 뿌쉬낀이 그런 중재자를 이용하려 하는 것은 예의 없는 짓이라는 의도를 은연중에 비쳤다. 쏘볼렙스끼는 이 일을 불길한 징조로 보고 예언적인 풍자시를 썼는데, 여기에는 백작이 뿌쉬긴을 걸고넘어지기만 했던 옛 학교 친구에 비유된다.

자네의 첫 번째 친구는 벤켄도르프 백작이었고,
그의 유일한 라이벌은 꼬르프 남작이었지.

1827년 4월, 뿌쉬긴은 상뜨 뻬쩨르부르그에 있는 부모를 방문하게 해달라는 청원을 올렸고 허락을 받았다. 뿌쉬긴이 금의환향한다는 소식에 제일 기뻐했던 사람들은 아들의 문학적 성공을 잘 알고 있었던 속물근성의 부모들이었다. 그러나 떠나던 날 저녁 정작 뿌쉬긴 본인은 침울하고 말이 없었다. 총각 친구들이 격식을 갖춰 차려준 환송회 파티에도 잠시 동안만 있다가 가버렸다.

자기 자신의 보금자리를 차리고픈 생각이 간절했던 뿌쉬긴으로서는 부모에게 돌아간다는 것이 그다지 기쁠 리 없었다. 27세가 된 지금도 그는 어린 시절부터 원했던 것을 얻을 길이 막막했다. 그래서 그는 그 당시 집에 와 있었던 누나 올가(그의 동생은 티플리스Tiflis에 있었다)를 사랑했지만 부모와 함께 있고 싶지는 않았다. 그런 까닭에 그는 부모의 아파트에서 기거하는 대신 1827년 5월, 데무드Demuth 호텔에 투숙했다. 방값을 내기가 버거웠지만 그래도 혼자 지낼 수 있어 좋았다. 그의 어머니는 그가 특별히 좋아했던 구운 감자 요리를 해주면서 집에서 함께 있자고 했다. 아버지는 수입이 줄어들자 더욱 인색하게 굴었기 때문에 그의 집 식사는 대개 변변치가 못했다. 뿌쉬긴은 감자 요리를 먹긴 했지만 집으로 들어가서 아들 노릇하고 싶은 생각은 없었다.

뿌쉬낀은 특히 젤비끄 남작의 집에 방문하는 것이 즐거웠다. 젤비끄의 부인 쏘피아가 뿌쉬낀의 시를 좋아하고, 그와 친구로 지내고 싶어 한다는 사실을 뿌쉬낀이 알고 나서 두 사람 사이의 우정은 더욱 깊어졌다. 또한 젤비끄의 집에서는 주꼽스끼와 뱌젬스끼 같은 문단의 거물들을 중심으로 뿌쉬낀의 동창생들이 종종 모여들었다. 아담 미키비치 Adam Mickiewicz도 그가 상뜨 뻬쩨르부르그에서 머무르고 있을 때 이 모임에 참석한 사람이었다. 그는 뿌쉬낀이 만나본 시인들 중에서 그 자신과 대등한 위치에 있는 유일한 시인이었다. 그는 모국어인 폴란드어로 시를 썼지만, 폴란드 사람으로서는 드물게 불어와 러시아어도 유창하게 했다. 그는 자신의 정치적 견해로 인하여 1823년에 체포되었고, 1824년에는 러시아로 추방당하여 고초를 겪고 있었으며, 그때까지도 자기 조국에 대하여 배신감을 느끼고 있었다. 1818년 폴란드 국왕 알렉싼드르의 연설은 자유를 옹호하는 내용이었지만, 이를 실천한 것은 아무것도 없었다. 반란의 여파로 폴란드에서는 사람들에게 고통만이 가중될 뿐이었다.

뿌쉬낀의 미키비치에 대한 평가는 "나와 거의 대등한"이라는 미키비치의 뿌쉬낀에 대한 평가보다 훨씬 더 너그러웠다. 미키비치가 지신의 장기인 즉흥시를 읊자, 뿌쉬낀은 "대단한 천재이자 거룩한 불꽃, 그에 비하면 나는 얼마나 초라한가"라고 상대방을 치켜세웠다. 두 시인은 상대방의 시를 서로 번역했고, 미키비치는 뿌쉬낀에게 바이런의 영어판을 주었는데, 거기에는 이렇게 씌어 있었다. "두 시인을 찬양하는 미키비치가 바이런을 뿌쉬낀에게 드립니다." 그들이 처음 만나고 나서 불과 2년 6개월 후에 미키비치는 러시아를 영영 떠났다. 그러나 그가 떠날 무렵 두 사람은 서먹서먹한 관계가 돼 있었다. 뿌쉬낀은 미키비치의 「희망」을, 미키비치는 뿌쉬낀의 「청동의 기사The Bronze Horseman」를 비판했던 것이다.

젤비끄의 집에서 논쟁이 벌어질 때는 주꼽스끼나 뱌젬스끼 공조차도 뿌쉬낀을 필적할 수 없었다. 칭찬에 인색했던 미키비치도 이렇게 적었다.

> 뿌쉬낀은 생동감 있고 날카로우며 명징한 언변으로 좌중을 매료시키고 놀라게 했다. 그가 유럽과 러시아의 정치를 논할 때는 정부 업무에 정통하고, 의회의 토론 내용을 매일 읽어보는 사람의 말을 듣는 것 같았다.

미르스끼의 표현에 의하면, 젤비끄는 "뿌쉬낀의 가장 커다란 환희 중의 하나"였다. 젤비끄와 그의 동료들은, 셸리P. B. Shelley(1792~1822, 영국의 낭만주의 시인 — 옮긴이)와 바이런이 이탈리아에서 그들의 부인들과 그랬던 것처럼, 기적, 유령, 초자연 등에 관해서 얘기하기를 좋아했다. 안나 케른도 이들 중 한 사람이었는데, 그녀는 젤비끄가 때로는 "친애하는 부인"이라고 말할 정도로 그와는 아주 가까운 사이였다. 그들의 관계가 어떠했든, 뿌쉬낀과 젤비끄는 그녀를 사이에 두고 질투하지 않았다. 안나는, 특히 젤비끄가 우끄라이나에서 돌아왔을 때, 두 사람 사이의 애정에 대해서 감동적으로 말한다. "뿌쉬낀이 뜰로 뛰쳐나가 젤비끄의 팔에 안겼다. 그들은 상대방의 손에 입을 맞추면서 서로를 뚫어지게 응시했다."

안나 뻬뜨로브나 케른은 그 당시 남편과 이혼하고 젤비ㄲ의 집과 같은 동에서 그녀의 아버지와 함께 살고 있었다. 그녀의 아파트 역시 시인들의 회합 장소였다. 이 중에는 뿌쉬낀의 친구인 드미뜨리 베네비띠노프도 끼어 있었는데, 그는 그녀를 사랑하고 있었다(베네비띠노프는 얼마 전까지만 해도 지나이다 공주를 사랑했었다). 안나 뻬뜨로브나는 뿌쉬낀의 가족, 특히 그의 누나 올가와 가깝게 지내, 폰탄까에 있는 그들의 집을 종종 방문하였다. 뿌쉬낀은 그가 한때 "진정으로 아름다운 천재"라고 불렀고, 지난 몇 년 동안 때때로 서신을 교환했었던 뻬뜨로브나와의 관계를 회복하였다.

1825년 안나는 리가를 떠나 상뜨 뻬쩨르부르그로 왔었고, 거기서 뿌쉬낀이 찾고 있었던 바이런의 책을 그에게 보내주었다. 그들은 계속해서 서신을 교환했지만 그녀가 보낸 편지들 중에서 남아있는 것은 1826년 9월 16일 안나 불프와 함께 쓴 것뿐이다. "안나 뻬뜨로브나 케른이 자기는 당신의 성공에 사심없이 기뻐하고 있고 진심으로 당신을 사랑한다는 말을 전하랍니다."

1827년 뿌쉬낀이 가족들과 그의 성명축일을 자축하고 있을 때, 안나 케른이 찾아왔다. 그녀의 회고록에는 이 순간이 수수하면서도 아름답게 묘사되어 있다. 저녁 식사 후 그녀는 뿌쉬낀에게 그의 친구인 아브람 노로프Avram Norov가 그녀에게 했던 말을 전했다. 그녀가 뿌쉬낀으로부터 그처럼 좋은 시들을 받고서도 그에게 보답하지 않는 것이 이상하다는 얘기였다. 이 말을 마치자마자 안나는 그녀의 손가락에 낀 어머니의 반지를 뺐다. 뿌쉬낀은 그것을 자기 손가락에 끼면서 다음 날 자기 것을 주겠다고 약속했다.

다음 날 뿌쉬낀은 나에게 약속한 반지를 주었다. 거기에는 다이아몬드 세 개가 박혀있었다. 그가 시간을 좀 내달라고 했지만, 나는 백작부인 이벨리치Ivelich에게 가야 했다. 그래서 나는 거기까지 보트를 타고 가자고 제안했고, 그가 동의했다. 나는 그가 뜨리고르스꼬에 시절처럼 나에게 친근감을 느끼고 있음을 알았다. 그는 뱃사공에게 우리를 물에 빠뜨리지 않도록 조심하라고 하며 농을 걸었다.

뿌쉬낀의 편지들을 보면 그들이 밀회 끝에 우정을 넘어선 관계로까지 발전했음을 알 수 있다. 1827년 9월 1일 안나 케른에게 보내는 편지에서 그는 안나 불프가 케른이 시킨 대로 눈이 아니라 다른 데다 키스했다고 푸념하면서, 자기 자신을 '사과 파이'라고 서명하였다.

정확히 언제 그와 안나 뻬뜨로브나가 연인의 관계로 발전했는지는 분명치 않지만, 그들은 분명 그런 사이가 되었다. 또한, 그는 그녀에게 여전히 예의 바른 태도를 보였지만, 예전처럼 그녀를 존경하지는 않았다. 1828년 2월 하순에 그는 쏘볼롑스끼에게 이렇게 써보냈다. "제가 빚진 2,100루블에 대해서는 아무 말씀도 없이 케른 부인의 안부만을 여쭙는군요. 며칠 전 하느님이 보우하사 저는 그녀와 정을 나누었습니다."

1828년에는 그와 육체적 관계를 가진 여자가 안나 케른만이 아니었다. 그는 백작부인 아그라페나 자끄라옙스까야Agrafena Zakraevskaya와도 자주 만나고 있었는데, 그녀는 '정열적이고 헤픈 것으로 소문난' 있었다. 외무성 장관의 부인인 아그라페나는 '청동의 비너스', 그리고 '네바강의 클레오파트라'라는 별명으로 불렸다. 그녀는 속이 훤히 비치는 옷을 입고, 불빛 아래서 매력적인 몸매를 자랑했다. 뿌쉬낀이 「이집트

의 밤^{Egyptian Nights}」이라는 이야기에서 현대적인 클레오파트라를 묘사
할 때 염두에 두었던 모델은 아마도 이 여자였던 것 같다. 『예프게니
오네긴』에는 뿌쉬낀이 일신된 면모의 따찌야나의 아름다움과 대리석
조각 같은 니나 브론스까야^{Nina Vronskaya}의 아름다움을 비교하는 장면
이 나오는데, 니나의 모델 역시 아그라페나이다. 시인 바라띤스끼^{Baratynsky}
는 그녀를 사랑했고, 뱌젬스끼 역시 그녀에게 사랑을 고백했다. 뿌쉬
낀의 훌륭한 많은 서정시들이 그녀로부터 영감을 받아 씌어졌는데, 그
중 가장 잘 알려진 것이 「초상화^{The Portrait}」이다.

> 북녘의 여자들은 차갑기만 한데
>
> 그녀는 남녘의 불같은 정열의 화신.
>
> 그대들의 인습도 무시하고
>
> 사회적 금기도 개의치 않으며
>
> 오로지 제 충동만을 따른다.
>
> 궤도 따라 돌아가는 별 무리 가운데
>
> 멋대로 떠도는 떠돌이별처럼.

그들의 정사는 오래 가지 못했지만, 그녀는 뿌쉬낀이 죽을 때까지
자기의 연인들에 대해서 그에게 꼬치꼬치 털어놓았다.

그러나 뿌쉬낀은 이들과 정사를 벌이면서도 총각 생활에 더 이상 만
족을 느낄 수는 없었다. 쏘피아 뿌쉬끼나로부터 거부당했다고 해서 부
인을 얻겠다는 뿌쉬낀의 의지가 꺾인 것은 아니었다. 그에게 호감을
갖고 있었던 안나 케른과 백작부인 아그라페나와의 관계를 즐기면서

도, 그는 예술원 원장이자 국립 도서관 관장의 딸 안나 올레니나Anna Olenina에게 열렬히 구애했다. J. 토마스 쇼Thomas Shaw는 뿌쉬낀이 그녀에게 정식으로 청혼했다가 거부당했다고 하고, 어떤 사람들은 뿌쉬낀의 가장 유명한 서정시(쓰인 날짜가 불분명한)의 모델이 바로 그녀라고 주장한다. 또 어떤 사람들은 뿌쉬낀이 그 시를 쓸 때 염두에 두었던 여자는 그가 끼쉬뇨프와 오데싸에서 함께 지낸 적이 있었던 폴란드 출신의 미인 까롤리나 쏘반스까야Carolina Sobanskaya라고 주장하기도 한다. 그러나 이 시의 위대성은 모델과는 무관하고, 마지막 부분의 풍부한 감정과 아이러니는 뿌쉬낀의 면모를 여실히 드러내준다.

> 예전에 나는 당신을 사랑했지요.
> 지금도 잉걸불이 내 영혼에 남아있어요.
> 하지만 나로 하여 당신이 괴로워하고
> 또 설워하는 건 바라지도 않아요.
> 예전엔 말도 희망도 없이 당신을 사랑했지요.
> 수줍음과 질투심에 마음 아파도
> 다정한 마음이야 한결같았지요.
> 지금도 진정 빌어요, 예전처럼 사랑받기를.

안나 케른은 뿌쉬낀이 올레니나에 대하여 특별히 다정하게 언급한 적은 없다고 빈정대면서, 그는 여자의 외모만을 보고 자기 작품에 대한 평가 같은 것은 여자에게서 기대하지도 않는다고 날카롭게 지적한다. 아마도 안나 케른 역시 뿌쉬낀이 자기의 감수성을 알아주지 않아 상심했을 것이다.

그가 안나 올레니나에게 사랑을 느꼈던 그렇지 않았던, 1828년 뿌쉬낀은 자기의 공책에 그녀의 얼굴을 스케치하고 거기에 불어로 "뿌쉬낀의 아내 안네뜨"라고 적었다(나중에 그 이름을 한 줄로 그어 지우기는 했지만). 그는 여전히 그녀와의 결혼을 염두에 두고 있었지만, 안나 올레니나는 뿌쉬낀이 특별히 매력이 있다고는 보지 않았고, 일기에 아래와 같이 적었다.

하느님은 그에게 비범한 재능을 주셨지만 매력적인 외모까지 주시지는 않았다. 물론 그는 표정이 풍부했지만, 그의 투명하고 푸른 지적인 눈동자에는 악의와 심술이 서려 있었다. 어머니로부터 물려받은 니그로의 인상에도 불구하고 그의 얼굴은 돋보이지가 않았다. 게다가 그의 구레나룻과 헝클어진 머리칼과 매의 발톱 같은 긴 손톱과 그의 작은 키는.

이 노골적인 묘사는 가장 조잡하게 그린 뿌쉬낀의 자화상과 일치한다. 그것은 젊은 여성들에게 내보이기 싫은 자신의 가장 추한 모습이기도 하였다. 그래도 그는 여전히 알맞은 결혼 상대로 젊고 아름다운 여성만을 생각하고 있었다.

안나 올레니나로부터 청혼을 거부당하여 언짢던 무렵, 다위Dawe라는 영국인 미술가가 그의 초상화를 그리고 싶어했다. 이 초상화는 남아 있지 않지만, 뿌쉬낀이 그 화가에게 써준 시는 남아 있다. 경쾌한 어조로 쓰인 이 시는 ― 의미심장하게 ― 그가 또다시 아프리카 흑인과 같은 자신의 외모에 대하여 자의식을 느끼고 있음을 보여준다. 그는 이렇게 쓰고 있다.

왜 당신의 경이로운 화필이

나 니그로의 프로필에 시간을 낭비하려 하오?

당신의 솜씨는 몇 세기 동안 남아

메피스토펠레스의 조롱을 받을 것이요.

1827년 뿌쉬낀은 미하일롭스꼬예로 돌아가 잠시 머물렀다. 이 무렵 그는 거기서 쓴 편지들에서 시가 잘 쓰이지 않고, 그 대신 산문에 관심이 쏠린다고 불평하고 있다. 『뾰뜨르 대제의 니그로The Negro of Peter the Great』는 이때 시작된 그의 미완성 소설이다. 이 소설은 그의 증조부의 일생을 바탕으로 한 픽션으로, 1828년 초 그는 주로 이 작품을 쓰는 일에만 매달렸다.

뿌쉬낀의 세 번째 작업노트는 1824년 10월에 또박또박 쓴 「집시들The Gypsies」의 사본으로 시작된다. 2절지 22면에는 『뾰뜨르 대제의 니그로』의 일부와 더불어 아프리카 흑인들의 얼글이 그려져 있는데, 포마초프Fomachev는 그 이목구비로 보아 이것들이 뿌쉬낀의 자화상이 분명하다고 말한다. 단순한 검은 장정의 또 다른 앨범에는 정서된 『뾰뜨르 대제의 니그로』의 사본이 있는데, 이것은 그가 1827년 여름에 쓴 것으로 현존하는 사본들 중 가장 완벽한 것이다.

조상인 간니발의 이야기를 쓰면서 뿌쉬낀은 이야기의 초점을 한 니그로의 부인에 맞추려 하였다. 이 부인은 바람을 피워 백인 아이를 낳고, 그 벌로 수녀원에 갇히는 신세가 된다. 이것은 미완성 작품이지만, 뿌쉬낀의 능숙한 솜씨를 보여준다. 이 작품에서 주목할만한 것은 이야기 전체에 걸쳐서 백인 사회에 발을 들이게 된 흑인의 남성으로서의 입장을 생생하게 반영하고 있다는 점이다.

이 이야기는 오를레앙Orleans(1715∼1725까지 프랑스의 섭정)이 통치하는 풍기 문란한 프랑스를 배경으로 시작된다. 러시아 황제 뾰뜨르 대제는 자신이 총애하는 흑인 이브라힘Ibrahim을 프랑스로 보내 서구의 최신 기술을 배우도록 한다. 이것은 뿌쉬낀이 자신의 증조부의 생애에 관해서 알고있는 사실과 완전히 일치한다. 하지만 이 작품의 다른 내용은 가공적 이야기이다. 니그로인 이브라힘은 뭇 사람들의 호기심의 대상으로, 프랑스 상류 사회 여성들의 살롱에 초대받게 된다. 여기서 그는 자신을 공손하게 대해준 최초의 여성인 한 백작부인을 만나 사랑에 빠지게 된다. 그는 그 밖의 다른 여성들이 자신을 대하는 태도가 역겨웠다. 그들은 그를 "일종의 희한한 동물, 우연히 자기네 세계로 운반된 처음 보는 특이한 존재"로 간주했고, 그래서 그는 사실 결코 두드러지지 않은 외모를 가진 남자들이 부러웠고, 그들의 평범함을 행운으로 여겼다.

그들의 밀애에 대해서 이러저러한 풍문이 나돌았던 중에도 이브라힘과 그 백작부인은 그들의 사랑의 열매인 아이를 감쪽같이 숨긴다. 뾰뜨르 대제가 프랑스로부터 이브라힘을 소환하자 오를레앙 공작은 러시아가 현재에도 미래에도 그의 조국이 아니므로 돌아가지 말라고 권고한다. 그래도 이브라힘은 돌아갈 결심을 하고 백작부인에게 슬픈 내용의 쪽지를 남긴다.

왜 당신처럼 다정하고 아름다운 여성의 운명을 한 니그로의 불행한 운명과 짝 지우려 하십니까? 사람들이 인간으로 대접해주기도 꺼리는 비참한 니그로인데.

상뜨 뻬쩨르부르그로 돌아온 이브라힘은 보람 있고 분주한 나날을 보낸다. 하지만 그는 백작부인을 생각할 때마다 질투심이 그의 아프리카 혈통의 피 속에서 끓어올랐다. 그래도 그는 그가 떠난 것을 나무라는 그녀의 다정한 편지를 받을 때까지만 해도 그렇게 비참하지는 않았다. 이브라힘은 — 뿌쉬낀이 사랑하는 여인들로부터 편지를 받았을 때 종종 그렇게 했던 것처럼 — 여러 차례 그 편지에 입을 맞추었다. 그러나 이브라힘이 파리에서 온 그의 친구 꼬르사꼬프에게 백작부인의 안부를 묻자, 그녀는 그가 떠난 것을 잠시 슬퍼하다가 이내 새로운 연인을 사귀었다는 소식을 듣게 된다. 꼬르사꼬프는 이 소식을 대수롭지 않다는 투로 전했지만, 이브라힘은 더할 수 없는 슬픔에 잠기게 된다. 이브라힘은 뾰뜨르 대제가 한 무도회에서 어떤 경박한 프랑스 사람을 꾸짖는 것을 보고 약간의 위안을 느끼기도 한다. 한편 현명한 황제(이 이야기 속에서 명백히 현명한 사람으로 묘사되는)는 이브라힘의 불행을 알게 된다. "들어보게" 하고 황제가 말을 꺼냈다. "자네는 일가붙이 하나 없는 외로운 사람일세. 나 말고 자네를 알아주는 사람이 누가 있겠나. 만일 내가 내일 죽는다면, 나의 불쌍한 아프리카 친구여, 자네 신세는 어찌 되겠나?" 이브라힘은 황제의 말을 곰곰이 되씹어본 끝에 한 가정을 이루는 행복을 자기도 마땅히 누릴 권리가 있다고 생각했다. "내가 더운 지방에서 태어났다는 이유만으로 사랑받을 수 있으리라는 희망도 품지 못한다는 것은 치졸한 생각이다. 사랑을 길을 수 있으랴. 여성의 경박한 가슴이 사랑을 느낄 수 있으랴."

황제가 이브라힘의 신붓감으로 골라준 처녀는 꼬르사꼬프가 황실 주최의 무도회에서 반한 적이 있었던 미인이었다. 왕실의 친척인 그녀의 아버지는, 황제가 명령을 내렸을 때, 이브라힘이 '돈주고 산 니그로 노예'라는 생각을 떨쳐버릴 수가 없지만, 이브라힘이 실상은 이슬람 군주의 아들이라는 사실을 알고는 약간 마음이 누그러진다. 신붓감의 어머니는 그의 '끔찍한 용모'를 보고는 혼비백산하고, 신붓감 나따샤도 이 소식을 듣고 기절해버린다. 이브라힘의 친구 꼬르사꼬프는 그에게 냉소적이지만 그럴듯한 충고를 해준다.

이 생각을 버리게. 결혼하지 말란 말일세. 여자의 정조란 믿을 수 없는 법 이지. 하지만 자네가 정열이 있고 신중하지만, 납작코에 두꺼운 입술에다 곱슬머리인 자네가 위험을 무릅쓰고 결혼한다는 것은……

작품 속의 이러한 내용들은 분명 뿌쉬낀이 증거도 없이 자신의 조상 에 대해 상상해낸 허구에 불과하다. 그러나 그가 그렇게 상상한 만큼, 자신의 혈통에 대한 열등감을 그가 떨쳐버릴 수 없었다는 것 또한 분 명하다. 그는 자신의 결혼 문제를 생각할 때에도 이런 열등감에서 벗 어날 수가 없었다. 그의 작업노트 원고에 그려진 인물 스케치를 보면 유인원 같은 외모가 지나치게 강조되어 있는데, 이는 그의 강박관념을 드러내는 것이다. 간니발의 외모에 대한 뿌쉬낀의 스케치는 추측에 바 탕을 둔 것에 불과했고, 뿌쉬낀은 간니발처럼 구애했던 아름다운 여성 들로부터 손가락질받는 자신의 외모를 상쇄시킬만한 혁혁한 공로를 세운 적도 없었다. 그의 증조부의 일생에서 실제로 일어났던 사건들보 다는 『뾰뜨르 대제의 니그로』가 흑인 혈통에 대한 뿌쉬낀 자신의 생각 을 더욱 잘 짐작할 수 있게 해준다.

프랑스 왕실 주변의 귀족들이 백작부인이 흑인을 연인으로 삼은 것을 비웃을수록 이브라힘은 자신이 국외자라는 생각을 지울 수가 없다. 이브라힘이 러시아의 재건이라는 뾰뜨르 대제의 야망이 이뤄지도록 전력을 다한 공로로 러시아에서 황제의 환대를 받을 때에도 신하들 사이에서는 그의 피부색을 두고 수군거리는 소리가 들린다. 뿌쉬낀이 원래 의도했던 이야기의 흐름은 이브라힘의 부인이 백인과 간통하여 백인 아이를 낳고, 이브라힘도 간음하여 당혹스럽게도 흑인 아이를 낳는 것이었다. 기록에 의하면 뿌쉬낀의 증조부 아브람Abram도 부인의 부정을 의심하고 부인을 아주 잔인하게 대했다고 한다. 뿌쉬낀이 이야기의 흐름을 그런 식으로 가져가려 했던 것도 아마 이 기록에 근거했던 것으로 보인다.

뿌쉬낀이 애인이 아니라 신붓감을 구할 때 어려움을 겪었던 이유 중의 하나는 여성에게서 지성보다는 아름다움을 구했기 때문이었다. 그는 이렇게 적었다. "사실 여자들은 어디를 가나 똑같다. 그들은 천성적으로 예민한 심성과 섬세한 감수성이 있지만, 전체적인 안목은 없다. 그들은 시도 건성으로 볼 뿐, 영혼의 감화를 받지 않는다. 그들은 시의 균형미에도 둔감하다. 그들의 문학적 판단을 들어보면 작품에 대한 왜곡과 이해의 조야함에 놀라게 될 것이다. 그 예외는 아주 드물다." 그는 자신이 구하는 신붓감도 예외는 아닐 것이라고 생각했다.

1827년 뿌쉬낀의 감정 상태가 이처럼 착잡했던 반면, 안나 케른은 그들의 사랑이 깊어지면서 감상에 젖어 있었다. 그들은 여러 시간을 함께 보냈다. 때로는 안나 케른의 절친한 친구였던 그의 누나 올가와 함께 만나기도 했고, 때로는 젤비끄가 출타 중에 그의 아파트에서 만나기도 하였다. 그러면서도 뿌쉬낀은 주막 주인들, 창녀들, 그리고 젊은 처녀들과 거리낌없이 어울렸다. 뱌젬스끼는 뚜르게네프에게 보내는 편지에서 1727~1728년 사이의 겨울 뿌쉬낀의 행적에 대해서 "방탕할 대로 방탕한 생활"이라고 적었고, 또 "상뜨 뻬쩨르부르그가 그를 망칠 것이다"라고 덧붙였다.

글 쓰는 일과 더불어 뿌쉬낀이 가장 즐겼던 것은 친구 젤비끄와 어울려 지내는 것이었다. 한번은 그가 젤비끄의 아파트에 갔더니 한 무리의 시인 친구들이 모여 있었는데, 그들은 그에게 알렉쎄이 불프가 보내온 두개골을 보여주었다. 이것은 아마도 리가에 있는 젤비끄의 조상들의 무덤들 중 어느 하나에서 수습된 것으로 여겨진다. 그들은 바이런을 흉내내어 두개골에 술을 붓고 돌려가며 마셨다. 널리 알려진 아래 시의 첫머리에서 뿌쉬낀은 사냥과 술을 즐겼던 젤비끄의 조상의 지성을 담고 있었던 두개골을 그가 어떻게 손에 넣게 되었는지를 가벼운 필치로 적고 있다.

오래전 교구의 명부에
그 남작의 죽음이 기록되었다.
리가는 그가 죽은 곳. 거기서 그는
뭇 조상들과 더불어 잠들어 있다 …….
긴 머리의 그 사내는 자연의 총아,
수학적 머리를 가진 시인,
사색에 잠기며 거드름 피우는 사내,
의사, 변호사, 생리학자 ―

요컨대 그는 박식한 학자답게

긴 턱수염에 파이프를 물고 망토를 걸치고

막대를 들고 리가에 나타났다.

우리는 알고 있다, 이 근엄한 사상가가

허영과 사치와 어리석은 소란을 조소한다는 걸.

그는 외딴 곳에 살며 쾌활하게 휘파람을 분다.

하지만 우리의 열등한 학생이

제 인생의 결정적인 전기를 맞아

어렴풋이, 하지만 이내 알게 되었다,

그의 사상이 비범하다는 것을.

하여 그 학생은 그 두개골이 필요한 것이리라.

안나 뻬뜨로브나는 뿌쉬낀이 자기 방을 찾아와 쓰고 있던 시들의 이미지와 리듬을 종종 들려주었다고 적고 있다. "그는 성공을 거둔 시나 그의 심중에 남아있는 시에 열중하여 늘 그렇게 했다." 일례로 그는 뜨리고르스꼬예에서 "그녀가 속인 거야, 그녀는 오지 않아"(「집시들」의 한 구절)라는 구절을 늘 암송하였다. 안나는 또 그가 장난기가 많고, 농을 잘 하며, 그녀의 앨범을 들척이고는 어린애같이 즐거워했다고 적고 있다. 그는 그녀의 앨범에 적힌 다른 사람들의 글을 고치기도 했고, 익살스러운 해석을 붙이기도 했으며, 그녀가 동생 엘리자베따에게 보내는 편지에 낭만적 시구들을 덧붙일 때 그녀 위에서 몸을 숙여 그것을 들여다보기도 하였다. 그녀는 그가 뜨리고르스꼬예에서 「집시들」을 읽어주었던 기념으로 그 작품의 사본 한 권을 달라고 그에게 청했다. 그녀는 이렇게 회고한다. "그는 바로 그 날 그 책을 보내주었다. 그 표지에는 'A. P. 케른 귀하에게, 케른의 숭배자 뿌쉬낀 경으로부터'라고 적혀 있었다."

그러나 안나 케른은 그 해 겨울 그들이 서로 애정을 느끼면서도 뿌쉬낀이 종종 비참할 정도로 우울했다는 것을 시인한다. 그녀와 그녀의 친구들은 그가 멍한 상태에서 어떤 시구를 읊조리거나, "위로 받을 길 없었던 그대는 살고 싶지 않았다"라는 구절을 끊임없이 낭송할 때 재미있어 하곤 하였다. 그의 친구들은 웃어넘겼을지도 모르지만, 뜨리고르스꼬예에서의 옛 친구 쁘라스꼬뱌 오시뽀바Praskovya Osipova에게 보내는 편지에서 뿌쉬낀은 이렇게 적었다. "이런 삶은 어리석어요. 나는 이제 상뜨 뻬쩨르부르그의 소음과 소란에 전혀 뒤섞일 수 없게 되었습니다."

뿌쉬낀과 안나 뻬뜨로브나는 그의 누나 올가가 부모의 뜻을 거슬러 니꼴라이 빠블리쉬체프Nikolay Pavlishchev와 사랑의 도피 행각을 한 끝에 1828년에 결혼하는 데 도움을 주었다. 빠블리쉬체프는 별 볼 일 없는 가문 출신으로 장래성도 별로 없는 남자였다. 그들은 그녀가 남몰래 결혼한 후 젤비끄의 아파트에서 그녀를 맞았다. 빠블리쉬체프는, 시몬스Simmons가 지적하는 것처럼, "상상력도 없고, 성격이 비뚤어진 데다가, 성공할 것 같지도 않는" 사람이어서 그들은 어울리는 쌍이 아니었다. 올가의 남편이 되고 난 후, 그는 뿌쉬낀을 더욱 돈에 쪼들리게 만들었다. 그러나 올가는 그 당시 기준으로는 30살이 넘은 노처녀였기 때문에 그녀는 부모의 반대를 무릅쓰고 자기 길을 갔던 것이었다.

뿌쉬낀은 안나 뻬뜨로브나를 탐탁지 않게 생각하기 시작했다. 뿌쉬낀은 그녀가 그의 친구 베네비띠노프의 구애를 거절함으로써 그를 죽음으로 몰고 갔다고 그녀를 비난하기도 하였다. 뿌쉬낀이 그런 말을 했다고 적은 안나 케른의 회고담이 정확할 수도 있겠지만, 베네비띠노프가 젊은 나이에 비극적으로 죽은 원인은 사랑과는 거리가 멀었다. 그는 1826년 '12월 당원들'과 연루된 혐의로 구속된 적이 있었다. 그 당시 심문을 받으면서 그는 자기가 12월 당원은 아니지만 그렇게 될 가능성도 있었노라고 당당하게 대답했다. 그래서 그는 36시간 동안 독방에 갇혀 고초를 겪고 나서야 석방될 수 있었다. 그 이후 그의 불안정한 심리 상태는 그의 마지막 시들에 반영되어 있다. 그는 1827년 3월 15일 결국 '신경과민으로 인한 열병'으로 죽었다. 젤비끄는 상뜨 뻬쩨르부르그에서 뿌쉬낀에게 보내는 편지에서 이렇게 적었다. "친애하는 벗이여, 자네는 아마 베네비띠노프의 죽음을 애도하고 있었겠지. 그의 죽음이 자네에게 충격을 주었을 걸세. 참으로 훌륭한 재능을 지닌 훌륭한 젊은이였는데." 젊은 시인의 유해는 모스끄바로 보내졌고, 미키비치와 뿌쉬낀은 돈스꼬이 수도원의 장지까지 그의 유해를 운구하였다. 뿌쉬낀이 안나 케른을 비난했던 것이 사실이라면, 그것은 아마 그가 한때 "진정으로 아름다운 천재"라고 불렀던 여자에 대한 사랑이 식었기 때문이었을 것이다. 그는 이제 어느 남자라도 그녀와 사귈 수 있다고 생각했고, 그런 그녀가 베네비띠노프의 구애를 거부한 것이 못마땅했던 것이다.

한편, 뿌쉬낀은 안나 올레니나의 아버지에게 그녀와의 결혼을 허락해달라고 했지만 거부당하고 말았다. 그것은 약혼 사실을 발표할 예정이었던 파티장에 그가 모욕적으로 늦게 도착했기 때문이었을 수도 있었고, 그녀의 아버지가 '국가 자문위'가 뿌쉬낀에 대하여 내린 결정을 은밀히 알고 있었기 때문이었을 수도 있었다. 그는 '국가 자문위'의 위원이었던 것이다. 그의 청혼이 거부당했든 아니면 애써 결혼하려는 자신의 태도에 스스로 환멸을 느꼈든 간에 뿌쉬낀의 낙담은 깊어만 갔다. 뿌쉬낀이 그렇게 낙담한 데에는 또 다른 이유가 있었다. 3월 하순경이나 4월 초에 뿌쉬낀은 종종 카드 도박을 함께 했던 부유한 지주인 알렉쎄예비치 야끌로프Alexeevich Yaklov에게 편지를 보냈는데, 거기에는 자기가 받아야 할 빚에 대한 얘기가 적혀 있었다. "내 채무자들은 돈을 갚으려 하지 않습니다. 그들이 완전히 파산하지 않았으면 좋겠어요. 우리끼리 얘기지만, 나는 벌써 약 20,000루블을 도박으로 날려버렸습니다."

안나 케른이 그녀의 회고록에서 "모든 도박꾼들이 그렇듯이 그도 미신을 믿었다"라고 적은 것처럼, 뿌쉬낀은 여전히 카드 도박을 즐기고 있었다. 그는 너그러운 것도 여전했다. 같은 페이지에서 그녀는 이렇게 적고 있다. "한번은 내가 어떤 가난한 집안에 돈을 주자고 하자, 그는 '어제 내가 돈을 땄던 게 다행이군'하면서 주머니를 털어 50루블을 나에게 주었다." 1827년 7월 15일, 뿌쉬낀은 쏘볼렙스끼Sobolevsky의 모친의 부고를 듣고 그에게 2,500루블을 보내주기도 하였다.

뿌쉬낀은 12월 당원 친구들의 운명과 자신의 구사일생에 대해서도 계속 생각하고 있었다. 친구들의 비극에 대해서 언급한 것으로 여겨지는 그의 시 「아리온Arion」에서 그는 고대 신화에서처럼 자기가 난파선에서 살아남은 유일한 생존자라고 상정한다. 이 시는 아래와 같이 끝을 맺는다.

조타수가 사라졌다. 선원들까지도!
잦아든 태풍으로 나, 신비로운 시인은
뭍으로 떠밀렸다.

나, 그 배의 유일한 생존자는
햇볕에 젖은 옷을 말리고,
부르던 노래를 다시 부른다.

뿌쉬낀은 아직도 외국으로 망명하겠다는 희망을 품고 있었지만, 그
것은 완강히 거부되었다. 그는 까프까즈에서 페르시아 사람들과 전쟁
을 벌이고 있는 군대에 어떤 계급으로든 입대하겠다는 청원을 하기도
하였다. 하지만 이 역시 거부당했다. 뱌젬스끼 공의 유사한 청원도 거
부당했던 것을 보면 이는 사적인 감정이 개입된 거부는 아니었다. 1828
년 4월 21일 자 편지에서 뿌쉬낀은 황제에게 편지를 보내 "파리에서
6~7주의 체재"를 허락해달라고 했지만, 이 편지는 아마도 벤켄도르프
선에서 차단되었을 것이다.

1828년 5월 12일에 쓴 유명한 서정시에는 그의 이러한 좌절과 절망
이 표현되어 있다. 이 시에서 그는 차라리 태어나지 않는 편이 나았다
고 생각한다. 이 시는 아래와 같이 암울하게 끝맺는다.

이제는 목표도 없다.
텅 빈 가슴과 텅 빈 머리.
단조로운 소음만이 들리는 인생은
나에게 고통을 줄 뿐이다.

돈은 그의 가장 심각한 물질적 문제였지만, 아버지에게 도움을 청할
수는 없는 노릇이었다. 쎄르게이는 아들의 명성에 처음에는 기뻐하기

297

도 했지만, 아들이 자신을 부당하게 대한다고 확신하면서 여전히 아들에게 적대감을 품고 있었다. 뿌쉬낀이 황제와 성공적인 면담을 마치고 난 지 불과 몇 주 후에 쎄르게이는 그의 동생 바실리에게 편지를 보냈다. "아우님, 알렉싼드르 쎄르게예비치가 나에 대한 제 놈의 부당한 짓거리를 뉘우칠 날이 오리라고는 아예 생각도 말게나. 그 녀석은 용서를 빌어야 할 쪽은 바로 나라고 확신하는 놈일세." 같은 날 보낸 또 다른 편지에서 그는 "결국 그가 행복해지기를 빌지만, 조용히 떠나주었으면 하네"라고 적었다. 아버지도 뿌쉬낀을 보기 싫어했지만, 뿌쉬낀도 마찬가지였다. 그러나 3월 18일 자 동생 레프에게 보내는 편지에서 그는 이렇게 쓰기도 했다. "뻬쩨르부르그로 가서 친애하는(?) 부모님을 만나 돈 문제를 해결하려고 한다."

다른 러시아 사람들과는 달리, 그리고 아마 자신의 아프리카 혈통에 대한 자존심 때문에, 뿌쉬낀은 인종적 편견이 거의 없었다. 그러나 1827년 10월 15일, 미하일롭스꼬예에서 상뜨 뻬쩨르부르그로 가는 도중에 쓴 그의 일기를 보면 그도 유대인에 대해서는 편견을 가졌던 것으로 보인다. 그가 말을 바꾸기 위해서 어떤 역에서 기다리고 있을 때 네 대의 3두 마차가 다가왔다. 이어서 한 무리의 사람들이 체포되는 것을 그는 물끄러미 바라보고 있었다.

체포당한 어떤 사람이 기둥에 기대서 있었다. 큰 키에 깡마른 데다가 검은 턱수염을 기른 창백한 안색의, 장식띠를 맨 외투를 입은 한 젊은이가 그 사람에게 다가갔다. 나는 그 젊은이가 유대인이라고 단정했고, 유대인 하면 첩자가 연상되어 혐오감이 일었다. 그자가 정보를 제공하거나 뭔가를 해명하도록 뻬쩨르부르그로 소환되는 것이겠거니 생각하고 나는 등을 돌렸다. 그런데 그는 날카로운 눈초리로 나를 보고 있었다. 무의식적으로 나도 그에게로 몸을 돌렸다. 우리는 서로를 뚫어지게 쳐다보았다. 그는 뀨헬베께르였다.

뿌쉬낀은 당연히 세상일을 러시아인의 눈으로 바라보았다. 그래서 그는 「뽈따바Poltava」의 서문에서 까쟈끄의 지도자 흐멜니쯔끼Khmelnitsky를 천연덕스럽게 "영웅적 자유의 투사"라고 묘사하였다. 그러나 사실 흐멜니쯔끼는 20세기 이전 유대인들의 끔찍한 대학살의 장본인이었다. 그 역에서도 그는 긴 머리에 허리가 꾸부정한 그 죄수를 전형적 유대인이라고 단정했다. 그 죄수의 그와 같은 자세가 영양실조와 가혹한 형벌 때문이었다고는 꿈에도 생각하지 못하다가, 그가 다름 아닌 그의 불쌍한 친구였다는 것을 알게 되었다. 그와 뀨헬베께르는 서로 부둥켜안았다. 뀨헬베께르는 슐루쎌부르그Schlusselburg 요새로부터 디나부르그Dinaburg 요새로 이송 중이었다. 그것은 두 사람 사이의 마지막 만남이었다. 그는 1835년까지 수감되어 있다가 시베리아로 유배된 후, 1845년 거기서 죽었던 것이다.

1828년 전반기에 뿌쉬낀은 외롭지가 않았다. 그는 여전히 뱌젬스끼 공, 평생토록 뿌쉬낀을 위해 황제에게 청원을 올렸던 주꼽스끼, 뿌쉬낀 작품의 중개인이자 그를 위한 허드렛일을 마다하지 않았던 쁠레뜨네프, 재능 있고 친절한 젊은이로서 항상 뿌쉬낀을 위해 아낌없이 돈을 썼던 빠벨 나쉬쪼낀Pavel Nashchokin 등과 교분을 나누고 있었다. 그는 하층 계급의 아름다운 여자들에게서 위안을 받기도 하였고, 상류층의 여성들과 농을 주고받기도 하였다. 하지만 그는 자기의 청춘이 이울어 가고, 동시에 삶의 쾌락이 시들해져 가고 있음을 느꼈다. 그 후 몇 년 동안 그는 각일각 침식해 들어오는 시간에 대하여 더욱 큰 위협을 느꼈다. "아니지, 아니야. 내가 곧 30세가 된다는 게 말이나 되는가? 이 두려운 시간이 다가옴을 내 알지만, 나는 아직 청춘에 작별을 고하지는 않았다." 1828년 7월 31일 그의 충실한 유모 아리나 로지오노브나가 죽었을 때 그는 그녀의 아들처럼 통곡하였다.

엘리자베따 미하일로브나 히뜨로바Elizaveta Mikhailovna Khitrova는 뿌쉬 낀이 상뜨 뻬쩨르부르그에서 새로 사귄 중요한 여자였다. 그녀는 뿌쉬낀보다 16세 연상이었고, 보로지노에서 나폴레옹 군대와 전투를 벌였던 야전 사령관 꾸뚜조프Kutuzov의 딸이었다. 그녀는 아버지가 그 유명한 전장에서 차고 다녔던 시계를 자랑스럽게 지니고 있었다. 그녀는 두 차례나 남편을 잃은 과부였지만, 이제는 상뜨 뻬쩨르부르그에서 내로라고 하는 지성인들과 작가들이 자기의 살롱에 드나드는 것에 대해서 대단한 자부심을 느끼고 있었다.

1928년도 뿌쉬낀의 작업노트에 적힌 「별장에 온 손님들The Guests Arrived at the Dacha」의 초고에는 뿌쉬낀이 연필로 그린 중년의 풍채 좋은 여자의 스케치가 있는데, 이 여자가 바로 히뜨로바이다. 뿌쉬낀은 그녀와 사랑을 하거나 성적 접촉을 가진 적은 없었지만, 새벽 1시부터 오후 1시까지 이어진 그녀의 유명한 '아침 모임'에는 즐겨 참석했다. 거기에 모인 사람들은 정치 팜플렛이나 프랑스 혹은 영국 연사의 의회 연설에서부터 인기작가의 소설이나 희곡에 이르기까지 당대의 모든 문제들에 관한 정보를 수집할 수 있었다.

뿌쉬낀은 여성들로부터 늘 모성애를 느끼곤 했는데, 뿌쉬낀에 대한 히뜨로바의 관심은 그보다 훨씬 더 친밀한 것이었다. 그녀는 그에게 여러 통의 편지를 보냈고, 이에 대하여 그는 항상 공손하게 그녀의 친절과 염려에 감사드린다는 내용의 답장을 보냈다. 그의 답장 중에는 그녀의 집에 가지 못해 자신의 작품에 대한 비평적 견해를 듣지 못하게 된 것이 유감이라는 내용도 종종 있었다. "빨리 가서 사람들의 견해를 듣고 싶지만, 아직도 절뚝거려 계단을 오를 수가 없을 것 같습니다." 뿌쉬낀은 그녀의 고집을 못마땅하게 여겼고, 때로는 친구들에게 그녀가 자만심에서 토실토실한 흰 어깨를 드러낸다고 조롱하기도 했지만(『벌거벗은 리자』를 비웃는 상스러운 풍자시도 있다), 그는 종종 그녀에게 편지를 보내 자신의 생각을 숨김없이 드러냈다.

그들 사이의 우정은 뿌쉬낀이 겉으로 드러낸 것 이상으로 깊었다. 그는 히뜨로바에게 지체 높은 여자들을 따라다니는 것이 지겹다고 털어놓기도 하였다. "거리의 아가씨들에게 축복 있으라. 그들은 훨씬 더 직접적으로 그리고 수월하게 대할 수가 있습니다. 솔직하게 말씀드려 볼까요? 제 글은 우아하고 점잖을지 모르지만, 제 가슴은 아주 상스럽고 제 취향은 아주 천합니다. 음모, 감정, 편지 등등에는 이제 신물이 납니다." 그러나 그의 편지들에는 그녀의 집을 방문하지 못한 데 대한 변명이 많았다. 1830년 하반기에 뱌젬스끼에게 보내는 편지에서 그는 "엘리자베따 히뜨로바가 당신을 사랑하게 할 수만 있다면, 제발 좀 그렇게 해주십시오"라고 썼다.

그러나 뿌쉬낀은 히뜨로바의 딸 돌리 피켈몬Dolly Fikelmon에게는 대단히 마음이 끌렸다. 그녀는 오스트리아 대사의 부인으로 백작부인의 신분이었다. 그는 친구 나쉬쪼낀에게 「스페이드의 여왕The Queen of Spades」
에 나오는 일화와 아주 흡사한 얘기를 털어놓았다. 뿌쉬낀이 돌리의
방 소파 밑에 숨어 있는 동안 돌리와 그녀의 애인은 침대로 갔다. 불행
히도 두 연인이 깨어났을 때는 벌건 대낮이어서 뿌쉬낀은 그 집 하인
에게 뇌물을 주고 간신히 그들의 눈에 띄지 않고 그집을 빠져나올 수
있었다. 뿌쉬낀과 돌리는 서로 사랑하는 사이는 아니었다. 오히려 그
녀는 그에게 적대감을 품고 있었는데, 그 이유는 아마도 그녀가 풍문
으로 떠도는 위의 얘기를 듣게 됐기 때문이었을 것이다.

1828년 초, 뿌쉬낀은 황제를 찬양하는 시를 썼다. 이에 니꼴라이 황
제는 대단히 기뻐했지만, 그의 진보주의적 친구들은 적대감을 표했다.
또 이 시로 인하여 뿌쉬낀이 덕본 것도 없었다. 이 시가 뿌쉬낀의 믿음
을 진솔하게 표현한 것인지에 대해서는 의구심이 들지 않을 수 없다.

> 나의 예술에서 터놓고 황제를 찬양해도
>
> 나는 아첨하는 것이 아니다.
>
> 오로지 나는 가슴의 언어로써
>
> 나의 감정을 털어놓을 뿐이다.

이 시에서 뿌쉬낀은 니꼴라이가 러시아의 진보주의적 통치자가 되
었으면 하는 자신의 희망을 피력했을 뿐이었다. 그러나 이런 희망이
진지한 것이든 그렇지 않은 것이든, 그 희망은 이내 사라지게 되었다.
뿌쉬낀이 오래전 끼쉬뇨프에서 썼던 「가브릴리아드Gabrieliad」의 사
본이 1828년 8월, 미뜨꼬프Mitkov 대위라는 사람의 수중에 들어가게 되

었다. 그는 이 작품이 자기가 쓴 것이 아니고 작가가 기억나지 않는 어떤 책에서 베낀 것이라고 열심히 주장하였다. 그러나 경찰 당국은 이를 받아들이려 하지 않았다. 직접 황제에게 서신을 올리고 나서야 시인은 처벌을 면할 수 있었다. 이 서신은 현재 남아있지 않다.

1828년 가을에 뿌쉬긴은 자기 방에 틀어박혀 열심히 「뽈따바Poltava」를 집필했다. 그는 평상시 그의 습관과는 달리 수정도 하지 않고 놀라운 속도로 이 작품을 써서 이 작품이 2주만에 완성됐다는 얘기도 있다. 이것은 그의 대화체 시 중에서 가장 긴 작품이다. 때로는 시구가 잠자리에서도 떠올라 그는 한밤중에 침대에서 일어나 어둠 속에서 떠오른 시구를 적기도 하였다. 이 시를 극찬한 안나 아흐마또바Anna Akhmatova는 "그 모든 것을 그가 어떻게 알았을까요?"라고 말했다. 그녀는 아마 꿋꿋한 영웅들의 고문과 처형을 묘사한 제2장을 두고 그렇게 말했을 것이다. 그의 작업노트의 2절지 40면과 44면에 교수형에 처해진 '12월 당원들'이 뚜렷이 그려져 있는 것으로 미루어, 그녀가 지적한 대목은 뿌쉬긴을 밤마다 괴롭힌 환영을 묘사한 것이기도 했을 것이다. 존 베일리John Bayley가 지적하듯이 "뾰뜨르 대제의 뽈따바에서의 승리는 외국 침략자들뿐만 아니라 국내의 분리주의와 반란에 대한 승리로서, 나폴레옹에 대한 승리만큼이나 고무적인 주제였다." 아흐마또바에게는 이 사건이 제2차 세계대전 중 독일을 패배시킨 것에 비견될 만했으리라.

뿌쉬긴은 이 시에 바이런에서 따온 제사를 붙이고, 바이런이 이미 묘사했던 인물인 마제파Mazepa를 작품 속에 포함시키기도 하였다. 그러나 필자는 A. D. P. 브릭스Briggs에 동의하여, 이 시가 유럽 독자들에게 어필되지는 않으리라고 생각한다. 바이런은 마제파의 젊은 시절의 일화를 소개했지만, 뿌쉬낀은 마제파가 우끄라이나 반란군의 지도자라고 선언하는 장면을 묘사했다. 앞으로『대위의 딸』에서 보게 되겠고, 또 〈보리스 고두노프〉에서 이미 살펴보았듯이, 뿌쉬낀은 반란의 법적 지위보다는 반역자의 성격에 초점을 맞추었다. 「뽈따바」에 등장하는 인물들의 성격은 역사적 인물들의 성격만큼이나 설득력을 갖는데, 특히 늙은 마제파에 매혹된 마리야의 성격은 아주 강렬하다. 나라도 없고 사랑할 수도 없는 마제파는 자기가 겪은 세상의 악에 대해 복수하는 데에서 자신의 존재 이유를 찾는 사람이다.

이 시의 가장 훌륭한 점은 정치나 전투 장면의 묘사에 있지 않다. 마제파는 늙은 나이에도 그의 대녀代女 마리야 꼬추베이Mariya Kochubey와 결혼하고자 한다. 두 사람 사이의 나이 차가 45년이나 됐지만, 마리야는 그를 깊이 사랑하고, 두 사람은 눈이 맞아 도피한다. 이를 복수하려는 마리야의 아버지는 뾰뜨르 대제에게 마제파가 찰스 12세와 힘을 합쳐 러시아군을 격파하려 한다고 진언한다. 마제파는 카톨릭 신자, 예수회파, 폴란드인 등 불신받는 외국인의 상징인 반면, 뾰뜨르 대제는 거의 신적인 존재로 러시아적 어버이의 상징이다. 쏘련의 비평가들은 「뽈따바」에서 가부장적 보호자로서의 뾰뜨르 대제의 이미지와 독재자로서의 그의 이미지를 구별하고자 했다. 뾰뜨르 대제는 지혜로웠지만 마제파의 반란을 믿지 않았고, 오히려 마제파로 하여금 마리야의 아버지를 체포하여 처형하게 한다. 아버지의 소식을 접한 마리야는 미쳐버린다. 마지막 장에서 마제파는 찰스에게 붙어 뾰뜨르 대제와 전쟁을 벌이지만 뽈따바의 전투에서 패배하고 만다. 이 작품의 서정적 서문은 한때 라옙스까야라는 이름을 가졌던 마리야에게 부쳐진 것으로 여겨진다.

『뽈따바』는 뿌쉬낀이 발표했던 시들 중에서 즉각적인 호응을 얻지 못했던 최초의 시였다. 이 작품에 새롭게 도입된 딱딱한 문체가 독자들을 당혹스럽게 했던 것인지도 모른다. 실제로 이 시는 진부한 기자 파제이 불가린Faddey Bulgarin의 혹평을 받기도 했다. 불가린은 상뜨 뻬쩨르부르그의 한 신문인『북부의 벌The Northerr Bee』에 뿌쉬낀을 비판하는 글을 썼던 것이다. 불가린은 폴란드 사람으로 진보주의자였었지만 변절하여 벤켄도르프 백작의 하수인이 되었다. 백작에게 〈보리스 고두노프〉의 낭송회에 대하여 고발한 것도 아마 불가린이었을 것이다.『모스끄바 텔레그라프Moscow Telegraph』지는 불가린과 뿌쉬낀 사이의 논쟁을 부추겼는데, 이 당시 이 신문의 편집자 니꼴라이 뽈례보이Nikolay Polevoy는 뿌쉬낀과 뱌젬스끼를 "문학적 귀족"이라고 불렀다. 뿌쉬낀은 항상 독자 대중의 칭찬에 대하여 거리감을 유지하려 했었다. 그는「예제르스끼Ezersky」에서 이렇게 썼다. "당신의 작품은 곧 당신의 보상이다. 작품으로써 당신은 호흡하지만 그 결실은 독자 대중에게 던져주어야 한다." 그렇다 해도 그는 적대적인 반응으로 인하여 자신의 중요한 한 부분에 상처가 생긴 듯한 느낌을 지울 수가 없었다. 거리의 여자들과 '짧고 편안한' 사랑을 나누는 데에는 도가 튼 그였지만, 정서적 안정을 얻을 수 있는 어떤 대상이 그리웠다. 모스끄바에서 그는 어느 때보다도 심하게 술과 도박에 빠지게 되었다.

젊은 고골Gogol(1809~1852, 러시아의 저명한 소설가 · 희곡 작가 — 옮긴이)이 상뜨 뻬쩨르부르그에 출현한 것은 1829년 1월이었다. 뿌쉬낀을 위대한 시인으로서 영웅처럼 숭배했던 고골은 그를 찾아가 보기로 작정했지만, 첫 번째로 방문할 때 그는 용기가 없어 뿌쉬낀의 집 문을 두드리지도 못했다. 두 번째에는 용기를 내어 문을 두드렸더니 하인이 나와 주인은 휴식 중이라고 말했다. 고골이 하인에게 뿌쉬낀이 밤새도록 작업한다는 것이 사실이냐고 물었더니, 하인은, "작업이라니, 그게 무슨 뜻입니까? 그는 카드 놀음을 합니다"라고 대답했다고 한다.

또다시 뿌쉬낀은 시골로 내려가 1828년 10월부터 1829년 초까지의 대부분을 말린니끼Malinniki에 있는 오시뽀바의 영지에서 보냈다. 그는 설원에서 말을 타기도 했고, 삼판양승에 8까뻬이까를 거는 카드 놀음을 하기도 했다. 또 거기서 그는 『예프게니 오녜긴』의 제8장을 마무리 지었다. 『예프게니 오녜긴』의 다섯 장들은 이미 출판되었고, 렌스끼의 죽음으로 끝나는 제6장도 탈고된 상태였다. 나이가 들어서야 그는 제8장을 썼던 것이다. 제사題辭들은 모두 모스끄바를 묘사하고 있지만, 제8장은 봄철의 시골에서 시작된다. 올가는 이제 더 이상 죽은 렌스끼를 애도하지 않는다.

다른 이가 그녀의 마음을 사로잡았다.
다른 이가 완전한 사랑으로써
그녀의 슬픔을 어르고 잠들게 했다.

렌스끼의 망령이야 그런 배신을 당하고 불행했겠지만, 뿌쉬낀의 여주인공 따찌야나는 독신으로 지낸다. 많은 남자들이 그녀에게 청혼하지만 그녀는 모두 거부한다. 그녀는 예프게니를 살인자로서 증오하려고 애써보지만 여전히 그에 대한 기억을 지울 수가 없다. 그의 집 근처에서 산보하다가 그녀는 들어가 보고픈 충동을 억제하지 못한다. 관리자의 안내로 그의 서재로 들어간 그녀는 벽에 걸린 바이런 경의 초상화를 보게 된다. 그러자 바이런이 예프게니의 정신적 스승이었다는 생각이 불현듯이 떠올랐다. 다음 날 그녀는 허락을 받고 예프게니의 장서를 살펴본다. 어떤 행에는 그가 줄을 긋고 가장 중요하다는 표시를 해놓기도 하였다. 그녀는 문득 예프게니의 위험하고 부도덕한 처신은 그가 읽은 책에서 비롯된 것이라는 사실을 깨닫게 된다.

그렇다면 그는 무엇이었나? 모조품?
공허한 환영이나 웃음거리?
해롤드의 망토를 걸친 모스끄바 사람?

예프게니의 새로운 면모를 알게 된 그녀는 당혹감을 느끼면서도 여전히 그를 잊을 수가 없다. 바로 이 무렵 그녀의 일생에 새로운 전기가 찾아온다. 라린 일가가 그녀의 배필을 구하기 위해 모스끄바로 가기로 결정한 것이다. 따찌야나가 겨울 여행을 위한 채비를 차릴 때, 뿌쉬낀은 라린 집안의 하인들이 이사를 위해 꾸리는 물건들을 독자들에게 일일이 소개한다. 모스끄바에서 겨울을 지내는데 필요한 가재도구들, 침구들, 가방들, 잼 병들, 깃털 침대들, 닭 우리들, 항아리들과 대야들 등등이다. 라린 일가가 모스끄바까지 가려면 설원과 열악한 도로로, '투숙하는 곳마다 빈대와 벼룩'에 시달리며, 일주일 동안을 여행해야 했다.

고색 창연한 돔들과 금빛 십자가들이
깜부기불처럼 번뜩이는 첨탑들.

돌연히 먼 곳에서 아득히

빛나는 돔들이 시야에 들어왔을 때

아, 벗이여, 나 역시 환희에 젖었노라…….

　뿌쉬낀은 모스끄바의 당당한 근세사(나폴레옹이 러시아 군대를 패주시켰지만 그가 정복한 것은 도전적으로 이글거리는 불길뿐인 도시였다)에 대하여 충심으로 찬사를 보내고 나서, 라린 일가의 짐마차가 뜨베르스까야Tverskaya 거리를 지나 따찌야나의 늙은 아주머니 댁으로 가는 것을 묘사한다. 그리고는 아주머니와 어머니 사이의 친숙한 대화가 이어진다. 그것은 마치 운문의 제약을 받지 않는 듯한 자연스러운 대화인데, 이러한 대화 장면은 이 훌륭한 작품의 여기저기에서 눈에 띈다. 저녁 식사를 할 때 아주머니의 딸들은 따찌야나를 찬찬히 훑어보고는, 그녀가

조금은 시골티가 나고 젠체하며

다소 창백하고 깡마르고 아담하지만

대체로 전혀 나쁘지 않은

처녀라고 생각하게 된다.

　이내 따찌야나의 머리는 최신 유행을 따라 보풀어지고, 그녀는 새로운 친구들을 사귀게 된다. 그녀는 처녀들의 들뜬 대화를 들으며 모스끄바의 풍습을 익히고, 또한 모스끄바의 결혼 시장을 혐오하게 된다. 따찌야나는 극장과 무도회장으로 인도되는데, 그런 곳에 가면 휴가받은 경기병들이 그녀를 눈여겨본다. 뿌쉬낀은, 넉살 좋게도, 그녀가 대

면하게 된 세상 속에 실제 인물들을 등장시키는데, 한 예로 뱌젬스끼 공이 그녀의 옆에 앉기도 한다. 이 장의 끝머리에서 뿌쉬낀은 주인공 예프게니에 초점을 맞춰 이야기를 진행시키면서도, 한 장군이 그녀에 게 찬사를 보내는 장면을 소개하기도 한다.

제7장의 초고를 탈고하고 나서 뿌쉬낀은 12월 6일 말린니끼를 떠나 상뜨 뻬쩨르부르그가 아니라 모스끄바로 간다. 그곳에는 겨울 풍경이 있고, 따찌야나가 들은 바 있는 야단스러운 결혼 시장이 있었다. 새로운 작품을 훌륭하게 마무리짓고도 뿌쉬낀은 절망감에서 헤어나지 못했다. 뿌쉬낀 자신은 자신의 처지에 울화가 치민다고도 하였다. 1829년 말 그의 절망감은 극에 달해 있었던 것이다. 이 무렵에 쓰인 한 시가 그의 감정 상태를 반영하고 있다.

세월이 갈수록 처량하게
곰곰이 생각에 잠긴다.
어느 날을 나의 기일忌日로
삼아야 할 것인가를.

이런 절망감에 사로잡힌 채, 1829년 5월 1일 그는 충동적으로 까프 까즈로 떠났다. 벤켄도르프가 성가시게 굴 게 뻔했지만 그건 어쨌든 나중 문제였다. 그는 트빌리시에서 동생 레프를 만나보고, 니꼴라이 라엡스끼도 찾아보기로 마음먹었다. 라엡스끼는 그 때 까프까즈에서 여단장으로 있었다. 도중에 그는 은퇴한 유명한 장군 예르몰로프Ermolov 를 분별없이 찾아갔다. 그는 진보주의자로 널리 알려진 터라 이 만남은 의당 경찰 당국에 보고되었다.

네 달 동안 여행하면서 그는 쿠르드(호전적 이슬람교도들 중의 한 파 — 옮긴이)족의 대부대와의 국지전에 휘말리기도 했다. 어떤 식으로든 행동을 하고 싶었던 뿌쉬낀은 그를 보호하도록 위임받은 병사들을 제치고 말을 달려 터키 병사의 시체에서 검을 뽑아들고 그것을 기념품으로 가졌다. 뿌쉬낀은 호전적인 까쟈끄족과 함께 말을 달리는 것이 즐거웠다. 그들은 천막에서 생활했고, 구운 양고기를 먹었으며, 산록의 눈으로 냉각한 샴페인을 마셨다. 뿌쉬낀은 그루지아Georgia와 아르메니아의 국경에서 테헤란으로부터 짐마차를 끌고 오는 일단의 그루지아 사람들과 마주쳤는데, 그들은 작가 그리보예도프Griboedov(1월에 폭도들에 의해 살해당한)의 시체를 트빌리시Tbilisi로 운구하고 있었다.

흥미로운 구경거리도 많았지만, 뿌쉬낀은 군대 생활이 상상했던 것과는 딴판으로 멋이 없다고 생각했다. 6월 27일에 함락된 예르제룸Erzerum은 더럽고 전염병에 찌든 도시였다. 뿌쉬낀은 터키의 칼은 소중히 여겼지만, 7월 21일 함락된 터키의 도시를 떠날 때는 홀가분한 기분이었다. 모스끄바로 돌아가는 도중에 그는 트빌리시에서 며칠을 묵었고, 거기서 그는 남부에 추방당했을 당시에 사귀었던 옛 친구들을 만났다.

모스끄바로 돌아가는 길에 뿌쉬낀은 노름으로 큰돈을 잃었다. 9월에 모스끄바로 돌아온 뿌쉬낀은 자신의 불안한 인생에는 보람이 별로 따르지 않는다고 확신하였고, 결혼을 할 수 있을지 또다시 의구심이 생겼다. 이때 그가 신붓감으로 염두에 두었던 여자는 16세의 미인으로, 재산도 없고 문학에 별 관심도 없는 나딸리야 곤차로바Natalya Goncharova였다.

제
11
장
/
나딸리야

뿌쉬낀이 나딸리야 이바노브나 곤차로바 Natalya Ivanovna Goncharova 를 처음으로 본 것은 1828년 겨울 모스끄바의 한 파티장에서였다. 당시 16세의 미인이었던 나딸리야는 보풀보풀한 가운을 입고 머리에는 관을 쓰고 있었다. 1년 후 뿌쉬낀은 이렇게 적었다. "그녀를 처음으로 보았을 때 그녀의 아름다움은 군계일학이었다. 나는 그녀를 사랑했다. 내 머리가 돌 지경이었다." 여성에 민감했던 뿌쉬낀에게 이런 반응은 특이할 것도 없었지만, 그가 신붓감을 찾고 있었던 시점이었던 것을 감안하면 이 만남은 아주 중요한 해후였다.

뿌쉬낀이 1829년 1월 4일 상뜨 뻬쩨르부르그로 떠난 것은 아마 그녀에 대한 감정을 주체할 수 없었기 때문이었을 것이다. 그는 도중에 건달 같은 알렉쎄이 불프의 집에 들러 며칠을 거기서 묵었다. 그는 한때 여자 사냥에 뿌쉬낀을 스승처럼 모셨던 사람으로, 지금은 말린니끼에서 살고 있었다. 두 젊은이는 카드놀이도 하고 시골 처녀나 하녀들을 희롱하기도 하면서 예전처럼 분탕질을 쳤다. 이곳에서도 이미 작가로서의 뿌쉬낀의 명성이 자자해서 어떤 처녀들은, 그의 긴 손톱을 보고 놀라면서도, 그가 멋있다고 생각했다. 그러나 뿌쉬낀은 한시도 모스끄바에 두고 온 그 아름다운 처녀를 잊을 수가 없었다. 1829년 1월 18일, 그는 알렉쎄이 불프와 함께 상뜨 뻬쩨르부르그에 도착했다. 난봉질로 소일하며 채 1주일도 보내지 않았을 때, 벌써 그는 뱌젬스끼에게 보내는 편지에서 함께 어울리는 사람들이 지적이지도 유쾌하지도 않다고 불평을 늘어놓았다. 젤비끄의 집에서도 그는 문학을 논하던 많은 옛 친구들을 만났지만, 자주 성을 내고 상대방을 불쾌하게 했다.

모스끄바로 돌아오자 뿌쉬낀은 F. I. 똘스또이 백작을 중재자로 삼아 곤차로프 일가에게 자기소개를 하였다. 나딸리야를 면전에 둔 그로서는 처음에는 어색한 기분이 들었지만, 그녀를 신부로 삼겠다는 그의 의지는 더욱 굳어만 갔다. 얼마 후 그는 똘스또이 백작을 통해 청혼 의사를 분명히 밝혔다.

그것은 다소 무모한 행동이었다. 뿌쉬낀이 항상 나따샤라고 불렀던 나딸리야 이바노브나는 뿌쉬낀처럼 내세울 것도 없는 집안의 딸이었다. 나따샤의 어머니는 황실의 시녀로서, 엘리자베스 황후뿐만 아니라 알렉싼드르 황제의 총애를 받았었고, 상뜨 뻬쩨르부르그 궁전에서 가장 미모가 빼어난 여자였다. 황후가 좋아했던 기병 장교 A. 오호드니꼬프 Okhodnikov가 그녀를 사랑하게 되었다. 황후와 오호드니꼬프 사이에는 1806년에 태어난 딸이 있었지만, 그 아기는 2년 후에 죽었다. 1806년 10월 오호드니꼬프는 극장에서 나오다가 암살자의 습격을 받고 중상을 입게 되었다. 이에 따른 추문을 두려워했던 나딸리야의 어머니는

　　　　　　　　　　　

N. A. 곤차로프^{Goncharov}와 서둘러 결혼식을 올렸다. 곤차로프는 공장 소유자인 아파나시 니꼴라예비치 곤차로프^{Afanasy Nikolaevich Goncharov}의 아들이었다. 왕족들이 하객으로 참석하여 이들의 결혼식을 축하해주었다. 그런데 시아버지 아파나시는 얼마 후에 부인과 이혼하고 공장을 아들 니꼴라이에게 맡긴 채 러시아를 떠나버렸다. 나폴레옹과의 전쟁 때 프랑스 군대가 진군하자, 아파나시도 프랑스 여자 바베트^{Babette}를 데리고 러시아로 돌아왔다. 곤차로프 집안은 바베트를 "프랑스 세탁부"라고 불렀고, 바베트 때문에 집안에는 싸움이 그칠 날이 없었다. 결국 나딸리야의 어머니와 남편 니꼴라이 아파나세예비치는 공장을 포기했고, 딸 나딸리야는 손녀를 각별히 사랑했던 할아버지에게 맡겼다.

이런 사정이 있었지만 나딸리야의 어머니는 1814년 낙마 사고의 여파로 남편이 병에 걸릴 때까지 남편과 아주 행복하게 지냈다. 그 때부터 그는 술에 찌들어 미친 사람처럼 행동했고 가산을 탕진해버렸다. 1819년 1월 7일 나딸리야 이바노브나는 그녀의 시아버지에게 편지를 보냈다. "그의 야단스러운 짓은 모두 그의 엄청난 음주 때문입니다. 자기가 독한 술을 일곱 잔까지 마실 수 있다고 제게 털어놓기까지 하더군요." 그 이후로 그녀의 남편은 일절 가산에 손도 대지 못하게 되었고, 너무도 쪼들려 그렇게 좋아하던 바이올린의 현도, 낱장 악보도 살 수 없는 신세로 전락하고 말았다.

나딸리야 이바노브나는 명석하고 아름다워 한때 황후의 사랑을 한 몸에 받기까지 했었다. 그러나 불행한 결혼생활을 겪으면서 그녀는 딱딱하고, 엄하고, 거만한 광신도로 돌변하게 되었다. 딸 나딸리야가 6세가 되자 가혹한 그녀가 다시 딸의 양육을 맡게 되었다. 어머니에게 보내졌을 때 딸은 검은 담비 옷을 입고 있었는데, 이 옷으로 미루어보아도 할아버지가 손녀를 얼마나 극진히 사랑했는가를 알 수 있었다. 그러나 어머니 밑에서는 이런 호사는 상상할 수도 없었다. 나딸리야는 온순한 성품이어서 다른 자매들보다도 까다로운 어머니에게 고분고분했다. 부잣집처럼 행세하고 싶었지만 곤차로프 집안은 거덜난 상태였다. 아버지는 금치산자이고, 재산은 탕진된 데다가, 어머니는 광신에 빠져, 집에는 늘 사제들이나 순례자들이 들락거렸다.

세 자매는 불어로 개인교습을 받았는데, 나딸리야는 러시아어도 어느 정도 구사할 줄 알았다. 그녀는 우아하게 말을 탔고, 예쁘게 수놓는 법과 바른 예절도 배웠다. 어머니의 유일한 희망은 딸들을 부잣집에 시집보내는 것이었다. 어렸을 적부터 나딸리야의 미모가 빼어나 주변의 남자들이 늘 그녀에게 추근거렸다. 한 회고록은 이렇게 전한다. "꽃처럼 환한 그녀의 건강미는 신선한 공기를 맡으며 시골에서 자라난 덕분이었다. 튼튼하면서도 나긋나긋한 그녀는 보기 드물게 균형이 잡혀 있었고, 동작 하나 하나가 우아했다. 무엇보다도 큰 나딸리야의 매력은 자연스러움이어서 그녀에게서 가식이라고는 찾아볼 수 없었다. 대부분의 사람들이 그녀가 요염하다고 하지만 그런 비난은 부당하다. 그녀의 유별나게 풍부한 표정의 눈동자, 매혹적인 미소, 그리고 매력적인 천진한 태도를 본 사람들이라면 부지불식 중에 그녀에게 마음이 끌리게 된다. '메르시, 무슈'라고 그녀가 감사를 표하면, 거기에는 천진함과 달콤함과 매혹적인 미소가 한데 어울려 있어, 가련한 남자들은 그녀의 '메르시, 무슈'를 다시 한번 들을 기회를 가지려고 이 궁리 저 궁리하며 밤새도록 잠을 이루지 못한다. 나딸리야가 그런 요령과 그처럼 가식 없는 태도를 어디서 배웠는지 나에게는 정말 수수께끼였다. 그녀의 자매들도 아름다웠지만 그들에게는 나딸리야와 같은 세련된 지성미가 없었다."

뿌쉬낀의 첫 번째 청혼에 대하여 나딸리야의 어머니는 똘스또이 백작을 통해 넌지시 거부 의사를 밝혔다. 이에 뿌쉬낀은 놀라지도 실망하지도 않았다. 5월 1일 자의 한 편지에서 그는 이렇게 적었다. "그런 회답은 거부가 아닐세. 내가 아직 희망을 버리지 못한다고 나무라지 말게나. 어머니라면 당연한 신중함과 애정이 아니겠는가." 뿌쉬낀은 거부의 이유를 너무나도 잘 알고 있었다. 그는 시인으로서 명성도 얻었고 자칭 귀족 가문으로 행세하기도 했지만, 그녀의 어머니가 가장 아름다운 딸을 위해 희망했던 돈도 없었고 장래성도 없었다. 더구나 그녀의 어머니는 뿌쉬낀이 고 알렉싼드르 1세의 모범적인 미덕에 대해서 더불어 이야기를 나눌 만한 상대가 못 된다고 생각하였다.

뿌쉬낀이 까프까즈로 간 것은 나딸리야 이바노브나로부터 거절당했기 때문이 아니었다. 그는 이미 이보다 두 달 앞서 그리로 가기로 작정했었다. 곤차로프 집안에 보낸 그의 편지에 대한 회신도 없었고 여행도 떠나야 했지만, 나딸리야와 결혼하겠다는 그의 생각에는 변함이 없었다. 1829년 5월 1일, 그는 불어로 쓴 편지에서 다시 정식으로 청혼을 하면서 선처를 부탁한다고 했다. 모스끄바로 돌아오자마자 그는 그녀의 집으로 찾아갔지만, 나딸리야의 어머니는 냉정했고 나딸리야 본인은 무관심했다. 이에 낙담한 그는, 쏘피아 뿌쉬끼나에게 거부당했을 때와 마찬가지로, '가슴에 죽음의 그림자를 드리우고' 모스끄바를 떠나 말린니끼로 갔다.

나딸리야의 어머니가 뿌쉬낀의 청혼을 받아들이기를 망설인 데에는 그럴 만한 이유가 있었다. 그녀는 작가르서의 명성에 별 관심이 없었고, 딸의 배우자로 돈 많은 상류사회의 남자를 원했다. 광적인 신자였던 그녀였지만 난봉꾼으로서의 뿌쉬낀의 명성이 그다지 걱정되는 문제는 아니었다. 그녀의 다른 딸들도 아직 신랑감을 구하지 못하고 있었지만, 어머니에게는 나딸리야만이 화려한 배우자를 얻을 수 있는 유일한 희망이었다. 하지만 여기에는 몇 가지 걸리는 문제들이 있었다. 나딸리야에게 알랑거리고 구혼했던 모스끄바의 신랑감들이라면 그녀가 땡전 한 푼의 지참금도 가져올 수 없다는 사실을 잘 알고 있었다. 곤차로프 집안의 가산은 그녀의 할아버지에 의해 탕진되었다. 그녀의 할아버지는 수백만 루블을 날려버리고 50만 루블의 빚만 지고 있었던 것이다. 더구나 나딸리야의 아버지는 주정뱅이일 뿐만 아니라 정신병자로 알려져 있었다. 나딸리야의 어머니는 지나치게 오만한 데다가 세속적이었고 인색했다. 그러므로 나딸리야의 미모에도 불구하고, 그때까지도 정식으로 청혼한 훌륭한 신랑감이 없었다는 것은 당연한 일이었다. 어머니의 계산속에는 자신의 꿈이 이뤄지지 못할 때를 대비해서 뿌쉬낀의 청혼을 대놓고 거부할 필요는 없다는 의도가 숨어 있었다.

1829년 가을, 뿌쉬낀은 예까쩨리나 우샤꼬바Ekaterina Ushakova와 다시 사귀게 되었다. 이 무렵 그는 공책에 어떤 근엄한 여자의 스케치를 그려놓고 거기에 '마마 카르스Kars'라는 이름을 붙였다. 이것은 그가 붙인 나딸리야의 어머니의 별명으로, '카르스'는 결국 러시아군에 항복을 했던 터키령 아르메니아에 있는 한 요새의 이름이었다. 그는 한때 애정을 주고받았던 예까쩨리나에게 여전히 무관심할 수 없었다. 뿌쉬낀은 모스끄바에 머물면서 하루에 세 차례나 우샤꼬프의 집을 방문하기도 하였다. 그녀는 작가나 음악가와 어울리기를 좋아했고, 뿌쉬낀보다는 불과 열 살 연하였기 때문에 훌륭한 신붓감이 될 수도 있었다. 그러나 그녀가, 저 유명한 '돈주앙 리스트'가 들어있는 앨범을 제외하고, 뿌쉬낀과 주고받은 편지들을 모두 태워버렸기 때문에 그녀에 대한 뿌쉬낀의 청혼 여부는 분명히 알려진 것이 없다.

1829~1830년 사이의 겨울에 뿌쉬낀은 신문 지면을 통한 논쟁으로 기진맥진한 상태로 풀이 죽어 있었다. 1830년 1월 7일, 그는 벤켄도르프에게 또다시 러시아를 떠날 수 있게 해달라는 청원을 보냈다.

> 아직 미혼인 데다가 공직도 없으니 저는 프랑스나 이태리로 가고 싶습니다. 이것이 허락되지 않는다면 모종의 임무를 띠고 중국으로 가고 싶습니다.

벤켄도르프는 편지 내용의 절박감에는 아랑곳하지도 않고 뿌쉬낀의 청원을 거부했다. 황제 폐하께서는 뿌쉬낀이 가정을 이루거나 공직을 가지면 작가 노릇을 못하게 될 거라고 염려하셨다는 것이다. 덧붙여서 그는 중국 주재 대사관의 모든 자리가 다 차있다는 말도 하였다. 이런 이상야릇한 이유를 댄 데 대하여 뿌쉬낀이 모욕감을 느꼈는지는 알 길이 없지만, 그는 바로 그 다음 날 벤켄도르프 백작에게 그의 옛 친구 라옙스끼 장군의 미망인에게 연금을 지급해 주기를 바란다는 요청서를 보냈다.

그가 러시아를 떠나게 해달라는 청원서를 보낸 것으로 미루어 보면, 나딸리야 곤차로바에 대한 그의 집착이 아직은 전에 쏘피아 뿌쉬끼나 혹은 안나 올레니나에게 느꼈던 열정보다 깊지 않았거나, 아니면 그가 나딸리야에 대한 청혼을 완전히 포기했던 것으로 보인다. 1830년 2월 2일 실제로 그는 까롤리나 아다모브나 쏘반스까야 에게 보내는 편지에서 "나는 당신을 사랑하기 위해서 태어났습니다"라고 적고는, 이어서 그녀와 행복을 누릴 기회를 상실한 데 대해서 회고한다. 『예프게니 오녜긴』의 끝머리에 따찌야나가 예프게니를 나무라는 것처럼, 그는 그 기회가 가까이에 있었는데도 모르고 지나친 데 대하여 자기 자신을 나무란다. 이것은 쏘반스까야 부인이 만날 약속을 하루 미루자는 편지를 보낸 데 대한 뿌쉬낀의 답장이었다. 이 편지는 초고로만 남아있고, 붙여진 것인지도 분명치 않다. 이 편지의 끝머리에서 뿌쉬낀은, 그녀의 아름다움이 바래질 것이고, 아름다움이 시들면 그녀의 열정도 머잖아 스러질 것이므로, 그저 친구 사이로 지내자고 말한다.

그러나 3월에 상뜨 뻬쩨르부르그를 방문했을 때, 뿌쉬낀은 아름다운 나딸리야가 문서보관 관리 메슈체르스끼 의 청혼을 받아들이려 한다는 소문을 듣고 후끈 달아오르게 되었다. 당장에 나딸리야의 집안이 모스끄바에서 더 이상 생계를 꾸려나갈 길이 막막할 것이기 때문에 그녀의 어머니가 딸을 위해 또 다른 배필을 구할 시간적 여유도 없을 것이라고 생각한 뿌쉬낀은 '마마 카르스'에게 다시 한번 하소해보기로 작정하였다. 3월 12일 모스끄바에 도착한 그는 마차에서 뛰어내려 그 길로 곧장 어떤 연주회장으로 가서 그의 기억 속에 아로새겨진 대로 여전히 아름다운 나딸리야 곤차로바를 만났다. 천만다행으로 그녀는 아직 아무와도 약혼을 하지 않은 상태였다. 4월 5일 그는 어떻게든 결혼 승낙을 받아내려고 발샤야 니끼쯔까야 가에 있는 그녀의 집으로 찾아갔다.

뿌쉬낀보다 더 나은 결혼 조건을 제시했던 사람이 없었던 것이 분명했다. 뿌쉬낀은 지참금은 따지지도 않으려 했고, 4월 초에 다시 한번 결혼 승낙을 요청하는 편지를 보냈다. 그것은 참으로 솔직한 편지인 동시에, 끔찍하게도 앞으로 다가올 비극적 사건을 예감하는 편지이기도 하였다.

제가 지금 우스꽝스러운 짓을 하고 있다는 걸 잘 압니다. 제가 이렇게 소심해진 건 평생 처음입니다. 제 나이쯤 되는 사내가 이처럼 소심한 것을 보고 따님 또래의 젊은 처녀가 좋아할 리가 없을 것입니다. 오랜 교제만이 따님의 애정을 얻는 길일 테지요. 오래 사귀다 보면 따님이 제게 애정을 느끼게 되는 순간도 오겠지만, 저는 따님을 기쁘게 해줄 아무것도 없습니다. 따님이 저와의 약혼을 승낙한다 해도 따님의 가슴은 전처럼 냉담한 상태일 겁니다. 사람들은 따님이 불운하여 따님에 필적하는 훌륭한 상대를 만나지 못한 것이라고들 수군거리겠지요. 따님이 후회하지 않을까요? 제가 하나의 장애물이자 부정한 겁탈자라고 생각하지 않을까요? 저를 혐오하지 않을까요? 맹세컨대, 저는 따님을 위해 죽을 각오가 돼 있습니다. 하지만 제가 죽고 따님이 눈부시게 아름다운 미망인으로 남아 있다가, 이내 자유로운 몸으로 새 남편을 고르게 되리라는 생각은, 정말이지 상상만 해도 몸서리쳐집니다.

같은 편지에서 뿌쉬낀은 돈 문제에 대해서 꾸밈없이 말한다.

재정 문제를 말씀드리죠. 저는 저축한 것이 별로 없습니다. 지금까지 저는 그럭저럭 지내왔습니다. 제가 결혼을 해도 그렇게 지낼 수 있을까요? 저는 나의 부인이 가난에 쪼들린다거나 초대받은 곳에 가서 눈부시게 아름다움을 과시하며 즐기지 못한다는 것은 어떤 일이 있어도 묵과할 수 없습니다. 따님은 그럴 권리가 있습니다. 따님을 만족시키기 위해서라면 저는 제 모든 취향이나 열정을 바치던 모든 일들, 그리고 덧대로 경박하게 행동하던 태도를 기꺼이 저버릴 각오가 돼 있습니다. 하지만 따님은 자기가 마땅히 누릴 수도 있었던, 저 자신도 따님을 위해 소망했던, 화려한 삶을 누리지 못하고 있다고 푸념하게 되지 않을까요? 제 입장에선 그것만이 염려됩니다. 당신도 마땅히 그런 생각을 하시겠지만, 그걸 상상만 해도 저는 두렵습니다.

이런 편지를 받고도 결혼을 허락한 것으로 미루어, 이 무렵 '마마 카르스'의 형편이 얼마나 절박했나 하는 것을 짐작할 수 있다. 장모 될 사람이 그가 감시 대상이라는 점에 대해서도 염려하리라고 생각한 뿌쉬낀은 1830년 4월 16일 벤켄도르프에게 편지를 보내 그가 걱정하는 바를 설명하면서 그의 행복은 당국의 호의에 달려있다고 말했다.

나는 곤차로바 양과 결혼할 예정입니다. 당신도 아마 모스끄바에서 그녀를 보았을 겁니다. 두 가지 애로 사항이 있는데, 그것은 재정 문제와 나와 당국 사이의 관계입니다. 전자에 대해서는 황제께서 제 노력으로 살 수 있게끔 선처해주신 덕분에 별 문제가 없을 거라고 회신할 수 있었습니다. 후자에 대해서는 곤차로바 부인은 당초부터 황제와 사이가 나쁜 남자에게 딸을 시집보내려고 하지 않습니다.

벤켄도르프는 부정직하지만 적절한 회신을 보내왔다.

황제 폐하께서는 귀하에게 지극한 온정을 베풀어 인자하게도 나 벤켄도르프 장군으로 하여금, 경찰 수뇌로서가 아니라 폐하께서 신임하는 한 사람의 인간으로서, 당신을 지켜보고 폐하의 조언대로 당신을 인도하라 하셨소. 경찰 당국은 당신을 감시하라는 지시를 한 번도 내린 적이 없소이다. 이럴진대, 당신과 같은 입장에 놓인 사람이 걱정할 것이 무엇이 있겠소? 본인은 이 편지를 귀하가 보여주어야 할 사람들에게 보여주도록 허락하는 바이오.

그의 청혼에 대한 회답을 기다리는 동안 뿌쉬낀이 불안과 걱정에 떨었다는 것은 5월 12일과 13일 사이에 쓴 그의 단편적인 메모(뿌쉬낀은 이를 '불문佛文의 번역拂譯'이라 불렀다)에 드러나 있다.

나의 운명이 결정되었다. 나는 결혼하게 될 것이다. 내가 2년 동안 사랑했고, 언제 어디서나 내가 찾던, 그리고 함께 있으면 축복인 그녀가, 오, 그녀가 바야흐로 나의 여자가 될 것이다. 결정적인 회답에 대한 나의 기대감은 내 평생 가장 고통스러운 감정이었다. 머뭇거리는 최후의 카드에 대한 기대감, 양심의 가책, 결투를 앞둔 상상 …… 이 모든 것들이 이제는 다 과거 속에 묻히게 되었다.

뿌쉬낀이 총각 생활의 즐거움을 단념하려 하면서 어떤 의구심을 품었는지는 모르지만, 아무튼 그것은 장인이 될 사람을 만나러 오라는 편지를 받고 싹 가셔버렸다. 그는 즉시 마차를 타고 그녀의 집으로 갔고, 나딸리야는 그에게 차갑고 수줍은 손을 내밀었다.

그의 청혼이 받아들여지자 뿌쉬낀은 1830년 4월 16일에 부모에게 예의를 갖춘 편지를 보내 그의 결혼을 축복해달라고 하였다. 그의 아버지는 흥분하여 답장을 보내왔다.

사랑하는 알렉싼드르, 너의 편지를 받은 오늘, 우리는 수천 번의 축복을 보냈다. 너와 네게 행복을 가져다 준 네 인생의 사랑스러운 반려자에게 축복을 보낸다. 그녀에게도 편지를 쓰고 싶은 심정이지만 아직은 그럴 때가 아닌 것 같구나.

그의 어머니도 기뻐서 추신을 덧붙였다.

너를 껴안고 축복을 보내며, 네 행복은 곧 나의 행복이라는 말을 해주고 싶구나. 사랑하는 아들아, 곤차로바 양도 내게는 너처럼 소중한 존재가 되리라고 확신한단다.

이 따뜻한 편지(특히 어머니의 글)로 보아 그와 부모와의 관계는 그의 결혼으로 아주 호전된 것으로 보인다. 더욱 놀라운 것은 재정적 곤란을 호소하는 그의 편지에 대해 부모가 호의적인 답장을 보냈다는 사실이다. 1830년 6월 30일, 아버지는 아직 담보 잡힌 적이 없는 니즈늬 노브고로드 Nizhny Novgorod의 볼지노 영지와 200명의 농노들을 뿌쉬낀에게 정식으로 양도했던 것이다. 그의 아버지의 말로는 여기서 매년 4,000루블의 수입이 생긴다고 했는데, 이는 그 나이 또래의 젊은이의 수입으로는 적지 않은 돈이었다.

뿌쉬낀에 대한 나딸리야의 감정은 많은 논란을 불러 일으켰다. 뿌쉬낀은 이를 정확하게 파악하고 있었다. 즉 그는 그녀가 자기를 사랑한다는 망상에 빠지지는 않고 있었던 것이다. 이 당시의 결혼 풍속으로 보아 신붓감의 이런 태도는 흔한 일이었지만, 어렵게 결혼에 이르게 된 뿌쉬낀으로서는 십중팔구 더 많은 것을 기대했을 것이다. 하지만 나딸리야는 경박한 데다가, 문학에 별 관심이 없었고, 그가 위대한 시인이라는 것도 덤덤하게 받아들였기 때문에 뿌쉬낀을 대수롭지 않게 여겼을 것이다. 최초의 신뢰할만한 뿌쉬낀 전기 작가인 안녠꼬프Annenkov는 나딸리야의 감정을 일고의 가치도 없는 것으로 여겼다. 나딸리야와 그녀의 두 번째 남편 사이에서 태어난 딸의 회고록은 무엇보다도 어머니의 평판을 옹호하는 데 급급해 있다. 빠벨 쉬체골례프Pavel Shchegolev의 「결투와 죽음The Duel and Death」은 나딸리야에게는 사교를 즐기자는 한 가지 인생의 목표밖에 없었다고 말한다. 후세의 시인들은 뿌쉬낀을 옹호하고 그녀의 태도에 분개했다. 특히 안나 아흐마또바는Anna Akhmatova는 나딸리야에 대해서 이렇게 말한다. "그녀는 그에 대해서는 일절 배려하지 않고 제멋대로였다. 그녀가 그를 망쳤고 그의 정신적 평화를 박탈했다."

동시대 대다수의 작가들이 나딸리야가 빼어난 미모의 천진한 여자라는 데에는 동의한다(이에 반대하는 목소리도 있다). 뿌쉬낀의 친구 A. N. 불프Vulf는 일기에 다음과 같이 적었다. "나는 그가 행복하기를 바라지만, 그의 윤리관과 사고방식에 비추어 보면 그렇게 될 수 있을지 미심쩍다. 부부관계가 서로의 책임이라 한다면, 그는 틀림없이 오쟁이진 남편이 될 것이다. 그럴만도 한 것이 그가 부인을 타락시킬 것이 뻔하기 때문이다. 나는 정말이지 내 판단이 틀렸으면 하는 심정이다."

나딸리야가 30대 중반의 나이로 두 번째로 결혼할 무렵에 V. 가우^{Gau}에 의해 그려진 그녀의 초상화는 뿌쉬낀과 결혼할 당시의 모습과는 견줄 수가 없을 것이다(1830년 5월 6일 나딸리야가 뿌쉬낀에게 결혼을 약속했을 때 그녀는 채 18세가 되기도 전이었다). 그럼에도 그 초상화의 여인은 여전히 매혹적인 아름다움을 지니고 있다. 뿌쉬낀이 그린 그녀의 초상화도 있고, 현대풍의 유화 작가 칼 브륨료프^{Karl Bryullov}가 1832년 초에 그린 수채화도 있는데, 특히 후자는, 색채가 너무 엷어 그녀의 전체적인 인상을 전하는 데 그치고 있지만, 젊은 시절 그녀의 눈부신 아름다움을 짐작케 해준다. 뿌쉬낀은 그녀를 "르네상스 시대의 마돈나"라고 생각했고, 1830년에 쓰인 '마돈나'라는 시에서는 그녀를 모델로 삼았다. 이 시는 아래와 같이 끝맺는다.

내 소망이 이루어졌다.
신께서 그대 얼굴을 내게 보여주었고,
그대는 지금 여기 완전한 아름다움으로 지배하리라.

블라지미르 솔로구브^{Vladimir Sollogub} 백작은 소녀 시절의 나딸리야를 묘사한다.

내 평생 특별히 매력적이라는 여성들도 많이 보았지만, 그녀처럼 고전적인 이목구비와 육체를 지닌, 거의 완벽한 미인을 본 적은 없었다. 그녀는

167cm 가량의 큰 키였다(뿌쉬낀보다 6~7cm 더 크다). 매력적인 가녀린 허리와 놀라운 가슴, 그리고 고운 얼굴이 조화를 이루어 그녀는 한 송이 백합을 연상시켰다. 그 피부색, 그 눈동자, 그 고운 이, 그리고 그 귀 등, 나는 그처럼 아름답고 반듯한 용모를 상상 속에서라도 그려본 적이 없었다. 그랬다. 그녀는 진정한 미인이었다. 그녀의 면전에서는 다른 모든 여성들(미모가 빼어나다는 여성들조차도)이 시들해질 수밖에 없었다. 그녀는 늘 차갑다고 할 정도로 수줍음을 탔고, 말수가 적었다.

위 묘사에는 눈여겨 볼 점이 많은데, 아름다움과 매력 혹은 발랄함 사이의 구별이라든가 그녀의 냉정한 태도를 강조한 것 등이 그 예이다. 이러한 그녀의 태도는 뿌쉬낀이 결혼 후에 쓴, 노골적으로 성적 표현을 한 어떤 시에도 묘사돼 있다.

이 당시 뿌쉬낀은 신부가 될 사람의 성품에 대해서는 반신반의하면서도, 자신의 구혼이 받아들여진 데 대해서 행복한 기분이었다. 그러나, 아래와 같이 기록한 것처럼, 막연한 불안감이 완전히 가신 것은 아니었다.

나는 행복해지려고 노심초사한 적은 없었다. 나는 행, 불행에 개의치 않았다. 하지만 이제 나는 두 사람을 위해서 행복해져야만 한다. 어디에서 행복을 구할 것인가? 결혼하게 되면 나는 책임감도 따르지 않는, 내 멋대로의 독신생활, 쾌락, 목적 없는 방황, 고독, 변덕 등등을 희생시켜야만 한다. 결혼하지 않는 한 내게 무슨 의무가 따를 것인가? 아침에 일어나고 싶을 때 일어나고, 외출하고 싶을 때 외출하고, 누구의 초대를 받아도 옷차림에 신경 쓸 것도 없고, 식당에서 새로운 이야기나 잡지를 읽으며 식사를 하면 뭇 사람들의 시선을 받기도 하고.

이 솔직한, 그러나 조금은 과장된, 기록은 섬뜩하게 예시적인 말로 끝맺는다.

> 여자들은 내 면전에서는 나의 선택을 칭찬하지만, 뒷전에서는 나의 신부를 동정한다. "가엾어라! 저렇게도 어리고 순진한데, 그는 그토록 방종하고 부도덕하단 말야."

그의 친구들은 그의 약혼 소식이 믿어지지 않는다는 반응을 보였다. 뱌젬스끼도 인색하기로 유명한 뿌쉬낀의 아버지가 아들의 약혼을 축하하며 특별히 샴페인을 터뜨리고 나서야 비로소 이를 믿었다. 약혼이 사실이라는 것을 확인하자 뱌젬스끼는 러시아 제일의 낭만시인과 젊은 세대 최초의 낭만적 미녀의 결혼은 어울리는 일면이 있다고 말했다. 그러나 뱌젬스끼가, 뿌쉬낀의 내면을 잘 알고 있는 친구로서, 1830년 4월, 그의 부인에게 다음과 같은 편지를 보냈다는 것은 다분히 이중적이고 뜻밖의 일이 아닐 수 없다. "그녀가 그와 결혼한다는 사실이나 그녀의 어머니가 불안정한 바람둥이에게 딸을 준다는 사실이 믿어지지 않소. 그는 불행을 즐기는 친구잖소." 뿌쉬낀의 약혼에 언짢아했을 엘리자베따 히뜨로바는 뿌쉬낀에게 따가운 경고의 말을 전했다. 결혼이 그의 시에 부정적 영향을 끼치고, 결국 안정적 행복은 단조로운 것이며, "뿌쉬낀은 위대한 시인이 아니라 흡족해 하는 돼지"가 되리라는 얘기였다. 이에 뿌쉬낀은 이렇게 응수했다. "사실 저는 선량한 사람으로, 행복한 돼지 이상 바라는 게 없습니다. 이게 다른 것보다 쉬운 길이죠.”

1830년 5월 5일, 나딸리야는 할아버지에게 편지로 뿌쉬낀에게 호감을 가져달라고 부탁했다. 5월에 뿌쉬낀은 그녀의 할아버지의 공장으로 가서 그녀를 만났고, 두 사람은 거기에 비치된 앨범에 시를 썼다. 그러나 약혼식이 열린 후에도 결혼은 계속 미뤄지기만 하였다. 뿌쉬낀은 돈 문제 등 자잘한 일로 장모 될 사람과 티격태격해야만 했는데, 이는 훗날 P. V. 안넨꼬프에게 보낸 편지에서도 확인되는 사실이다. 나딸리야는 대체로 어머니에게 순종하는 편이었지만, 남편이 미치고 집안에 이러저러한 어려움이 닥쳐 어머니의 성격이 변해버렸다는 사실을 잘 알고 있었다. 18세의 나딸리야는 어머니가 불러주는 대로 남편 될 사람에게 편지에 심한 말을 쓸 수밖에 없었지만, 추신에는 잊지 않고 다정한 말을 덧붙였으며, 뿌쉬낀은 이를 이해했다. 뿌쉬낀은 장모 될 사람에게 굽히려들지 않아서, 그녀가 처가의 식구가 되기로 한 이상 뿌쉬낀이 자기를 공경해야 한다고 하자, “그건 딸의 일이고 게다가 나는 당신의 딸과 결혼하는 것이지 당신과 결혼하는 게 아닙니다”라고 대꾸하였다.

하지만 그는 장모 될 사람의 심술에 일일이 맞서지는 않았다. 나딸리야의 어머니는 보석 몇 점을 저당 잡히고 그것을 되찾을 권리를 딸과 뿌쉬낀에게 양도하기는 했지만, 결혼 비용은 한 푼도 도와주지 않았다. 그랬지만 뿌쉬낀은 18세기 이래로 처가에서 소장하고 있었던 예까쩨리나 2세의 커다란 청동상을 25,000루블에 사도록 처가를 위해서 상뜨 뻬쩨르부르그의 관리들을 설득하기도 하였다. 그의 노력은 수포로 돌아갔고, 장인 될 사람으로부터 감사하다는 말도 듣지 못했다.

뿌쉬낀이 아무리 재촉해도 결혼식은 벌써 대여섯 차례나 연기되었다. 원래는 9월에 결혼식을 올릴 예정이었지만 뿌쉬낀의 삼촌 바실리가 1830년 8월에 죽는 바람에 또 6주가 연기되었다. 앞으로 일이 어떻게 풀릴지 몰라 뿌쉬낀은 8월 말, 니즈늬 노브고로드의 볼지노에 있는 새 영지를 돌아보기 위해서 그리로 떠났다.

1830년은 결혼 문제로 뿌쉬낀이 좌절을 겪기도 했고, 그의 문학 생애에서 최초로 그의 아프리카 혈통을 조롱하는 기자와 언쟁을 벌인 해이기도 했다. 뿌쉬낀이 더 이상 문학계의 우상으로 간주되는 처지는 아니었지만, 파제이 불가린Faddey Bulgarin의 인신 공격은 그로서는 뜻밖의 일이었다. 불가린은 젤비ㄲ가 주관하는 『북녘의 꽃들Northern Flowers』과 『문학공보Literary Gazette』에 게재하는 작가들에 대한 비판을 일삼는 기자였다. 불가린은 뿌쉬낀의 아프리카 혈통을 가차없이 헐뜯는다.

그의 조상이 혼혈남인지 혼혈녀인지는 모르겠지만 아무튼 그런 조상을 둔 어떤 시인이 자기 조상이 흑인 왕자였다고 주장한다고 한다. 시청의 한 자료에서 밝혀진 바로는 한 선장과 그의 조수 사이에서 그 흑인의 소유권을 두고 소송이 있었다는데, 선장은 럼주 한 병을 주고 그 흑인을 샀다는 것이다. 한 시인이 그 흑인이 자기 조상이었다는 사실을 시인할 줄을 그 당시에는 그 누가 알았겠는가? 인생무상이로다.

자기 어머니가 혼혈녀라고 암시한 것에 대하여 특히 가슴이 아팠던 뿌쉬낀으로서는 능히 그에게 결투를 신청했음직도 하지만, 불가린이 귀족이 아니었기 때문에 「나의 가계」라는 시를 쓰는 것으로 응수하였다. 이 시가 발행되지 않고 필사본으로만 나돌았던 것은 젤비ㄲ의 권고 때문이었다. 이 시의 주요 표적은 황실 주변의 신흥 귀족들이었는데, 그들의 가문은 뿌쉬낀의 가문에 비하면 일천했고, 뿌쉬낀은 이들이 아첨 등의 비열한 수단으로 귀족의 반열에 오른 작자들이라고 비난했다. 뿌쉬낀은 이 시의 후기에서 불가린의 야비한 비난에 대하여 증조부를 옹호한다.

필라린이 말하기를,
옛날 나의 증조부 간니발은
럼주에 취한 어느 선장에게
헐값에 팔린 흑인이었다네.

저 영광스런 선장은 제국을
거대하고 강력한 반석 위에 올렸고
그의 위대한 **방향타**는
제국 전체를 다스렸다네.

헐값에 팔린 내 증조부는
황제가 두터운 신임으로
황실에서 맞이하였으니
다시는 결코 흑인 노예가 아니라네.

이어서 이 시는 간니발의 아들 이반이 나바리노에서 거둔 승리를 기린다. 「나의 가계」는 특히 황실 주변의 사교계에서 뿌쉬낀의 불길한 변화를 예고하는 시였다. 황제 주변의 귀족들은 뿌쉬낀이 자신의 가문과 그들의 일천한 가문을 비교한 시를 쓴 것에 대하여 결코 그를 용서하려 하지 않았다.

장모 될 사람이 쏟아 부은 모욕적인 언사에 여전히 화가 나 있었지만, 뿌쉬낀은 모스끄바를 떠난 후에 나딸리야에게 편지를 보냈다. "아마 어머니가 옳을 거요. 잠시나마 내가 태어나 행복을 맛보리라고 생각했던 것은 나의 오산이오. 아무튼 당신은 자유의 몸이오. 내 입장을 말하자면, 맹세코 나는 당신만의 소유이고 결코 결혼은 않겠소." 그러나 그의 이 영원한 사랑의 맹세는 그가 쁠레뜨네프에게 보낸 편지의 내용과는 상반된다. 이 편지에서 뿌쉬낀은 자신이 불행에 빠져 결혼한 남자의 걱정거리와 독신 생활의 매력을 곰곰이 생각해보게 되었노라고 적었다. 결혼식이 계속 연기되어 좌절감을 맛보기도 했지만, 뿌쉬낀은 볼지노에서 알찬 가을을 보낼 수 있었다(이후에도 뿌쉬낀은 가을철에 볼지노를 두 번 더 방문했지만 그때마다 결실을 거두었다).

볼지노

볼지노는 허물어져 가는 몇 채의 집들과 교회가 하나 있는 지저분하고 울적한 마을이었다. 그 주변은 나무도 풀도 별로 없는 평평한 평야가 둘러싸고 있었다. 1830년 9월 29일 쁠레뜨네프에게 보내는 편지에서 뿌쉬낀은 "여기서 한 달을 보냈지만 사람이라고는 그림자도 보지 못했습니다"라고 적었다. 10월 11일, 울적한 심정으로 나딸리야에게 보낸 편지에서 그는 그들의 결혼이 점점 멀어져 가고 자기는 '진창과 전염병과 불길'뿐인 시골에서 외롭게 지내며, "볼지노는 절해고도와도 같다"고 적었다.

뿌쉬낀은 대여섯 차례나 그를 고립시키는 이 격리된 곳에서 벗어나 보려고 했지만 허사였다. 길마다 경비병들이 주둔하여 전염병을 옮기지 못하도록 사람들의 이동을 막고 있었고, 뿌쉬낀이 사정해도 이들은 막무가내였다. 11월 5일, 뱌젬스끼에게 보낸 편지에서 그는 특유의 신랄한 어조로 니즈늬 노브고로드의 황야에 갇혀버린 자신의 불행한 신세에 대하여 적었다. "제 신세는, 들어갈 때는 잘 들어가지만 거칠거칠하여 빼기는 힘든, 엉덩이에 박힌 고깔 모양의 전나무와도 같습니다." 그는 소 떼만이 다니는 보잘 것 없는 진창길을 혐오하기도 했고 여기서 좌절감을 느끼기도 했지만, 그의 고립은 다행스러운 면도 있었다. 12월 9일, 쁠레뜨녜프에게 보낸 편지에서 시인한 것처럼 뿌쉬낀은 오랫만에 글을 쓰기 시작했던 것이다.

그 해 가을에는 그의 천재성이 흘러 넘쳤다. 그는 『예프게니 오녜긴』의 마지막 몇 장들을 마쳤을 뿐만 아니라 「작은 비극들Little Tragedies」에 실린 주옥같은 네 편의 무운시들, 「인색한 기사The Miserly Knight」, 「모차르트와 살리에리Mozart and Salieri」, 「돌 손님The Stone Guest」, 「역병 중의 잔치 The Feast During the Plague」를 썼다. 이 밖에도 픽션이 가미된 『벨낀의 이야기들The Tales of Belkin』을 썼는데, 이 작품은 레프 똘스또이를 비롯한 후세의 러시아 소설가들에게 큰 영향을 끼쳤다. 그는 또한 「꼴롬나의 작은 집The Little House at Kolomna」이라는 서사시와 30편의 단시를 썼다.

뿌쉬낀은 성년에 이른 후 거의 한 해도 거르지 않고 『예프게니 오녜긴』을 집필했고, 이 작품을 탈고한 날, 그는 이렇게 적었다.

1823년 5월 9일 끼쉬뇨프에서

1830년 9월 25일 볼지노까지

7년 4개월, 곧 167일

뿌쉬낀 자신이 이 시와 더불어 성장했다고 해도 과언이 아니다. 이 시의 서정성은 일관된 것처럼 보이지만 렌스끼의 죽음 이후의 여덟 개의 장에서는 그 감정의 폭이 바이런의 『돈주앙』을 능가한다. 구조적으로 볼 때 제8장은 이 작품에서 가장 독창적이다. 여기에는 바이런에서 따온 제명題銘이 있다.

그대여 안녕, 이것이 영원이라면,
정녕코 영원이라면, 그대여 안녕.

애조를 띠고 있는 이 제명은, 뿌쉬낀이 앞장의 말미에서 약속했던 것처럼, 8장이 예프게니가 아니라 '시의 여신 뮤즈가 최초로 그의 작은 방에 불을 지펴주었던' 뿌쉬낀 자신의 학창시절에 대한 회상으로 시작된다는 사실로 설명될 수 있다. 그는 사춘기 시절 떠들썩한 잔치를 벌이면서도 여신의 존재를 느꼈었다.

젊은이들은 나의 뮤즈를 악귀처럼 좇았지만,
나는, 변덕스런 뮤즈 아가씨를 옆구리에 끼고,
오만하게 친구들과 어울려 술에 취했다.

볼지노에서 뿌쉬낀은 그토록 원했지만 좌절감만을 주는 결혼이 성사되기를 고대했다. 하지만 『예프게니 오녜긴』에서 그는 시를 쓸 때 한결같이 가장 큰 인생의 즐거움을 느낀다는 것을 시인한다. 까프까즈와 몰다비아에서 유배생활을 하면서 그곳의 부족들과 어울릴 때나 홀로 정원을 거닐 때나 뮤즈와 더불어 있었다는 것을 적고 나서, 그는 자신감에 찬 필치로 상뜨 뻬쩨르부르그에 있는 어느 거창한 무도장을 묘사한다. 뿌쉬낀은 거기에서 순교자의 자존심을 띤 것 같기도 하고 심술에 찬 것 같기도 한 어떤 낯선 사람을 그리는데, 그는 26세의 오녜긴으로서,

　　지위도, 직장도, 부인도 없어
　　삶의 목적을 찾을 수 없었다.

　어렵사리 이야기를 진행시키다 보면 뿌쉬낀은 자신이 걸어온 삶을 되돌아보게도 되고, 순탄한 길을 걸어 '50의 나이에 훌륭한 사람으로 존경받는' 운 좋은 보통 사람들을 부러워하게도 된다. 엘리자베따 히뜨로바에게 보낸 편지에서 뿌쉬낀은 결혼 후 자신도 그런 사람들처럼 되기를 꿈꾼다고 털어놓은 바 있었다. 이런 생각을 할수록 더욱더 우울해질 뿐이어서, 뿌쉬낀은 화려한 문체의 시에서도 이를 감출 수는 없다.

　　아, 서글프다. 그 활기 넘치던 청춘은
　　덧없이 사루어지고,
　　시시각각 우리는 청춘을 배반했고
　　청춘은 청춘대로 우리를 속였다.
　　우리의 멋진 저 모든 포부도,
　　우리의 빛나는 꿈과 영감도,
　　하루하루 시들어버렸다.

　이처럼 환멸감을 느끼는 예프게니는 여행에 싫증을 느끼고 상뜨 뻬

　　　　　　　　　　　　　　　　　　　　　　　　제12장_볼지노

쩨르부르그로 돌아온다. 한 파티장에서 그는 따찌야나를 닮은 대단한 미녀를 보게 된다. 그녀의 우아함에 경탄한 그는 곁에 서 있는 한 공작에게 그녀가 누군가고 묻는다. 그러자 그 공작은 예프게니를 그녀에게 소개시켜주는데, 놀랍게도 그녀는 바로 따찌야나이고 그 공작은 그녀의 남편이다. 따찌야나 공작부인은 놀랍게도 그를 보고도 전혀 동요하지 않는다. 무엇보다도 그녀의 세련된 태도 때문에 오히려 예프게니가 혼란에 빠진다. 다음 날 그가 그녀를 찾아가자 그녀는 혼자이면서도 침착하기는 매한가지이다. 저녁에는 여전히 우아하고 자신감에 찬 태도로 그녀는 손님들을 영접한다. 그가 기억하고 있는 무모하고 감정에 치우치는 따찌야나의 모습은 어디에서도 찾아볼 수 없다. 이처럼 돌변한 모습에 압도된 예프게니는 사랑에 빠지게 된다.

그녀는 그가 무엇을 하든
아무런 관심도 보이지 않았다.
집에서는 그를 태연히 맞아주고
공석에서는 한두 마디만을 건넬 뿐.

그녀의 관심을 끌지 못해 풀이 죽은 예프게니는 하는 수 없이, 그녀가 전에 그랬던 것처럼, 그녀에게 연애편지를 써보낸다. 연이어 보낸 그의 편지에 그녀의 답장이 없고, 우연히 그녀를 만나도 그녀는 거만하게 그를 무시한다. 겨울이 봄으로 바뀌어도 오녜긴은 한때 자기가 거부했던 여자로 인해 절망에서 헤어날 수가 없다. 그녀는 이제 너무도 오만한 숙녀로 변해버린 것이다. 어느 날 그가 불시에 그녀를 방문

하는데, 따찌야나는 울고 있고 그녀의 앞에 그의 편지가 보인다. 그는
그녀의 면전에서 무릎을 꿇는다. 이윽고 그녀가 말한다.

이제 됐어요. 일어나세요.

이젠 솔직하게 말씀드리죠.

오녜긴, 아직도 당신은

그 공원, 그 오솔길을 기억하나요?

거기서 우리는 운명적으로 마주쳤고

나는 온순한 양이 되어 당신 설교를 들었죠.

이제 제가 말씀드릴 차례이군요.

　슬기로우면서도 서럽게 그녀는 예프게니가 그녀를 거부했을 때, 자
기는 더 젊었고 아마도 더 아름다웠으며, 그를 열렬히 사랑했었다는
사실을 지적한다. 이제는 무엇 때문에 그가 자기를 쫓아다니는지 궁금
하다는 것이다. 신분인가, 남편의 명예인가, 아니면 호화 저택 때문인
가? 그런 것들은 그녀에게 아무런 의미도 없고, 그녀는 기꺼이 그 모든
것들을 버리고 쓰라린 심정으로 기억하는 그 옛날을 택하겠다는 것이다.

우리들의 행복은 손에 닿을 것만 같았는데,

그토록 가까이에 있었는데.

　그리고 나서 따찌야나는 솔직히 시인한다.

당신을 사랑한다는 걸 왜 내가 숨기겠어요?

하지만 난 이제 다른 이의 아내로

내 평생을 그에게 바치렵니다.

훗날 러시아의 현대 여류 시인 마리나 쯔베따예바^{Marina Tsvetayeva}는 6세 때 눈물을 글썽이며 위 구절을 읽고, 그것을 평생 동안 가슴에 새겨두었다고 한다. 따찌야나가 옛 추억을 아직도 잊지 못하고 있다고 솔직하게 시인한 사실 자체가 감동적이다. 결국 따찌야나의 영혼은 변치 않고 있었던 것이다. 불행하고, 자부심이 있고, 한결같이 아름다우며 유혹에 넘어가지도 않는 그녀는 아마도 이상적인 구원의 여성상이리라. 결혼을 앞둔 지난 몇 달 동안 뿌쉬낀이 그처럼 고결한 여성상을 간직하고 있었다는 사실은, 그가 실제로는 비록 이보다 훨씬 못한 여자를 선택하긴 했지만, 시인으로서의 그의 안목이 퇴색하지 않았음을 반증한다.

볼지노에서 가을을 보내며 뿌쉬낀이 달성한 작업은 『예프게니 오녜긴』의 클라이맥스 부분만이 아니다. 5부작으로 구성된 『벨낀의 이야기들』이 9월 9일부터 10월 14일에 걸쳐서 쓰였다. 산문이라면 리차드슨, 루소^{Jean Jacques Rousseau}(1712~1778, 제네바에서 태어난 프랑스의 철학자 · 작가 ─옮긴이), 혹은 까람진 등을 떠올렸던 러시아 독자들은 이 5부작을 최초로 접하고 황당하다는 반응을 보였다. 가령 까람진의 『불쌍한 리자^{Poor Liza}』는 귀족에게 꼬임을 당한 농가 출신 소녀가 버림받고 스스로 물에 뛰어드는 얘기를 다룬다. 뿌쉬낀의 이야기는 어느 면으로 보나 혁신적이었다.

시는 적어도 훌륭한 산문의 장점을 가지고 있어야 한다고 말한 바 있는 현대 미국 시인 에즈라 파운드_{Ezra Pound}(1885~1972, 미국의 시인으로서 한 때 무솔리니의 파시즘에 동조한 적이 있다 — 옮긴이)라면 아마도 뿌쉬낀의 '꾸 밈없는 소박함'을 찬양했을 것이다. 그의 이야기들은 간결한 문장에 인 유가 거의 없다는 특징을 가지고 있고, 우리가 살펴보게 될 두냐의 이야 기에서처럼 종종 풍자를 구사하기도 한다. 그의 5부작은 모두 시골 지 주인 이반 벨낀_{Ivan Belkin}의 작품으로 돼 있고, 뿌쉬낀 자신은 그의 편집 인으로 소개되어 있다. 그런데 벨낀도 이야기들을 만들어낸 사람이 아 니라 그 기록자에 불과한 것으로 되어 있다. 뿌쉬낀의 적 불가린을 포 함한 몇몇 비평가들은 이 5부작이 '일고의 가치도 없는' 졸작이라고 혹 평했다.

하지만 현대의 독자들이라면 이 5부작이 이상하게도 감동적이라고 느낄 것이다. 각 이야기의 교묘한 전개는 자연스러우면서도 필연성을 띤다. 뿌쉬낀은 플롯의 효능을 본능적으로 이해하고 있었던 것이다. 두 번째 이야기 「눈보라」를 예로 들어보자. 이 이야기에서 마리야_{Mariya}와 블라지미르_{Vladimir}는 사랑의 도피행각을 벌인다. 심한 눈보라가 몰아치 는 가운데 블라지미르는 숲 속에서 길을 잃고 엉뚱한 길로 접어든다. 그 는 악몽을 꾸고 있는 사람처럼 필사적으로 마리야가 기다리고 있을 마 을의 교회를 찾으려 했지만 허사였다. 다음 날 마리야는 몸져눕고 혼수 상태에서 2주 동안 당황하는 부모의 간호를 받는다. 그녀가 회복하자 안도한 부모는 블라지미르에게 결혼을 승낙한다는 편지를 써보낸다. 그러나 그들이 받은 것은 환희에 찬 답장이 아니라 어처구니없는 통지 였다. 그가 군에 입대했는데, 얼마 후에 전장에서 죽었다는 것이다.

3년의 애도 기간을 보낸 처녀는 여러 번의 청혼을 받지만 모두 거절한다. 그러다가 그녀는 자기도 모르게 26세의 젊은 대령에게 마음이 끌린다. 그도 사랑을 고백하지만 둘 사이에는 극복할 수 없는 장벽이 있다고 말한다. 사실은 그가 어느 날 밤 눈보라 속에서 길을 잃고 어떤 교회에 이르게 되었는데, 거기에는 웬 예쁜 처녀가 약혼자를 기다리다가 혼수상태에 빠져 있었다. 그를 약혼자로 오인한 신부 때문에 그는 엉겁결에 신랑 노릇을 하지만, 결혼식이 끝나고 나서야 사실이 밝혀지게 된다. 그래서 그는 잘 알지도 못하는 부인에게 매인 신세가 돼버린 것이다. 그런데 그 처녀는 다름 아닌 마리야 자신이었고, 이로써 모든 구혼자들에 대한 그녀의 냉담한 태도가 설명되는 것이다.

네 번째 이야기 「역참지기The Postmaster」에서는 한 나그네가 수수한 여관에 투숙하는데 여관 주인은 역참지기이다. 그 나그네는 식사 시중을 드는 역참지기의 딸 두냐Dunya와 자연스럽게 대화를 나누게 된다. 벽에는 누가복음에 나오는 〈돌아온 탕자〉의 그림이 걸려있다. 떠나면서 그는 두냐에게 키스를 청하고, 훗날 "여러 번 키스를 해보았지만 그처럼 감미롭고 오래 기억되는 키스는 없었다"고 회상한다.

몇 년 후 그 나그네는 그 여관에 다시 들렀는데, 집은 허물대로 허물어 있었고 역참지기는 전보다 훨씬 더 늙어 보였다. 두냐가 어찌 되었느냐는 물음에 역참지기는 말하기를 꺼리다가 이윽고 털어놓는다. 검은 콧수염을 기른 어느 잘생긴 젊은 경기병이 여관에 투숙했다가 몸져 눕자, 두냐가 그를 간호하게 되었다. 회복된 그는 썰매를 준비시키더니 그 길로 두냐와 함께 교회로 가서 결혼식을 올렸고, 그 후로 두냐는 종적을 감췄다는 것이다.

딸을 찾아 데려오기로 마음먹고 역참지기는 어느 날 상뜨 뻬쩨르부르그로 떠난다. 그 젊은 경기병을 손쉽게 찾을 수 있었는데, 그는 아주 뻔뻔스러웠다. 그는 역참지기에게 돈을 좀 쥐어주며 그를 길거리로 내쫓는다. 다음 날 역참지기가 다시 찾아가 보니 딸은 아주 호사스러운 옷을 걸치고 있다. 그녀는 아버지를 보고 놀라 자빠지지만 역참지기는 또다시 강제로 내쫓긴다.

이 흔한 얘기는 그러나 결말에 이르러 아이러니가 등장한다. 즉 '방탕한 딸'이 벌받거나 용서받는 뻔한 귀결이 아니고, 오히려 아버지가 술에 취해 죽게 되는 것이다. 몇 년 후 그 나그네가 여관이 있던 그 마을의 한 농부로부터 들은 얘기로는, 어떤 부인이 아이들과 함께 호화로운 마차를 타고 와서 역참지기가 죽었다는 소식을 듣고는 돈 몇 푼을 주면서 그의 무덤을 일러 달라고 했다는 것이다. 그처럼 부도덕한 두냐가 아무런 벌도 받지 않았던 것이다.

첫 번째 이야기인 「발사The Shot」에서는 유명한 사격수 실비오Sylvio의 일화가 소개된다. 결투 상대방이 죽음이 두렵지 않다고 허세를 부리는 바람에 화가 난 실비오는 상대방에게 쏠 권리를 아껴두었다가 몇 년 후에 써먹기로 한다. 실비오가 말한다. "제 놈이 결혼식 초야에 죽음을 맞을 때에도 하찮은 일을 대하듯 태연한지 두고 보리라." 이 이야기를 읽으며 자연스럽게 떠오르는 것은 오데싸에서의 뿌쉬낀의 처신이다. 이 이야기가 창작이라면 이건 뿌쉬낀 자신의 경험이 가미된 것이 아닐까 하는 생각이 든다. 뿌쉬낀은 결혼을 목전에 두고 이 이야기를 쓰고 있었던 것이며, 따라서 자신의 앞날을 예고하고 있는 듯한 섬뜩한 느낌이 다시 한번 드는 것이다. 이 이야기에는 숨막힐 듯한 긴장감이 도사려 있고, 원래 계획과는 달리 초상화에다 대고 총을 쏘지만, 그래도 여전히 주인공의 가학적 충동이 충족되는 것이다.

뿌쉬낀이 볼지노에서 가을을 보내며 쓴 작품들 중에서 가장 뛰어난 걸작은 네 편의 무운시로 구성된 「작은 비극들」이다. 많은 독자를 가진 이 무운시들은 시로서도 뛰어날 뿐만 아니라 드라마로서도 성공작이라 할 수 있어, 드라마로서 성공을 거두지 못한 〈보리스 고두노프〉와 비교된다. 앤토니 우드 Antony Wood 는 〈보리스 고두노프〉를 가리켜 "러시아 역사의 고동이 들린다"고 평했지만, 이러한 평가는 이 작품이, 셰익스피어의 역사극에서 다루는 문제가 보편성을 띠었던 것과는 달리, 러시아에 국한된 문제만을 다루고 있다는 반증이 된다. 「작은 비극들」에 수록된 「인색한 기사」에서는 한 구두쇠와 가난한 아들 사이의 충돌이, 「모차르트와 살리에리」에서는 천재에 대한 범인의 질시(이는 훗날 샤퍼 Shaffer 의 〈아마데우스〉의 주제이기도 하다)가, 「돌 손님」에서는 추방당했다 돌아온 돈주앙과 영주의 조상彫像과의 해후가, 「역병 중의 잔치」에서는 자포자기에 빠진 역병의 생존자들이 벌이는 술잔치가 다루어진다.

「작은 비극들」에 수록된 네 작품들 중에서 세 작품들은 영국작가들, 즉 존 윌슨 John Wilson (1785~1854, 스코틀랜드의 작가 — 옮긴이), 윌리엄 쉔스톤 William Shenstone (1714~1763, 영국의 시인 — 옮긴이), 그리고 영국에서는 잘 알려져 있지 않은 배리 콘월 Barry Cornwall (1787~1874, 필명은 배리 프록터 Barry Proctor 로 바이런, 키츠, 레이 헌트 Leigh Hunt 의 친구이다)의 작품들을 모태로 한 것들이다. 콘월의 「극적 장면들 Dramatic Scenes」은 앞선 이야기의 진행 없이 드라마의 클라이맥스만을 소개하는 단편들의 모음집이다. 「극적 장면들」은 1829년 파리에서 발행되었는데, 같은 해에 뿌쉬낀이 이를 읽었다. 뿌쉬낀은 1830년의 마지막 몇 달 동안 원작을 개작하여 원작을 능가하는 작품을 구성했던 것이다.

「돌 손님」은 자서전적 요소가 뚜렷이 엿보이므로, 「작은 비극들」에 수록된 작품들이 쓰인 순서나 성공 여부를 무시하고, 이 작품부터 언급하려 한다. 이 작품은 분명 뿌쉬낀의 삶과 아주 유사하다. 모차르트의 오페라에서와는 달리 이 작품에서는 돈주앙이 시인으로 등장하고 여주인공 도나 안나Dona Anna의 아버지가 아니라 죽은 남편이 영주로 등장한다. 보다 중요한 사실은, 20세기의 위대한 시인 안나 아흐마또바Anna Akhmatova가 1958년에 언급했듯이, 뿌쉬낀도 결혼 초야에 돈주앙과 같은 자신의 인생을 회고했다는 것이다. 모차르트의 오페라에서는 혼란에 빠진 여주인공 안나가 돈주앙을 만나기 전 처녀로 그려져 있다. 「돌 손님」에서는 도나 안나가 미망인으로 나오는데, 그녀는 남편 돈 알바로Don Alvaro를 스스로 선택했던 것이 아니라 돈에 눈이 어두운 어머니의 강요에 못 이겨 결혼했었다. 이 작품은 돈주앙이 유배지로부터 금지된 귀향을 감행하는 장면과 더불어 죽은 남편의 무덤을 찾아 예를 올리는 도나 안나의 묘사로 시작된다. 자기보다 훨씬 젊은 아름다운 부인의 남편이 되기를 고대하면서도 그녀가 자기를 사랑하지는 않는다고 생각했던 뿌쉬낀으로서는 자신과 돈 알바로의 처지가 흡사하다고 간주했을 것이다. 뿌쉬낀은 돈주앙의 옛 애인을 떠맡은 돈 카를로스Don Carlos의 목소리를 빌어 늙어 가는 것에 대하여 생각해 본다.

그대는 젊소 …… 5, 6년이 지나도 그대는 여전히 젊겠지.

6년이 지나도 사내들이 그대 주변에 몰려들어

그대에게 아부하고 애무하며 선물을 뿌려대겠지 ……

하지만 좋던 시절 가버려 그대 눈동자 움푹 꺼지고

눈꺼풀은 쪼그라들고 백발이 성성할 때,

그대가 늙었다 외면 당하면 — 아, 어찌 할까?

이 작품의 핵심적인 장면들은 돈주앙이 망설이는 도나 안나를 끝내 설득하는 장면들이다. 『리차드 3세Richard III』에서처럼, 돈주앙은 자기가 그녀의 남편을 죽였지만 그녀를 사랑하기 때문에 양심의 가책을 느끼지 않는다고 털어놓는다. 그녀는 그가 믿음 없는 난봉꾼이라는 사실을 잘 알면서도 그가 늦은 밤에 그녀를 찾아오도록 허락한다. 돈주앙은 돈 알바로의 동상을 만찬에 초대하는데, 이것은 모차르트 오페라의 줄거리와 일치한다. 동상이 도착하여 돈주앙을 죽이려고 하자, 돈주앙은 동상의 차가운 손을 잡으며 태연히 말한다. "와주셔서 기쁩니다."

이 무렵 뿌쉬낀은 대단한 정력으로 글을 쓰고 있어서 삶에 싫증을 느낄 겨를이 없었다. 하지만 그가, 우샤꼬바의 앨범에 적힌 목록이나 그의 부인이 될 여자가 113번째 여자라고 주장한 것으로 미루어 보면, 돈주앙이라는 인물을 더 이상 다루지 않으려고 했던 것으로 보인다. 프랑스 소설가 벤야민 콩스탕Benjamin Constant의 주인공 아돌프Adolphe의 세속적이고 나태한 성격이 오녜긴의 여러 모델 중의 하나라고 주장한 바 있는 현대 시인 안나 아흐마또바는 아돌프의 발언들이 「돌 손님」에 그대로 인용되고 있다는 사실을 지적한다.

「인색한 기사」 역시 자서전적 요소가 많은 작품이다. 뿌쉬낀은 이 작품이 윌리암 첸스톤William Chenstone(혹은 쉔스톤Shenstone)이라는 영국 극작가의 작품에 근거하고 있다고 주장하였다(이 영국 작가의 작품들 중에는 「인색한 기사」라는 제목의 작품이 없었지만). 이 작품의 젊은 주인공의 상황은 한때 뿌쉬낀의 처지와 유사하여, 그는 아들인 자신의 행복보다도 황금을 중요시하는 아버지에 대해서 적개심을 느낀다. 아버지인 남작 편에서 보면 자기가 죽어야만 신용을 회복할 수 있는 아들을 당연히 불신할 수밖에 없는 것이다. 고리대금업자 솔로몬Solomon이 아버지를 독살하라고 제의하자 아들은 이를 거부하며 분개하는데, 이는 그 악당이 자신의 어렴풋한 생각을 명백하게 대변했기 때문이다. 이 희곡에서 압권으로 꼽히는 대사는 황금에 거의 성적 애착을 느끼며 도취감에 젖어 흥분하는 아버지의 대사이다. 그리고 이 작품의 클라이맥스는 탐욕스러운 노인이, 자기가 모시는 왕의 명령으로 자식의 분노를 직시하면서, 황금이 든 금고의 열쇠를 쥔 채로 무기력하게 죽어 가는 장면이다. 황금도 죽음에서 그를 구해주지는 못하는 것이다.

「모차르트와 살리에리」는 4부작 중에서 두 번째로 완성된 작품이다. 일설에 의하면, 임종을 맞은 살리에리가 자신이 모차르트를 독살했다는 사실을 고백했다고 하는데, 이 작품은 이를 다루고 있다. 뿌쉬낀은 살리에리의 이야기를 얼마 동안 유념하고 있었던 것으로 보인다. N. L. 바라띤스까야Baratynskaya에게 보낸 E. A. 바라띤스끼Baratynsky의 편지에는, 오페라 〈돈 조반니〉를 보고 돌아온 직후, 까람진의 집에서 나눈 뱌젬스끼와 뿌쉬낀 사이의 대화가 소개된다. 뱌젬스끼는 이제 뿌쉬낀이 「모차르트와 살리에리」를 쓸 차례라고 하면서, "역사적으로 정확한 사실은 아닐지도 모르지만, 이건 대단한 드라마의 주제가 될 걸세"라고 말했다는 것이다. 같은 편지에서 바라띤스끼는, 뿌쉬낀이 오래 산다면 그렇게 하겠다고 응답했고, 좌중의 한 사람이 라파엘, 모차르트, 그리고 바이런이 모두 37세에 죽었다고 말하자 뿌쉬낀이 이렇게 말했다고 적고 있다. "그게 천재들에게는 운명적인 나이일까요? 보세요, 괴테는 그 운명을 피했단 말입니다."

모차르트를 그리면서, 뿌쉬낀은 가벼운 마음으로 즐거움을 찾고, 술집에서 〈알고 있는 그대 Voi che sapete〉의 가락을 뜯는 눈 먼 풍각쟁이에게 화도 내지 않는 너그러운 음악가와 자신을 동일시했을 것이다. 그리고 또 자기를 신이라고 찬양하는 살리에리의 말을 듣고 "거룩한들 난 굶고 있다네"라고 응수한 가난한 천재와 자신을 동일시했을 것이다. 뿌쉬낀의 작품에는 모차르트에 관해 널리 알려진 일화들이 묘사되는데, 모차르트에게 찾아와 장송곡을 청하고 흔적도 없이 사라지지만 작곡가의 뇌리에서 사라지지 않는 검은 옷의 남자에 관한 이야기도 소개된다. 살리에리의 동기를 묘사할 때는 단순히 범인의 천재에 대한 질시 이상의 미묘한 감정이 그려져 있는데, 그것은 곧 자기 자신의 완고함을 인식하지 못하는 한 인간의 증오심이다. 뿌쉬낀 자신도 매사를 심각하게 받아들이는 주변의 많은 사람들을 당혹케 했었다. 뿌쉬낀은 자신이 무책임하기는 하지만 근본적으로 선량하다고 생각했고, 이와 같은 자각은 결혼을 앞둔 몇 년 동안 여러 작품들에서 확인된다. 살리에리가 의아하게 생각했던 점도 사람들의 말을 잘 믿어주는 모차르트의 심성이었다. 이 작품에서 모차르트는 말한다. "천재와 악행은 병행하지 않는다네."

뿌쉬낀은 경솔하고 성적으로 문란하기는 했지만 악행을 궁리하는 것과는 거리가 먼 너그러운 성품의 소유자였다. 그는 사실을 있는 그대로 전하려 했고, 살리에리라는 인물의 묘사를 즐기면서도 그를 중상모략하는 것은 아닌지 괴로운 심정이 들기도 하였다. 1832년 뿌쉬낀은, 자신의 픽션에 면죄부라도 주려는 듯, 이렇게 덧붙였다. "살리에리는 8년 전에 죽었다. 어떤 독일 기자들은 살리에리가 임종시에 자기가 위대한 모차르트를 독살한 끔찍한 죄를 저질렀다고 고백했다고 하였다."

「역병 중의 잔치」도 뿌쉬낀이 볼지노가 콜레라 때문에 격리되었을 때 쓰였다는 점에서 그의 자서전적 사실과 연관을 갖는다. 그는 바로 자기가 사는 마을에서도 죽음이 그토록 많은 사람들의 목숨을 쉽사리 앗아갈 수 있다는 사실을 절감하게 되었다. 이것은 존 윌슨John Wilson의 『역병의 도시 *City of the Plague*』(1816년 탈고, 1829년 발간) 중에서 4막 1장을 번안한 작품이다. 이 작품은 역병을 찬양하는 월싱햄Walsingham의 노래로 유명한데, 이 노래는 전적으로 뿌쉬낀의 창작이다. 현대시인 쯔베따예바Tsvetayeva는 이것이 가장 장엄한 서정시이고, 시는 도덕성과는 무관하다는 것을 입증하는 예라고 극찬한 바 있다. 그러나 이러한 찬사가 뿌쉬낀의 의도를 잘 드러내고 있는지는 분명치 않다. 오히려 그의 의도는 "죽음이 아름다움의 어머니"라고 한 예이츠William Butler Yeats(1865~1939, 아일랜드의 시인 — 옮긴이)의 말이 내포하는 바와 훨씬 더 가깝다. 죽음을 인식하고 있을 때 인간의 살려는 의지는 더욱 강렬해지는 법이기 때문이다. 이 무렵의 뿌쉬낀은 나딸리아와 결혼하겠다는 바람만으로도 살려는 의지에 충만해 있었다.

제
13
장
/

결혼

1830년 12월 5일 모스끄바로 돌아온 뿌쉬낀은 장모 될 사람과 여전히 말다툼을 했고, 친구들과 친지들에게는 약혼이 아직 유효하다는 것을 확인시켜 주어야 했다. 그러던 중 1831년 1월에 그는 아주 충격적인 소식을 접하게 되었다. 이반 뿌쉰 이래로 가장 절친한 친구였던 젤비끄가 뜻밖의 죽임을 당했다는 것이다. 또다시 결혼을 미루어 날짜를 1831년 2월 18일로 잡을 수밖에 없었다. 결혼 날짜가 채 일주일도 남지 않았을 때 친구 N. I. 끄뤼스또프Kriustov에게 보낸 편지에서 뿌쉬낀은 서글픈 심경을 피력하고 있다.

나는 곧 결혼을 하게 되네. 가정할 수 있는 총각 생활의 모든 이점들과 결혼 생활의 불리한 점들을 이미 신중하게 따져 보았지. 나의 청춘은 요란하고 아무런 결실도 없이 흘러가 버렸어. 나는 행복한 적이 없었네. 행복은 평범한 길 속에 있다고 했던가. 내 나이 벌써 서른이 넘었군. 사람들은 서른 살이 되면 대개 결혼을 하지. 아마도 나는 결혼을 후회하지는 않을 걸세. 더구나 나는 열정적으로 사랑한다거나 철부지처럼 상대방에 푹 빠져 결혼하는 것이 아니라네. 나의 미래는 장미꽃 만발한 꽃밭이 아니라 텅 빈 꽃밭처럼 여겨진다네. 슬픔이 찾아와도 놀라지 않을 걸세. 그것은 이미 나의 일과가 돼버렸기 때문이야. 어쩌다 찾아오는 행복은 뜻밖의 덤이겠지.

결혼식은 1831년 2월 18일, 발샤야 니끼쯔까야 Bolshaya Kikitskaya가街에 있는 고색창연한 성당에서 거행되었다. 전날 밤 뿌쉬낀은 나쉬쪼낀의 집시 아가씨가 노래하는 것을 듣고 울었는데, 아마 젤비끄의 죽음을 애도해서였을 것이다. 그의 죽음은, "세상에서 그 누구보다도 가까운 친구"라고 1월 21일 쁠레뜨네프에게 보내는 편지에 썼듯이, 뿌쉬낀에게는 고통스러운 상실이었다. 그 편지에서 그는 또 이렇게 적었다. "나는 슬프고 비참합니다. 내가 누군가의 죽음에 대하여 눈물을 흘리며 애도한 것은 난생 처음입니다."

나딸리야를 신부로 맞이하게 되어 기쁘기도 했지만, 그가 울었던 것은 총각 생활이 끝나는 데 대한 착잡한 심정 때문이기도 하였을 것이다. 신부에게는 지참금이 없었기 때문에 뿌쉬낀은 부득이 그의 영지를 저당 잡힌 돈(38,000루블)으로 결혼 비용을 충당해야 했다. 이 중에서 나딸리야의 혼수감 마련에 즉각 11,000루블을 써야 했고, 결혼식 당일에 그의 장모는 마차 임대비용을 지불해달라고 사람을 보내기까지 했다. 결혼식 중에는 결혼반지가 바닥으로 떨어졌고, 십자가와 성경책도 설교단에서 떨어졌다. 미신이겠지만 뿌쉬낀은 이 불길한 징조들을 보고 자신의 불행한 미래를 예감하였다.

그렇지만 뿌쉬낀은 일주일 후 그의 책의 출판인에게 보내는 편지에서 자신의 행복한 심경을 이렇게 표현하였다. "나는 내 현재의 삶이 변치 않기만을 바랄 뿐입니다. 이보다 더 좋을 순 없을 겁니다. 전혀 새로운 환경에 둘러싸여 다시 태어난 느낌입니다." 뿌쉬낀 부부는 모스끄바의 중심 지대인 아르바뜨Arbat가街의 한 주택에 세 들어 살게 되었는데, 라일락 꽃 무늬의 벽지를 바른 거실이 우아했다. 나딸리야의 말에 의하면, 뿌쉬낀은 결혼 후 아침에 일찍 일어나 외출하여 친구들과 소일했고, 자신은 그가 밤늦게 저녁 먹으러 들어올 때까지 울며 지냈다고 한다.

사교계는 뿌쉬낀이 총각 생활을 마감하는 날, 그를 축하해 주었고, 이들 부부는 어디에서나 초대를 받았다. 2월 22일에는 한 친구의 집에서 성대한 파티가 열렸고, 이어 볼쇼이 극장에서 가면무도회가 열렸다. 결혼 후 9일째인 2월 27일에는 뿌쉬낀 부부가 파티를 열었는데, 그것은 새벽 3시가 돼서야 끝이 났다. 한 손님은 이렇게 소감을 적고 있다. "그들은 손님들을 훌륭하게 대접하였다. 그녀는 쾌활했고, 그들은 한 쌍의 비둘기 같았다. 평생을 술집에서 소일하다시피 했던 뿌쉬낀이 갑자기 한 집안을 꾸려간다는 사실이 모든 이들에게는 이상하게 여겨졌다. 우리는 새벽 3시에 그 집을 떠났다."

"집안을 꾸려간다"는 것은 아마 잘못된 말일 것이다. 처음부터 돈이 문제였다. 뿌쉬낀은 영지를 저당 잡혀 받은 돈 중에서 10,000루블을 어려운 처지에 놓인 친구 나쉬쪼낀에게 주었던 것이다. 이 너그러운 행동은 나쉬쪼낀이 넉넉할 때 뿌쉬낀에게 베푼 이러저러한 친절에 대한 보답일 수도 있고, 제3자가 관련된 돈 거래일 수도 있다. 아무튼 뿌쉬긴은 남은 17,000루블로써 집안을 꾸려나가야 했는데, 이것은 부부가 살림하기로는 턱없이 부족한 돈이었다. 당시 뿌쉬긴과 같은 사회적 신분의 독신자라면, 뿌쉬긴처럼 노름빚도 없고 검소하게 살더라도, 1년에 6,000루블 이상이 필요했던 것이다. 게다가 뿌쉬긴은 부인의 혼수 비용으로 충당했던 11,000루블을 장차 장도로부터 받을 빚으로 생각했지만, 그것은 터무니없는 오산이었다는 것을 이내 알게 되었다.

3월 26일 옛 친구 엘리자베따 히뜨로바에게 보낸 편지에서 뿌쉬긴은 '부산하고 성가셨던' 지난달에 대하여 언급하고 나서 이렇게 단언하였다. "모스끄바는 무無의 도시입니다. 그 출입문에는, '여기에 들어오려는 자는 그 누구라도 모든 지성을 버릴지어다'라고 씌어있죠." 그리고는 언제나처럼 히뜨로바의 살롱에 가지 못한 데 대하여 과장된 변명을 늘어놓았다. 모스끄바에서 벌어지는 이러저러한 일들에 대해서는 성가셔 하면서도, 뿌쉬긴은 쁠레뜨네프에게 보낸 편지에서 "아담한 부인이 외모만 매력적인 것이 아니다"라고 분명히 적고 있다. 그러나, 시몬스에 의하면, 뿌쉬긴의 외모는 모스끄바 재담가들의 표적이 되어 그들은 이들의 결혼을 "미녀와 야수"의 결합이라고 비아냥거렸다(동화가 해피 엔딩이라는 것을 감안하면 잘못된 비유이기는 하지만). 뿌쉬긴의 여러 친구들은 나딸리야가 경박한 궁정 생활을 동경하는 반면, 뿌쉬긴이 결혼 생활로 인하여 글을 쓸 시간을 갖지 못하게 되는 것이 아닌가 하고 우려하였다.

그의 장모는 딸에 대한 간섭을 그치려 하지 않아서, 딸을 꼬드기기도 하고 남편의 처신에 대한 추문들을 들려주기도 하였다. 그와 나딸리야가 모스끄바를 떠난 후인 1832년 6월 26일, 뿌쉬긴은 분을 참지 못하고 장모에게 편지를 보냈다. "나의 아내는 내가 가증스럽고, 욕심 사납고, 악독한 고리대금업자라는 등 온갖 험담과 더불어 '남편을 그냥 내버려두면 넌 바보야'라는 얘기도 듣는다는군요. 장모님, 이건 이혼을 부추기는 얘기가 아닙니까. 남편이 나쁜 놈이라는 데 웃고 넘어갈 아내가 어디 있습니까. 내 선택을 받아들이는 것은 나의 의무입니다. 32세의 남자를 좌지우지하려 드는 것은 18세의 여자가 할 일이 아니란 말입니다." 뿌쉬낀이 모스끄바를 떠나 다른 곳에서 가을을 보내려 한 것은 무엇보다도 장모의 간섭을 피하기 위해서였다. 가을은 그의 창조력이 가장 왕성한 때인데, 아내와 단 둘이 있으면 더더욱 그럴 것 같았다.

결혼한 지 3개월이 채 지나지 않은 1831년 5월 15일 뿌쉬낀 부부는 모스끄바를 떠나 짜르스꼬예 셀로로 가서, 쁠레뜨네프의 주선으로 비교적 싼 별장에 세 들어 살게 되었다. 뿌쉬낀은 나딸리야와 더불어 거기에서 5개월 동안 행복한 나날을 보내는 동안, 잔잔하게 부인에 대한 사랑이 깊어감을 느꼈다. 그는 그녀의 뛰어난 미모를 페루기노^{Perugino}(1446~1523?, 이탈리아의 화가 — 옮긴이)의 마돈나에 비교하였다. 하지만 그는 결혼에 대해서는, "그것이 내 평생 최후의 어리석은 짓이라고는 생각지 마시오"라고 말한 것처럼, 여전히 진지하지 못한 견해를 견지하고 있었다.

재정적으로 궁핍한 나날들이 이어졌다. 뿌쉬낀은 항상 낭비벽이 있었고, 남편으로서의 책임감을 진지하게 받아들이기는 했지만, 나딸리야의 기대치를 충족시킬 수는 없었다. 모스끄바의 빚쟁이들이 그를 괴롭히기 시작하여, 나쉬꼬낀을 대리인으로 보내 그들과 타협을 보기도 했지만, 재촉이 심한 채권자들에게는 장모의 보석을 전당 잡힌 돈으로 빚을 갚아야 했다. 집안을 꾸려나가는 일은 전적으로 뿌쉬낀의 책임이었다. 나딸리야는 뿌쉬낀 못지않게 낭비가 심했고, 가사 일에는 그의 어머니 이상으로 형편없는 주부였다. 뿌쉬낀은 그녀를 응석받이처럼 대해 주었다.

뿌쉬낀의 많은 전기 작가들이 분개하며 지적하는 것은 생계에 필요한 돈을 벌려고 애쓰는 것은 뿌쉬낀이고 나딸리야는 그 문제에 거의 관심이 없다는 사실이다. 또 뿌쉬낀의 친구들이 그녀가 이해할 수 없는 문학에 관한 주제들을 가지고 열변을 토할 때 그녀가 이상하게 생각하고 싫증을 느끼는 것은 그리 놀라운 일도 못 된다. 그녀는 시 낭송을 듣는 데에 재미를 못 느꼈고, 뿌쉬낀의 몇몇 친구들이 (특히 얼마 후에 스미르노바Smirnova라고 불린 총명하고 매력적인 구족 가문의 처녀 A. O. 로쎄트Rosset가) 자기를 바보라고 생각한다는 것도 잘 알고 있었다. 뿌쉬낀이 하루 종일 서재에 틀어박혀 밤늦도록 작업을 할 때면 소일거리도 없는 그녀는 외로움을 느낄 수밖에 없었다. 뿌쉬낀은 자기 탓만 할 뿐 그녀에게 바라는 것은 아무것도 없었다. 그는 여성들이 문학에 둔감하다는 확신을 가지고 있었다. "여자들은 유행가나 쿠르고, 아주 자연스러운 시구나 그 운율을 왜곡시키고 각운을 망친다. 그들이 문학 작품에 대하여 평하는 것을 들어보면 엉뚱한 데다 이해력이 전혀 없어 그저 놀랄 따름이다. 그들에게서 예외는 거의 찾을 수 없다." 그런 예외적인 부인을 기대했던 것은 아니었기 때문에 뿌쉬낀은 자기 작품에 대한 나딸리야의 무관심을 불평하지는 않았다. 그러면서도 그는 바보같이 그녀가 작가로서 자신을 존경해주기를 바라는 마음은 버릴 수가 없었다.

처녀시절의 나딸리야는 어머니의 말에 순종하고, 자발적으로 어머니를 돕기도 하였다. 결혼 초기의 그녀는 남편을 기쁘게 해주려고 애쓰기도 하였다. 오늘날까지도 이들의 타원형 영접실의 탁자 위에는 나딸리야가 쓴 원고들이 남아 있는데, 당시에는 발표되지 않았던 「콜롬나의 집House at Kolomna」, 그녀가 곱게 베껴 쓴 「예까쩨리나 2세의 비밀쪽지Secret Notes of Ekaterina Ⅱ」, 「토론 일지Journal of Discussion」에서 발췌된 원고 등이 그것들이다. 하지만 그녀는 나름대로 행복을 누릴 권리가 있었다. 뿌쉬낀이 발코니가 내다보이는 3개의 커다란 창이 있는, 1,2층 사이의 서재에 틀어박혀 있을 때 그녀는 혼자 있기가 지겨웠다. 그가 오랜 작업 끝에 눈을 껌벅거리며 서재에서 나올 때면 나딸리야는 그가 비위 맞추는 말을 해주며 자기에게 관심을 가져 주기를 기대했지만, 그는 그 날 작업한 원고를 친구들에게 보여주려고 외출하기가 일쑤였다. 1831년 6월 쁠레뜨네프를 통하여 고골을 소개받은 후, 뿌쉬낀은 유난히도 고골과 어울리기를 좋아했다.

1831년 6월, 황제의 일가가 상뜨 뻬쩨르부르그에서 창궐 중인 콜레라를 피하려고 짜르스꼬예 셀로에 왔다. 황제와 황후가 뿌쉬낀과 그의 아름다운 젊은 부인을 공원에서 만난 것은 바로 이 무렵이었다. 나딸리야는 황제와 황후로부터 즉각 호감을 샀고, 처음에 뿌쉬낀은 이를 좋은 쪽으로만 생각하여 얼마 동안 그는 상냥하고 고분고분해 보이는 아름다운 젊은 부인과 행복하게 지냈다.

그러나 1831년 7월 13일에 이미 나딸리야는 할아버지에게 이렇게 편지를 써보냈다. "저는 공원에서 평온하게 산책을 즐길 수가 없습니다. 한 시녀가 제게 말하기를 황제 폐하 부부께서 저를 만나려고 저의 산책 시간을 알아 오라고 했답니다. 저는 이제 인적이 드문 곳을 골라 산책을 한답니다."

나딸리야는 분명 니꼴라이 황제가 바람둥이라는 것을 잘 알고 있을 터였다. 그녀는 그의 관심을 끌게 된 것에 우쭐대고픈 심정도 들었지만, 다른 한편으로는 두렵기도 하였다. 7월 25일 공원에서 그녀를 만난 황제와 황후는 온갖 찬사를 늘어놓았고, 그 후 그녀는 '자신의 의지에 반反하여' 부득이 궁전 출입을 해야만 했다. 거기에서 이내 그녀가 사람들의 주목을 받게 된 것은 당연했다.

뿌쉬낀과 그의 부인 사이의 관계에 대한 풍문은 뿌쉬낀이 비극적 최후를 맞기 훨씬 이전부터 그 당시 사람들의 흥미를 자아냈다. 대부분의 억측들은 악의에 차고 틀린 것들이었다. 모스끄바 소재 뿌쉬낀 박물관의 교수 미하일로프나Mikhailovna는 "나딸리야가 남편을 사랑했다"는 주장을 굽히지 않는다. 남편을 증오하기만 하는 부인이라면 분명 1831년 6월, 나딸리야처럼 행동하지는 않았을 것이다. 이때 그녀는 남편이 3일 동안 집에 들어오지 않자 어쩔 줄 몰라 바젬스끼의 부인에게 허겁지겁 달려갔다고 한다. 더구나 황제가 그녀에게 매력적이라고 칭찬했을 때 그녀는 우쭐대고픈 심정도 들었지만 다른 한편으로는 걱정이 되기도 했었다. 한편 뿌쉬낀은 황제가 그녀에게 일자리를 주겠다고 하자 그것이 어떤 저의가 있는 처사라고는 생각하지 않았다.

황제가 나에게 봉사할 기회를 주었는데, 그것은 사무실이나 궁전, 혹은 군대에서의 직책은 아니었다. 그는 나에게 문서 보관국에서 일하도록 하고 봉급을 주었다. 나의 일이라고는 거기서 문서를 뒤적이는 일 뿐이었다. 얼마나 고마운 처사인가? 황제는 이렇게 말했다. "그가 결혼을 했다는데 돈이 없으니 끼니라도 때울 거리는 있어야 하지 않겠나."

이것은 1831년 7월 22일 뿌쉬낀이 쁠레뜨네프에게 보낸 편지에 적은 내용이었는데, 이 당시 그는 5,000루블의 봉급이 나딸리야가 궁전의 행사에 입고 가야할 옷을 사는데 쓰여지게 되리라는 것을 전혀 예상하지 못하고 있었다.

1831년 혹은 1832년에 쓰인 것으로 보이는 아래의 시는 그 당시로서는 드물게 아주 노골적인 묘사를 하고 있는데, 어떤 판에는 「나의 아내에게」라는 제목이 붙어 있기도 하다.

젊은 박카스의 여 사제가 나의 뱀 같은 포옹과

뜨거운 애무와 자극적인 키스로 몸부림치며

마지막 전율의 순간을 앞당기려 안간힘을 쓸 때에,

그 순간의 폭풍같은 황홀과 거친 쾌락과 광분의 외침을

아니오, 나는 즐기지 않소.

정숙한 내 사랑이여, 그대는 더욱 사랑스럽소.

내 오랜 하소연 끝에 비로소 그대는 나의 품에 안긴다오.

새침하고 냉정하게, 나의 쾌락에는 아랑곳없이,

그대가 새치부린다 해도

나는 더더욱 고통스런 행복감을 느낀다오.

마침내 그대도 점차로 달아올라,

수줍은 첫 모습은 어느덧 사라지고,

나의 열정을 나와 함께 나누게 된다오.

뿌쉬낀은 부인과 행복하게 지냈지만, 자기 결혼에 관해 떠도는 풍문에 대해서는 진절머리가 났다. 1831년 11월, 그는 자신의 분노를 표현한 시 「나의 가계」를 벤켄도르프에게 보내며 이 시를 니꼴라이 황제에게 보여 줄 것을 당부했다. 뿌쉬낀은 자신의 깊은 분노를 이렇게 말하고 있다.

1년 전 한 잡지에 풍자적인 글이 실렸는데, 그 내용인즉 부르주아 계층의 어떤 문인이 자기가 귀족 가문 출신이라고 형세하고 다닌다는 겁니다. 또 혼혈인 그의 어머니의 아버지가 어릴 때 럼주 한 병에 어떤 선원에게 팔린 검둥이라는 내용도 있었습니다. 뾰뜨르 대저가 그 술 취한 뱃사람일리는 만무하고, 러시아의 문인들 중에 흑인을 조상으로 두었다고 말할 수 있는 사람은 저 말고 그 누가 있겠습니까.

이에 니꼴라이 황제는 벤켄도르프에게 친히 답장을 보내왔다.

내가 고인이 된 뿌쉬낀의 친구 젤비끄와 전적으로 동감하고 있다는 것을 내 대신 뿌쉬낀에게 전해 주시오. 그가 받은 그토록 비열하고 악랄한 모욕은 당한 사람보다는 오히려 그런 말을 한 자에게 불명예를 가져오는 법이오. 그런 모욕에 대한 응수는 경멸이 최선이고, 나라도 그렇게 할 것이오.

황제의 이같은 조언은 그 의도는 좋았지만 그다지 사려 깊은 것은 못되었다. 이제는 황실 주변에서도 소문난 미인의 남편이 되었지만, 여전히 가난에 쪼들린 뿌쉬낀으로서는 자신에 대한 갖가지 중상모략에 대해서 황제처럼 관대하게 대할 수가 없었다.

1831년 10월 말, 콜레라가 가라앉자 뿌쉬낀 부부는 상뜨 뻬쩨르부르그로 거처를 옮겼고, 이에 따라 그들의 생활방식은 돌변하게 되었다. 11월부터 그 이듬해 6월까지 나딸리야는 밤마다 나들이를 했고, 뿌쉬낀은 무도회도 춤도 싫었지만 부인을 따라다녀야 했다. 게다가 그는 부자들과 고관들에게 무시당하기 일쑤였다. 그들에게는 400년의 전통을 자랑하는 그의 가문도, 시인으로서의 그의 뛰어난 자질도 대수로운 것이 못되었다. 그것은 그가 어린 시절 무용을 배울 때 어머니의 조롱을 받아 굴욕감을 느끼던 기분과 흡사했다. 당분간 그는 이런 불쾌한 감정들을 견뎌냈다. 황실의 총애를 받는 나딸리야의 신분에 어울리는 생활수준을 이어가기가 너무도 벅차다는 사실만이 그를 슬프게 했다. 그의 수입은 시인으로서의 명성과 출판에 의존할 수밖에 없었지만, 검열 때문에 출판은 연기되기 예사였다.

1831년 12월 뿌쉬낀이 모스끄바로 떠날 때까지만 해도 이들 부부는 좋은 관계를 유지하고 있었던 것으로 보인다. 그의 친구 나쉬쪼낀에 의하면, 뿌쉬낀은 나딸리야로부터 편지를 받을 때면, 『뾰뜨르 대제의 니그로』에 등장하는 이브라힘처럼, 편지에 키스를 하면서 방을 서성거렸다고 한다. 그러나 뿌쉬낀의 경제 사정은 그가 우려했던 것보다도 더욱 심각한 상태에 놓여 있었다. 부인에게 보내는 편지에서 그는, "나쉬쪼낀이 사태를 엉망으로 만들어 놓았소"라고 하며 어려운 경제 사정을 친구의 탓으로 돌리기도 하였다. 그 때 나딸리야는 임신 3개월 째였다. 이 무렵 그의 편지들을 보면 부인에 대한 애정이 담뿍 담겨 있어, 임신부로서의 그녀의 건강에 대한 걱정뿐이었다. "당신은 집에 붙어 있지 않고 궁전에 가겠지. 궁전의 105번째 계단에서 발을 헛디뎌 유산할 수도 있단 말이요. 나의 사랑, 나의 아내, 나의 천사여, 매사에 조심해요. 무도회에 가더라도 제발 방무곡方舞曲(방형 꼴로 2~4명씩 짝을 맞추어 추는 춤 — 옮긴이)만 추도록 하오." 그녀가 편지에서 '어지럼증' 운운하자 그는 그녀 혼자 상뜨 뻬쩨르부르그에 남겨두고 온 것에 대하여 자책하였다. "어지러운 거요 아픈 거요? 산파에게 가보았소? 출혈이 있었소? 걱정이 들어 안절부절이요. 생각하면 생각할수록 당신을 혼자 남겨두고 온 것은 바보짓이었소."

뿌쉬낀은 부인 없는 모스끄바 생활을 즐길 수가 없었다. 12월 10일 나딸리야에게 보내는 편지에서 그는 이렇게 적었다. "모스끄바에 대해서 당신에게 무슨 얘기를 해줄 수 있을까? 모스끄바는 여전히 춤을 추고 있지만 아직 나는 한 번도 무도회에 가본 적이 없소. 나는 모스끄바가 싫소."

1832년 5월 19일, 나딸리야는 상뜨 뻬쩨르부르그 교외의 한 별장에서 첫 딸 마리를 낳았다. 5월 22일에는 나딸리야가 어렸을 적부터 그녀를 항상 귀여워 해주던 할아버지가 수도로 왔는데, 황제에게 공장 문제를 해결할 수 있도록 보조금을 요청하기 위해서였다. 할아버지는 나딸리야에게 아이의 첫 치아를 기념하여 500루블을 주었는데, 이는 러시아의 오랜 전통으로 새로 태어난 아기에게 주는 선물이었다. 6월 9일에 할아버지는 그녀에게 100루블을 더 주어 아기의 세례식 경비를 충당하는 데 보태도록 하였다. 그러나 9월 8일 자비로운 할아버지가 죽자, 나딸리야의 변변치 못한 오빠 드미뜨리가 자기 아버지(법적 상속자)는 토지를 경영하기에 부적격자라는 소송을 제기했지만 승소하지 못하였다. 뿌쉬낀이 결혼하고 나서 1년 동안 곤차로프 집안은 이러한 분쟁에 휘말려 있었다.

1832년 9월 21일 재정 문제를 해결할 수 있으리라는 희망을 품고 뿌쉬낀은 또다시 모스끄바로 떠났다. 그는 매일같이 부인에게 편지를 보내 그녀가 편지를 사무적인 어조로 길게 쓰는 것에 대하여 칭찬해주었다. 나딸리야가 가사 문제를 이러저러하게 처리하려 한다고 뿌쉬낀에게 편지를 보내면 그는 어린아이의 응석을 받아주는 즐거운 마음으로 답장을 보내곤 하였다. 1832년 9월 25일 자 편지에서 그는 이렇게 적었다.

당신은 얼마나 영리하고 사랑스러운 꼬마인지! 편지는 얼마나 긴지! 얼마나 현명한지. 요리사 대우 문제는 당신이 알아서 결정하시오. 다만 내가 집에서 식사를 하고 나서도 클럽에 가서 또 저녁 먹어야 하는 일만 생기지 않는다면 아무래도 괜찮소.

나딸리야는 아마 맞장구쳐주기만 하는 그의 태도를 달갑게만 여기지는 않았던 것 같다. 그녀가 한 편지에서 그가 늦장 부린다고 비난하자, 1832년 10월 3일 자의 편지에서 그는 이렇게 적었다.

당신의 비난에 대해서 조목조목 답변하겠소. 첫째, 러시아 사람은 어디를 갈 때 도중에 옷을 갈아입는 것이 아니라 목적지에 도착하고 나서야 비로소 더러워질 대로 더러워진 몸을 씻는다오. 둘째, 12시경에 편지가 닿는 것을 감안해서 나는 11시 정각에 편지를 보낸다오.

아흐마또바를 비롯한 뿌쉬낀의 찬미자들은 나딸리야가 어리석은 데다가 결혼 말년에는 잔인했다고 비난하지만, 오빠 드미뜨리에게 보낸 최근에 발견된 그녀의 편지는 그녀의 새로운 일면을 보여주고 있다. 드미뜨리는 누이에게 잼, 피클, 육류, 투박한 린넨, 양털로 짠 양말과 어린이용 스타킹 등 곤차로프 가의 영지에서 수확한 생필품을 보내주었다. 그는 또 어린 하인을 보내 그녀의 시중을 들도록 하였는데, 1833년 3월 11일 자 상뜨 뻬쩨르부르그에서 보낸 편지에서 그녀는 이 시종에 대해서 이렇게 적고 있다. "그 아이는 잘생기지도 않은 데다가 부엌 난롯가에 쪼그리고 앉아서 나는 그 아이를 거들떠보려 하지 않는다. 내일, 즉 3월 12일, 일요일에 이 아이의 훌륭한 제복이 완성되면 비로소 이 아이는 세상에 첫발을 내딛게 될 것이다." 여기까지는 그녀가 어리석다는 비판자들의 말이 맞을 것이다. 같은 편지에서 그녀는 어머니가 주겠다는 손수레 대신 오빠에게 마차를 요구하며 이렇게 적었다. "가능하면 부활절까지 보내주세요. 그리고 반드시 신식에다 새 걸로 보내주셔야 합니다." 이 편지로 미루어 보면 외모에 대한 그녀의 편견도 여전하지만, 그녀가 경제적으로 상당히 어려운 처지에 놓여 있었던 것도 사실이다.

뿌쉬낀이 부인에게 보낸 편지의 어조로 볼 때(그녀의 편지는 뿌쉬낀의 편지 내용으로 미루어 짐작할 수 있을 뿐, 전해지는 것이 없다), 이들 부부는 아주 가깝고 장난기 어린 편안한 관계를 유지했던 것으로 보인다. 뿌쉬낀이 그녀가 예상했던 만큼 자주 편지를 보내지 않으면 나딸리야는 그에게 성을 내곤 하였다. 그녀가 편지에서 노기를 띠지 않는 것을 오히려 그는 이상하게 생각했다. "내가 따져보니 당신이 일요일 이전에는 내 편지를 받지 못한 것 같소. 당신에게서 천둥 벼락을 맞을 것을 예상했었소. 하지만 당신이 아주 평온하고 관대하며 즐거워하는 것이 놀랍기만 하오. 무슨 속셈이오? 설마 바람피우는 것은 아니겠지.”

5월 들어 그의 장모와 뿌쉬낀의 관계가 개선되어 나딸리야는 남편
과 다투지도 않고 어머니를 찾아뵐 수가 있었다. 1833년 5월 14일 자
장모의 편지는 이들 사이의 갈등이 적이 해소되었음을 보여준다. “아
내와 아이들을 내게 보내주어 나는 참으로 행복하고 진심으로 자네에
게 감사한다네. 편지에서 자네가 내게 보인 믿음에 나는 감동했지. 자
네가 나딸리야를 사랑하듯이 나도 딸을 사랑한다네. 난 자네의 믿음을
저버리지 않을 거야.” 이 편지의 말미에 나딸리야는 짤막하고 차분한
불어로 된 인사말을 덧붙였는데, 이것이 뿌쉬낀에게 보낸 그녀의 현존
하는 유일한 글이다.

1833년은 대체로 뿌쉬낀에게는 별로 소득이 없는 해였다. 「뿌가초
프의 역사History of Pugachev」를 쓰기 위해 여행일지를 적으면서도 그의
노트북에는 한 노름꾼의 이야기인 「스페이드의 여왕The Queen of Spades」
의 시작 부분과 『대위의 딸The Captain's Daughter』의 구도에 대한 메모가
적혀 있었다. 하지만 이 작품은 3년 후에야 비로소 쓰이게 되었다.

나딸리야는 마리 이후에도 세 아이를 더 낳았다. 알렉싼드르는 1834
년 7월 6일, 그리고리는 1835년에 그리고 나딸리야는 1836년에 태어났
다. 알렉싼드르가 태어나고 나서 부인은 유선염을 앓게 되었고, 뿌쉬
낀은 혼자서 많은 시간을 보내게 되었다. 1833년 8월 7일 뿌쉬낀은 황
제의 윤허를 얻어 4개월 동안 뿌가초프 이야기의 배경이 되는 볼가 강
을 둘러보게 되었고, 나딸리야는 예까쩨리나 아주머니의 간호 아래 블
랙 리버Black River에 머물러 있었는데, 이것이 이들 사이의 가장 오랜 이
별이었다. 이렇게 헤어져 있는 동안 뿌쉬낀은 부인에게 16통의 편지들

을 보냈는데, 이것들은 특히 많은 것을 시사한다.

9월 2일, 니즈늬 노보고로드에서 보낸 편지에서 그는 이렇게 적었다. "당신이 편안한 상태라면 100루블의 값어치가 있다고들 하는 것을 여기 시골에서 보내주겠소. 그것은 이곳의 청명한 일기라오. 낮에는 덥고 아침에는 서리가 약간 내리는 것이 정말로 기분이 좋다오!" 같은 날 쓰인 또 다른 편지에서 뿌쉬낀은 이처럼 태평스러운 즐거움 외에 부인에 대한 그리움을 감동적으로 표현한 글을 덧붙이고 있다. "장이 끝나 텅 빈 가게들 사이를 거니노라면 파티가 끝나 곤차로프 집안의 마차가 떠나가던 때가 생각나오. 안녕, 내 사랑, 내 우상, 나의 아름다운 보석이여. 언제 다시 그대를 만날 수 있을까?"

부인에게 이처럼 자상한 태도를 보이면서도 뿌쉬낀은 자신의 부재 중에 그녀가 계속해서 겪는 어려움에는 너무 무심하였다. 1833년 9월 1일, 오빠 드미뜨리에게 보내는 편지에서 나달리야는 곤경에서 벗어날 수 있도록 돈을 빌려달라고 부탁할 수밖에 없었다. 그러면서도 그녀는 뿌쉬낀이 생필품을 살 돈도 주지 않고 처와 가족을 저버렸다고 분개하는 드미뜨리에 대하여 남편을 훌륭하게 옹호하였다. "내 남편은 충분한 돈을 주고 갔지만, 얼마 전에 세 든 아파트의 주인에게 그 돈을 줄 수밖에 없었어요. 1,600루블을 지불해야 하리라고는 예상도 못했었지요. 그래서 나는 지금 호주머니에 단 한 푼도 없는 겁니다. 정말이지 뭐든 빨리 보내주세요."

드미뜨리는 그녀의 변명을 곧이듣지 않았고, 답장에서 뿌쉬낀을 여전히 꾸짖었다. 이에 대한 답장에서 그녀는 당당한 태도로 남편을 여전히 옹호하였다.

보내주신 500루블에 대하여 거듭 감사를 드립니다. 11월에 이 돈을 갚기로 돼있는데, 제가 처음으로 돈을 빌리는 것이니 약속대로 날짜를 정확히 지키겠습니다. 약속을 지키지 않으면 저는 커다란 곤경에 빠지겠지요. 남편에게 받았던 돈이면 그가 돌아올 때까지 돈에 쪼들리지 않았을 텐데 집세로 1,600루블을 어쩔 수 없이 지불하게 되어 이렇게 된 겁니다.

드미뜨리에게 보낸 나딸리야의 편지 내용과는 반대로 뿌쉬낀은 부인이 돈 걱정을 하리라는 것을 잘 알고 있었다. "요리사, 약종상, 마부 따위가 밀린 돈을 달라고 당신을 괴롭힐 거고 당신은 돈에 쪼들리겠지. 걱정도 되고 내게 화도 날 거요. 난 욕을 먹어 마땅하오. 당신의 고통에 비하면 뿌가초프가 무슨 대수란 말이요."

여행을 하면서 뿌가초프의 일생을 더듬으며 뿌쉬낀은 부인에게 여러 차례 자상한 편지를 보냈는데, 1833년 8월 21일 자의 편지에는 부인에 대한 아주 흥미로운 찬사가 적혀 있었다. 이 편지에서 그는 나딸리야의 미모가 아주 먼 곳까지 소문나 있다고 하고는 이렇게 덧붙였다. "하지만 나는 당신의 용모보다 당신의 영혼을 더욱더 사랑한다오." 이것은 놀랍게 들리겠지만 그녀의 성적 순결과 단순한 기독교 신앙이 그를 감동시켰던 것이다. 그는 종종 그녀에게 성호를 그어 아이들에게 축복을 주라고 청하곤 했는데, 그렇게 함으로써 신이 그녀에게 보다 많은 관심을 보일 거라고 여기는 것 같았다. 또 그들 부부의 성생활에 대해서 쓴 에로틱한 두 편의 시를 보면 뿌쉬낀이 말하는 "그녀의 영혼"이 어떤 의도로 쓰인 것인지 짐작할 수 있다. 그 하나는 1830년에 쓰인 시로 그의 사랑의 맹세를 그녀가 불신한다는 내용이다. 이미 인용되었던 다른 하나는 그녀의 수줍고 냉담한 태도가 그에게 성적 즐거움을 준다는 내용이다. 그는 또한 그녀의 품위 있고 부드러운 아름다움 속에 그의 작품의 여주인공 따찌야나의 깊은 마음이 깃들여 있기를 희망하였을 것이다.

뿌쉬낀은 여섯 필의 말이 이끄는 마차를 타고 여행을 계속하였다. 진창길과 웅덩이 그리고 악천후를 거치다 불프 집안의 영지에서 머물게 되었다. 거기서 그는 좋은 시골 잼으로 요기를 하고 카드놀이로 몇 루블을 잃었다. 다시 여행을 계속하다가 뿌쉬낀은 쏘볼렙스끼를 만났는데, 그는 빚쟁이들을 피하려고 신분을 감추고 있었다. 두 사람은 함께 여행하며 경비는 반씩 부담하기로 했다. 그들은 또한, 뿌쉬낀이 부인에게 보낸 편지에 솔직하게 적은 대로, "잠이 들었을 때가 아니라면 공공연히 혹은 몰래, 그리고 저녁 식사 후에도 방귀 뀌지 않기"로 합의했다.

1833년 8월 26일 뿌쉬낀은 모스끄바로 돌아가 장모를 찾아뵀는데, 장모는 여전히 그에게 호의적이었다. 장인의 영접을 받지는 못했지만 아주 공손하게 그의 안부를 물었다. 부인에게 보낸 편지에 적은 대로 그에게는 모스끄바가 여전히 지겨웠다. 1833년 9월 2일경에는 그토록 오랫동안 부인을 홀로 남겨두었던 것이 바브짓이었다는 생각이 들기 시작했는데, 그것은 이유 있는 걱정이었다. 그의 부재 중 나딸리야는 무엇보다도 '궁전의 미녀'로서 자신의 명성이 자자해지는 것에 신경을 쓰기 시작했던 것이다. 올가는 이렇게 적었다. "나의 올케는 여기서 가장 멋진 여자야. 그녀는 사교계에서 가장 아름답다는 평을 듣고 있지." 뿌쉬낀은 부인이 즐겁게 지내는 것을 반대하기는커녕 마땅히 그래야 한다고 생각했다. 그러면서도 그는 나딸리야에게 임신 중에는 옷을 너무 꼭 조이게 입지 말라거나 다리를 꼬고 앉지 말라고 당부했다. 또 그는 그녀가 남자들과 어울리는 것을 어느 정도까지는 허용하면서도 외교관들과는 어울리지 말라고 충고했다. 이처럼 부인 걱정을 하면서도 그는 심비르스끄Simbirsk로 가기로 작정했고, 도중의 날씨를 즐겼다. 하지만 그는 부인에게 보내는 편지에서, 우정 부인의 질투심을 불러일으키려고 했음인지, 여행 중에 그에게 관심을 보이는 여자들 얘기를 적어 보내기 시작했다. "당신은 지사의 부인이 예쁜지 궁금할 거요. 그런데 바로 그게 문제야. 나의 천사여, 그녀는 예쁘지 않단 말이요."

뿌쉬낀은 그의 친구인 시인 야지꼬프Yazykov가 사는 마을에 당도하게 되었는데, 친구는 출타 중이었고 그 대신 4페이지에 걸친 나딸리야의 편지가 그를 기다리고 있었다. 그는 유선염을 앓고 있으면서도 편지 쓰는 일에 그토록 정력을 낭비하는 부인을 나무랐다. 까잔에서는 한 '여류 문인'의 집에서 하루 저녁을 묵게 되었는데, 뿌쉬낀이 보기에 그녀는 '견딜 수 없는' 여자였다. 의치에 손톱도 더러운 데다가, 자기 시를 억지로 들려주고, 그의 주소를 받아내고는 상뜨 뻬쩨르부르그의 그의 집에까지 찾아가겠다고 으름장을 놓았다. 심비르스끄로 가는 도중 그는 토끼가 길을 건너는 것을 보고는 또다시 미신에 사로잡히며 부인을 그리게 되었다. 9월 19일 오렌부르크Orenburg에서 띄운 편지에서 그는 이렇게 적었다.

나는 당신을 그리며 외로워하오. 수치심만 없다면, 단 한 줄을 쓰지 못하고서도 곧장 당신에게 돌아갔을 거요. 하지만, 나의 천사여, 그렇게는 할 수 없는 일이 아니요. 한 푼 두 푼 모으려다 보니 난 연이어 소설을, 또 시를 쓸 수밖에 없는 거요.

다른 한편으로 그는 농담 삼아 다른 여자에게 한눈팔지 않는 것이 큰 자랑거리인 양 이렇게 적어 보내기도 하였다.

당신은 나에게 불만이 없을 거요. 나는 젊은 여자들에게 수작을 걸지도 않고, 역장의 부인들을 꼬집지도 않으며, 깔뮉Kalmuck 여자들과 시시덕거리 지도 않는다오. 며칠 전에는 바슈끼르Bashkir의 한 아가씨의 구애를 거절했다오. 나그네로서 당연히 그녀에게 호기심을 갖기는 했지만 말이오.

사실 뿌쉬낀은 자신의 연구를 열심히, 그리고 성실하게 수행하고 있었다. 1833년 9월 19일 그는 블라지미르 달Vladimir Dal이라는 사람을 만났는데, 그는 의사이자 사전 편찬자였으며 까쟈끄Cossack 민담을 엮은 유명한 저자이기도 하였다. 그는 뿌쉬낀에게 오렌부르크 시를 안내하며 한 종루를 보여주었는데, 그 종루는 뿌가초프가 도시를 폭파하려고 대포를 설치하려 했던 곳이었다. 달은 그를 베르디Berdy라는 까쟈끄의 마을로 데려가기도 했는데, 그곳은 뿌가초프가 오렌부르크를 점령하고 있던 6개월 동안 사령부를 두었던 곳이었다. 거기서 그는 뿌쉬낀에게 뿌가초프를 만난 적이 있는 한 노파를 소개해주었다. 그 노파는 몇 곡의 노래들을 들려주었는데, 그 노래들은, 뿌가초프가 셔츠에 넣고 꿰매어 어떤 시체와 함께 묻었다고 전해지는, 뿌가초프의 보물에 관한 내용을 담고 있었다. 시인은 노파와 오전 내내 대화를 나누었고, 헤어지면서 그녀에게 금화 한 닢을 주었다.

달은 뿌쉬낀에 대한 그 노파의 인상을 이렇게 회고하였다. "우리는 마을을 떠났는데, 그 금화가 소동을 일으키게 되었다. 그 노파는 낯선 사람이 그토록 끔찍한 짓을 저질렀을 뿐인 약탈자이자 반역자에게 커다란 관심을 갖는 것을 이해할 수가 없었다. 모든 게 아주 수상쩍을 뿐이었다. 다음 날 마을 사람들은 그 노파를 오렌부르크의 당국자들에게 데려가서 금화를 보이며 전날 자기네 마을에 왔던 낯선 사람의 인상착의를 고하였다. 그는 키가 작고, 검은 곱슬머리에다, 가무잡잡한 피부였다는 것이다. 그는 금화를 주면서 뿌가초프처럼 그들을 선동하려 했다는 말도 덧붙였다. 또 짐작컨대, 손톱이 새의 발톱과 같은 것으로 미루어 기독교 신자가 아닌 것 같다고도 하였다. 뿌쉬낀은 이 얘기를 듣고 박장대소하였다.”

뿌쉬낀은 볼지노에서 나딸리야에게 편지를 보냈다(나딸리야의 편지 내용은 그의 편지로 미루어 짐작할 수 있다). “나를 놀라게 하지 마오. 당신이 진심으로 남자들과 어울린다고 하지 마오. 아무것도 쓰지 못했더라도 당신에게 달려가고픈 심정이오. 돈이 없다면 우리의 처지가 어떻게 되겠소.” 1833년 10월 11일 자의 편지에서는 이렇게 적고 있다. “아이들을 잘 돌보고 황제와는 어울리지 마시오. 나는 지금 글 쓰는 일에 매달려 있단 말이요. 많은 것을 이루려고 아무도 만나지 않고 있소.”

남편의 정열적인 성격을 잘 알고 있었던 나딸리야는 그의 귀가를 앞당기고픈 심정에서 사교계에서 자기가 각광받고 있다는 것을 과장해서 말했던 것인지도 모른다. 그리고 그녀가 황제와 허물없이 지낸다는 말은 설명이 좀 필요하다. 니꼴라이 황제가 나딸리야에게 반했다면 정말이지 나딸리야의 입장에서 황제를 거부할 수는 없었을 것이다. 그러나 이 근거 없는 의심은 훗날 뿌쉬낀의 불행한 최후에 일조를 하게 된다. 오늘날 러시아 비평가들은 황제와 나딸리야 사이의 관계를 믿지 않지만, 뿌쉬낀은 그렇지 않았던 것이다.

나딸리야는 아름다운 데다가 남편보다 훨씬 어렸지만, 그녀도 나름대로 질투심을 느낄 만했다. 뿌쉬낀은 역사학자 까람진Karamzin의 미망인의 집에서, 그리고 스미르노바Smirnova 부인의 집에서 지적이고 교양 있는 여자들을 만났었다. 미르스끼Mirsky는 나딸리야가 남편이 스미르노바 부인의 집에 가는 것을 아주 싫어했다고 말한다. 뿌쉬낀의 입장에서는 단순히 남편으로서의 질투심뿐만 아니라, 시인의 아내로서 그리고 러시아에서 가장 아름다운 여성들 중의 한 사람으로서 너무 눈에 띄기 때문에 부인이 걱정이 되기도 하였다. 이런 부인이라면 아주 사소한 실수를 범해도 그것은 엄청난 루머로 즉각 되돌아 올 터이고, 그녀에 대한 칭찬은 이내 질투 어린 심하고 부당한 욕설로 뒤바뀔 것이다. 그러니 그의 우려는 충분한 이유가 있는 것이었다.

이들 부부는 떨어져 있으면서 상대방에 대한 걱정을 거둘 수가 없었다. 뿌쉬낀이 무엇보다도 우려했던 것은 부인이 경솔한 행동으로 건강을 해치지 않을까 하는 점이었다. 볼지노에 도착했을 때 나딸리야에게서 온 편지가 없자 그는 몹시 우려한 끝에 편지를 보내 그녀가 "6~70대의 영감들"과 교제한다고 심하게 꾸짖었다. 뿌쉬낀은 부인의 허영기에는 대체로 관대한 편이었지만, 자기 인내에는 한계가 있다는 점을 분명히 해두었다.

아이들과 있지 않다니, 그리고 무도회에 가서 당신 자태를 뽐내지 않고는 못 배기겠다니 기쁘구려. 당신이 남자들과 교제하는 것을 말릴 생각은 없소. 하지만 당신이 냉정과 예의범절과 고결함을 잃지 않기를 바라오. 비난받을 만한 행실을 삼가야 하는 것은 말할 것도 없소. 이건 단순히 품위에 그치는 문제가 아니라 가장 중요한 문제란 말이요.

자기도취에 빠진 부인이 그를 조금씩 괴롭히기 시작했던 것 같다. 라이벌을 무색케 했다고 하며 경박한 승리감을 토로한 부인에게 보내는 답장에서 그는 이렇게 꾸짖었다. "그녀의 찬미자들을 따돌려야만 했던 이유가 무엇이오?" 이 무렵 뿌쉬낀이 나딸리야에게 보낸 편지들에서 주목할만한 점은 격식에 구애받지 않는 솔직한 어조이다. 숭배자들이 따르는 것을 즐거워하는 그녀의 태도에 분노하며 그는 이렇게 꼬집었다. "그건 아무런 의미도 없소. 수캐들이 꼬리를 빳빳이 세우고 당신의 엉덩이에 코를 대고 킁킁거리면서 당신을 졸졸 따라다니는 것이 도대체 기뻐할 만한 일이요?" 심지어 그는, 심하고 좀 부당하다고 여겨질 정도로, 사내들이 그녀의 꽁무니를 따르는 것은 그녀의 미모뿐만 아니라 그녀가 그것을 원하기 때문이라고 적기까지 했다. 그는 아마도 자기 위안 삼아, "여물통이 있는 곳에 돼지가 꼬이기 마련이오. 난 질투하는 것이 아니오. 당신도 사려 분별을 잃지 않으리라고 믿소"라고 쓰고는, 이어서 "만일 내가 돌아갔을 때 당신의 부드럽고 순진하고 귀족적인 태도가 변해 있다면 나는 당신과 이혼하겠소"라고 덧붙였다. 같은 편지에서 그는 이렇게 적기도 했다. "당신은 내가 뭘 하고 지내며 인물이 훤해졌는지 묻는데, 우선 떠오르는 대답은 내가 턱수염을 길렀다는 거요." 뿌쉬낀이 이런 답장을 보낸 것은 부인의 안부 편지에는 자신에게 상처를 입히려는 의도가 숨어 있다고 생각했기 때문이었을 것이다. 그러나 11월 6일 볼지노에서 보낸 마지막 편지에서 뿌쉬낀은 부인이 화내는 심정을 헤아려, 자신에 대한 걱정은 접어두라고 하고는 부드러운 어조로 이렇게 적었다. "소중하고 또 소중하고 소중한 나의 아내여, 나는 황야에서 3개월 동안 살고, 그 지긋지긋한 모스끄바에 들르기도 하면서 여행을 계속하고 있소. 무엇 때문이겠소? 바로 당신, 당신 때문이요. 당신이 근심 걱정 없이 살고, 젊고 아름다운 당신에 걸맞게 당신이 사교계에서 눈부시게 빛나도록 하기 위해서라오. 하지만 나에 대한 배려도 잊지 말아주오. 남자라면 당연히 겪어야 할 걱정에다 집안 문제, 질투 등등을 덧붙이지 말아주오.'

부인 때문에 이렇게 속을 태우면서도 뿌쉬낀은 외로운 총각 시절로 되돌아가고픈 생각은 추호도 없었다. 부인에게 보내는 편지에서 그는 친구의 결혼에 대하여 이렇게 적었다. "그 친구는 벌써 오래전에 결혼을 했어야 했소. 평생 기혼 여성들의 꽁무니를 따라다니는 것보다는 자신의 가정을 꾸리는 편이 훨씬 낫겠지."

청동의 기사

1833년 10월부터 11월까지 뿌쉬낀은 볼지노에서 그의 마지막이자 진정한 문학적 결실을 거두었다. 이 기간 중 그는 뿌가초프의 서사시를 마무리 지었고, 운문 형식의 동화 「죽은 짜레브나의 이야기The Tale of the Dead Tsarevna」, 산문체 이야기 「스페이드의 여왕Queen of Spades」, 소설 『대위의 딸The Captain's Daughter』, 자신이 쓴 「뿌가초프와 두브롭스끼의 역사History of Pugachev, Dubrovsky」의 야사, 산적으로 전락한 파멸한 젊은 지주에 관한 미완성의 충격적 이야기, 그리고 그의 걸작으로 꼽히는 설화시 「청동의 기사The Bronze Horseman」 등을 썼다.

뾰뜨르 대제의 거대한 동상이 예까쩨리나 여제의 지시로 팔코네Falconet에 의해 세워졌는데, 이 동상에는 "예까쩨리나 2세로부터 뾰뜨르 1세에게"라는 간단한 비명이 새겨져 있다. 이것은 유럽의 걸작 동상들 중 하나로 손꼽히는데(항상 논의의 여지가 있긴 하지만), 늪지대에서 상뜨 뻬쩨르부르그를 세운 뾰뜨르의 천재성을 상징하고 있다. 뾰뜨르가 늪의 뱀을 짓밟고 있는 위풍당당한 모습의 이 동상은 보는 이의 경외감을 자아낸다.

뿌쉬낀의 설화시 「청동의 기사」는 약 3주라는 엄청나게 빠른 기간 동안에 쓰여졌다. 하지만 그가 기수 없는 팔코네의 말을 낙서하듯 그렸던 것을 보면 이 시에 대한 착상이 보다 일찍 싹텄었던 것으로 보인다. 1824년 상뜨 뻬쩨르부르그 대홍수 때 뿌쉬낀은 미하일롭스꼬예에 있었기 때문에 그는 작품 중의 대홍수 묘사를 V. N. 베르흐^{Berkh}의 글에서 따왔고, 폴란드 시인 미키비치^{Mickiewicz}의 「선조의 이브^{Forefather's Eve}」에서 따온 이야기도 있다. 미키비치의 시에서는 콘라드 왈렌로드라는 주인공이 ― 미키비치 자신처럼 ― 러시아의 수도로 온 망명객으로서 그곳 사람들의 위선적인 생활을 풍자적으로 묘사한다. 뿌쉬낀과 미키비치의 작품은 다 같이 팔코네가 세운 뾰뜨르 대제의 동상이 로마에 있는 마르쿠스 아우렐리우스 황제의 동상을 모델로 삼고 있다는 데 일치한다. 미키비치의 시에서 콘라드 왈렌로드는 그 동상의 옆에서 한 러시아 시인을 만나는데, 미키비치는 아마도 뿌쉬낀을 이 시인의 모델로 생각했던 것으로 보인다. 분명 미키비치는 그의 친구인 뿌쉬낀의 작품을 전적으로 인정하지는 않았는데, 특히 초기 시에 보였던 혁명정신이 결여됐다 하여 후기 시를 싫어했다. 하지만 왈렌로드가 만난 그 러시아 시인은 마르쿠스 아우렐리우스의 동상은 보호와 축복의 손을 내미는데 반하여 뾰뜨르의 손은 위협적인 자세를 취하고 있다고 말한다. 「청동의 기사」는 보다 이중적인 사고의 틀에서 쓰였다. 죤 베일리^{John Bayley}는 이렇게 말한다. "「청동의 기사」를 보면 마치 뿌쉬낀이 미키비치에게 '당신은 그걸 러시아의 수도에 대한 풍자라고 합니까? 진정으로 아는 러시아 사람이라면 그런 풍자를 어떻게 하는지 내가 보여주리다'라고 말하는 것 같다."

작품 중 뿌쉬낀의 생전에 발간된 유일한 부분인 「서사」는 상뜨 뻬쩨르부르그에 대한 헌사로서 러시아 제국주의 수도의 승리를 기린다. 뾰뜨르의 동상은 늪지대의 뱀을 짓밟고 있을 뿐만 아니라 두렵고 당당한 몸짓으로 러시아 주변국들을 위협한다. 그러니 벤켄도르프는 「서사」의 발간을 즉각 허용한 것은 당연했다. 안타깝게도 뿌쉬낀은 폴란드에 대한 탄압을 반대하지는 않았는데, 12월 당원들을 비롯한 대다수의 러시아 애국자들도 폴란드 사람들을 불쌍하게 여기는 사람들이 드물었다. 나딸리야에 대한 구애가 뜻대로 이뤄지지 않아 비참했던 시절에 뿌쉬낀은 폴란드와의 전쟁에 참여할 생각까지 하고 있었다. 오늘날의 독자라면 상뜨 뻬쩨르부르그의 거리와 사람들에 대한 뿌쉬낀의 아름다운 묘사를 음미하겠지만, 사실은 많은 묘사가 미키비치를 반박하려는 의도로 쓰였다.

　　　나는 사랑한다. 미동도 않는 저 대기,

　　　그 혹독한 한겨울의 서리,

　　　드넓은 네바 강을 따라 달리는 썰매,

　　　그리고 장미보다도 환한 소녀들의 얼굴을.

이에 반하여 미키비치는 상뜨 뻬쩨르부르그의 추위가 여자들의 얼굴을 "가재처럼 붉게" 물들인다고 묘사하였다.

주로 뾰뜨르에 초점이 맞춰진 「서사」 이후에 본격적인 이야기가 시작된다. 「청동의 기사」의 주인공 예프게니는 처량한 사무원으로 까람진이라는 등장인물이 그가 귀족 가문임을 밝힌 적이 있었지만 그의 족보는 이미 사람들의 뇌리에서 잊혀진지 오래였고, 귀족적인 기상도 전혀 없는 인물이다. 훗날 안나 아흐마또바는 이렇게 평한다. "뿌쉬긴과 동시대 사람이라면 기꺼이 자신을 「까프까즈의 포로」의 주인공과 동일시하려 했겠지만, 그 누가 「청동의 기사」의 예프게니와 자신을 동일시하려 했겠는가?"

억수같은 비가 자신의 초라한 창을 때리고 홍수가 일기 시작하는 데도 예프게니는 드러누워 단순한 그의 애인 빠라샤와의 행복한 순간을 꿈꾼다. 알렉싼드르 황제도 천재지변에는 어쩔 도리가 없다. 독재에도 그 한계가 있기 마련이다. 황제는 홍수를 멈출 수는 없지만, 군대를 풀어 상뜨 뻬쩨르부르그의 시민들을 구하도록 명한다.

파도가 도둑처럼 창을 타고 오르고,

배의 고물이 유리를 박살낸다.

행상인의 진열상자는 흠뻑 젖어버리고,

기둥과 지붕, 오두막의 잔재들,

알뜰한 장사꾼들의 물건들.

거센 물결이 도시를 덮칠 때 예프게니는 뾰뜨르 광장의 사자 석상에 앉아서 근심스러운 눈길로 네바강 건너 빠라샤가 홀어머니와 함께 사는 곳을 바라본다. 그는 어렵사리 보트를 구해 빠라샤의 집으로 향한다. 거기서 그는 눈에 보이는 참상을 차마 믿을 수가 없다. 그가 어찌할 바를 모르고 독백하는 장면은 이 작품에서 가장 감동적인 대목이다.

여기는 그들이 살았던 집터야.

여긴 버드나무가 있고, 저긴 대문이었지.

모든 게, 집조차도, 물에 휩쓸려버렸구나.

빠라샤의 집에 제대로 찾아왔지만 그녀가 물결에 휩쓸려 버린 사실을 알게된 순간, 그는 그만 미쳐버려 깔깔거리며 웃는다. 돌아와 뾰뜨르의 동상 앞에 선 그는, 오만한 황제가 홍수에도 못 버티는 도시를 세웠다는 말을 내뱉으며, 동상의 남성을 거세한다. 이것이 이 작품에서 예프게니의 유일한 말인데, 이에 대하여 청동상像은 분노에 떨고 예프게니는 도망친다. 도망치면서 그는 천둥같은 말발굽 소리가 자신을 쫓아온다고 생각한다. 불쌍한 예프게니는 분노에 찬 황제의 추적을 피할 수가 없다. 급기야는 그의 차가운 시체가 연안의 한 섬에서 발견된다.

그곳은 어부가 간소한 밥상을 차리거나

관료들이 적막한 어느 일요일

노 저어 가는 곳이다.

얄궂게도 빠라샤의 집이 홍수에 떠밀려 온 곳이 바로 이 섬이었다. 예프게니는 여기에 매장되었다.

이 시에 대한 다양한 해석들은 이루 헤아릴 수 없을 정도이다. 20세기에 V. 호다세비치Khodasevich는 같은 시대에 나온 이 시에 대한 몇몇 해석들을 이렇게 요약한다.

무엇보다도 문자 그대로 국가적 비극이 있었는데, 그것은 뾰뜨르의 독재와 군중들의 자유에 대한 순수한 사랑 사이의 충돌이었다. 불쌍한 예프게니의 반항을 국가의 강압에 대한 개인적 항거로 간주하면 이 비극은 특별한 의미를 지니게 된다. 뿌쉬낀의 뾰뜨르가 뻬쩨르부르그를 대 유럽 창구로 간주했던 사실을 상기하면 이 비극은 새롭게 조명될 수 있다. 「청동의 기사」는 1831년 폴란드에서 일어났던 사건들을 반향하기도 한다. 즉 예프게니의 반항은 러시아에 대한 폴란드의 항거를 상징한다. 「청동의 기사」를 하찮은 한 남자의 소중한 희망들이 깨어지는 것을 그린 단순한 이야기로 보는 데에는 이견의 여지가 많다.

「청동의 기사」의 애매모호성은 「러시아를 중상모략하는 자들에게To the Slanderers of Russia」라는 강력한 제국주의 시와 이상한 공명을 불러일으키는데, 이 시는 러시아 제국주의와 민족주의의 신조처럼 여겨졌었다. 1831년 러시아의 야전 사령관 빠스께비치Paskevich는 폴란드와의 전쟁을 승리로 끝냈다. 바르샤바가 함락되고 폴란드의 항거가 종식되었던 것이다. 뿌쉬낀의 「러시아를 중상모략하는 자들에게」는 러시아 제국주의에 대한 찬가나 다름없었다. 서부 유럽에서는 폴란드 봉기에 대한 러시아 황제의 압제에 대하여 분노의 목소리가 높았다. 이에 대하여 뿌쉬낀은 「러시아를 중상모략하는 자들에게」의 한 구절에서 노한 어조로 응수한다.

멈추어라. 이것은 슬라브 민족들 사이의 전쟁이다.
운명에 따라 결판나는 내부의 전쟁이다.
결코 그대들이 끼어 들 일이 아니다.

뿌쉬낀은 폴란드 국민의 열망에 대하여 오늘날과 같은 진보적 견해를 전혀 가지고 있지 않았다. 작가로서의 뿌쉬낀의 수입은 대중적 인기뿐만 아니라 검열관의 호의에 달려 있긴 했지만, 폴란드의 역경에 대한 그의 무관심은 계산된 것은 아니었다. 1833년 12월 6일 뿌쉬낀은 벤켄도르프에게 편지를 보내 「청동의 기사」를 발간하는 데 니꼴라이 황제의 재가를 얻어달라고 부탁하였다. 그러나 니꼴라이는 재가하지 않았다. 벤켄도르프를 방문했던 12월 14일 자 뿌쉬낀의 일기에는 이렇게 적혀 있었다. "우상이라는 단어가 검열을 통과하지 못했고, 그밖에도 의문부호가 대여섯 군데 표시되어 있었다." 뿌쉬낀은 부득이 이 작품에 대한 출판 계약을 파기할 수밖에 없었다. 12월 10일 그는 친구 나쉬쪼낀에게 이렇게 말했다. "「뿌가초프의 역사」를 통과시켜 주지 않으면 나는 시골에 가서 살아야 할 판일세."

뿌쉬낀은 그렇게 밖에 할 수 없는 사정이었다면 기꺼이 시골에서 살 용의가 있었고, 시골에 대한 얘기도 자주 하기 시작했다. 하지만 황제는 나딸리야를 무도회를 빛내는 장식품으로 여겨서 — 그녀에 대해 성적 관심이 있던 없던 간에 — 그녀가 떠나가는 것을 꺼려했던 것은 분명했다. 오늘날 뿌쉬낀 기념관의 학자들은, 심지어 뿌쉬낀의 사후에도, 황제가 나딸리야에게 흑심을 품었으리라고는 전혀 생각지 않는다. 황제는 그녀의 한 아들에 대한 대부로서의 관계만을 유지했다는 것이다. 포미쪼프Fomichev와 바짐 스따끄Vadim Stark의 이와 같은 견해는 황제의 사악한 손길이 모든 곳에 뻗쳐 있었다고 주장하는 공산주의자들의 주장에 대한 반박에서 나온 것으로 짐작된다. 그러나 뿌쉬낀 자신은 황제가 자기 아내에게 흑심을 품을 가능성을 배제하지 않고 있었다.

황제는 기독교 신자이기는 했지만 호색한으로 널리 알려져 있었고, 대여섯 명의 시녀들과 맺은 성적 관계도 그 소문이 자자했다.

동기가 어떠했든 황제는 뿌쉬낀의 「뿌가초프의 역사」의 발간을 거부하지 않았고, 1834년 2월 10일 뿌쉬낀은 벤켄도르프에게 보내는 편지에서 "폐하께서 저의 재산을 보장해즈셨습니다"라고 적었다. 같은 편지에서 뿌쉬낀은 바실리 삼촌의 재산을 자신이 상속받는 데 필요한 채무 변제 등의 경비가 40,000루블이라고 설명하고는, 더 많은 수입을 올리기 위하여 책을 자비로 출판할 수 있도록 재가해줄 것과 더불어 이에 소요되는 15,000루블을 2년 상환 조건으로 대부해줄 것을 요하였다.

황제는 관대하게 20,000루블을 빌려주는 동시에 뿌쉬낀을 왕실 침소 부시종장으로 임명하였다. 이것은 뿌쉬낀의 나이에 전혀 걸맞지 않을뿐더러 귀족 혈통에 자부심을 갖는 사람에게는 굴욕적인 직책이었다. 더구나 탁월한 역사서를 씀으로써 알렉싼드르 황제 때에 역사가 까람진이 누렸던 지위를 자신이 누릴 수 있으리라고 뿌쉬낀이 희망했다면 그의 실망은 이만저만이 아니었을 것이다. 니꼴라이는 알렉싼드르보다 문학에는 — 어떤 분야든 — 관심이 적은 인물이었던 것이다. 게다가 이것은 궁전을 벗어나면 안 되는 의무감이 따르는 직책이었다. 이를 잘 알고 있었던 뿌쉬낀은 일기에 이렇게 적었다. "며칠 전 나는 왕실 침소 부시종장으로 임명받았는데, 이것은 내 나이에 걸맞지 않는 직책이다. 하지만 황실은 나딸리야가 아니치꼬프Anichkov 궁전에서 춤추기를 원한다."

1834년 2월 뿌쉬낀의 친구 A. N. 불프Vulf는 일기에 이렇게 적었다.

시인은 황제에게 크게 분노하고 있었다. 황제가 뿌가초프 봉기의 역사를 쓴 그에게 제복을 입혔기 때문이었다. 그는 황제의 독재에 반대하는 사람들의 편에 설 것이라고 말한다. 1834년 8월 25일, 알렉싼드르 황제의 동상 제막식 5일 전, 그는 상뜨 뻬쩨르부르그를 떠났다. '다른 침소 시종들과 제막식에 참석하기 싫어서'가 그 이유였다.

황제가 뿌쉬낀의 부인의 미모에 반해서 그를 침소 부시종장으로 임명했다는 것은 일반적인 견해이다. 1월 7일 자의 일기에서 뿌쉬낀은 미하일Mikhail 대공이 그의 직책에 대하여 축하를 보내자 이렇게 답변했다고 적고 있다. "공작님, 감사합니다. 지금까지는 저를 비웃는 사람들뿐이었는데, 저를 축하해준 사람은 공작님이 처음입니다."

1834년 1월 17일 뿌쉬낀은 황제가 무도회에서 그에게 「뿌가초프의 역사」에 관해서 말했다고 적었다. 황제는 뿌쉬낀의 직책에 대해서는 언급하지 않았고, 뿌쉬낀도 감사를 표하지 않았다. 뿌쉬낀은 황제가 아직도 호색가로서 명성이 자자하다는 것을 잘 알고 있었고, 황제와 시시덕거리지 말라고 부인을 나무란 적도 있었지만, 그때까지도 심각한 위험을 느끼지는 않았다. 그래서 며칠 뒤 뿌쉬낀이 제복을 입고 아니치꼬프 궁전에 도착했을 때에도 그는 부인을 야회복을 차려 입은 사람들과 어울리게 두고, 자신은 집이 아니라 친구 살띄꼬프 집에서 열리는 파티장으로 갔다. 부인의 처신에 걱정이 많은 사람이라면 이런 행동을 취할 리가 없었다. 뿌쉬낀이 예측했던바, 황제는 그가 떠난 것을 불쾌하게 생각했다. 부인에 대한 뿌쉬낀의 이같은 신뢰는 그가 상뜨 뻬쩨르부르그로 돌아오게 되어 부부가 행복을 공감하게 된 데에 기인하는 것으로 보인다.

뿌쉬낀은 나딸리야와 다시 함께 살게 된 것을 대체로 기쁘게 생각하였다. 1834년 3월 친구 나쉬쪼낀에게 보내는 편지에서 뿌쉬낀은 이렇게 적고 있다. "불행이 훌륭한 가르침을 준다고들 하지만, 행복은 최고의 교육기관일세. 선하고 아름다운 영혼을 완성시켜 주는 것이 바로 행복이지. 친구여, 자네도 그렇지만 나도 그렇다네." 그러나 상뜨 뻬쩨르부르그의 생활이 태평스럽기만 한 것은 아니었다. 같은 편지에서 그는 우울한 심정으로 적고 있다. "금년 겨울은 끔찍하게도 무도회의 연속이야. 그런데 드디어 지난 일요일에 기회가 왔지. 다행스럽게도 이제 무도회는 끝일세. 궁전에 가 있던 아내가 갑자기 몸이 아파 집에 와서 유산을 했다네. 다행히 그녀는 건강을 회복하여 머잖아 깔루가로 가서 자매들과 만날 거야. 자매의 변덕에 자매들이 엄청나게 고생하고 있다는군." 무도회와 부인의 건강에 대한 염려 때문에 1834년 부인에게 보내는 편지에서 뿌쉬낀은 "상뜨 뻬쩨르부르그에 침을 뱉고, 은퇴하여 하루 빨리 볼지노로 가서 군주처럼 살고 싶소"라고 적었다.

나딸리야가 깔루가로 가버리자 뿌쉬낀은 황제의 무도회에 억지로 갈 필요가 없었고, 집에서 작업을 하며 편안한 나날을 보내거나, 친구들과 만나 식사나 당구를 즐길 수 있게 되었다. 그는 부인이 그리웠지만, 이 당시 그의 편지를 보면 그에게 있어 그녀는 더 이상 무한한 행복의 원천이 되지도 못했고, 부인에게 보내는 편지의 말투도 더 이상 응석받이 아이에게 보내는 투가 아니었다. 이때부터 그는 부인이 아이들을 제대로 돌봐주고 있는지 의구심이 들기 시작했고, 그녀가 집안 살림을 제대로 꾸려가지 못한다고 드러내놓고 짜증을 내기도 했다. 규모가 없기는 그 자신도 마찬가지였다. 돈은 이제 뿌쉬낀 자신뿐만 아니라 부모의 문제로 확대되었다. 그의 부모는 남은 영지가 빚쟁이들의 손에 넘어가지 않도록 하려면 돈이 필요하다고 하면서 늘 그에게 손을 내밀고 있었다. 그의 매제 역시 이제 땡전 한 푼 없는 처지가 되어 뿌쉬긴에게 돈을 구걸했지만 그 역시 어떻게 도움을 줄 수가 없었다.

뿌쉬긴은 될 수 있는 대로 옛 친구들과 어울리며 자신만의 삶을 찾고자 하였다. 그는 E. A. 까람지나의 사교 모임에 자주 갔는데, 그녀는 알렉싼드르 1세의 총애를 받던 저명한 역사가 까람진의 미망인이었다. 그녀는 뿌쉬긴의 여생에서 중대한 역할을 맡게 되지만, 그를 관대하게 대해주지는 않았다. 그녀의 사교 모임은 20여 년이 지나도록 상뜨 뻬쩨르부르그의 사교계에서도 가장 큰 선망의 대상 중 하나였다. 손님들은 진한 차와 크림, 신선한 버터를 바른 빵을 대접받았다. 파티는 오후 10시에 시작해서 새벽 1시나 2시까지 이어졌다. 문단의 손님들에는 주꼽스끼, 뱌젬스끼, 작가 레르몬또프^{Lermontov} 등이 포함되어 있었고, 이 밖에도 학식이 높은 외국인들과 외교관들이 찾아왔다.

그러나 그 사교 모임의 진정한 중심 인물은 까람진의 첫 번째 부인의 소생인 쏘피아^{Sofya}였다. 그녀는 한 손님의 표현에 의하면, "노련한 장군처럼 커다란 붉은 안락의자들과 그 사이사이에 가벼운 짚의자들을 배열하며 손님들을 위해서 편안한 분위기를 조성했다. 그녀는 마치 바쁘게 움직이는 꿀벌과 같아서 한 무리로부터 다른 무리로 나부끼듯 옮겨다니며 무리마다 사람들을 더해 주기도 하고 빼 주기도 하면서, 재치 있는 말이나 이야기를 던지고, 손님들의 의상을 칭찬해주기도 하고, 노인들을 위해서 카드놀이 그룹을 짜주기도 한다." 손님들은 매일 저녁 모였다. 평일에는 대개 열 명에서 열다섯 명까지 모였고, 일요일에는 60여 명이나 모여들었다.

한편, 나딸리야는 1834년 여름을 포함하여 5개월 동안 곤차로프 가문의 공장에서, 그리고 공장의 시끄러운 베틀 소리가 들리지 않는 '붉은 집'에서 생활하고 있었다. 이 집은 2층 목조 건물로서, 나무와 관목과 꽃밭이 있는 아름다운 공원 안에 있었다. 집에서는 작은 다리와 장식 계단이 있는, 멋진 형태로 전지된 전나무로 둘러싸인 호수가 내려다 보였다. 더 멀리에는 오렌지나무, 살구나무, 그리고 파인애플이 심어진 온실이 보였다. 이 집에는 대여섯 개의 욕실을 포함한 초현대식 시설이 갖추어져 있었다.

1834년 4월 20일 뿌쉬낀은 사람들의 주목을 끌긴 하지만 선동적이랄 수는 없는, 경솔한 편지를 부인에게 보냈는데, 그가 나중에 알게 된 사실이지만, 이 편지는 경찰에 의해 빼돌려지게 되었다.

나의 천사 같은 아내여, 나는 축제 기간 내내 집에만 앉아 있었소. 나는 황제를 알현하여 인사드리고 축하할 마음이 없소. 그는 앞으로 다스려야 할 일이 많고 나를 만나고 싶은 생각도 없을 거요. 나는 세 분의 황제를 겪었소. 첫 번째 황제는 나의 모자를 벗기라고 하며 나의 유모를 꾸짖었소. 두 번째 황제는 나에게 전혀 관심이 없었소. 세 번째 황제는 내가 어른이 돼서야 비로소 궁전의 시종으로 나를 돌봐주겠다는 거요. 그에게 기대할 것이 별로 없지만 다시 네 번째 황제를 겪고 싶지는 않소.

1834년 3월 유산한 후 나딸리야는 5개월 동안 시골에서 요양하고 있었다. 이 편지만 발각되지 않았더라면 부인이 없는 동안 뿌쉬낀과 황제와의 관계는 호전되었을 것이다. 5월 10일 자의 일기에 그는 이렇게 적었다.

> 며칠 전 주꼽스끼로부터 통지가 왔다. 그는 나의 어떤 편지가 시중에 나돌고 있는데, 황제가 이를 그에게 말하더라는 것이다. 나는 그것이, 사람들이 고맙게도 그리고 제멋대로 내가 저자라고 지목하는, 어떤 음탕한 시들이겠거니 하고 추측했다. 그러나 내 추측은 완전히 빗나간 것이었다. 모스끄바 우체국은 내가 부인에게 보낸 편지를 열어 보고, 이를 경찰에 통고했다는 것이다. 다행히 그 편지는 주꼽스끼에게 보여져 그가 편지 내용을 해명하자 이 문제가 잠잠해지게 되었다. 황제는 내가 침소 부시종장이라는 직책을 아주 고맙게 받아들이기를 바랐다. 나는 신하도 될 수 있고 심지어 노예도 될 수 있지만, 천국의 왕 앞에서라도 제복을 걸친 시종이나 어릿광대가 되지는 않겠다.

1834년 6월 3일, 뿌쉬낀은 누군가가 부인과 주고받는 편지들을 볼 수도 있다는 생각을 하기만 해도 미칠 지경이 되었다. 그래서 그는 시골의 부인에게 보내는 편지에, 분명 검열관을 인식하며, 이렇게 적었다. "정말이지 정치적 자유가 없어도 살 수 있지만, 가정의 신성함이 없다면 그 누구도 살 수 없을 거요. 시베리아에서 중노동을 하는 편이 훨씬 낫소. 지금 이 글은 당신에게 보내는 것이 아니오."

위의 편지는 검열관이나 나아가 니꼴라이 황제를 염두에 두고 쓴 것이 분명하다. 마치 파국을 서두르는 사람처럼, 6월 11일 뿌쉬낀은 나딸리야에게 무모하게 써보냈다. "나는 더 이상 그(명백히 황제를 가리킴)에게 화를 내지도 않소. 황제 주변의 추잡한 자들이 황제 탓이겠소. 당신에게만 하는 말이지만, 아무리 점잖은 척 해도 똥을 자주 싸다 보면 똥냄새가 역한 지도 모르는 법이요. 아, 공기가 신선한 곳으로 가버릴 수만 있다면 좋으련만." 황제는 뿌쉬낀이 궁전에 계속 남아있도록 하였다. 1834년 6월 28일 그는 한 편지에서 이렇게 적었다. "모든 것이 황제 잘못이다. 하지만 내가 시골로 갈 수 있게단 해준다면 신도 황제를 용서할 것이다."

벗어날 수 있는 유일한 길은 그가 그 하찮은 직위를 사임하는 것뿐이었다. 6월 25일 뿌쉬낀은 서신으로 벤켄도르프에게 정식 사직서를 보냈다. 그 이유는 집안 문제 때문에 모스끄바와 내륙지방으로 가야한다는 것이었다. 또 그는 사임이 안 된다면 황실 문서국에 출입할 수 있도록 허용해달라고 요청하였다. 6월 30일, 즉각 회답이 왔는데, 벤켄도르프는 이렇게 적고 있었다. "황제 폐하께서는 그 누구도 폐하의 뜻을 거스르는 것을 원치 않으시오. 그리고 문서국은 당국의 특별한 신임을 받는 사람들에게만 출입이 허용되는 바, 당신의 출입은 허용할 수 없소."

이 무렵 뿌쉬낀은 『뾰뜨르 대제의 일대기』(미완성으로 끝난)를 쓰며 역사가 까람진이 가졌던 좋은 자리에 임명되기를 은근히 바라고 있었지만, 이 노골적으로 보복적인 회신을 받고는 적이 당황하였다. 그는 서둘러 사직을 철회하는 편지를 보내며 살다보니 자잘한 걱정이 늘어 그리 되었다고 하고 결코 배은망덕해서가 아니라고 둘러대었다. 벤켄도르프에게 보낸 다음 편지에서는 더 나아가, 자신에게 많은 호의를 베풀어주신 전능하신 보호자를 잃게 되어 크게 상심하고 있노라고 적었다. 한편 벤켄도르프는 황제에게 은밀하게 보고하기를, 뿌쉬낀을 늘

감시 하에 두는 것이 안전하고, 그를 떠나보내 하고 싶은 일을 하게끔
내버려두어서는 안 된다고 하였다. 니꼴라이는 벤켄도르프의 보고를
받고 이렇게 적었다. "짐은 그를 용서한다. 단, 자네가 그를 만나 그의
몰지각한 처사를 설명하라. 그리고 20세의 미치광이에게는 용서될 일
도 가정을 가진 35세의 기혼 남자에게는 용서될 수 없음을 상기시키
라." 뿌쉬낀은 안도의 한숨을 내쉬었지만 황제의 용서는 잠정적일 뿐
이라는 것을 잘 알고 있었다. 7월 22일 자의 일기에도 그는 "나는 그것
에서 벗어나지 못할 것이다"라고 명시하였다.

이 문제 외에도 그는 또 다른 부담을 지게 되었다. 그 해 여름 아직
결혼하지 않은 처가의 두 자매가 모스끄바에서 뿌쉬낀과 함께 살게 된
것이다. 예까쩨리나는 알렉싼드르 포이바노프와 결혼하기로 돼 있었
는데, 결혼 직전에 그가 '12월 당원들'에 연루된 것이 알려져 결혼이 깨
어지고 말았다. 이제 이들 자매에게 남은 희망은 나딸리야가 이들을
사교계에 소개시켜 신랑감을 물색하는 일이었다.

세 자매

뿌쉬낀이 처형과 처제가 오는 것을 꺼려했던 데는 나름대로 이유가 있었다. 이들 자매가 오면 이미 네 아이들과 많은 하인들로 가뜩이나 시끄러운 집안이 더욱 시끄러워질 것이 뻔했기 때문이었다. 그는 나딸리야에게 자기 생각을 적어 보냈다. "한 지붕 아래서는 한 식구들만 살아야 하오. 남편과 아내, 아이들. 이걸로도 모자라 늙은 부모님들까지도 모시는 경우도 있겠지. 이렇게 한 식구끼리만 살아도 걱정거리가 끝이 없어 가정의 평화는 기대하기 어려운 법이오." 나딸리야는 자신들이 부자가 아니라는 남편의 말과 어린 시절의 선명한 기억에서 우러난 다음과 같은 남편의 훈계도 무시했다. "남에게 의존하며 무절제하게 가정을 꾸려 나가는 것은 아주 끔찍한 일이오. 사치스러운 쾌락이 마음의 평화와 충족감을 대신할 수는 없는 노릇이지."

이 무렵 뿌쉬낀은 작업에 열심이었고 「뿌가초프 항거의 역사」도 출판을 앞두고 있었다. 그러나 그는 나딸리야가 몇 주 동안 깔루가에 가 있으면서 시골 바람둥이들과 어울린다는 소문에 격노하곤 하였다. 그녀는 부부를 위한 그의 노력을 전혀 의식하고 있지도 않는 것처럼 보였다. 그는 화가 나서 그녀를 꾸짖었다. "당신은 무도회에 가서 발놀림만 하고, 남편의 돈을 물 쓰듯이 쓰는군." 그래도 여전히 나딸리야는 뻔뻔스럽게 자매들의 남편감을 찾는 데만 열심이었다. 자기 길을 가겠다는 식이었다.

8월 25일 뿌쉬낀은 깔루가의 린넨 공장에서 나딸리야와 재회했고, 2주 후에는 그녀를 모스끄바로 데려갔다. 그리고 자신은 볼지노로 갔는데, 그곳에는 9월에 이미 첫눈이 내렸었다. 그곳에서 그는 예년의 가을과는 달리 결실을 거두지는 못했지만, 가까스로 운문체 동화인 「황금 수탉The Golden Cockerl」을 완성하였다.

훗날 안나 아흐마또바는 독자적인 연구 끝에 뿌쉬낀의 이 작품이 워싱톤 어빙Washington Irving(1783~1859, 미국의 작가이자 역사가 — 옮긴이)의 작품집 『알함브라The Alhambra』에 수록된 「아라비아 점성가의 전설Legend of the Arabian Astrologer」의 영향을 받았다는 사실을 밝혀냈다. 어빙의 작품의 개요는 이렇다. 한 점성가가 회교국의 왕을 돕는다. 왕은 한 공주를 발견하는데, 점성가가 보상으로 공주를 자기에게 넘기라고 한다. 왕이 거절하자 점성가는 왕을 파멸시킨다. 아흐마또바는 「황금 수탉」의 초고를 면밀히 살펴보고, 작품 중의 한 인물이 원래는 황제였었음을 지적하였다. 가령, 어빙의 작품에서 "황제와 다투는 건 좋지 않지"라는 구절에서 '황제'가 지워지고, 속이 뻔히 들여다보이게 고친 것이지만, '강한 자'로 바뀌어 있다는 것이다. 작품의 끝 부분도 "이 얘기는 사실은 아니지만 우리를 위한 교훈이 있고, / 다른 이를 위한 암시가 있다"

는 원전의 구절이 "이 얘기는 사실은 아니지만 좋은 친구들을 위한 /
암시가 있고 교훈이 있다"로 수정되어 있다.

검열 당하는 문제(아흐마또바가 그녀의 연구에서 이를 강조한 것은 그녀 자신
도 유사한 문제로 곤란을 겪었기 때문인 것으로 보인다)와는 별도로 뿌쉬낀은
이 이야기를 쓰면서 많은 걱정거리로 시달렸다. 아흐마또바는 뿌쉬낀
이 1834년 무렵에는 자기가 "자비에 의해 용서받는 동시에 속박도 받
았다"는 것을 절감했다고 지적한다. 「황금 수탉」도 이런 앎에서 쓰였
다는 것인데, 이 작품은 약속을 지키지 않는 통치자에 대한 이야기라
는 것이다.

1834년, 뿌쉬낀은 예년만큼 많은 시를 쓰지는 못했지만, 단편소설
「스페이드의 여왕Queen of the Spades」을 탈고하였다. 이 작품은 건조한
문체로 초현실적인 내용을 그리고 있는데, 보다 평이한 문체의 『벨낀
의 이야기들Tales of Belkin』을 훨씬 능가한다. 작품의 주인공 헤르만은 침
착한 젊은 육군 장교로서, 카드놀이를 즐기지만 노름을 할 만큼의 경
제적 여유는 없다. 어느 날 밤 그는 한때 파리 사교계의 선망의 대상이
었던 백작의 아름다운 노부인에 관한 얘기를 듣게 되는데, 그녀는 카
드놀이에서 승리를 안겨주는 세 장의 카드에 대한 비밀을 간직하고 있
다는 것이다. 그녀는 이 비밀을 어느 누구에게도 알려주려 하지 않지
만, 헤르만은 어떻게 해서든 이를 알아내리라고 마음먹는다. 노부인은
인색하고, 허영기가 있는 데다가 변덕스러워 조카딸 리사를 무자비하
게 괴롭힌다. 헤르만은 백작부인에게 접근하기 위한 방편으로 리사에
게 청혼한다. 이야기는 건조체로 꾸밈없이 진행되지만, 백작부인이 화
장품을 조제한다든가 헤르만이 그녀의 집 밖 가로등 밑에서 함박눈을

맞으며 기다리는 장면 등의 묘사는 투명한 꿈을 꾸는 듯한 최면적인 분위기를 자아낸다. 또 어떤 장면들의 묘사는 환상적이고 충격적인 분위기를 자아내는데, 백작부인이 관속에서 헤르만에게 윙크를 보내는 장면이라든가 헤르만에게 승리를 안겨줄 세 번째 카드인 에이스가 그의 목전에서 스페이드 퀸으로 바뀌는 장면 등이 그 예이다.

이것은 초자연적 세계에 대한 뿌쉬낀의 깊은 통찰력에서 우러난 이야기이다. 그는 어떤 징조나 징후에 대한 미신을 가졌기 때문에 초자연적 세계에 쉽게 접근할 수 있었다. 나딸리야와 헤어져 있을 때면 그는 어린 시절 그를 괴롭혔던 비참한 외로움에 젖곤 하였다. 이는 나딸리야에게 보낸 어떤 감상적인 편지의 한 구절에도 드러나 있다. "나는 외롭다오. 외로울 때면 나는, 당신이 겁이 날 때 나에게 매달리듯이, 당신에게 달려간다오."

이 무렵에는 뿌쉬낀 자신도 놀라울 정도로 그의 시적 감흥은 메말라 있었다. 시와 이야기를 쓸 수 있는 능력이 고갈되면 살 길이 막막했다. 그의 부모는 거의 파산지경에 이르렀고, 그의 빚은 어느 면으로 보나 늘어갈 것만 같았다. 볼지노에서 가을을 소득도 없이 보내다가 뿌쉬낀은 10월에 상뜨 뻬쩨르부르그로 돌아와 새로운 사교철을 맞이하게 되었다. 집에는 처형과 처제가 이미 와 있었다.

예까쩨리나와 알렉싼드라는 나딸리야와 닮은 점이 있긴 하지만 나딸리야보다는 예쁘지 않다는 평을 들었다. 당시의 기준으로 볼 때 두 자매는 노처녀라 할 수 있었다. 키가 너무 크고 근시안인 예까쩨리나는 나딸리야보다 세 살이 많았고, 사팔뜨기 알렉싼드라는 나딸리야보다 한 살이 적었다. 이들은 1834년 10월과 11월 사교철에, 그들의 돈 많은 아주머니 예까쩨리나 자그랴즈스까야Ekaterina Zagryazhskaya가 맞춰준 야회복을 입고, 상뜨 뻬쩨르부르그의 사교계에 데뷔하였다.

뿌쉬낀의 처가 식구들 중에서 특히 장모와 처남 드미뜨리는 예까쩨리나가 황실의 시녀가 되기를 바랐지만, 뿌쉬낀은 오히려 그렇게 될까 봐 걱정이었다. 니꼴라이는, 선대의 황제들과 마찬가지로, 시녀들을 으레 합법적인 제물로 간주했기 때문이었다. 뿌쉬낀은 처형 때문에 일어날 수도 있는 추문도 두려웠고, 자기 부인이 황제에게 빚을 지게 되는 것도 원치 않았다.

두 자매는 처가에서 4,500루블을 받기는 했지만, 뿌쉬낀의 지출은 이들이 오고 나서 상당히 늘어나게 되었다. 이 새 식구들을 맞기 위해 보다 큰 아파트에 세 들어야 했고, 이들의 옷값도 결국 그가 지불해야 했다. 그가 예상했던 대로 집안 살림은 더욱 쪼들려, 나딸리야까지도 오빠에게 보내는 편지에서 이렇게 적었다. "너무도 쪼들려서 집안을 어떻게 꾸려 가야 할지 막막한 날이 하루 이틀이 아닙니다. 제 머리가 빙빙 도는 것 같아요."

두 자매는 그들이 사교계에서 아름다운 나딸리야의 부속물로 간주되리라는 것을 잘 알고 있었기 때문에 새로운 환경에 불안한 첫걸음을 내디딜 수밖에 없었다. 10월 16일 예까쩨리나는 상뜨 뻬쩨르부르그에서 드미뜨리에게 편지를 보냈다.

우린 프랑스 극장에 두 번 갔었고, 독일 극장에는 한 번 갔었어. 나딸리야 끼릴로브나의 파티장에서는 각계각층의 사람들을 소개받아 첫 번째 무도회의 파트너를 구할 수 있으리라는 희망을 가질 수 있었지. 우리는 여러 곳

을 방문했지만 그다지 재미있는 곳은 없었어. 사람들은 우리를 뿌쉬낀 부
인의 자매로서 신기한 백곰을 보듯 대하는 거야.

황실의 무도회에서 사람들은 이구동성으로 나딸리야를 칭찬하였
다. 어떤 사람은 이렇게 썼다.

갑자기(나는 그 순간을 잊지 못한다) 한 부인이 들어섰는데, 목까지 덮은
검은 공단 가운을 입고 있었고(황실은 그 때 상중이었다), 자세는 종려나무
처럼 꼿꼿했다. 이 여자가 바로 뿌쉬낀의 부인으로, 그 날 제일의 미인이었
다. 그러한 자세와 그러한 위엄을 나는 결코 본 적이 없었다.

1834년 12월 8일, 황제의 명명식을 기념하는 무도회가 열린 지 이틀
후, 예까쩨리나는 흥분을 가라앉히지 못하고 드미뜨리에게 편지를 보
내 자기에 대한 황족들의 관심을 묘사하였다.

12월 6일, 사람들이 한창 춤을 추고 있을 때, 나는 왕비의 서재에서 황족
들을 뵈었지. 그 분들은 지나칠 정도로 내게 친절했고, 나는 너무 부끄러워
시간의 흐름이 정지되어 가는 것 같은 느낌이었어. 그 분들은 상냥하게 내
게 많은 질문을 하셨지. 왕비가 오신지 몇 분 후에 황제께서 친히 오시더라
구. 그 분은 내 손을 잡고 듣기 좋은 말씀을 많이 하시더니, 마지막으로 이
런 말씀도 하셨어. 사람들과 어울리다가 난처한 일이 생기면 눈을 치켜뜨
기만 하면 된다구. 그러면 나를 언제나 좋게 생각하는 친절한 얼굴을 보게
될 거라는 거야.

세 자매는 아침부터 밤까지 무도회와 그녀들에게 파트너가 되기를 청한 남자들에 관해서 계속 수다를 떨곤 하였다. 뿌쉬낀은 낮에 식사를 늦게 하고 나서 서재에 혼자서 틀어박혀 있다가 저녁에는 산보를 하였다. 그리고 나서 그는 세 자매와 함께 사교 모임에 가야했는데, 이것이 웃음거리가 된 적이 한두 번이 아니었다.

예까쩨리나가 황제를 알현했던 무도회가 열렸을 때, 나딸리야는 임신 3개월째였다. 그녀는 유산의 위험이 있으니 춤을 추지 말라는 의사의 권고를 들었었다. 하지만 위에 소개된 예까쩨리나의 편지에는 이런 말도 적혀 있었다. "나딸리야는 황제와 폴로네이즈 춤을 추었어. 황제는 늘 그렇듯이 나딸리야에게 친절했지. 뿌쉬낀이 제복을 입지 않고 있는 것이 몸이 아파서라는 사람들의 얘기를 듣고 나딸리야를 좀 야단치기는 하셨지만 말야. 황제는 뿌쉬낀의 병을 잘 알고 있다고 말씀하시면서 나딸리야가 와주어서 더욱더 즐겁다고 하셨어. 또 뿌쉬낀은 자존심 때문에 무도회에 올 수밖에 없었을 거라는 말씀도 하셨지."

뿌쉬낀은 다른 걱정거리들이 있었다. 「뿌가초프의 역사」에 대한 평이 좋아 상당한 수입을 올릴 것으로 기대되던 순간, 그의 동생 레프와 부모가 손을 내밀어 도움을 청했다. 그들을 도와주기도 하고 자기 용도로 돈을 쓰기도 하여 이 책의 수익금은 바닥이 드러나게 되었다. 5월이 되어 부인의 출산이 목전에 다가왔는데도 뿌쉬낀은 돈에 너무 쪼들려 미하일롭스꼬예로 도피해야겠다고 생각했다. 거기서 뜨리고르스꼬예의 옛 친구들은 그가 아주 우울해 보인다고 하였다. 그는 심각해지기만 하는 자신의 문제들을 생각하다가 이렇게 적었다. "하지만 저 뻬쩨르부르그에서는 불행이 종종 나의 숨통을 쥔다."

이 불행의 큰 원인들 중 하나는 나딸리야의 낄낄거리는 자매들의 존재가 그에게는 금전적 부담이 되기 때문이었다. 이 자매들 때문에 그는 제 집에서도 손님이 된 것 같다는 생각이 들었다. 1835년 5월 15일 부인이 출산한 다음 날까지 그는 꼭 1주일 동안 출타하였다. 예까쩨리나는 드미뜨리에게 나딸리야가 아무 탈 없이 출산했다는 소식을 적어 보냈다. "나딸리야가 어제 저녁 6시 37분에 아기를 낳았어. 고생이 많았지만 고맙게도 나딸리야는 순산했고, 건강 상태도 아주 양호해. 네가 대부가 돼 주어야 할 이 아름다운 남자 아기의 이름은 그리고리야. 뿌쉬낀은 쁘스꼬프에서 8일간 있다가 어제 아침에 돌아왔어. 나딸리야에게 주겠다고 약속했던 숄을 가져왔으면 해. 산모에게는 그것이 꼭 필요하니까."

그러나 드미뜨리는, 뿌쉬낀 부부가 그가 오기를 기다려 아기의 세례식을 연기하기까지 했지만, 세례식에 참석하지 않았다. 알렉싼드라는 1835년 5월 20일, 오빠를 재촉하는 편지를 보냈다. "빨리 오세요. 다들 오빠를 기다리고 있어요. 서둘러요. 우리를 기다리게 하지 마세요. 돈 많은 상속자니까 오빠의 보물도 전부 갖고 오세요."

위 편지 구절에서처럼 어린아이 같은 알렉싼드라의 말투에 뿌쉬낀의 마음이 끌렸음직도 하다. 게다가 그녀는 시를 좋아했고 형부의 작품을 찬양하고 있었다. 1835년 여름, 비극시 「방랑자The Wanderer」의 내용을 묘사하는 스케치 중에는 길고 곧은 코를 가진 두 여성의 프로필이 포함돼 있는데, 그 진지하고 정감에 넘치는 표정이 사뭇 매력적이다. 「방랑자」는 남편의 내적 세계를 이해하지 못하는 한 가정의 이야기이다. 뿌쉬낀은 자신이 작품 속의 남자와 같은 처지에 놓여 있다고 생각했고, 알렉싼드라가 적어도 형부를 시인으로서 열렬히 찬미했기 때문에 그녀의 얼굴이 그 스케치에 포함돼 있었다는 것은 의미심장한 일이었다.

그들의 관계가 얼마나 가까웠는지는 논쟁의 여지가 많은 문제이다. 알렉싼드라의 심적 상태는 다소 불안정하였다. 때로는 주체할 수 없을 정도로 쾌활하고, 빈정거리고, 신랄하다가도, 때로는 며칠 혹은 몇 주일 동안, 반항하듯, 입을 다물고 있기도 하였다. 주변에서는, 그녀의 아버지와 할머니가 그러했듯이, 알렉싼드라 역시 미쳐버리지 않을까 하고 걱정들을 하였다. 그런데 그녀가 형부의 집에 머물러 있는 한, 뿌쉬낀이 그녀에게 마음이 끌릴 수도 있다는 사실 자체가 그 이듬해에는 스캔들로 발전하게 되었다.

드미뜨리는 곤차로프 집안의 상속자이기는 했지만, 그의 자매들이 희망했던 것처럼 부자가 되지는 못하였다. 얼마 동안 곤차로프 집안의 사업은 잘 풀리지 못하고 있었다. 1835년부터 1836년까지는 사정이 악화되기만 하여, 곤차로프 집안은 우사초프Usachev라는 상인에게 15년 상환 조건으로 100,000루블의 빚을 지게 되었다. 그 후 지루한 소송이 이어졌다. 8월 5일에서 17일 사이에 나딸리야는 드미뜨리에게 보내는 편지에서 이렇게 썼다. "되도록 빨리 와서 우사초프와의 이 지겨운 재판을 의논해요. 오는 즉시 변호사 레르흐Lerkh를 만나서 모든 설명을 들어보세요. 남편이 조만간 시골에 가야 하니까 그가 떠나기 전에 오도록 하세요. 시간이 촉박하니 이 편지를 받는 즉시 지체 없이 오세요."

나딸리야 역시 걱정거리가 많았다. 그녀는 남동생 쎄르게이(이 사람에 대해서는 알려진 것이 별로 없다)를 각별히 사랑하고 있었다. 1835년 초

여름, 그녀는 드미뜨리와 체르까쓰까야Cherkasskaya 공주의 친분을 이용하여 남동생을 모스끄바에 주둔하는 부대로 옮겨주려고 했다. 그녀는 드미뜨리에게 이렇게 써보냈다. "지금 그가 빠져 있는 진창에서 그를 구해내지 못한다면 불쌍한 쎄르게이는 옛날의 그 쾌활함을 잃고 비참하게 될 겁니다." 같은 편지에서 나딸리야는 그토록 많은 사람이 재판에 목을 매고 있으니 재판이 좋은 방향으로 진행되기를 간절히 바란다는 내용도 썼다. 나딸리야는 호화로운 사교 생활을 여전히 큰 낙으로 삼고 있었지만, 남편의 걱정거리를 모르고 있지는 않았다. 7월 14일 뿌쉬낀이 장모에게 보낸 편지에 의하면, 나딸리야는 재무성 장관 깐끄린 Kankrin의 부인을 찾아가 뿌쉬낀이 나라에 지고 있는 빚 30,000루블을 탕감해줄 것을 간청했다고 한다.

1835년 8월 18일, 나딸리야는 드미뜨리에게 편지를 보내 편지에 동봉한 장식 종이와 똑같은 종이 85장을 보내달라고 하였다. 그녀는 뿌쉬낀이 필요로 하는 종이를 얻으려고 백방으로 노력했지만 허사였다. 그녀는 10월 1일에도 드미뜨리에게 편지를 보내 종이를 보내달라고 재촉하면서, "쁠레뜨녜프를 만나봐야겠어요. 그는 남편이 출타했을 때 이 문제로 애써주었거든요"라고 적었다. 그녀는 우사초프와의 소송에 대해서는 이렇게 적었다. "나는 가능한 조치를 다 취해 놓았어요. 오라버니의 서류를 받기도 전에 그것을 복사해서 레르흐에게 전했어요. 그리고 변호사에게 좀 만나자고 했지요."

1835년, 나딸리야가 남편 문제를 모른 척하고만 있지는 않았다는 여러 증거들이 있다. 그러나 무도회와 화려한 궁전 출입에 관한 한, 두 부부는 화해할 수 없었다. 나딸리야의 개인적 행복은 전적으로 그녀가 황실에서 인정받는 데에 있었다. 반면에 5월이 되자 뿌쉬낀은 어쩌다 시골 내음을 맡기만 해도 적어도 잠시 동안이나마 시골에서 은거하고 싶다는 바람이 되살아났다. 부부 사이에는 시골로 이사 가는 문제를 두고 다툼이 잦았다. 뿌쉬낀의 1년 생활비는 약 25,000루블로 늘어났다. 아내와 세 아이와 처형과 처제, 그리고 부모와 그의 형제, 자매 모두가 그에게 손을 벌리고 있었고, 그 자신은 빚에 쪼들리고 있었다. 사정이 이와 같아서 그는 또다시 벤켄도르프에게 편지를 보내, 이번에는 공손하고 재치있게, 황실 시종직의 사임에 대한 재가를 구하였다. 재정적 중압감을 하소하며 그는 이렇게 적었다. "뻬쩨르부르그에서는 생활비가 엄청나게 듭니다. 시골에서 3,4년만 살아도 저는 다시 뻬쩨르부르그로 돌아와 황은을 입어 제가 지금 맡고 있는 직분을 다시 수행할 수 있을 것입니다."

그러나 그의 요청은 또다시 거부되었다. 황제의 재가를 받을 필요 없이 뿌쉬낀 자신이 사임하고 시종직에서 물러나면 그만이었지만, 황제의 윤허를 얻는 일은 그가 물러나기를 원하든 그렇지 않든 불가능했다. 뿌쉬낀의 결심은 흔들렸다. 그의 봉급은 적었지만 그나마 봉급 없이 지내는 것이 두려웠고, 황실 문서국에 출입할 수 있는 특권을 저버리는 것도 아까웠다. 황제가 자신의 절박한 처지를 알 리 없다고 생각하고 뿌쉬낀은 또다시 벤켄도르프에게 편지를 띄워 자세하게 설명했다. "지난 5년 간 상뜨 뻬쩨르부르그에서 살면서 거의 60,000루블의 빚을 지게 되었습니다."

황제는 이 편지에 마음이 동했는지 뿌쉬낀에게 가불 조로 30,000루블을 빌려주도록 재가했고, 4개월의 휴가도 주었다. 이때 뿌쉬낀은, 마음만 먹었다면, 쥐꼬리만 한 봉급을 포기하고 시골에 은거하여 저작으로 생활할 수도 있었다. 그렇게 하면 처형과 처제에 대한 무거운 부담을 한꺼번에 벗어버릴 수도 있을 터였다. 그들은 뿌쉬긴을 따라 시골에서 살 생각이 조금도 없는 여자들이었기 때문이다. 그러나 뿌쉬긴은 그렇게 단안을 내리지 못했다. 1년에 5,000루블이면 빚을 갚기는커녕 생활비도 충당할 수 없었지만, 그래도 무시할 수 없는 액수였다. 황제의 후원은 애초 그의 기대에 훨씬 못 미치는 것이었지만, 그나마 황제의 호의 없이는 책을 발간할 수도 없다는 사실을 그는 잘 알고 있었다. 그리고 멈출 줄 모르고 분출하던 과거의 창작 욕구가 이제는 더 이상 옛날처럼 솟아오르지 않았다. 반면에 나딸리야에게 의존하고픈 충동은 더욱 강해져갔다.

　1835년 9월 7일, 그는 혼자서 미하일롭스꼬예로 갔다. 그곳의 산천은 예나 다름없었지만, 거기서 그는 자신이 나이 들었음을 실감케 해주는 일들을 겪었다. 어린 소나무 밭을 착잡한 심정으로 바라보며 그는 나딸리야에게 "내가 더 이상 춤도 추지 않는 무도회에서 젊은 근위병들을 보는 것 같소"라고 적었다. 마을 사람들도 그가 늙었다는 얘기를 하였다. 뿌쉬긴이 너무 나이가 들어 보여 잘 알아볼 수 없었던 한 노파까지도 그런 말을 하였다. 여기 와서도 그는 근심, 걱정에서 헤어나지 못했다. 그는, "너무 혼란스러워서 글은 한 줄도 못쓰겠는데, 시간은 날개가 돋친 듯 흘러가오"라고 나딸리야에게 적어보내며 자신이 걱정거리에 사로잡혀 글쓰기에 전념할 수 없음을 호소하였다. 과거에는 홀로 앉아있거나 숲을 산책하기만 해도 좋은 착상이 물밀 듯이 떠올랐었다. 이제는 혼자 있으면 생각나는 건 걱정거리뿐이었다. 이곳에 와서 모처럼 마음의 평화를 구할 수 있는 기회를 얻었지만, 그는 부인에게 보내는 편지에서 이렇게 적었다.

하지만 내가 무얼 생각하겠소? 우린 어떻게 살아갈까 하는 생각뿐이라오. 아버지는 태반의 재산을 탕진하여 내게 남겨줄 게 없고, 당신네 재산은 상속자가 따로 있지. 황제는 내가 땅도 갖지 못하게 하고 잡지사 운영을 허락하지도 않소. 확실한 수입원이라고는 동전 한 닢 얻을 데도 없는데 30,000루블은 써야 하고. 앞으로 어떻게 될 지는 신만이 아시겠지. 난 서글프오. 당신의 키스만 받을 수 있다면 내 슬픔도 사라지련만.

그는 또, 나딸리야가 무심결에 겉봉의 주소를 잘못 적었던 적이 여러 번 있었기 때문에, 부인의 편지를 못 받게 될까봐 걱정도 들었다. 하지만 9월 29일에 그녀의 편지 두 통이 도착하였다. 그것들은 예까쩨리나가 몹시 아프다는 것과, 걸핏하면 미하일롭스꼬예에 가는 데 대해서 남편을 시샘하는 듯한 어조로 나무라는 내용이었다. 자기는 가을철에, 그것도 어린아이들을 데리고 가을에 촌구석까지 갈 수 없으니, 아이들과 집에 있을 수밖에 없다는 것이었다. 뿌쉬낀은 휴가를 중단하고 10월에 상뜨 뻬쩨르부르그로 돌아왔다. 미하일롭스꼬예에 머무르면서 그가 완성한 작품이라고는 흥미로운 단편소설, 「이집트의 밤」뿐이었다. 이 작품은 묘한 자서전적 뉘앙스를 풍기고 있는데, 주인공은 귀족 가문의 시인으로서 자신의 재능이 상류사회에서는 웃음거리가 된다고 하여 자기 재능을 수치스러워 하는 인물이다.
뿌쉬낀은 상뜨 뻬쩨르부르그에 와서 어머니가 간 질환으로 앓아누

위 있다는 소식을 들었다. 1835년 10월, 그는 서둘러 빠블롭스끄에 있는 어머니를 찾아갔다. 그녀는 가망이 없었다. 나딸리야가 시어머니를 집으로 모시지 않는 것을 두고 수군거리는 사람들이 있었다. 뿌쉬낀은 이에 격노하여 쁘라스꼬뱌 오시뽀바Praskovya Osipova에게 보내는 편지에서 나딸리야는 기꺼이 모시려고 했었다고 하면서 이렇게 적었다. "아이들도 많고 갖가지 사람들로 지척거리는 냉랭한 집안 분위기가 환자에게 편안할 리가 없소." 뿌쉬낀의 누나 올가의 편지도 뿌쉬낀 부부가 어머니를 집으로 모시지 않은 것은 아픈 어머니에 대한 무관심이 아니라 깊은 배려 때문이었다고 적고 있다.

그의 아내가 또다시 임신했다. 사실 그들의 아파트는 넓지만 시설도 좋지 않은데다가 두 사돈처녀들과 아이들로 복작거린다. 어쨌든 어머니는 거기에 가고 싶지는 않았을 것이다. 사람들은 뿌쉬낀이 잔인한 아들이고 내가 비정한 딸이라고 비판할 것이다. 아버지는 그저 울고 한숨만 내쉬며 만나는 사람마다 불평을 늘어놓으신다.

뿌쉬낀 부부는 임종을 앞둔 어머니를 찾았다. 그녀가 생전에 가장 싫어했던 자식이 임종을 앞두고는 가장 효성이 깊은 자식 노릇을 했던 셈이었다.

한편, 뿌쉬낀 부부는 격심한 재정난에 시달리고 있었다. 장모는 딸의 문제에 무관심했는데, 온 집안이 그녀의 인색함에 대하여 분노하고 있었다. 예까쩨리나도, 1835년 11월 1일 드미뜨리에게 보낸 편지에 밝혔듯이, 어머니의 태도를 잘 알고 있었다. 나딸리야는 어머니에게 200

루블을 보내달라는 편지를 쓴 적이 있었는데, 이에 대하여 예까쩨리나는 이렇게 적었다. "나딸리야는 자기도 어렵다고 둘러대면서 거절한 어머니에게 몹시 화가 났었어. 어머니의 수수방관은 정말이지 창피할 정도야. 이건 용서받을 수 없는 무관심이지. 나딸리야가 최근에 도와달라는 편지를 보냈는데도 어머니는 한 푼의 가치도 없는 쓸데없는 충고나 늘어놓았을 뿐이야."

이렇게 돈에 쪼들리면서도 나딸리야는 여전히 궁전에서의 파티를 즐겼고, 1835년 말에는 그녀의 자매들을 여러 사교 모임에 소개하였다. 1835년 12월 4일, 예까쩨리나는 예전의 가정교사 니나에게, "우리는 그래도 지각이 있어 1주일에 3번 이상은 파티장에 가지 않아요. 대개 두 번 꼴이죠"라고 적었다.

1835년 말에는 기회가 찾아와, 황제가 마침내 뿌쉬낀이 잡지사를 운영하도록 허락하였다. 이 잡지는 영국의 평론지들을 모델로 하는 계간지로 계획돼 있었고, 『동시대인The Contemporary』이라는 이름이 붙여졌다. 발간 허가에 따른 한 가지 조건은 정치 문제들은 일절 다뤄서는 안 된다는 것이었다. 뿌쉬낀은 동시대 최고의 작가와 비평가를 끌어 모을 수 있으리라고 생각했고, 이 잡지가 진정한 문학 애호가들을 대변하게 되리라고 여겼다. 그의 인기는 이제 예전만 못했지만, 그래도 그는 많은 착상들이 떠올랐고 그의 노트북에는 미래의 계획들이 가득 적혀 있었다. 그리고 그는 이 잡지가 그의 수입에 큰 도움이 될 거라고 기대했다. 그는 1836년의 처음 몇 달을 이 잡지 일에 매달렸다.

하지만 『동시대인』에 관한 전망들은 어디까지나 미래의 일이었고, 뿌쉬낀 부부는 하루하루 돈에 쪼들리며 살아야 했다. 뿌쉬낀은 이제 부인의 보석과 숄, 그리고 은그릇 등을 저당 잡히는 신세가 되었다. 1836년 4월 28일, 나딸리야는 오빠에게 또 편지를 보내 뿌쉬낀이 필요로 하는 종이를 보내달라고 재촉하였다. "그가 필요한 종이를 구하도록 일년에 4,500루블을 보내줄 수 있겠어요? 여동생에게 그만한 돈은 줄 수 있잖아요. 4,500루블을 초과하는 금액에 대해서는 그가 연말에 갚을 겁니다."

그러나 이 재정적 어려움은 1836년에 닥쳐올 재앙에 비하면 사소한 걱정거리에 불과했다. 뿌쉬낀은 임종을 앞둔 어머니에게 뒤늦게나마 깊은 효심을 갖게 되었는데, 어머니는 머잖아 돌아가실 것 같았다. 사실 나제쥐다 오시쁘브나는 임종을 앞두고 자기 생전에 뿌쉬낀을 이해하지 못했던 것에 대하여 용서를 빌었다. 그녀는 1836년 3월에 죽었고, 뿌쉬낀은 미하일롭스꼬예 부근의 스뱌또고르스끄 수도원의 공동묘지에서 열린 그녀의 장례식에 참석하였다. 부인을 둘러싼 추문에 고통받고, 항상 그를 경멸했던 궁전 사람들에게 오쟁이진 남편이라고 놀림을 받으며 그는 생애에서 가장 외로운 시기를 맞이하게 돼 있었다.

제
16
장
/

단테스

뿌쉬낀 부부가 게오르그 샤를르 단테스 Georges Charles d'Anthes
남작을 처음 만난 것은 1834년의 일이었다. 그는 1830년, 프랑스의 혼란기에 상뜨 뻬쩨르부르그로 피신한 프랑스의 망명객으로서, 그 이래로 네덜란드 대사 루이 반 헥케렌의 보호를 받고 있었다.

단테스는 용모가 아주 준수한데다가 위트가 넘쳤고 춤 솜씨도 탁월하여 첫 눈에 황제와 황후를 비롯한 모든 이의 호감을 샀다. 벤켄도르프의 비서 밀레는 젊은 단테스가 네덜란드 왕의 사생아라고 추측하기도 하였다. 한편 네덜란드 대사 헥케렌은 네덜란드 왕에게 그를 양자로 삼을 수 있게 해달라고 청원하였고, 1836년 5월, 헥케렌은 러시아 사교계에 그를 자신의 양자로 소개하였다. 황제는 단테스가 외국인임에도 불구하고 그를 근위대 장교로 임명하였다. 그의 연봉은 10,000루블이었는데, 이는 뿌쉬낀의 연봉이 5,000루블인 것과 흥미로운 대조를 보인다.

여자들은 단테스에게 첫 눈에 반해버렸는데, 나딸리야와 그녀의 자매도 예외가 아니었다. 하지만 단테스를 처음 만난 직후인 1834년 3월에 나딸리야는 이미 언급했듯이 유산을 해서 깔루가에서 5개월 간 요양을 하게 되었다. 그녀가 사교계에 다시 얼굴을 내민 것은 1834년 9월이었다. 당시 23세였던 단테스는 사교계에서 멋쟁이로 통하며 동료 장교들과 더불어 방종한 나날을 보냈다. 단테스는 한 백작부인의 집에서 열리는 파티에 자주 갔는데, 그녀는 손님들의 여흥을 돋우기 위하여 바지도 입지 않은 하녀들을 말뚝에 올라가게 한 다음, 안장 없는 말에 올라타게 하기도 하였다.

단테스는 1835년 가을에 비로소 나딸리야를 단순한 예의 이상으로 대하기 시작했지만, 1836년 초에는 그가 나딸리야에게 반했다는 소문이 이미 까람진 집안을 비롯하여 상뜨 뻬쩨르부르그 전체에 파다하게 퍼지게 되었다. 단테스가 파티장에서 그의 부인과 눈짓을 나눌 때마다 뿌쉬낀의 의구심은 깊어만 갔다. 나딸리야는 이 잘생긴 젊은 장교에게 미소를 보내는 품이 그가 자기에게 호감을 갖는 것을 즐거워하는 것 같았다. 그녀가 지참금만 있었더라면 지적인 면은 없지만 매력적인 이런 남자와 결혼했을 터였다. 그는 잘생기고 쾌활한데다가 그녀와 동년배였으며, 또 그녀와 마찬가지로 사교계에서는 주목의 대상이었다.

그녀는 상뜨 뻬쩨르부르그의 사교계에는 알려지지 않은 그의 숨은 일면을 알 리가 없었다. 최근에야 비로소 알려지게 된 이 일면은 그의 매력에 넘어간 여자들에 관한 추문만은 아니었다. 그의 후견인 헥케렌 역시 그를 깊이 사랑하고 있었던 것이다. 이는 헥케렌의 한 후손이 파비아 대학 교수 세레나 비탈레Serena Vitale에게 보여준, 새로 발견된 편지 뭉치에서 명백하게 밝혀진 사실이다.

루이 반 헥케렌 남작은 41세 때에 독일의 한 여관에서 단테스를 처음으로 만나 자기 마차에 태워준 것으로 전해지고 있다. 네덜란드의 유서 깊은 가문 출신인 헥케렌은 부유한 사람으로 1815년 네덜란드가 독립 왕국이 된 이래로 외교관을 역임했었다. 1823년, 그는 무역대표부 직원으로 러시아에 처음 왔었고, 1826년에는 대사가 되었다. 그는 독일에서 휴가를 보내다가 조세프 단테스 남작의 아들인 21세의 단테스를 만나게 되었고, 그에게 사랑의 감정을 느껴, 1833년 그를 러시아로 데려오게 되었다. 단테스가 뿌쉬낀의 아내 나딸리야를 사랑하지 않았더라면, 또 이 매력적인 젊은 프랑스인에 대한 그녀의 각별한 관심이 없었더라면, 오늘날 헥케렌과 단테스의 야릇한 관계에 대해서 흥미를 느낄 사람은 분명 아무도 없었을 것이다.

최근에 세레나 비탈레가 발견한 편지들은 헥케렌이 단테스의 아버지를 만나려고 알사스를 방문했을 때, 또 그가 왕에게 단테스를 양자로 맞는 것을 청원하려고 네덜란드에 가 있었을 때, 단테스가 헥케렌에게 보낸 편지들이다. 이 편지들은 헥케렌이 23세의 프랑스인을 열렬히 사랑했다는 것과, 단테스 편에서도, 이미 숨겨둔 정부가 있긴 했지만, 그의 사랑을 마다하지 않았다는 것을 증명하고 있다. 무엇보다도 중요한 것은 이 편지들이 나딸리야가 황제의 무도회에서 그토록 많은 관심을 가졌던 단테스의 심중을 파악하는데 큰 도움이 된다는 사실이다.

1835년 5월 18일 상뜨 뻬쩨르부르그에서 단테스가 헥케렌에게 처음으로 보낸 편지에는 그들 사이가 이미 단순한 우정을 넘어서고 있다는 것을 암시하는 구절들이 있다. 헥케렌을 '그리워한다'는 표현 등이 그 예이다. 7월 14일 자의 편지에서 단테스는 헥케렌에게 경치 좋은 곳에 가서 함께 행복하게 지내기로 한 그들의 계획을 상기시켜 준다. 이 편지에도 "소중한 이여, 우리는 분명 행복해질 수 있을 겁니다"라고 하며, 손위 사람에 대한 감정이라고는 말할 수 없는 정감이 드러나 있다.

1835년 9월에 이르러 단테스는 나딸리야에게 치근덕거리기 시작했지만, 이 단계에서는 아직 당돌한 한 젊은 근위대 장교의 치기에 지나지 않았다. 헥케렌에게 보내는 편지에는 이에 대한 언급이 전혀 없었는데, 헥케렌은 이때 단테스에게 보다 친근한 어조를 쓰라고 요구하고 있었다. 1835년 9월 1일 상뜨 뻬쩨르부르그에서 보낸 편지에서 단테스는 이렇게 나무라고 있다.

당신은 큰 아기입니다. 왜 당신은 친근한 어조를 요구합니까? 제가 당신을 사랑하는 한 말투야 무슨 상관입니까? 젊은 제가 대중 앞에서 당신을 존칭으로 부르는 것은 당연합니다.

이 편지는 이어서 뜨루베쯔꼬이Trubetskoy 곧작의 음주벽과 관련된 가십거리를 소개하다가, 과거에 사귀던 정부 및 그 아이들과 자기와의 어려운 관계에 대해서 적고 있다.

그 여자는 며칠 전 아이(단테스의 자식이 아님) 하나가 죽어 깊이 상심하고 있어요. 그런데 또 한 아이가 죽을 거라는군요. 어떻게 해도 저는 그녀에게 그 아이들을 대신할 수는 없는 존재입니다. 작년에 그걸 절실히 느꼈지요.

그러나 단테스는 나딸리야에 대한 자신의 구애에 대해서는 솔직히

털어놓지 않았다. 하지만 헥케렌이 거듭해서 단테스의 사랑을 재확인
하려 했던 것을 보면 헥케렌은 단테스와 나딸리야와의 관계를 풍문으
로 듣기 시작했던 것 같다. 11월 26일 자의 편지에서 단테스는 헥케렌
을 정말로 친근하게 부르면서 물질적 도움에 대한 감사의 말과 더불어
열렬한 사랑의 말을 쏟아 놓았다.

　　당신이 여기 있다면 저는 당신에게 셀 수 없는 키스를 보내고 거칠게 끌어
　안을 겁니다. 그러면 당신은 제 심장이 당신의 심장에 못지않게 맹렬히 뛰고
　있음을 느끼시겠죠. 당신 덕분에 저는 당신보다 더 부자가 되었습니다. 저
　때문에 어려움도 많으시리라 믿습니다. 결코 저는 관대한 당신을 배반하지
　않을 것입니다. 당신이 주신 그 많은 선물들 중에서도 제가 제일 좋아하는
　건 당신의 마차를 쓸 수 있게 해주신 겁니다. 마차가 없었다면 아무 데도 못
　가겠지요. 심장이 좋지 않아 뻬쩨르부르그의 추위를 견디기가 힘듭니다.

　같은 편지 말미에 단테스는 상뜨 이삭 성당을 설계한 건축가를 기리
기 위해서 열린 호화로운 파티를 묘사하면서 부와 권력에 대한 부러움
을 숨기지 않고 있다. "그런 사람들이 사는 것을 보면 나 자신은 쓰레기
같다는 생각이 듭니다." 그리고 그는 그 편지의 여백에 자기가 정부들
과의 관계를 모두 끊었다는 것을 드러내는 메모를 적어 놓았다. 편지
마다 그는 다음과 같은 감사와 사랑의 말을 거듭 쏟아 놓았다. "소중한
이여, 저는 어느 누구도 당신처럼 사랑해본 적이 없습니다."
　1835년 겨울의 사교 모임에서 단테스가 나딸리야의 손에 키스하고
그녀의 눈을 뚫어지게 바라보는 것을 본 사람이라면 아무도 그와 양아

버지 행세를 하는 헥케렌과의 관계를 의심하지는 않았을 것이다. 나딸리야는 그의 정열이 진지하다는 것을 믿어 의심치 않았고, 자기에 대한 그의 관심이 걱정스러우면서도 즐거웠다. 성적 매력이 넘치는 단테스의 초상화를 본 사람이라면 나딸리야가 즐거워했던 것이 당연하다고 생각했을 것이다. 그러나 두 사람의 곤계에 대한 풍문은 까람진의 집안에도 알려지게 되었고, 심지어 뿌쉬낀의 누나 올가까지도 아버지에게 보내는 편지에서 이렇게 썼다. "나뜰리야에 대한 단테스의 열정은 이제는 공공연한 비밀이랍니다. 상뜨 뻬쩨르부르그에 가서 이 사실을 알게 된 저는 이에 대해 농담까지 했답니다."

단테스는 항상 자기감정을 잘 드러내지는 않았지만, 그는 분명 나딸리야에게 깊이 빠져 있었다. 1836년 1월 헥케렌에게 보내는 편지에서 "제일 두려운 것은 제가 미친듯이 사랑에 빠져 있다는 사실입니다"라고 털어놓았을 정도였다. 그런 고백을 듣고 헥케렌은 몹시 불쾌한 반응을 보였을 것이 뻔했는데, 그런 반응을 감안한다면, 1946년에 인쇄된 이 편지는 단테스가 얼마나 깊이 나딸리야에게 빠져 있었는지를 여실히 증명한다.

편지는 분실될 염려도 있기 때문에 당신에게 그녀의 이름을 밝히지는 않겠습니다. 상뜨 뻬쩨르부르그에서 가장 아름다운 여자라고 말씀드리면 그녀가 누군지 아시겠지요. 제 입장에서 가장 두려운 것은 그녀도 저를 사랑한다는 사실입니다. 그녀의 남편은 질투심이 지독하게 강한 남자여서 우린 서로 만날 수도 없습니다. 서로 사랑하면서도 두 차례 춤출 때에만 얘기를 나눌 수 있었을 뿐이니 저와 가장 가까운 친구인 당신은 제 슬픔을 함께 나누리라 믿고 이 모든 사실을 털어놓는 겁니다. 하지만 하늘에 맹세코 단 한 마디라도 아무에게도 알리지 마세요. 제가 입이 무겁다는 것은 믿어도 좋습니다. 지금까지 이 비밀을 아는 사람은 그녀와 저뿐이니까요.

이 편지를 보고 헥케렌은 문제의 그 부부가 누구인지를 잘 알았을 것이다. 나딸리야의 뛰어난 미모와 뿌쉬낀의 질투심은 주지의 사실이었기 때문이다. 이 편지로 미루어 보면 나딸리야도 이미 단테스에게 사랑을 고백했음을 알 수 있다. 새로 알려진 이후의 편지에서 단테스는 헥케렌에게 비단과 양모로 짠 장갑과 양말을 부탁하면서 상뜨 뻬쩨르부르그로 돌아오는 즉시 자기 집으로 이사 오라는 헥케렌의 제안을 거절하였다. 단테스는 "제 아파트에서도 아주 편히 지냅니다"라고 썼다. 하지만 단테스는 커튼을 바꿔주겠다는 헥케렌의 제안은 감사하게 받아들였다.

1836년 2월 2일, 단테스는 헥케렌에게 나딸리야와의 사랑이 진전되는 과정을 보고하는 한편, 헥케렌의 행복도 기원하는 편지를 보냈다.

그녀의 집에 출입할 수 있게 되어 기쁩니다. 마음은 절실한데 그녀와 단둘이서만 있을 수는 없군요. 친애하는 나의 벗이여, 가장 가까운 벗인 당신만이 제게 도움말을 줄 수 있습니다. 당신이 돌아올 때쯤이면 제 마음도 치유되기를 바랍니다. 그러면 당신을 만나는 순간의 행복과 당신과 다시 함께 지내는 행복만을 생각하게 될 테니까요.

만일 나딸리야가 다른 많은 여자들처럼 그의 유혹에 쉽사리 넘어갔더라면 그의 정열은 헥케렌이 돌아오기도 전에 이미 식어버렸을 가능성이 농후했다. 이것이 바로 단테스가 진심으로 헥케렌에게 하고 싶었던 말이었을 것이다.

단테스가 계속 단 둘이 만나자고 간청했지만 나딸리야는 이를 거부했다. 1836년 2월 2일, 그녀와 단테스는 긴 대화를 나누었는데, 여기서도 그는 그녀의 사랑을 간청했지만 나딸리야는 고상하고 위엄있게 이를 거절했다. 단테스는 헥케렌에게 보내는 편지에서 이 만남을 설명하며 두 사람이 단 둘이서만 있었던 것은 아니라고 하였다. 그러나 두 사람의 대화가 공개적 사교 모임에서 이루어진 것이라면, 같은 방에 있었던 호기심 많은 구경꾼들은 두 사람이 예사롭지 않은 감정을 나누고 있었다는 것을 눈치챘을 것이다.

> 많은 사람들이 이 여자가 총명하지는 않다고들 하지만, 사랑이 그녀를 총명하게 해주었는지는 몰라도, 이 대화에서 보인 그녀의 재치와 우아함과 총명함은 그 누구도 따라 갈 수 없는 것이었습니다. 그녀가 사랑하고 또 그녀를 찬미하는 한 남자에게 자기의 의무를 저버릴 수는 없다는 요지의 말을 하기란 결코 쉬운 일은 아니죠. 저에게 자기의 입장을 밝히는 그녀의 말이 너무나 재치있고 우아하고 순결하여 참으로 저는 좌절감을 맛보았고 뭐라 대꾸할 말을 잊었습니다. "저는 그 누구도 당신만큼 사랑해본 적은 없지만, 제 가슴 이상의 것을 요구하지는 말아주세요. 이 이상 제가 해드릴 수 있는 일은 없으니까요. 제가 제 도리를 지키지 못한다면 전 행복해질 수 없습니다."

이 장면은 따찌야나가 오녜긴의 구애를 거절하는 장면과 아주 흡사하지만, 따찌야나도 이처럼 멋지게 말할 수는 없었을 것이다. 이때 나딸리야는 임신 5개월째였지만, 임신이 그녀의 고상하고 위엄있는 태도를 격하시키지는 않았다. 그녀의 거부에는 단테스가 일종의 격려로 받아들일 만한 언사도 곁들여 있었지만, 이는 그의 허영기가 부각시켰던 것이었는지도 모른다. 그는 거부당하는 데에 익숙지 않았던 것이다.

넬리 알려진 2월 14일 자의 편지에서도 단테스는 나딸리야와의 만남에 대해서 적고 있다. 이 편지에서 그는 "매일 같이 그녀를 보지 못해도 아무도 나만큼 그녀의 손을 잡고 허리를 안고 대화를 나눈 사람은 없"기에 마음이 평온하다고 적었다. 이 편지에 이어지는 편지 뭉치가 새로 발견되었는데, 이 편지들도 매우 중요한 내용을 담고 있다. 이 중 한 편지에서 단테스는 헥케렌에게 자기의 사랑이 변함없음을 계속 확인시켜 주고, 나딸리야에 대한 사랑은 그녀의 젊음과 아름다움에 매혹된 일시적 불장난일 뿐이라고 적고 있다.

> 내 마음 속에서 그녀에 견줄 만한 사람은 당신뿐입니다. 그녀를 생각하지 않을 때면 당신 생각을 하지요. 하지만, 소중한 이여, 시샘도 하지 마시고 당신에 대한 저의 신뢰도 저버리지 마십시오. 당신을 믿고 고백하는 것이니까요. 당신은 제 가슴에 영원히 남아 있습니다. 세월이 흐르면 그녀도 변하게 될 테고, 그 때가 되면 제가 그토록 사랑했던 사람에 대한 기억도 사라지게 되겠지요. 하지만, 소중한 이여, 새날이 올 때마다 당신이 없으면 저는 아무것도 아니라는 사실을 명심하게 될 겁니다.

이 글은 단테스의 육체적 정열을 시사하기도 하지만, 무엇이 자기에게 가장 큰 이득이 될 것인가를 잘 알고 있다는 것을 드러내주기도 한다. 이 편지의 말미에서 그는 헥케렌에 대한 사랑을 거듭 천명한다. "안녕, 내 사랑. 저의 새로운 정열을 너그럽게 여겨주세요. 제 가슴 깊은 곳에서 사랑하는 사람은 당신이니까요."

헥케렌은 그러나 단테스가 나딸리야와 자기 자신 중 누구를 더 사랑하는지 확실한 언질을 달라고 했던 것으로 보인다. 5월 5일 자의 편지에서 단테스는 헥케렌을 달래고 있다.

하느님께 맹세코 당신의 편지를 받았을 때, 저는 이미 당신을 위해 이 여인을 버리기로 결심하고 있었습니다. 따뜻한 우정으로 넘치는 당신의 친절한 편지를 받아보고 저는 주저 없이 그렇게 하기로 했습니다. 요사이 그녀에 대한 제 태도는 완전히 뒤바뀌었습니다. 전과는 정반대로 그녀와의 만남을 피하고, 어쩌다 그녀와 얘기할 때면 가능한 한 아무런 감정도 드러내지 않으려고 합니다. 지난 6개월 동안 저를 탈진시켰던 열정은 이제 과거로 흘러갔습니다. 내 심장을 그토록 격렬하게 뛰게 했던 그 여인을 만나서 찬양과 숭배의 말을 늘어놓는다 해도 그것은 공치사에 지나지 않습니다. 당신의 편지는 너무 심했습니다. 사태를 너무 비관적으로 보시고 저에게 벌을 주시는 거지요. 그렇습니다, 당신이 저에게 아무것도 아니라는 말씀은 제게 내린 벌이었습니다. 저의 죄를 잘 알고 있습니다. 하지만 제 가슴은 죄가 없습니다. 당신도 가슴속에서는 제가 일부러 당신을 상심시키는 짓은 결코 저지르지 않으리라는 것을 느끼고 있겠지요.

단테스는 위 편지에서 지나칠 정도로 헥케렌의 의심을 누그러뜨리려 하고 있다. 하지만 그녀가 또 다른 남자들에게 마음을 줄 거라는 헥케렌의 냉소적인 비난에는 동의하지 않는다. 그의 이러한 태도에는 허영기 이상의 무언가가 있다.

> 물론 그녀 때문에 이성을 잃을 남자들이 많을 겁니다. 정말이지 그럴 정도로 그녀는 아름다우니까요. 하지만 그런 남자들에게 그녀가 끌리게 될 거라니요? 결코 그런 일은 없을 겁니다. 그녀가 저만큼 사랑했던 남자는 없습니다. 지난 2주 동안 그녀가 저에게 몸을 맡길 수 있었던 기회가 많았습니다. 어땠는지 아십니까? 그녀는 전혀 그렇게 하지 않았습니다. 그녀는 저보다 훨씬 강했습니다. 20여 차례나 그녀는 자기와 자식들, 그리고 자기의 미래를 생각해서 관계를 갖지 말자고 했습니다. 그렇게 말할 때 그녀의 아름답고 진지한 모습을 보니, 그녀는 내심으로는 내가 떠나는 것을 원치 않고 있다는 것을 짐작할 수 있었습니다. 이렇게 처신할 수 있는 여자가 또 어디에 있겠습니까? 물론 순결이다 도리다 하고 떠들어대는 여자들은 많습니다. 하지만 그녀보다 순결한 영혼을 가진 여자는 없습니다.

단테스는 헥케렌이 '완전히 치유'된 상태로 돌아왔으면 좋겠다는 희망을 피력하며 이 편지를 끝맺었다.

나딸리야가 마음만 먹었다면 육체적 사랑을 나눌 수도 있었던 기회가 20여 차례나 있었다는 단테스의 주장은 신빙성이 없어 보인다. 어쨌든 나딸리야의 임신은 엄연한 사실이었다. 나딸리야의 입장에서는 단테스로부터 사랑을 받는 일이 즐거웠지만, 그의 열정이나 사랑의 말은 어디까지나 일방적인 것이었다. 설혹 그녀가 단테스를 깊이 사랑했다 할지라도, 그녀는 아마도 몸을 허락하는 것보다는 가끔 불시에 키스나 애무를 받으며 낯간지러운 칭찬을 듣는 것이 더 좋다고 여겼을 것이다. 또 그녀가 뿌쉬낀을 계속 사랑했을지라도 젊은 근위대 장교가 가져다주는 흥분감을 마다할 수는 없었을 것이다.

단테스가 뿌쉬낀에게 양심의 가책 같은 것을 느꼈다는 것을 입증해 주는 자료는 없다. 그는 시인으로서 뿌쉬낀의 위대성을 알지도 못했고, 또 그랬다 해도 어쨌든 그로 인하여 감명을 받지는 않았을 것이다. 그의 눈에는 뿌쉬낀이 그저 그토록 아름다운 여자의 남편이 될 자격이 없는 사람으로만 보였다.

뿌쉬낀은 두 사람 사이의 관계 및 그에 따른 추문을 잘 알고 있었다. 뿌쉬낀이 이들의 관계를 오랫동안 눈치채지 못했다고 해도, 나딸리야는 자신의 이러저러한 연애 행각을 남편에게 즐겨 이야기하곤 했었기 때문에, 결국은 단테스와 관련된 소문에 대해서도 자세히 알게 되었을 것이다. 아무리 감정이 무딘 사람이라 할지라도 이런 사실 자체가 견디기 힘든 고문일 것이다. 한술 더 떠서 그녀는 단테스의 낯간지러운 칭찬이 듣기 좋았다는 것도 애써 감추려고 하지 않았다. 뿌쉬낀은 항상 부인이 육체적으로 자신을 배신하는 일은 결코 없을 것이라고 믿었지만, "그녀 때문에 괴롭다"고 털어놓기도 하였다.

뿌쉬낀이 솔로구브Sollogub 백작과 다투었던 것은 사회에 대한 분노 때문이었다. 그는 부인의 관심을 자기로부터 멀어지게 하고, 뒷전에서 자기 험담을 속닥이는 것이 바로 사회라고 생각했다. 솔로구브가 나딸리야의 비위를 건드리기는 했지만 그다지 심한 말을 한 것도 아니었는데, 뿌쉬낀은 이에 대하여 결투를 신청했다. 솔로구브는 변함 없이 뿌쉬낀의 시를 칭송했고 또 뿌쉬낀의 친구였다. 게다가 그는 본의는 아니었다는 각서까지 써주어 결투는 취소되었다. 뿌쉬낀은 자신이 너무 거칠게 처신했다는 것을 인정하면서 이렇게 말했다. "그러나 나는 어쩔 도리가 없었다. 내가 공적 여인이라면 모르지만, 불행히도 나는 공적 남자이다."

한편, 단테스는 나딸리야에 너무도 매혹된 나머지 헥케렌에게 편지를 보내기도 어려운 지경에 이르게 되었다. 1836년 3월 29일의 편지에서 단테스는 그녀에 대한 언급 없이 이를 고백한다. 그는 또 이렇게까지 썼다. "당신을 위하여 제가 치러야 하는 대가는 엄청난 겁니다. 제가 아직도 제 정신이 아니라는 걸 당신께 숨길 수가 없군요." 보는 이로 하여금 측은한 생각이 들게 하는 이 편지의 결말은 드물게 단테스도 약한 면이 있다는 것을 드러내준다. "저는 사랑하는 당신이 제 곁에 올 날만을 손꼽아 기다립니다. 사랑을 하여 외로움을 떨쳐버렸으면 좋겠습니다. 6주간의 기다림이 6년 세월 같습니다."

1836년 4월에 보낸 편지에서 단테스는 또다시 헥케렌과의 상봉을 고대한다는 내용을 적고 있다.

가장 소중한 나의 벗이여, 당신이 오실 날을 나날이 손꼽아 기다립니다. 아니, 날이 아니라 분이죠. 당신이 오시면 우리는 서로를 꽉 껴안을 겁니다. 당신 자신과 항해에 대한 얘기도 듣게 되겠지요. 묻고 싶은 것이 너무 많습니다.

이전까지는 헥케렌의 아파트로 이사가는 것을 거절했지만, 이 무렵에는 분명 마음을 고쳐먹은 것으로 보인다. 위 편지의 말미에서 단테스는 이렇게 쓰고 있다.

반갑지 않은 소식이 하나 더 있습니다. 여름 내내 우리들의 아파트에는 일꾼들이 북적거릴 것이고, 그리 되면 저는 제 감정 상태에 대하여 얘기하고 싶은 생각이 들지 않을 겁니다. 그건 끝이 없는 문제이니까요. 하지만 제 심장 상태는 괜찮은 편입니다. 당신이 주신 약이 도움이 되어 제가 다시 활기를 찾게 되기를 희망합니다. 시골에서 얼마간 그녀를 볼 수 없을 겁니다. 이제 작별을 고해야 되겠군요. 당신께 단 한 번의 키스만을 보냅니다. 나머지 키스는 돌아오실 날 드리려고 남겨두렵니다.

나딸리야는 시어머니가 돌아가셨기 때문에 4월의 대부분을 시댁에서 보내고, 5월 23일에는 4번째 아기를 낳았다. 그녀는 1836년 7월까지 사교 모임에 나가지 않았다. 이 짧은 휴식기간 동안 뿌쉬낀은 활기를 되찾고 7편으로 구성된 아름다운 연작시를 쓸 수 있었다. 이 작품이 「까메니 오스뜨로프Kamenny Ostrov(들의 섬)」 연작시로 불리는 것은 뿌쉬낀 부부가 상뜨 뻬쩨르부르그 부근의 까메니 오스뜨로프 섬에서 여름 휴가를 보냈기 때문이다. 이 연작시 중 "나는 청동보다 오래 가는 기념비를 건립했노라"라는 호라티우스Horace(65~68 b.c., 라틴 시인, 호라티우스의 이 말은 자기 문학의 영원성을 뜻한다 — 옮긴이)의 말에서 제목을 따온 「기념비」는 뿌쉬낀의 시적 고백을 담고 있는데, 이 시 중 어느 구절은 너무 유명하여 러시아의 초등학교 학생이라면 누구나 외우고 있을 정도이다. 이 연작시에는 또 이 무렵 뿌쉬낀이 기독교에 마음이 끌려 있음을 보여주는 희귀한 서정시도 있다. 이 시는 뿌쉬낀이, 기도를 통하여 그들의 영혼이 하느님께 가까이 다가간다고 믿는, '성스러운 교부들과 순결한 여인들'에게 자신의 심경을 털어놓는 형식으로 되어 있다. 뿌

쉬낀은 성 에프라임 St. Ephraim the Syrian(러시아 정교에서 널리 알려진 성인으로
그의 기도는 전통적으로 사순절 직전의 일요일 저녁에 올려진다)의 기도문이 요
즈음에 와서 종종 자기 마음속에 떠오른다고 고백한다. 뿌쉬낀의 시는
이 기도문의 어휘들을 거의 그대로 옮겨 놓은 것이다.

> 내 인생의 주님이시여! 절망과 무력감과
>
> 숨어 꿈틀거리는 뱀 같은 권력을 향한 욕망,
>
> 그리고 무의미한 말 — 이 모든 것을 없애 주소서.
>
> 아, 주님, 제 죄를 깨닫게 하시되
>
> 죄 지은 이웃들을 용서케 하소서.
>
> 주님, 사랑과 순결과 평화를 제게 주시고
>
> 제 가슴속 겸허한 영혼을 밝혀주소서.

　같은 기간 동안 뿌쉬낀은 『대위의 딸』의 최종편을 완결 지었다. 볼
지노에서 집필을 시작한 이 작품은 뛰어난 역사 소설로서, 예까쩨리
나 대제의 통치 기간을 그 시대적 배경으로 삼고 있다. 이 소설은 그
자체가 뿌쉬낀이 자서전적인 작품만을 쓴다고 주장하는 사람들에 대
한 반론이기도 하다. 『대위의 딸』은 「스페이드의 여왕」에 비해 분량
은 길고 구조적으로 치밀함이 덜해 보이는데, 큰 줄거리 사이사이에
짧은 일화들이 삽입되어 있는 것은 마찬가지이다. 가령 화자가 악당
에게 토끼 가죽옷을 선사해주는 일화가 그 예이다. 그 악당은 화자를
도와 눈보라 속에서 여관을 찾게 해주고, 결국 화자는 작은 선물로써
생명을 구하게 되는 것이다. 이 소설은 단숨에 읽혀지지만, 독자의 가

슴에 깊이 아로새겨지는 장면들이 많다. 자백을 하지 않는다고 채찍으로 얻어맞던 노인이 입을 열어 잘려 나간 혀를 보여주는 장면이라든가 수비대장의 괄괄한 부인이 성을 내다가 반란군에 의해 단칼에 죽음을 당하는 장면 등이 그 예이다. 이 소설에는 급속히 전개되는 연속된 사건들에 대해서 화자가 도덕적으로 반추해보는 장면이 나오는데, 이 장면은 그 자체로 아주 역설적이다. 고문 장면을 목격한 화자는 이렇게 말한다.

> 알렉싼드르 황제의 평화로운 통치를 경험한 사람으로서, 이런 일이 내 평생 일어날 수 있다는 데 대하여 나는 곰곰이 생각해본다. 문명이 급속히 발전되어 가고 인도적인 원칙들이 확산되어 가는 지금, 나는 그저 어안이 벙벙할 따름이다.

뿌쉬낀의 재정적 문제는 어렵게 꼬여가기만 했다. 봉급을 담보로 황제에게서 빌린 45,000루블을 갚아야 할 날이 다가오게 되어 그는 이제 재정 당국에서 더 이상 돈을 끌어 쓸 수가 없게 되었다. 일류 양장점으로부터 날아오는 부인의 옷에 대한 청구서는 끊임없이 쌓여가기만 하여, 그 중 일부는 나딸리야의 아주머니 신세를 져야만 했다. 그가 창간한 잡지 『동시대인』으로부터 기대했던 수익금은 아직 나오지 않고 있었다. 오히려 잡지 때문에 그의 빚은 늘어가기만 하였다. 그는, 어머니가 죽은 후, 처남(누나 올가의 남편)인 니꼴라이 빠블리쉬체프Nikolay Pavlishchev와 미하일롭스꼬예의 가족 영지를 처분하는 문제로 다투기까지 하였다. 하지만 그에게 무엇보다도 고통스러웠던 것은 부인이 사교계로 복귀하게 되면 단테스의 공개적 구애가 다시 시작되지 않을까 하는 걱정이었다. 오죽했으면 뿌쉬낀은, 옛 친구 나쉬쪼낀이 새 부인을 맞게 되어 인사차 그의 집에 갔을 때, 상뜨 뻬쩨르부르그에서는 어찌해야 할지 생각해보려고 해도 머리만 빙빙 돌더라는 말까지 했을 정도였다.

1836년 여름, 뿌쉬낀 집안과 곤차로프 집안은 까메니 오스뜨로프의 별장에 세를 들게 되었다. 까메니 오스뜨로프는 뿌쉬낀이 자작 연작시의 제목으로 삼은 바 있었던 섬으로, 상뜨 뻬쩨르부르그 귀족들의 휴양지였다. 별장에는 두 채의 건물이 있었는데, 한 채에는 뿌쉬낀과 나딸리야가, 다른 한 채에는 나딸리야의 자매들과 아이들이 기거하였다. 마침 프랑스 순회 공연단이 이곳의 극장에서 연극 공연을 하고 있던 터라, 매일 저녁 극장 앞마당은 마차들로 혼잡을 이루었다. 섬의 대안對岸에는 기병대가 주둔하고 있었는데, 그 당시 반 헥케렌 남작이라 불리던 단테스는 이곳을 가장 빈번하게 찾는 기병대 장교들 중 한 사람이었다.

그 해 여름에는 야유회, 파티, 나들이, 그리고 연극 관람 등이 유난히도 잦았다. 하지만 나딸리야는 이런 놀이 행사에 종종 불참하였다. 예까쩨리나는 5월 18일의 야유회를 이렇게 묘사하였다.

젊은이들은 프랑스산 포도주를 들이켜고는 가만히 앉아있지 못하고 테이블에서 벌떡 일어나 떠들어댔는데, 특히 단테스는 유별났다. 10시가 되자 마침내 이날 밤의 떠들썩한 술잔치가 끝이 났고, 우리도 자리에서 일어섰다. 집으로 돌아오는 도중에 우리는 오도옙스까야Odoevskaya 공주의 별장에 들러 차를 마셨다. 남자들은 공주가 열심히 권하는 데운 포도주를 들이켰다.

나딸리야는 황실 무도회에서도 눈부시지만 어린아이들에 둘러싸여 있을 때도 여전히 아름답다는 것이 사람들의 평이었다. 뿌쉬낀은 우울할 때나 돌아가신 어머니를 애도할 때에 나딸리야가 아이들과 함께 집안에 있으면 마음이 안정이 되었다. 6월과 7월 내내 나딸리야는 몸이 아파서 상뜨 뻬쩨르부르그 상류사회의 사교모임은커녕 단순한 바깥 출입도 할 수 없었다. 7월 말이 되자 사람들이 떠난 섬은 고요했다. 나딸리야가 임신 후유증에서 회복되었을 때 뿌쉬낀은 다시 파티장에 가 유일한 낙을 즐기겠다는 그녀를 만류할 도리가 없었다. 나딸리야가 파티장에 다시 모습을 나타내자 그녀와 단테스 사이의 관계가 다시 사람들의 입방아에 오르내리게 되었다. 뿌쉬낀의 뒷전에서 속닥거리는 사람들이 늘어만 갔는데, 그들은 뿌쉬낀의 천재성이나 귀족 혈통을 무시하는 사람들이었다. 누가 보아도 나딸리야와 단테스 두 사람은 서로 깊이 빠져 있었다.

이 무렵, 뿌쉬낀과 그렇게 오랜 친교를 나누었던 까람진 집안 사람들은 불행한 남편 뿌쉬낀보다 아름다운 나딸리야와 그녀의 매력적인 숭배자 단테스가 더 좋다는 말을 편지에 쓰고 있었다. 1836년 7월, 동생에게 보내는 편지에서 쏘피아 까람진은 도착적인 흥분감에 젖어 이렇게 썼다. "단테스와 팔짱을 끼고 걸었어. 쾌활한 데다가 농담도 잘하고, 자기감정을 갑자기 폭발시키는 것도 재미있었지(사랑스러운 나딸리야에게는 늘 이렇게 대할 거야)."

부인과는 대조적으로 뿌쉬낀은 별로 재미없는 문제를 생각하며 우울한 여름을 보내고 있었다. 이때 뿌쉬낀은 미국을 모델로 한 러시아의 민주주의에 회의를 느끼고 있었다. 그는 여전히 민중의 자유를 앞

장서 옹호하였지만 우민정치에 대한 걱정이 들기 시작하였다. 『동시대인』에 게재할 요량으로 쓴 라지시체프Radishchev에 관한 글에서 뿌쉬긴은 그에게 자유를 가르쳤던 왕년의 스승을 비판하였다.

어떻게 저 예민하고 열렬한 라지시체프가 공포의 치하에 있는 프랑스를 보고 치를 떨지 않을 수 있단 말인가? 어떻게 그는 한때 그가 지지했던 사상이 폭도들의 갈채를 받으며 드높이 매단 단두대에서 설교된다는 얘기를 듣고 크게 역겨워 하지 않을 수 있단 말인가?

정치적 투쟁에 대한 그의 환멸감은 이 당시 그의 시에도 나타나 있었다. 특히, 검열을 피하기 위해서 「핀데몽에서From Pindemonte」라는 제목을 붙인 시에서 그러했다. 이 시는 뿌쉬긴이 사람들이 입으로만 쉽게 떠들어대는 '메아리치는 권리'에 대해서 특히 비판적이었다는 것을 보여준다.

이에 대한 나의 말은 오직, "말, 말, 말."
이 따위 권리는 이제 인정하지 않는다.
그런 자유는 진정 허망한 것.
군주에 복종하든 민중에 복종하든
내 알 바 무어냐? 내버려두자.

이 무렵 뿌쉬긴이 믿는 것은 개인적 행복의 권리뿐이었고, 어느 누구에게도 의지하지 않고 마음의 평화를 얻고 싶었다. 하지만 그것은 이룰 수 없는 꿈일 뿐이었다.

　여름 동안 뿌쉬낀이 지탱할 수 있었던 것은 오로지 시작詩作에 몰두한 덕분이었다. 1831년 8월 21일 그는 「기념비」를 완성했는데, 이 시는 이렇게 시작된다.

　　　나는 홀로 기념비를 세웠다.
　　　그것은 손으로 돌을 쌓아올린 석탑도 아니고
　　　주변에 잡초도 자라지 않을 것이다.
　　　하지만 굽힐 줄 모르는 나의 탑신은
　　　알렉싼드르 황제의 동상 위로 솟아오른다.

　　　내 모든 것이 다 사라지지는 않을 것이다.
　　　내 육신이 썩어도 이 거룩한 노래는
　　　나의 영혼을 담고 있을 것이다.
　　　달 아래 한 사람의 시인이라도 살아있는 한
　　　나는 잊히지 않을 것이다.

　이 시의 마지막 구절에서 비로소 뿌쉬낀은 문학계에 대한 자신의 견해와 그의 결혼이 파경에 이른 것을 조소하는 무리들에 대하여 엄숙하게 언급한다.

　　　그러니 뮤즈여, 두려워 말고 신탁에 복종하라.
　　　굴욕도 잊고 월계관도 기대하지 말라.

칭찬이나 모략에도 연연하지 말라.

바보와는 결코 다투지 말아라.

뿌쉬낀은 여전히 돈에 몹시 쪼들렸다. 1836년 7월 까메니 오스뜨로 프에 있을 때 나딸리야는 이미 오빠 드미뜨리에게 '남편 모르게' 편지 를 보냈었다.

아시겠지만 저는 겨우겨우 지내면서도 될 수 있으면 다른 사람의 도움을 받지 않으려고 했어요. 하지만 이제 상황이 악화될 대로 악화되어 역경에 처한 남편을 돕는 것이 도리라고 생각되네요. 대가족의 생계를 유지해야 하는 무거운 짐을 남편에게만 미루는 것은 잘못이지요. 어쩔 수 없이 오라 버니의 친절과 아량에 하소하는 것이니 어머니의 도움을 받아 저에게도 언 니와 동생이 받는 용돈만큼 보내주기 바라요. 가능하면 다음 달부터 1월까 지 보내주세요. 솔직히 말씀드리면 어떻게 집안을 꾸려나가야 할지 골치 가 아픈 날이 하루 이틀이 아닐 정도로 우리는 비참한 처지에 놓여 있답니 다. 가뜩이나 그는 낙담하고 슬픔에 젖어 밤에 잠도 이루지 못하는데, 자잘 한 집안 일로 남편을 괴롭히고 싶지는 않아요. 이런 지경이니 그는 글을 쓸 수도 없고 다른 생계 수단을 찾을 수도 없답니다. 머리에 걱정이 없어야 글 도 쓸 수 있는 것이죠. 극도로 어려운 처지에 놓인 저를 제발 좀 도와주세 요. 남편은 저에게 너무도 자상하고 헌신적이어서 제가 그이의 어려운 처 지를 덜어주는 것이 도리라고 생각합니다.

이처럼 어려운 시기에 나딸리야가 드미뜨리에게 보낸 편지를 보면,

안나 아흐마또바가 그녀가 냉정하고 변덕스럽다고 비난한 것은 터무니없는 말이라는 것을 알 수 있다. 1836년 9월 초, 나딸리야는 또다시 드미뜨리에게 도움을 청했다.

오라버니가 결혼을 알렸던 편지 다음에 보낸 편지를 방금 받았습니다. 그 편지 내용에 진심으로 감사 드려요. 남편이 오라버니와 신부 될 사람에게 축복의 인사를 전하랍니다. 남편은 종이가 다 떨어져 가니, 오라버니에게 1년 치 종이를 보내주기를 부탁한 답니다. 남편은 이 부탁만 들어준다면 오라버니의 첫 아기가 태어나는 날 시 한 편을 써주겠다고 약속했어요.

오빠에 대한 나딸리야의 이와 같은 하소연에도 불구하고 뿌쉬낀의 재정 상태는 나아진 게 없었다. 드미뜨리가 나딸리야의 용돈을 인상해 주기로 했지만, 자신의 결혼 비용 때문에 송금을 늦출 수밖에 없었기 때문이었다. 1836년 9월 나딸리야는 아직 까메니 오스뜨로프에 머물면서 오빠에게 편지를 썼다. "아니, 이게 약속을 지키는 겁니까? 9월 1일까지는 송금한다고 했잖아요? 오라버니는 도대체 도움이 안 돼요. 잊은 거예요, 아니면 돈을 보내줄 수 없는 거예요? 후자라면 제가 아량을 베풀 용의도 있어요."

가을이 되자 단테스는 뿌쉬낀 집안의 또 다른 여성과 새로운 관계를 맺게 되었다. 아직도 그의 가장 큰 바람은 나딸리야를 정복하는 것이었다. 하지만, 단테스는 예까쩨리나에게도 제멋대로 수작을 부렸고, 예까쩨리나도 그에게 흠뻑 빠져 있었다. 1836년 9월 20일경에 까람진의 부인은 자기 동생에게 편지를 썼다.

수요일에 우리는 쉬엄쉬엄 집안 정리를 했어. 다음날 많은 손님들이 오기로 돼 있었지. 손님들 중에는 뿌쉬낀과 그의 부인, 그 부인의 자매들도 왔는데, 세 자매는 한결같이 눈부시도록 우아하고 뭐라 표현할 수 없이 아름다운 자태였지. 또한 너의 형제들과 단테스는…… 저녁 식사 후 이 유쾌한 사람들과 어울려 지낼 수 있는 시간은 너무 짧았지. 9시에 이웃들이 도착했거든. 그리고 무도회가 본격적으로 시작되었어. 모두가 즐거운 표정들이었는데 알렉싼드르 뿌쉬낀만은 저녁 내내 우울하고 시름에 잠겨 무언가를 생각하고 있는 듯했지. 초점을 잃은 듯하던 그의 거친 눈동자는 자기 부인과 단테스를 노려보는 것이었어. 단테스는 전처럼 농담을 하면서 예까쩨리나 곤차로바의 곁을 떠나지 않았지. 이따금 나딸리야를 쳐다보긴 했지만 말야. 무도회가 끝날 무렵에는 나딸리야하고도 마주르카 춤을 추더군. 이들의 반대편 문가에서 말없이, 창백한 얼굴에 험악한 표정을 지으며 서있는 뿌쉬낀을 보니 딱한 생각이 들었지. 정말이지 이 모든 게 얼마나 어리석은 일인지.

1836년 가을 내내 단테스는 여전히 나딸리야에게 깊이 빠져 있는 것 같았다. 1836년 여름, 단테스와 함께 기거한 적이 있었던 뜨루베쯔꼬이Trubetskoy 공작은 이들 사이에 편지 왕래가 있었다는 것을 시사한 유일한 인물이었다. 그러나 1887년에 비로소 발행된 그의 회고록은 정확한 기억에 바탕을 두고 있는 것은 아니었다.

리자(나딸리야의 하녀)는 자주 쪽지를 전달했는데, 이건 그 당시에는 아주 흔한 일이었다. 나딸리야가 그처럼 벽창호가 아니었더라면, 단테스가 그토록 방탕하지 않았더라면 이들의 관계는 별 문제가 없이 끝났을 것이다. 적어도 그 당시에는 이들 사이에 대수로운 일은 없었다. 악수나 포옹, 그리고 키스가 고작이었고, 그 시절 이런 것은 어떤 남녀라도 아주 예사로 주고 받았다.

10월 19일 뿌쉬긴은 국립학교 졸업 기념일을 기리며 쓴 자작시 한 편을 읽으며 눈물을 흘렸다. 그는 아마 젤비끄의 죽음과 추방당한 다른 친구들을 기억하고 있었을 것이다. 그는 아마 생활고에 시달려 창작열이 소진된 데 대하여 슬퍼하고 있었는지도 모른다. 그는 아버지에게 이렇게 썼다. "시골에서는 작업할 수 있었는데 여기서는 죽을 것처럼 속만 탑니다." 이 시는 그의 오랜 친구들인 뿌쉰과 뀨헬베께르가 유배 중에 죽은 데 대하여 뿌쉬긴 자신의 공허한 심정을 표현한 내용을 담고 있었는데, 다음에 죽을 사람은 자기라는 것을 예시하고 있기도 하다.

헥케렌은 1836년 5월 말에 돌아왔지만, 자신이 희망했던 것처럼, 단테스의 마음 속에서 나딸리야를 몰아낼 수는 없었다. 또 단테스와 나딸리야를 어리둥절하게 만든 일도 있었다. 상뜨 뻬쩨르부르그로 돌아온 헥케렌은 단테스를 양자로 맞아들이게 되었다고 선언했던 것이다. 그러나 반 헥케렌이 네덜란드 왕에게 보낸 편지를 공개한 바 있는 프란즈 수아쏘Pranz Suasso의 연구와 레프꼬비치Lefkovich가 최근에 발표한 글에 의하면, 반 헥케렌이 거짓말을 하고 있었던 것이 확실하다.

반 헥케렌은 네덜란드 왕으로부터 단테스를 양자로 삼는 것을 허락받기 위하여 자기가 45세의 미혼으로 귀족 혈통의 어린 외국인을 그의 부모의 완전동의 아래 돌봐주고 있다고 운을 떼고는, 단테스의 실제 나이를 의도적으로 감추었다. 양자 대상자가 21세 미만이어야 된다는 필수 조건을 잘 알고 있었기 때문이었다. 그는 왕이 단테스가 아직 어리다고 믿게끔 둘러댔고, 또한 실제보다 훨씬 더 오랫동안 단테스를 아들처럼 데리고 살았다는 말도 하였다. 헥케렌은 왕에게 청하기를, 외국인인 이 아이를, 반 헥케렌 가문 친척들의 반대가 없는 한, 귀족인 자기네 집안의 식구로 받아들여 달라고 하였다. 헥케렌의 27명의 친척들은 모두 단테스를 양자로 받아들이는 데 동의해 주었다.

그 이후로 단테스가 네덜란드의 반 헥케렌 가문의 한 사람으로서 간주되기는 했지만, 실제로는 그 이듬해인 1837년 5월 5일까지는 양자로서 공식적인 승인을 받을 수가 없었다. 레프꼬비치에 의하면, 헥케렌은 헤이그에서 상뜨 뻬쩨르부르그까지는 먼 길이고, 게다가 러시아에서는 그 누구도 일 년 지연된다는 사실을 알 사람이 없다고 생각하고 왕으로부터 정식 재가를 받아 단테스를 양자로 맞게 되었다고 공표했다는 것이다. 헥케렌은 니꼴라이 1세까지도 속여 황제로 하여금 네덜란드 대사의 양자를 앞으로는 게오르그 샤를르 헥케렌 남작으로 부르도록 하는 명을 내리도록 했다. 단테스 역시 자신이 아직까지는 정식으로 헥케렌의 양자는 아니라는 사실을 잘 알고 있으면서도 기꺼이 그 기만행위에 동참하였다.

이 당시 단테스는 나딸리야를 유혹하려는 마음뿐이었다. 1836년 10월 17일, 단테스가 헥케렌에게 보낸 결정적 편지는 이를 뒷받침하는 동시에 또 단테스의 음흉한 인간성을 드러내준다. 이 편지에서 단테스는 나딸리야를 은밀히 만나기 위해서 흉계를 꾸민다.

아침에 당신에게 말씀드리고 싶은 것이 있었지만 제가 시간이 없어서 그렇게 하지 못했습니다. 어제 저녁 내내 저는 당신이 잘 아는 그 부인과 맞대면했습니다. 맞대면 할 수 있었던 것은 제가 뱌젬스까야 공작부인의 파티장에 온 유일한 남자였기 때문입니다. 저는 한 시간 가까이 그녀와 얘기를 나누었습니다. 당신은 제가 어떤 상태에 빠져 있었는지 상상하실 수 있을 겁니다. 저는 안간힘을 쓰면서 잘 버텨냈고 가급적 명랑한 척 하려고 했습니다. 11시까지는 그런 대로 버틸 수 있었지만, 그 이후로는 탈진하여 간신히 거실에서 빠져나올 수 있었습니다. 밖으로 나오자 저는 바보처럼 울기 시작했습니다.

울고 나니 마음이 좀 풀렸지만, 집에 와서는 고열에 시달려야 했습니다. 밤새도록 한 잠도 못 자며 견딜 수 없는 심적 고통에 시달렸습니다. 그래서 제가 당신께 도움을 청하는 것입니다. 오늘밤 제가 부탁드리는 것은 당신이 이미 저를 위해 해주시겠다고 약속했던 바로 그 일입니다. 당신이 반드시 그녀에게 얘기를 해줘야만 앞으로 제가 어떻게 처신해야할지 가닥이 잡힐 것입니다. 그녀에게 공개적으로(하지만 그녀의 언니가 엿듣지 않도록 하십시오) 당신이 그녀에게 드릴 말씀이 있다고 하십시오. 그리고 나서 어제 그녀가 뱌젬스끼 공작 댁에 들렀는지 물어보십시오. 그녀가 그랬다고 하면, 저 단테스가 집에 돌아가서 어떤 상황이었는지 말씀드릴 테니 좀 들어달라고 간청하십시오. 저를 직접 본 것처럼 말씀하세요. 제 하인이 새벽 2시에 허겁지겁 달려 와서 당신을 깨웠다고 말씀드려야 합니다. 당신이 저에게 많은 질문을 했지만 아무런 대답도 듣지 못하여, 당신은 제가 그녀의 남편과 싸운 것이겠거니 하고 짐작했었노라고 말씀하십시오. 그리고는 당신이 나서서 불행을 막아야겠다는 생각이 들더라고 하십시오(사실 그녀의 남편은 집에 없었습니다). 당신이 그렇게만 해주신다면 뱌젬스끼 공작 댁에서 그 날 저녁에 있었던 일에 대해서 제가 당신께 아무런 말씀도 드리지 않은 것이라고 그녀는 믿을 겁니다. 제가 그녀가 우려하고 있는 문제에 대하여 당신께 털어놓지 않았다는 인상을 그녀에게 심어주는 것이 아주 중요합니다. 또 자식을 걱정하는 어버이의 심정으로 당신이 나서게 되었다는 인상도 주어야 합니다. 당신은 '그녀의 행동을 보니 그녀와 저 사이가 알려진 것보다 더 가까운 관계로구나'라고 생각하고 있는 것처럼 넌지시 비추세요. 무슨 일이 있어도 그녀로 하여금 당신과 내가 미리 짰다고 의심하게 해서는 안됩니다. 당신은 제 건강 문제에만 관심이 있다는 것처럼 말씀하십시오. 그리고 당신이 그녀와 주고받은 말은 아무에게도, 특히 저에게 해서는 안 된다는 다짐을 받으세요. 대화중에 저를 받아주라는 말씀은 하시지 말고 다음번에 만날 때는 그렇게 하셔도 좋습니다. 그 편지(헥케렌의 지시로 단테스가 나딸리야에게 보낸 편지를 말하는데, 이것은 전해지지 않고 있다)에 적힌 표현은 사용하지 않도록 조심하십시오. 친애하는 당신께서 다시 한번 저를 도와주실 것을 부탁드립니다. 제 문제는 당신 손에 달려있습니다. 일이 이런 식으로 계속 꼬여 가면 앞으로 저는 어찌 될지 모르겠습니다. 미쳐버릴지도 모르지요. 그밖에 당신이 그녀를 조금이라도 놀라게 한다면, 그리고 협박(읽을 수 없게 씌어져 있음). 이렇게 갑작스럽게 편지를 보내게 된 데 대하여 용서를 빕니다. 제 머리가 활활 타는 것 같아 견딜수가 없었습니다. 너무도 두렵습니다. 알아내신 게 별로 없더라도, 바바리아 대사를 만나러 가시기 전에, 제 막사로 오셨으면 합니다. 베딴꼬프 진지를 찾으면 됩니다. 키스를 보내며.

　이런 식으로 단테스는 간계를 꾸며 나딸리야와 단 둘이 만나려고 하였다. 위 편지에서 나딸리야의 언니 예가쩨리나가 대화를 엿듣지 않게 조심하라고 이상한 단서를 붙인 것에 대해서는 잠시 후에 살펴보기로 하자.

　11월 2일, 단테스는 경기병 막사 부근에 있는 이달리아 뽈레찌까Idalia Poletika라는 여자 친구의 집에서 나딸리야와의 랑데부에 성공하였다. 나딸리야가 도착하자 이달리아는 자리를 피해주었다. 나딸리야가 나중에 뱌젬스까야와 동생 알렉싼드라에게 털어놓은 말에 의하면, 단 둘이 남게 되자 단테스는 권총을 꺼내더니 자기에게 몸을 허락하지 않는다면 자살하겠다고 위협했다고 한다. 그녀는 이 자리를 벗어날 길이 없었다. 그녀는 손을 비틀어대며 될 수 있는 대로 큰 소리로 말하였다. 다행히 이달리아의 두 살배기 딸이 들어와 나딸리야는 위기를 모면할 수 있었다.

　한결같이 어머니는 순결했고 아버지는 도덕적으로 타락했다고 주장하는 뿌쉬낀의 딸 A. P. 아라쁘바Arapova에 의하면, 단테스와 나딸리야는 위에서 언급한 날짜보다 훨씬 뒤인 1837년 1월에 단 둘이 만났었다고 한다. 그러나 최근에 이루어진 대부분의 연구에 의하면 11월 2일이 더 신빙성이 있다고 한다. 어머니를 변명하는 아라쁘바에 의하면, 어머니가 단테스의 요청에 응한 것은 단테스가 어머니를 결코 범하지 않겠다고 맹세하는 편지를 보냈고, 또 그 편지의 말미에 "당신이 이 사소한 부탁을 거절한다면 나에 대한 신뢰가 조금도 없는 것으로 알겠습니다. 그런 모욕을 당하고 어떻게 살 수 있겠습니까"라고 위협했기 때문이라는 것이다. 또 아라쁘바는 어머니가 가정교사에게 사건의 전모를 얘기해주었는데, 가정교사는 나딸리야가 이렇게 한탄하는 것을 들었다는 것이다. "내가 양심에 꺼리는 행동을 했다면 단테스에게 저 운명적인 만남을 허락했던 것뿐인데, 나의 남편은 이를 피로써 갚았어요."

얼마나 많은 사람들이 그 만남에 대해서 알고 있었는지는 분명치 않다. 아라뽀바는 이달리아가 자기는 책임이 없다는 것을 강조하려고 P. P. 란스꼬이Lanskoy에게 직접 말했다고 주장한다. 그러나 M. 야신Yashin의 최근의 연구에 의하면 란스꼬이는 1836년 10월 19일부터 1937년 2월까지 상뜨 뻬쩨르부르그에 없었다고 한다. 란스꼬이는 나딸리야의 두 번째 남편이자 아라뽀바의 의붓아버지가 된 사람이다. 나딸리야는 뿌쉬낀에게 직접 이 만남에 대해서 털어놓았지만, 있는 그대로 자세하게 얘기했을 리는 만무하다. 그러나 11월 4일 뿌쉬낀은 잔인한 내용이 적힌 익명의 편지 한 통을 받게 되었다.

불어로 쓰인 이 장난 편지는 뿌쉬낀이 'D. L. 나리쉬낀Naryshkin 각하'의 주재하에 열린 회의에서 '최고의 오쟁이진 남편'으로 선출되었음을 알리고 있었다(나리쉬낀의 부인은 알렉싼드르 1세의 시녀였다). 이 편지 12통이, 까람진(단테스가 나딸리야를 처음으로 만났던 곳이 까람진의 집이었다), 뱌젬스끼, 솔로구브 등 뿌쉬낀과 가장 절친한 친구들 앞으로 보내졌다. 뿌쉬낀의 친구들은, 행여 뿌쉬낀이 결투를 신청하지 않을까 우려하여, 이 익명의 편지를 비밀에 붙였다. 11월 7일 알렉싼드르 까람진은 뿌쉬낀의 부인에게 만나서 식사나 같이 하자는 통지를 보냈다. 까람진 부부는 그 편지에 대해서 잘 알고 있었지만 짐짓 모른 척 하였다. 까람진의 부인도 이 편지를 맨 처음에 읽었던 사람들 중의 하나였다.

그런데 마침내 뿌쉬낀도 그 편지를 받게 되었다. 그 편지는 뿌쉬낀이 도저히 그냥 지나칠 수는 없는 모독적인 내용을 담고 있었다. 그는 평생을 이보다 덜한 일에도 민감하게 반응했던 터였다. 그는, 이번 경우는 익명이었기 때문에, 어떻게 대처해야 할지 당혹스러웠다. 나딸리야에 대한 단테스의 행각을 이미 알고 있었던 뿌쉬낀은 단테스 아니면 헥케렌 남작이 이 편지를 보낸 것이라고 확신했다.

이때 나딸리야는 그녀가 초래한 사태의 심각성을 깨닫고 있었음에 틀림없었다. 한편 뿌쉬낀은 씁쓰레하게 A. L. 다비도프, 리즈니츠, 보론쪼프, 케른, 자끄라옙스끼 등 그 부인들이 자기와 놀아났던 불행한 남편들을 떠올렸을 것이다. 그의 처지는 몰리에르^{Moliere}(1622~1673, 프랑스의 희극 작가 — 옮긴이)의 그것과 비슷했는데, 몰리에르는 부인에게 배신당한 남편들을 조롱하다가 자기도 부인에게 호되게 배반당한 사람이었다. 육체적으로 순결하든 그렇지 않든 나딸리야는 분명 지조를 지키지 못한 셈이 되었고, 어쩔 수 없이 뿌쉬낀이 나서서 이를 만회할 수밖에 없었다. 뿌쉬낀은 그 익명의 편지를 받은 날 저녁 단테스에게 우편으로 결투 신청을 하였다.

과연 그 익명의 편지는 누가 보낸 것이었을까? 뿌쉬낀은 헥케렌이 분명하다고 생각했다. 그는 벤켄도르프에게 이렇게 썼다. "종이, 글자체, 그리고 문체로 판단할 때 이 편지가 상류사회의 외국인, 특히 외교관이 보낸 것이라는 걸 한 눈에 알아보았습니다." 그러나 헥케렌이 쓴 것이라면 그 동기가 모호했다. 편지가 초래한 결투를 고소하게 여기기는커녕 그는 결투를 막기 위해서 최선을 다했던 것이다. 단테스가 근무 중이었기 때문에 뿌쉬낀의 결투장을 받고 개봉한 사람은 헥케렌이었다. 결투장을 받은 다음날 그는 뿌쉬낀의 아파트로 찾아가 처음에는

24시간의, 다음에는 1주일의 연기를 부탁하였다. 헥케렌은 또 주꼽스끼에게 달려가 중재를 부탁하며, 단테스가 진정으로 사랑하는 사람은 나딸리야가 아니라 예까쩨리나이며, 심지어는 그녀와 결혼하려 한다는 놀라운 사실을 뿌쉬낀에게 전해달라고 하였다.

이 중요한 시점에서 단테스는 헥케렌에게 편지를 보냈다. 이 편지는 뿌쉬낀으로부터 모욕적인 편지를 받고 나서 이틀 후인 11월 6일에 보낸 것인데, 애매모호한 내용이 많다.

나의 소중한 벗이여, 두 차례 통지해주셔서 감사합니다. 이 통지를 받고 제가 원하는 마음의 평화를 얻을 수 있었습니다. 제가 이렇게 몇 자 올리게 된 것은 전적으로 당신을 믿고, 당신의 조치는 저의 것보다 낫다는 것을 이미 저는 확신하기에, 당신이 내린 판단은 어느 것이나 옳다는 말씀을 드리기 위해서입니다. 정말이지 그 여자를 탓하지는 않습니다. 그녀가 마음이 편하다니 저도 기분이 좋군요. 하지만 그녀는 엄청나게 경솔했던 것이거나 아니면 미친 짓을 한 겁니다. 이해할 수가 없습니다. 그녀의 의도가 무엇이었는지도 이해할 수가 없군요. 밤사이에 새로운 일이 없었는지 궁금하니 내일 통지하여 주시기 바랍니다. 그리고 그녀의 언니를 아주머니 댁에서 보셨다는 말씀을 하지 않으시는군요. 그녀가 편지들에 대해서 털어놓았다는 것을 어떻게 아셨습니까?

안녕히, 당신을 열렬히 포옹하며.

추신 : 이 와중에도 예까쩨리나는 훌륭하게 처신하고 있습니다. 그녀는 아주 좋은 사람입니다.

이 편지에서 "엄청나게 경솔한"이라는 표현이 나딸리야가 뿌쉬낀에게 고백한 것을 두고 불평하는 것인지, 아니면 다른 일을 염두에 두었던 것인지 전혀 알 수가 없다. 또 그가 말하는 '편지들'이 자기가 나딸리야에게 보낸 편지들을 가리키는 지도 분명치 않다. 하지만 예까쩨리나를 좋은 사람이라고 말한 이유에 대해서는 잠시 후에 살펴보고자 한다.

뿌쉬낀은 단테스가 예까쩨리나를 사랑한다는 주꼽스끼의 말을 듣고 어안이 벙벙했다. 11월 14일에는 헥케렌이 예까쩨리나의 아파트에서 뿌쉬낀에게 직접 이 얘기를 해주었다. 그래서 11월 17일 뿌쉬낀은 결투시 자기 측 입회자가 돼줄 것을 부탁했던 솔로구브에게 편지를 보내어, 단테스와 처형의 결혼이 임박했으므로 결투 신청을 없었던 일로 했으면 좋겠다고 적었다. 주꼽스끼는 어떻게 해서든 결투를 막아보려고 11월 22일, 황제에게 저간의 사정을 보고하였다. 11월 23일, 뿌쉬낀은 황제를 알현하게 되었는데, 이 자리에서 그는 단테스와 싸우지 않겠다는 말을 한 것으로 전해진다. 황제가 이에 대하여 다짐을 받았는지는 알려지지 않았지만, 1836년 말, 벤켄도르프는 나딸리야에게 1,000루블을 보내며 "황제께서는 언니의 결혼에 즈음하여 결혼선물을 보내고자 하는 그대의 마음을 헤아려"라고 토를 달았다.

온 상뜨 뻬쩨르부르그가 예까쩨리나에 대한 단테스의 청혼에 깜짝 놀랐다. 그녀는 단테스와 나딸리야가 만날 때 샤프롱의 역할을 했을 뿐이었다. 대다수의 사람들이 그녀가 항상 단테스를 사랑했을 것이라고 추측은 했었지만, 이것으로는 단테스의 청혼에 대한 납득할 만한 설명이 될 수는 없었다. 11월 20일, 까람진의 부인은 아들에게 이렇게 써보냈다. "정말 믿을 수가 없어. 그 결혼 말이다. 불가능한 일들이 다

반사인 이 세상에서 무슨 일이든지 일어날 수는 있는 거지만." 단테스가 "넋 나간 사람처럼 희희낙락하였다"라고 평한 사람도 있었다. 쏘피아 까람지나는 이렇게 술회하였다.

　　나딸리야는 신경이 예민해져 별로 말이 없고, 언니의 결혼 얘기를 할 때면 목소리가 기어들어 가는 듯하다. 예까쩨리나는 기뻐 날뛴다. 자기 꿈이 이루어지리라고는 감히 상상도 못했었다는 얘기도 한다. 사교계도 놀라고 있다. 하지만 그 익명의 편지 얘기는 대다수의 사람들이 모르고 있기 때문에 뿌쉬낀은 조심해야 한다. 만일 그가 흥분해서 만나는 사람에게마다 이상한 고함 소리를 내지른다거나, 사교 모임에서 단테스에게 윽박지른다거나, 아니면 그 반대로 눈에 띠게 단테스를 피하여 사람들로 하여금 억측을 하게끔 한다면 그건 전적으로 뿌쉬낀의 잘못일 것이다.

안드로니꼬프Andronnikov에 의하면 황후도 "어찌된 건가? 아량이 넓은 건가, 자기희생인가?"라고 물어보았다 한다.

단테스가 자진해서 결혼을 하는 것이라고 생각했었던 사람은 거의 없었는데, 사실 그럴 만도 하였다. 예까쩨리나는 키도 크고 품위도 있는 편이었지만 빗자루에 비유될 정도로 빈약한 몸매였다. 그녀는 단테스보다 4살이나 연상인 데다가 지참금도 없어서 야심적인 젊은이의 짝으로서는 미흡했다. 헥케렌의 후원을 받고 있는 단테스는 장래가 기대되는 부유한 젊은이였다. 왜 그가 장래를 보장받을 만한 배경을 가진 아름다운 상속녀를 택하지 않았는지 많은 사람들은 의아하게 여겼다.

단테스가 군인의 신분으로서 뿌쉬낀과의 결투를 꺼렸던 것은 비겁해서가 아니었던 것 같다. 그는 뿌쉬낀으로 하여금 결투를 취소하게 하려고 상당한 노력을 기울였는데, 이런 사실 자체가 그가 명예를 소중히 여겼다는 것을 입증한다. 단테스의 입장에서도 결투의 취소는 간단한 문제가 아니었다. 단테스는 뿌쉬낀에게 보내는 편지에서, 결혼에 대한 언급을 일절 삼가며, 아래와 같이 적었다.

저는 당신의 생각이 바뀐 이유를 알고 싶습니다. 결투를 취소하려면 우리 두 사람은 먼저 각자의 입장을 밝혀야 할 것입니다. 그래야만 우리는 나중에도 상대방을 여전히 존중할 수 있을 테니까요.

그는 비겁하게 결투를 피하려고 청혼을 했다는 인상을 뿌쉬낀에게 주고 싶지는 않았던 것이다. 더구나 연기했던 2주의 기간이 흐르자 단테스는 다르샥d'Archiac이라는 친구를 뿌쉬낀에게 보내 뿌쉬낀의 처분대로 하겠다는 말을 전하였다. 뿌쉬낀은 솔로구브 백작을 자기 측 입회인으로 지명해두었는데, 솔로구브는 나딸리야의 비위를 상하게 했다 하여 뿌쉬낀이 결투 신청을 한 적이 있었던 사람이었다. 뿌쉬낀은 솔로구브에게 "유혈이 낭자할수록 더욱 좋다"는 새로운 결투의 조건을 제시하였다. 그 날 밤 뿌쉬낀은 피켈몬Fikelmon 백작의 집에서 열린 대연회에 참석하였는데, 거기에는 예까쩨리나와 단테스도 와 있었다. 뿌쉬낀은, 이미 단테스와 예까쩨리나의 결혼 소식이 파다하게 퍼져 있었지만, 예까쩨리나로 하여금 단테스에게 말도 걸지 못하게 하였다. 바로 그 다음날 뿌쉬낀과 단테스의 입회인들은 서로 만나 뿌쉬낀의 명예를 손상시키지 않고 결투를 취소시킬 수 있는 방안을 짜내었다. 이에 따라 다르샥은 뿌쉬낀에게 단테스의 결혼이 임박했다는 사실을 홀리는 한편, 비겁자로 몰리는 것을 원치 않기 때문에 결투가 끝나고 나서야 결혼 사실을 공표하려 한다는 단테스의 심정을 전하였다. 이에 대하여 뿌쉬낀은 아래와 같이 적고 있다.

나는 게오르그 헥케렌에게 결투신청을 하였는데, 그는 어떠한 변명도 없이 그것을 받아들였다. 나는 그에게 입회인들의 뜻을 좇아 이 결투를 없던 일로 하자고 요청하였다. 들리는 말로는 게오르그 헥케렌이 결투가 끝난 후에 곤차로바 양과의 결혼을 공표하기로 작정했다고 하기 때문이었다. 나는 결코 그의 결심이 명예를 존중하는 남자답지 못한 것이라고 비난할 수가 없다.

까람진의 편지는 1836년 후반기부터 예까쩨리나와 단테스와 관계가 공공연한 관계로 발전하였고, 그 해 여름철 어느 때부터는 예까쩨리나의 곁에 늘 단테스가 붙어 있었다고 적고 있다. 어떤 사람들은 단테스가 결혼을 결심하게 된 데는 그들의 관계가 육체적인 것으로 발전하여 1836년 여름에는 이미 예까쩨리나가 단테스의 아이를 임신했기 때문이라고 주장한다. 이런 주장은 최근에 프란스 수아쏘Frans Suasso와 바짐 스따끄Vadim Stark의 연구가 발표됨으로써 더욱 신빙성을 얻게 되었다.

결투가 연기된 지 2주가 지난 때인 1836년 11월 9일, 예까쩨리나는 드미뜨리에게 보내는 편지에서 이렇게 적었다.

드미뜨리, 오늘 내 편지는 그다지 즐거운 편지가 못될 거야. 그것은 내가 단순히 우울 한 것이 아니고, 죽을 것처럼 슬프기 때문이지. 이곳에서는 12

월 6일(니꼴라이 1세의 명명 기념일)을 아주 요란스럽게 보내는데, 나도 그 날에 대비해서 준비해야 할 일이 아주 많아. 그래서 내가 12월 1일에 돈을 받을 수 있도록 송금을 해주어야겠어. 송금이 조금이라도 늦어진다면 내가 겪을 불편이 이만저만이 아닐 거야. 네가 새 부인과 행복하게 지낸다니 나도 기뻐. 나는 이제 행복과는 거리가 먼 사람이 되었어. 나는 잘 알고 있지. 이 고통스러운 세상에서 내가 앞으로 다시는 행복을 찾지 못하리라는 것을 말야. 내가 신께 바라는 것은 이 쓸모없는 나의 인생에 종지부를 찍어주십사 하는 것뿐이야. 가족들 모두에게는 행복을, 나에게는 죽음을. 내가 바라는 건 이것뿐이고, 신께 항상 비는 소원도 이것뿐이야.

이 편지는 뭔가 심상치 않은 일이 예까쩨리나에게 일어났다는 것을 시사하고 있지만, 이를 단테스와 직접 연결시켜 생각해볼 만한 단서를 편지 내용에서는 찾아볼 수 없다. 하지만 이제는 이것을 그녀의 임신과 결부시켜볼 만한 충분한 근거가 있다. 지금까지 예까쩨리나의 첫 번째 아이의 생일에 대한 추정 근거는 1837년 5월 15일에 보낸 것으로 추정되는 그녀의 어머니의 편지(슈체골례프 Shchegolev에 의해 최초로 발행된)였다. 이 편지에는 아래와 같은 내용이 담겨 있다.

지난번 편지에서 너는 파리에 간다고 했는데, 네가 없는 동안 어린 딸을 누구에게 맡길 거냐? 안심할 수 있는 사람이냐? 딸과 잠시라도 헤어져 있는 것이 슬프겠지.

위 편지를 보면 예까쩨리나가 첫 아이를 임신한 것이 단테스와 결혼한 1837년 1월보다 훨씬 앞선 일이라고 추측할 수 있지만, 오보돕스까야Obodovskaya와 데멘쩨프Dementev는 곤차로프 집안의 문서들에 대한 연구 작업을 근거로 이를 반박하였다. 또 위 편지에는 1838년에 거행된 어떤 결혼식에 대한 언급도 있는데, 이로 미루어 보면 위 편지의 날짜는 1838년 5월 15일이 맞는 것으로 보인다.

이제까지 우리가 살펴본 단테스의 편지들은 그가 예까쩨리나와 나딸리야에 대하여 위선적인 태도를 견지했다는 것을 시사해준다. 그가 헥케렌을 통하여 나딸리야에게 사랑의 고백을 전하려 했을 때에도, 바로 이런 태도 때문에 예까쩨리나가 엿듣지 않도록 조심하라고 헥케렌에게 당부했던 것이다. 새로 발견된 자료들도 그의 이런 태도를 뒷받침하고 있다. 단테스가 예까쩨리나와 약혼한 뒤, 두 사람 사이에 오고간 새로 발견된 7통의 편지들을 보면 두 사람 사이의 관계가 보통의 약혼자들에게서는 상상할 수 없을 정도로 지나치게 도를 넘고 있다는 것을 짐작할 수 있다. 이 편지들에 의하면 단테스는 예까쩨리나와 그녀의 아주머니인 자그룝즈스까야Zagryovzhskaya의 아파트에서 정오부터 2시까지 매일같이 만났을 뿐만 아니라 자기의 아파트에서 단둘이 만나기도 했는데, 이것은 당시의 예의범절에 크게 어긋나는 짓이었다. 심지어 어떤 편지는 예까쩨리나가 이미 임신 중이라는 사실을 암시하고 있기도 하다.

위 7통의 편지 중 단테스가 보낸 첫 번째 편지에는 뭔가를 암시하는 내용이 많다. 이 편지를 보면 그들의 처신이 사람들의 비난을 받고 있다는 것을 알 수 있지만, 그것이 구체적으로 어떻게 관습의 테두리를 넘고 있는지는 언급되어 있지 않다. 이 편지의 추신은 비굴할 정도로 예까쩨리나에게 아첨을 하고 있는 듯한 인상을 주는데, 이것은 단테스가 헥케렌에게 특별히 부탁할 것이 있을 때 보냈던 편지들을 연상시킨다. 이 추신을 보면 예까쩨리나를 행복하게 해주는 것만이 단테스의 유일한 관심인 듯하다.

나의 다정하고 상냥한 예까쩨리나에게,

세월은 흐르지만 하루도 같은 날이 없구려. 어제 나는 게으름을 피웠지만 오늘은 바쁘게 지낸다오. 황제의 겨울 궁전에서 아주 기분 나쁜 임무를 마치고 방금 돌아왔소. 그 임무에 대해서는 당신의 오빠 드미뜨리에게도 털어놓았는데, 그 끔직한 야전사령관실에서는 이제 몇 시간도 못 버틸 것 같소. 앞으로 무슨 일이 있어도 거기에서 진열되는 초상화처럼 있지는 말아야지 하고 생각하면 그래도 위안이 된다오. 오늘 아침 당신이 너무도 잘 아는 그 부인과 만났는데, 내 사랑이여, 늘 그랬듯이 나는 당신이 하라는 대로 했다오. 이제 쓸모없는 타협을 그만 두었으면 고맙겠다는 말을 그녀에게 분명히 전했소. 만일 그 남자가 이를 이해하지 못한다면 바보짓 하는 건 그 남자고, 그녀가 그에게 무언가를 더 설명하려 한다면 그건 시간 낭비일 뿐이요.

한 가지 소식이 더 있소. 어제 저녁 우리 두 사람의 다정한 모습을 본 사람들이 '당혹스럽다'거나 '아직 결혼도 안한 아가씨가 너무하다'고 떠들었다 하오. 그것은 일고의 가치도 없는 문제이기 때문에, 내 장담하지만, 앞으로 나는 더더욱 하고 싶은대로 하려고 하오.

안녕, 나의 친애하는 예까쩨리나. 〈해적〉 공연을 재미있게 보았으면 하오. 내일까지 당신의 손에 키스를 보내오. 어제 저녁 당신은 당신 손에 키스 받는 것을 깜빡 잊고 떠났소.

1836년 11월 21일,

게오르그

추신 : 고맙소, 내 사랑. 지금 자리에 돌아와 보니 당신의 친절한 장문의 편지가 와 있구려. 당신의 생각을 추측해보는 것이 내게는 아주 즐거운 일이라오. 당신이 편지에서 제안한 일들은 벌써 다 처리해놓았소. 프랑스에 계신 생부께 편지 보낼 일만 남았는데, 다음 우편 마차에 보낼 수 있도록 서두르는 중이요. 내일 그 초안을 당신에게 가져가겠소.

단테스는 헥케렌에게 보내는 편지에서 자기와 예까쩨리나는 거의 이심전심으로 통한다는 것을 거듭해서 자랑하듯 떠들어댄 적이 있었다. 단테스가 예까쩨리나와 열정적인 사랑의 말을 나눈 적이 없다는 바짐 스따끄의 지적은 분명 옳다. 하지만 아래 편지를 읽어보면 헥케렌이라든가 나딸리야는 단테스의 안중에도 없는 듯하다.

나의 다정한 까쩨린, 당신이 보내준 모든 것에 다시 한번 감사 드려요. 한결같이 아름다웠지. 당신의 취향도 너무 고상했소. 나도 두 가지 예쁜 물건을 골라보았소. 당신 마음에 들지 모르겠지만, 나의 온 마음을 바쳐 보내는 것이오.

당신의 게오르그 헥케렌으로부터

예까쩨리나의 임신에 대한 암시는 12월 12일부터 27일 사이에 쓴 것으로 돼 있는, 아주 중요한 단테스의 네 번째 편지에 시사되어 있다. 이 편지에서 단테스는 자기 방에서 예까쩨리나와 단 둘이 만나는 것을 예사로 생각하고 있고, '감자가 자라'는 데어 호기심을 보이고 있다. '감자'가 무엇을 뜻하든 이것이 예까쩨리나가 몸소 가지고 다니는 것임은 분명했고, 나아가 이를 태중의 아이로 볼 수도 있었다.

나의 다정한 예까쩨리나,

왜 어제보다 몸이 안 좋은지 모르겠지만, 나의 회복이 더딘 데에는 이유가 있소. 오늘 아침 당신을 2층으로 불러 만나지 못했던 것은 제멋대로 하는 하인 놈 안또인이 까람진을 들어오게 했기 때문이요. 앞으로는 내가 당신을 만나는 데에 아무런 방해가 없기를 바라고 있소. 지난번보다 '감자'가 얼마나 자랐는지 정말로 보고 싶기 때문이요.

당신의 게오르그로부터

추신 : 방금 남작이 다녀갔는데, 당신이 감기에 걸리고서도 몸을 돌보지 않는다고 나더러 당신을 나무라라고 합디다.

다섯 번째 편지에서 단테스는 자기가 옷도 제대로 입지 않고 예까쩨리나를 맞았음을 암시한다.

나의 다정한 까쩨린,

오늘 아침 나는 배우자가 아니라면 생각할 수도 없는 차림으로 당신을 맞이하였소. 하지만 나는 기분이 좋다오. 오늘은 하루 종일 손님들을 맞았지. 뱌젬스끼의 고집은 놀랄 정도여서 그의 말은 농담 같았다오. 16세인 어린 바울 5세는 내가 소파에 누워 있는 품이 마치 죽은 사람 같다고 하였지. 그래도 뱌젬스끼의 아들은 나를 또 정식으로 초대하더군. 이런 일이 도대체 나에게 무슨 의미가 있는지 모르겠소. 어쨌든 당신이 거기에 가보고 나서 나에게 모든 얘기를 해주기 바라오. 그러면 이 밤도 안녕.

　　당신의 게오르그 헥케렌으로부터

　　프란스 수아쏘와 레프꼬비치가 발견한 자료에 의하면 예까쩨리나의 첫 번째 임신은 결혼하기 훨씬 이전이었다고 한다. 1837년 2월부터 1838년 2월까지 네덜란드의 법무상과 왕 사이에 주고받은 편지들은 단테스와 뿌쉬낀의 결투, 이에 따라 단테스가 러시아에서 추방당한 사실을 추적하며, 주로 단테스의 네덜란드 시민권 및 귀족으로서의 신분 유지 문제를 다루고 있다. 이 편지들에 의하면, 단테스가 네덜란드 귀족의 지위는 상실했지만 반 헥케렌 가문의 일원으로 남을 수는 있었는데, 그 이유는 무엇보다도 그의 부인이 자식을 '하나 혹은 둘'을 낳았기 때문이라는 것이었다.

　　단테스의 소생이 하나인지 둘인지 불분명하다고 한 것은 참으로 이상한 일이다. 하지만 어쨌든 이처럼 불분명한 아이들의 숫자만으로는 예까쩨리나가 결혼 전에 임신했다는 결정적인 증거가 될 수는 없다. 수아쏘는 헥케렌이 1837년 2월 2일, 즉 결혼식이 끝난 후 3주만에 장관에게 보낸 편지를 단테스 부부 사이에 아이가 태어났다는 증거로 삼고 있다. 이 편지에서 헥케렌은 곧 늘어날 새 식구를 부양할 수 있을 정도로 자기 소유의 영지에서 나오는 수입이 넉넉지는 못하다고 하소했다는 것이다. 레프꼬비치는 알렌산더 까람진이 파리에 있는 그의 동생 안드레이에게 1837년 3월에 보낸 편지에서, "오랫동안 샤프롱의 역할만 했던 여자가 마침내 연인이, 또 그 후에는 부인이 되었다"라는 구절을 인용한다. 그러나 이들 중 어느 것도 예까쩨리나의 임신 시기에 대한 결정적인 증거가 되지는 못한다. 그러나 1837년 3월 24일에 헥케렌이 이미 추방당한 단테스에게 보낸 편지에는 예까쩨리나가 "조산으로 인한 산고"를 치루고 있다고 적고 있는데, 이때는 결혼한 지 2개월 반밖에 지나지 않은 때였기 때문에, 예까쩨리나의 임신은 이보다 훨씬 앞선 일이었다는 것을 짐작할 수 있다.

단테스의 자식들의 출생 연월일이 기재되어 있는 술즈 지방의 호적부를 보면, 첫째 아이 마틸다Mathilda에 대해서만 의사의 출산 확인 서명이 빠진 채, 출산일이 1837년 10월 19일로 돼있다. 수아쏘에 의하면 단테스의 생부가 술즈의 유력 인사였기 때문에 마틸다의 출산일을 임의로 기재할 수 있었다는 것이다. 단테스의 편지들, 특히 '감자'를 언급한 편지를 감안하면, 단테스가 갑작스럽게 결혼을 결심한 것은 예까쩨리나가 임신한 것이 그 이유라고 보는 것이 가장 타당할 것 같다. 미혼 여자의 임신은 곧 관련된 남녀 모두의 인생을 망치게 된다는 것을 의미했기 때문이다.

단테스가 예까쩨리나를 유혹했든 그렇지 않았든 그가 예까쩨리나와 결혼하기로 한 것은 단순히 나딸리야의 명예를 지켜주기 위해서는 아니었다는 것이 분명하다. 이는 벤켄도르프 백작의 의붓딸의 편지에도 자명하게 드러난다. 이 편지에는 이렇게 적혀 있었다. "그의 행각으로 인하여 다른 여자가 유린될 수밖에 없었다. 라파엘의 마돈나 그림을 옆에 두고 진부한 그림을 보려는 사람이 어디 있을까? 단테스. 그 건방진 젊은 아도니스(그리스 신화에서 미의 여신 아프로디테가 사랑한 미소년 ─옮긴이)는." 더구나 단테스의 연애 행각으로 가장 감정을 상하게 된 사람은 바로 나딸리야 자신이었다. 그녀는 예까쩨리나의 약혼을 치욕으로 받아들였고, 이를 뿌쉬낀에게 고백하기까지 하였던 것이다.

단테스가 예까쩨리나에게 보낸 여섯 번째와 일곱 번째의 편지들은 두 사람이 결혼하고 나서, 그리고 뿌쉬낀과의 결투가 끝난 후에 쓰였다. 스따끄Stark가 주장하는 것처럼, 헥케렌 남작이 결투를 막으려고 뿌쉬낀을 만나러 갔을 때 단테스와 예까쩨리나와의 관계를 뿌쉬낀에게 털어놓았었다면 단테스에 대한 뿌쉬낀의 증오심은 더욱더 가중되었을 것이다. 11월 18일에 결혼이 발표되었지만, 뿌쉬낀은 솔로구브에게 결혼이 성사되지 않을 것이라고 장담하며 내기를 하였다고 한다.

어떤 전기 작가들은 단테스가 뿌쉬낀의 가족의 일원이 됨으로써 자기가 사랑하는 여자에게 훨씬 수월하게 접근할 수 있게 되리라는 것을 고려에 넣었다고 주장하였다. 이런 주장은 나딸리야에 대한 단테스의 한결같은 강렬한 집착을 전제로 하는데, 단테스의 됨됨이로 볼 때 그럴 가능성은 희박하다. 뿌쉬낀의 누나인 올가는 예까쩨리나의 결혼 소식을 들은 직후에 바르샤바에서 아래와 같은 편지를 보냈다.

나딸리야에 대한 단테스의 열정은 그 누구에게도 비밀이 아니었지. 상뜨 뻬쩨르부르그에 있을 때 나는 이 사실을 누구보다도 잘 알고 있었어. 정말이지 여기에는 뭔가 수상쩍은 것이 있어. 뭔가 오해가 있었는지도 모르고. 그러니 이 결혼은 성사되지 않는 게 좋을 거야.

예까쩨리나와의 결혼을 결심하게 된 가능한 동기 중에서 유일하게 남는 것은 단테스가 가장 사랑했던 사람은 양아버지 헥케렌이었다는 주장이다. 이와 관련해서 단테스와 같은 장교였던 알렉싼드르 뜨루베쯔꼬이_{Alexander Trubetskoy} 공작은 이렇게 적고 있다.

그가 헥케렌과 함께 살았다고 해야할지 헥케렌이 그와 함께 살았다고 해야할지 모르겠다. 그 당시 동성애는 상류 사회에서 흔한 일이었다. 아마도 단테스가 수동적인 역할만을 했다고 보는 것이 옳을 것이다.

'수동적'이라 하면 사랑하는 사람이 아니고 사랑받는 사람의 역할을 가리키는 것으로 이해할 수 있다. 단테스 자신의 감정에는 금전적인 계산이 깔려 있었던 것으로 보이지만, 아무튼 두 사람은 헥케렌의 임종시까지 아주 가까운 관계를 유지하였다. 진실로 두 사람 사이의 애착이 그토록 강렬한 것이었다면 단테스의 충동적인 이성교제는 단지 동성애를 위장하려는 수단으로 볼 수도 있다. 그렇다면 예까쩨리나가 부인으로 선택된 이유는 그녀가 정상적인 성생활을 가장하려는 단테스의 의도에 기꺼이 동참하려 했기 때문이라고 풀이된다. 예까쩨리나는 단테스로부터 조금이라도 사랑을 받는다는 사실 자체에 감지덕지 했을 것이고, 나딸리야에 대한 단테스의 사랑도 가장에 지나지 않는다는 것을 잘 알게 되었을 것이다. 한편 러시아의 외무성 장관 네쎌로데

 백작에게 보내는 편지에서 헥케렌은 뻔뻔스럽게도 이렇게 썼다. "제 양아들은 고결한 도덕적 감정의 소유자이기 때문에 사랑하는 여자의 명예를 위해서 자신의 일생을 희생시킨 것입니다."

앞에서 언급했던 저 익명의 장난 편지에 나리쉬긴이 거명된 것은, 그의 부인이 알렉싼드르 1세의 유명한 시녀였던 사실을 감안하면, 뿌쉬긴으로 하여금 나딸리야가 황제와 모종의 관계가 있음을 믿게끔 하려는 편지를 쓴 사람의 의도가 깔려 있었기 때문으로 풀이할 수도 있다. 만일 헥케렌이 그 편지를 쓴 장본인이었다면 황제를 개입시킨 의도가 명백히 드러나게 된다. 즉 뿌쉬긴은 황제에 도전할 수는 없는 노릇이니 하릴없이 사교계에서 은퇴할 것이고, 그리되면 뭇 남자의 선망의 대상인 나딸리야도 자연히 제거될 것이다. 황제가 나딸리야를 사랑한다는 것을 뿌쉬긴이 믿어 의심치 않고 있다는 것은 그가 나쉬쪼긴에게 보낸 편지에도 분명히 드러나고 있다.

황제도 다른 장교들처럼 나의 부인의 꽁무니를 따라다닌다. 황제는 여러 차례 아침에 우정 말을 타고 그녀의 창가를 지나가고, 저녁 무도회에서는 왜 항상 커튼을 쳐놓느냐고 그녀에게 묻는다.

그는 니꼴라이 황제에 대한 의심을 감추려고 하지 않았다. 황제는 나딸리야에게 그녀에 대한 평판에 신경 쓰라고 일러준 적이 있었는데, 그녀는 황제의 '훌륭한 충고'를 그대로 뿌쉬긴에게 전하였다. 얼마 뒤 니꼴라이를 만난 자리에서 뿌쉬긴은 황제의 충고에 감사하다고 하였다. 이에 니꼴라이는 "그래, 자네는 짐에게 뭘 더 바랄 수 있는가?"라고 말했고, 뿌쉬낀은 "폐하, 솔직히 말씀드리면 폐하께서 제 부인을 유혹하시려는 게 아닌가 하는 의심이 듭니다"라고 대꾸하였다.

이때 뿌쉬낀은 나리쉬낀이 아내와 알렉싼드르 1세와의 정사에 대한 보상으로 황제와 담합하여 돈을 받아냈던 사실을 떠올렸던 것인지도 모른다. 뿌쉬낀은 재무성 장관에게 편지를 보내 황제로부터 빌렸던 돈을 즉각 갚겠다고 하였다. 하지만 이것은 호언장담에 그쳤을 뿐, 물론 그에게는 그럴만한 돈을 조달할 길이 없었다. 아흐마또바는, 11월 23일 뿌쉬낀이 겨울 궁전에서 황제를 만났을 때, 황제로부터 그 익명의 편지를 보낸(혹은 보내도록 한) 사람이 헥케렌이었다는 사실을 들었을 것이라고 주장한다. 황제는 뿌쉬낀에게 자기가 '친히 이 문제를 취급'할 테니 이 사실을 함구하도록 당부했고, 그래서 뿌쉬낀은 상뜨 뻬쩨르부르그의 사교계에 대사의 행각을 폭로할 수 없었다는 것이다.

뿌쉬낀은 단테스가 결투를 피하기 위해서 결혼을 결심한 것이라고 믿고 싶었지만 아무도 그렇게 믿어주는 사람은 없었다. 안드레이 까람진이 단테스의 결혼의 비밀을 파헤치려 한다는 얘기를 듣고 주꼽스끼는 껄껄 웃었다고 한다. 뱌젬스끼는 결혼식 후 1월 14일에 열린 파티에 온 예까쩨리나를 이렇게 묘사하였다. "헥케렌 부인은 행복해 보였고, 10살이나 젊어 보였다. 그녀는 하느님께 방금 서약을 마친 수녀 같기도 했고, 장밋빛 미래를 고대하는 신부 같기도 하였다."

그 익명의 편지의 필자를 둘러싼 문제는 여전히 미결 상태로 남아있었다. 뿌쉬낀에게는 적이 많았는데, 그중에는 여자도 있었다. 네쎌로데 백작부인은 자기 아버지를 조롱한 뿌쉬낀의 풍자시를 잊지 않고 있었다. 동성애에 빠진 I. S. 가가린Gagarin과 돌고루꼬프Dolgorukov, 두 공작도 뿌쉬낀의 적이었다. 이들은 성적 취향이 같은 헥케렌과 친분이 있는 사이였다. 그러나 헥케렌의 사주가 있었다면 몰라도 이들이 그 모욕적인 장난편지를 썼을 리는 만무했다.

1927년 슈체골례프는 필적 감정사에게 자문을 구하여 그 익명의 편지의 필자가 돌고루꼬프 공작이라는 대답을 얻어냈다. 돌고루꼬프 공작은 비뚤어진 성격의 소유자로 알려져 있었고, 뿌쉬낀의 등 뒤에서 오쟁이진 남편을 가리키는 전통적인 몸짓을 지어 보인 적도 있었다. 그러나 1966년에 있었던 감정에서는 그 편지의 글씨가 가가린의 필적에 가까운 것으로 판명되었다. 하지만 1987년 『아가뇩Ogonek』이라는 러시아 잡지에 실린 글은 편지의 필적이 그 두 사람의 것이 아니라고 주장하였다. 따라서 필적 감정으로는 이 문제를 명쾌하게 풀 수는 없을 것 같다. 게다가 편지를 쓰도록 사주한 사람이 따로 있는지도 모를 일이다.

그렇다면 과연 그 편지의 필자는 누구였을까? 쏘련 공산당 시절에는 황제를 지목했다. 그러나 황제가 비밀경찰로부터 이 편지를 보고받고서도 이 문제에 적극적으로 개입하지 않았을 수는 있지만, 독재적 통치자가 그런 교묘한 술책을 사용하여 한 신하의 죽음을 초래케 했을 리는 만무하다.

까람진 부부는 중립을 지켜 자기네 집에 단테스를 초청하기도 했고 뿌쉬낀 부부를 초청하기도 하였다. 뿌쉬낀이 솔로구브를 만나 그로 하여금 단테스 측의 입회인을 선정하도록 상대방에게 촉구하게 하고 결투의 조건을 마무리짓도록 하게 한 것은 쏘피아 까람진의 생일 파티장에서였는데, 이때는 마침 2주간의 결투 유예 기간이 끝난 때였다. 생일

파티가 끝나고 나서 하객들은 파티가 열리는 피켈몬 대사의 집으로 갔
다. 오스트리아 대사관에 초청된 부인들은 샤를르 10세가 서거하여 모
두 상복을 입고 있었지만, 결혼을 앞둔 예까쩨리나만이 흰옷을 입고
있었다. 11월 29일 자의 편지에서 쏘피아 까람진은 단테스의 결혼식이
1월 10일로 잡혀 있다는 것을 알리고는 그들이 살 아파트의 시설이 대
단히 훌륭할 거라고 말하였다. 그녀의 편지는 이어진다.

뿌쉬낀은 계속해서 아주 바보 같고 우스꽝스러운 짓을 한다. 결혼 얘기를
할 때면 그는 험악한 표정을 지으며 이를 간다. 그의 얘기를 들어주는 사람
만 있으면 늘 그런 식이다. 그는 항상 부인이 결혼식에 가지 못하게 하겠다
거나 결혼 후에는 처형을 집안에 들이지도 않겠다고 떠들어댄다. 그의 부인
은 겉으로는 달라진 게 없어 보인다. 남편 앞에서는 단테스에게 고개를 끄
덕이지도 않고 눈짓을 보내지도 않는다. 하지만 남편이 없을 때면 그녀는
예전으로 돌아가 교태를 부린다. 눈을 내리깔기도 하고, 멍한 표정을 짓기
도 하며, 수줍은 척하기도 한다. 그러면 단테스가 이내 다가와 그녀의 맞은
편에 앉고는 그녀를 지그시 바라본다. 약혼녀는 안중에도 없다는 태도이다.
한편 그녀의 약혼녀는 얼굴이 붉으락푸르락 해지며 질투심에 사로잡힌다.

뿌쉬낀 등이 벌이는 일종의 신파조의 연극은 그들 자신들에게는 고
통스러운 것이었지만, 쏘피아는 이를 보며 노골적으로 즐거워하고 있
었다. 그녀는 또 잔인하게 이렇게 적기도 하였다. "모든 사람이 뿌쉬낀
의 음울한 침묵을 거북해 한다. 그가 침묵을 깨는 것은 이따끔 냉소적
으로 콧방귀 뀔 때나 악마처럼 웃어젖힐 때뿐이다."

뿌쉬낀과 거의 20년 동안 가깝게 지내온 집안의 여자가 이런 말을 한다는 것은 소인배의 악취미로 해석할 수밖에 없다. 대체로 소인배들은 큰 인물을 깎아 내리는 것을 아주 고소해 하는 경향이 있다. 그들은 뿌쉬낀이 이미 오래전에 비난한 바 있는 바이런의 전기 작가들과 같은 무리들이다. 하지만 뿌쉬낀의 고통에 연민을 느낀 사람들도 있었다. 쏘피아의 배다른 자매 예까쩨리나 메슈체르스까야Ekaterina Meshcherskaya가 한 예인데, 그녀는 뿌쉬낀의 흥분 상태와 충동적인 행동을 보고 충격을 받았다고 한다. 단테스에 대한 사람들의 평가도 엇갈렸다. 뱌젬스까야 부인은 1836년 10월 이후부터 자기 집에 손님이 와 있는 경우 단테스의 출입을 허락하지 않은 반면, 까람진 부인은 단테스를 딱하게 여겼다. 그녀는 단테스가 아무런 이득도 없이 억지로 사랑 없는 결혼을 하는 것이라고 생각했다. 1월 9일 자의 편지에서 그녀는 "그는 분명 사랑에 빠진 사람 같지는 않아"라고 적었다. 같은 편지에서 그녀는 결혼이 성사되지 않을 거라고 주장한 뿌쉬낀이 내기에서 질 거라는 말도 하였다.

뿌쉬낀의 시 「나의 가계」에서 비판의 대상이었던 상류층 사람들은 뿌쉬낀을 헐뜯으려고 혈안이었다. 이들은 그 예기치 않은 결혼도 뿌쉬낀 집안의 어떤 스캔들 탓으로 돌리며, 이를 감추기 위해서 용감히 나선 훌륭한 인물이 바로 단테스라고 추켜세웠다. 황후도 단테스를 매우 좋아했고, 뿌쉬낀의 날카로운 풍자에 시달렸던 많은 사람들을 포함한 뿌쉬낀의 적들은 즐겨 단테스를 이 드라마의 주인공으로 간주하였다.

결혼 이후 뿌쉬낀의 행실은 완벽한 것은 아니었지만 당시의 관습에서 크게 벗어난 것도 아니었다. 아라뽀바가 주장하는 것처럼 그가 사창가를 찾은 적도 있었겠지만, 그것은 아마도 그의 부인이 임신했거나 몸이 아팠을 때였을 것이다. 나딸리야는 종종 53세의 엘리자베따 히뜨로바에게 질투심을 느끼는 것처럼 행동했지만, 확실한 근거가 있어서 그렇게 했던 것은 아니었다. 또 뿌쉬낀이 처제인 알렉싼드라와 사랑을 나누었다는 풍문도 꾸준히 나돌았다. 알렉싼드라는 나딸리야와 외모가 닮긴 했지만, 언니와 달리 사교계에 출입하는 것을 즐기지 않고 집에서 살림하기를 좋아하였다. 그녀는 뿌쉬낀의 시를 아끼고 이해했으며, 그가 돈이 필요할 때면 자기 물건을 선뜻 저당 잡혀 주기도 하였다. 처가의 가세가 기울어 처남으로부터 이러저러한 부탁을 받고 있던 차에 그녀의 존재는 그에게 위안이 되었다. 이들이 성적 관계를 가졌다고 주장하는 사람들은 그 증거로써 뿌쉬낀의 서재 안의 소파에서 발견된 알렉싼드라의 목걸이를 든다.

나딸리야가 재혼하여 낳은 딸 A. P. 아라뽀바에 의하면, 뿌쉬낀의 하인들이 분실된 알렉싼드라의 목걸이를 찾으려고 샅샅이 뒤지다가 마침내 그것을 그의 소파에서 찾았다는 것이다. 그러나 아라뽀바는 이모를 싫어했던 데다가 뿌쉬낀에 대한 어머니의 행동을 옹호하는 데 급급했기 때문에 적대적인 증언을 할 수밖에 없었을 것이다. 더구나 그녀의 증언은 71년이라는 세월이 흐른 뒤에 나온 것이었다. 그녀는 또 주장하기를, 알렉싼드라가 결혼하기 전에 나딸리야와 오랫동안 대화를 나누었는데, 그 내용은 남편 될 사람에게 자기가 처녀가 아니라는 것을 어떻게 하면 감쪽같이 숨길 수 있을까 하는 것이었다는 것이다. 만일 뿌쉬낀이 알렉싼드라의 애인이었다면, 그녀가 나딸리야에게 조언을 구했다는 것은 천부당 만부당한 일이었으리라.

주꼽스끼는 1836년 11월 8일과 1837년 1월 10일, 뿌쉬낀과 알렉싼드라의 관계를 시사하는 은밀한 기록을 남겼는데, 이 기록들에 의하면 두 사람에 대한 풍문이 전혀 사실 무근은 아니라는 것이다. 주꼽스끼는 '소파 사건'에 대해서도 기록을 남겼다. 그의 기록들은 어느 것도 어떤 증거에 입각한 것은 아니었지만, 그가 11월에 뿌쉬낀에게, "이 문제에는 자네도 잘못을 시인해야 할 부분이 많네"라고 써보낸 것은 아마 알렉싼드라를 염두에 두었던 것으로 보인다. 뱌젬스끼의 조카딸인 쏘피아도 당시의 증인이었는데, 그녀는 1837년 1월 외국에 나가있는 오빠에게 아래와 같은 편지를 보냈다.

알렉싼드라는 이제 대놓고 뿌쉬낀과 시시덕거리고, 뿌쉬낀은 그녀에게 깊이 빠져있어. 부인에 관한 그의 질투심은 형식적인 것이고 처제에 대한 그의 질투심은 진심에서 우러난 것이지. 이건 너무나 희한한 일이라서 뱌젬스끼 삼촌까지도 앞으로 뿌쉬낀의 집안 문제에는 외면하시겠다는 거야.

아흐마또바는 뿌쉬낀과 알렉싼드라 사이의 추문을 전면 부정하면서, 뿌쉬낀이 자기 집에서 알렉싼드라와 동침할 수 있다면 굳이 공개석상에서 두 사람이 시시덕거릴 필요가 있겠느냐고 반문한다. 아흐마또바는 나딸리야와 그녀의 두 번째 남편 란스꼬이와의 소생인 아라뽀바가 어머니의 행실에 대한 나쁜 세평을 무마해보려고 두 사람 사이의 관계를 날조한 것이라고 주장한다.

뿌쉬낀의 천재성에 대해서 아무런 언급도 없는 아라뽀바에게 분노를 느낄 사람들도 있을 것이다. 아라뽀바에 의하면, 뿌쉬낀은 "유산을 모두 탕진한 실패자요, 거칠고 천박한 난봉꾼이며, 부인을 오랫동안 희생시키고 괴롭힌 악독한 남편”이라는 것이다. 뿌쉬낀의 인간성을 일방적으로 매도하는 아라뽀바는 그가 부인에게 보낸 다정하고 자상한 편지들에 대해서는 일언반구도 없었다.

뜨루베쯔꼬이 공작은 이달리아 뽈레찌까로부터 뿌쉬낀과 알렉싼드라 사이의 관계에 대한 얘기를 듣게 되었다고 한다. 이 여자는 오래 전부터 공공연하게 뿌쉬낀과 적대적인 사이였고, 자기 집에서 단테스와 나딸리야의 밀회를 주선했던 장본인이었다. 뜨루베쯔꼬이는 이달리아 뽈레찌까로부터 뿌쉬낀과 알렉싼드라의 밀통에 대해서 들었다는 얘기를 그의 나이 70대에 이르러 두 번이나 하였다. 뜨루베쯔꼬이의 말로 미루어 짐작하면, 이달리아는 뜨루베쯔꼬이에게 뿌쉬낀이 알렉싼드라에게 접근하는 남자들에게 질투심을 느꼈다는 얘기도 해준 것으로 보인다. 뜨루베쯔꼬이는 두 사람의 관계를 “흔한 부도덕성 이상의 것”이라고 표현했는데, 그 당시에는 형부와 처제 사이의 정사가 일종의 근친상간으로 간주되었기 때문이었을 것이다. 뿌쉬낀의 절친한 친구인 나쉬쪼낀의 손자도 두 사람 사이의 관계에 대하여 거들었다. 1854년 나쉬쪼낀이 죽었을 때, 그의 손자는 뿌쉬낀과 나딸리야가 처제 때문에 대판 싸웠다는 얘기를 들은 적이 있다고 주장하였다.

1837년 여름, 뿌쉬낀의 아버지는 아들이 죽었을 때 알렉싼드라가 나딸리야보다도 더욱 슬퍼하는 것 같았다고 말했던 것으로 전해진다. 하지만 뿌쉬낀의 친척 중 한 사람도 그의 장례식에 참여하지 않았던 사실에 비추어 보면 이 말의 신빙성이 의심된다. 뿌쉬낀의 생전에 알렉싼드라는 그에게 천사 같은 존재였었는지는 모르지만, 그녀는 뿌쉬낀의 유품을 하나도 가지고 있지 않았다(임종 시 뿌쉬낀은 나딸리야에게 십자가 목걸이를 주었다). 반면에 단테스의 초상화는 제2차 세계대전이 발발할 무렵까지 알렉싼드라의 집 식당에 걸려 있었다.

바젬스끼는 나딸리야를 이렇게 묘사하고 있다.

> 그녀는 사교계에서 은퇴해야 마땅했고 남편에게도 그렇게 청해야만 했다. 그녀는 그럴 만한 인격의 소유자가 못되어 또다시 결혼 전처럼 단테스를 대하기 시작하였다.

세레나 비탈레 교수는 단테스가 사악한 인간이라는 일반적 악평에 대하여 그를 옹호하는 주장을 한다. 하지만 최근에 발견된 편지들은, 자기 후견인에 대한 그의 감언이설, 이에 따른 선물 세례를 받을 때의 뻔뻔스러운 아첨 등, 그의 가증스러운 처신을 더욱 뚜렷이 드러내줄 뿐이다. 예까쩨리나에 대한 그의 행동에도 정당한 동기가 엿보이지 않는다. 그러나 비탈레 교수가 나딸리야를 정당화하려는 요즈음의 추세는 20세기의 위대한 두 여류 시인 아흐마또바와 쯔베따예바가 나딸리야를 냉혹하게 비판한 데 대한 반작용이라고 지적한 것은 옳은 것 같다. 뿌쉬낀의 만년에 나딸리야의 행실이 어리석기는 했지만, 나딸리야에 대한 비탈레 교수의 비난은 지극히 현대적인 기준에 근거한 것이다. 그녀는 이렇게 비난한다. "나딸리야의 정조 관념은 체면치레에 불과했다. 그리고 비열한 그녀는 교태를 부리며 그를 자극했다. 이 젊은 프랑스인에게 그녀는 신선한 러시아식 미끼를 계속 던져 그의 식욕을 자극했고, 정작 그가 식욕을 채우려 할 때는 거절하였다."

비탈레 교수는 단테스가 "자기를 사랑하는 남자에게 자신의 열정을 전해달라"고 한 데 대해서는 비난하지 않는다. 비탈레 교수는 단테스가 나이 든 예까쩨리나와 결혼할 수밖에 없게된 처지를 동정할 뿐이다. 그녀는 헥케렌에게도 관대한 것 같다. 그녀에 의하면 헥케렌은 단테스가 부탁하는 대로 했을 뿐이므로 '교활한 늙은 여우'라는 그의 평판은 잘못 되었다는 것이다. 하지만 그녀가 보기에도 헥케렌에게는 타산적인 일면이 있었다.

헥케렌은 단테스가 자기 욕망을 성취하기 전에는 마음의 평화를 찾지 못하리라는 것을 잘 알고 있었다. 하지만 그는 단테스가 성공한 후에는 어찌 될지 걱정스러웠다. 말재간이 좋은 헥케렌은 눈물을 글썽이며 "나의 아들을 되돌려달라"고 중얼거렸다.

비탈레 교수는 그 익명의 편지의 필자가 외무성 장관의 아들인 드미뜨리 네쎌로데일 수도 있다고 했지만, 그리 확신을 가지고 주장한 것은 아니었다. 네쎌로데의 어머니는 한때 나딸리야를 어느 파티장에 데리고 갔는데, 이 파티는 뿌쉬낀이 나딸리야 혼자 가는 것을 반대했던 파티였다. 비탈레 교수는 꼬르사꼽스까야 백작부인이 필자일 수도 있다고 하였다. 꼬르사꼽스까야 백작부인은 뿌쉬낀의 〈보리스 고두노프〉에 대하여 '러시아에서는 재미있는' 작품이라고 평한 적이 있었는데, 이에 대하여 뿌쉬낀은, "당신 역시 당신 어머니 집에서는 미인으로 간주될 수 있을 거요"라고 신랄하게 응수한 바 있었다. 비탈레 교수는 또 "적들 중에서 그 필자를 찾는다면 왜 단테스의 적들은 고려하지 않습니까?"라고 한 적이 있는데, 이 말은 그 필자에 대한 그녀의 다른 주장들보다 설득력이 있어 보인다. 단테스의 적이 될 만한 여자들은 그리 많지 않았지만, 그가 저버린 '정부'를 포함한 몇몇 여자들은 단테스를 증오할 만한 이유를 가지고 있었다.

1837년 2월 1일(저 운명적인 결투가 끝난 후), 헥케렌은 단테스에게 불어로 이상한 편지를 보냈다. 이 편지는 비밀경찰의 검열을 받으리라는 것을 염두에 두고 쓴 것으로 보인다. 사실 헥케렌은 단테스에게 그 익명의 편지에 대해서 이미 알려준 적이 있었지만, 누구나 이 편지를 보면 단테스가 그것에 대해서 전혀 모르고 있었다고 여기게 돼 있다.

네가 그 익명의 편지에 대해서 알고 싶다니 말해주마. 그것은 붉은 왁스로 엉성하게 봉해져 있었다. 내 기억으로는 그 편지에는 A자 주위에 문양들이 그려져 있는 이상한 봉인이 찍혀 있었지. 진실이 밝혀지기를 간절히 바라는 마음뿐이다.

예상되었던 대로 단테스와 예까쩨리나의 결혼 이후에도 뿌쉬긴의 괴로움은 가셔지지 않았다. 뱌젬스끼는 마하일 빠블로비치Mikhail Pavlovich 대공에게 보내는 1837년 2월 14일 자의 편지에서 이렇게 썼다.

젊은 헥케렌(단테스)은 자기 부인 앞에서도 계속 뿌쉬긴 부인에 대한 자신의 열정이 식지 않았다고 떠들어댔다. 도시에는 새로운 풍문이 떠돌기 시작했고, 종전보다 훨씬 늘어난 사람들의 악의적인 관심은 바야흐로 그들의 눈앞에서 전개될 드라마의 배우들에게 쏠리고 있었다.

제
17
장

/

결투와 죽음

나딸리야는 러시아 정교회의 예법대로 거행된 언니의 결혼식에 참석하긴 했지만, 피로연이 시작되기도 전에 돌아왔다. 이는 그녀의 기분이 언짢았다거나 뿌쉬낀이 그렇게 하라고 시켰기 때문일 수도 있었겠지만, 뭔가 불미스러운 집안 일 때문일 가능성이 더 높다. 예까쩨리나와 나딸리야의 남자 형제들이 결혼식이 끝나자마자 즉각 모스끄바로 떠난 것도 달리는 설명될 수 없는 행동이었다.

결혼식 이후 뿌쉬낀은 새 동서와의 접촉을 일절 금지하였다. 신혼부부가 친척집을 둘러보며 인사드리는 것은 으레 있는 풍습이었지만, 뿌쉬낀은 단테스가 모이까가街의 자기 집에 들르겠다는 것을 거절하였다. 뿌쉬낀으로서는 그의 가까운 친구들도 자기처럼 해주기를 바랐지만, 그들은 그렇게 하지 않았다. 뱌젬스끼 부부조차도 결혼식이 끝나고 3일 후에 단테스 부부를 반갑게 맞아주었다. 뱌젬스끼 부부는 아마 뿌쉬낀의 뜻을 따르는 것이 의미 없다고 생각했던 것 같다. 머잖아 열릴 파티 시즌에서 단테스 부부와 뿌쉬낀 부부가 만나게 될 것이 뻔하기 때문이었다.

단테스가 헥케렌과 전과 같은 관계를 유지하고 있다는 것과 결혼 전 예까쩨리나를 유혹했었다는 사실을 알고 있는 사람들은 파티 시즌이 열려 그가 나딸리야를 만나게 되자마자 결혼 전처럼 공개적으로 나딸리야에게 구애하는 것을 보고는 누구나 놀라움을 금할 수가 없었다. 그들은 함께 춤을 추었을 뿐만 아니라 사람들 눈에 띠지 않게 단둘이서 거닐기도 하였다. 사람들은 단테스의 나딸리야에 대한 태도와 부인에 대한 무관심한 태도가 너무도 다르다는 것을 느끼지 않을 수가 없었다. 이들에 대한 뜬소문이 다시 일어도 뿌쉬낀으로서는 어찌 해볼 도리가 없었다. 유감스럽게도 친구들도 뿌쉬낀의 뜻을 따라주지 않아 그는 이 무렵 몹시 외로웠다.

단테스는 뿌쉬낀에게 두 차례의 우호적인 편지를 보내 두 사람 사이의 관계를 개선해보려고 했다. 그러나 뿌쉬낀은 두 번째 편지를 뜯어보지도 않고 자그랴즈스까야Zagryazhskaya 아주머니의 집으로 가져가, 거기서 헥케렌을 만나 그 편지를 단테스에게 되돌려주라고 했고, 앞으로는 편지를 보내더라도 수취를 거부하겠다고 말하였다. 헥케렌은 그 편지의 수취인이 뿌쉬낀이니 자기가 가져갈 수는 없다고 대꾸했다. 그러자 뿌쉬낀은 "야 이놈아, 가져가"라고 소리치며 헥케렌의 면전에 편지를 내던졌다고 한다.

나딸리야가 단테스의 이중적인 태도를 얼마나 속속들이 알고 있었는지는 불분명하다. 단테스는 계속해서 그녀에게 구애했고, 허영에 찬 그녀는 그가 아직도 자기를 좋아한다고 생각했다. 또 그녀는 이로 인해 이는 흥분을 억누를 수 없었다. 오히려 그녀는 분별없이 단테스를 부추겼다. 단테스와 지나칠 정도로 시시덕거리면서 그녀는 남편의 고통과 남편이 처하게 될지도 모르는 위험에는 무감각했다. 나딸리야는 뿌쉬낀이 재정적으로 어려움을 겪고 있다는 사실도 잘 알고 있었지만, 그녀의 무절제한 씀씀이는 나날이 더해만 갔다. 뿌쉬낀의 대부분의 소유물은 저당 잡혀 있었고, 그의 빚은 대략 120,000루블에 달했다. 뿌쉬낀이 수완이 없다고 늘 비웃던 황실은 나딸리야가 남편 몰래 활기찬 젊은 근위대 장교와 밀회하는 것을 고소하게 여겼다. 한 파티장에서 단테스는 부인의 팔을 잡고는 큰 소리로, "자, 나의 법적인 여인"이라고 외치기도 하였다.

부인의 부정을 알리는 익명의 편지들이 답지하자 괴로워진 뿌쉬낀은, 편지를 주고받는 일이 커다란 낙이었지만, 앞으로는 우편물을 받지 않겠다고 공언하였다. 급기야 그는 병을 얻게 되어, 고통에 시달려 늙고 누렇게 뜬 모습을 띠게 되었다. 그는 시에서 유일한 행복을 찾을 수 있었겠지만, 시를 쓸만한 마음의 평안도 평화도 가질 수가 없었다.

뿌쉬낀이 공개석상에서 결정적으로 모욕을 당한 것은 1월 23일 보론쪼바 백작부인의 주최로 열린 무도회에서였다. 여기서 단테스의 관심은 온통 나딸리야에게 쏠려 있었다. 그녀와 예까쩨리나가 발 마사지를 받고 있을 때 단테스는 불어로 짓궂게 말했다. "이제야 알겠군. 당신의 가슴이 내 부인의 가슴보다 훨씬 더 아름다워(불어의 cor(뿔, 가슴)은 corps(육체)와 동음이의어다)." 이 농담을 재미있게 들은 나딸리야는 잔인하게도 이를 남편에게 들려주었고, 이를 단테스가 자기 부인의 육체를 잘 알고 있다는 뜻으로 해석한 뿌쉬낀은 격노하였다. 그는, 나딸리야

의 결백을 여전히 믿어 의심치 않았지만, 이 문제에 종지부를 찍어야
되겠다고 결심하게 되었다.

뿌쉬낀은 처제 알렉싼드라의 은붙이를 저당 잡혀 권총을 살 돈을 마
련하고 1월 25일이나 26일경 헥케렌 남작 앞으로 거친 편지를 썼다. 이
편지(뿌쉬낀은 나중에 자기 측 입회인에게 똑같은 복사본을 주었다)의 내용을
보면 결투는 불가피하게 돼 있었다.

솔로구브 백작은 뿌쉬낀이 그 모욕적인 편지를 쓸 때 그의 서재에
있었는데, 그 편지를 보내지 말라고 설득하였다. 솔로구브는 그 당시
를 회고한다. "그의 입술은 충혈돼 있었다. 그 순간 그는 무시무시했
다. 그 때 비로소 나는 진정으로 그가 아프리카 혈통이라는 것을 이해
하게 되었다." 이때 뿌쉬낀은 자신의 계획을 나딸리야와 주꼽스끼에게
도 알리지 않았다. 이를 전혀 눈치채지 못했던 뱌젬스끼 부부는 뿌쉬
낀이 그 편지를 썼던 날 저녁에 뿌쉬낀 부부와 단테스 부부를 초청하
였다. 편지를 쓰고 나자 뿌쉬낀은 가슴이 후련해지는 느낌이 들었다.
알렉싼드르 뚜르게네프의 1월 28일 자 일기에는 뿌쉬낀이, 커다란 짐
을 벗은 사람처럼, 쾌활하고 활기찼으며, 이러저러한 화제에 대해서
활달하게 농담을 하였다고 적혀있다. 그 문제의 편지는 아래와 같다.

남작 귀하,

지난 일을 간추려 말씀드리고자 하오. 당신 아들의 행실에 대해서는 오
랫동안 익히 알고 있던 터였고, 나는 이에 대하여 무관심할 수 없는 입장이
오. 나는 관찰자의 입장을 견지하며 때가 되면 언제라도 개입하려고 했었
소. 몹시 불쾌한 최근의 한 사건이. 오히려 다행스럽게도, 이 문제를 끝장

넬 계기가 되었다고 생각하오. 내가 받은 그 익명의 편지를 나는 그 계기로 삼으려 하오. 당신도 사태가 어떻게 진전되었는지 알 거요. 나는 당신의 아들로 하여금 비참한 역을 맡지 않을 수 없게 하였는데, 나의 부인도 그런 비겁하고 천박한 행실에 놀라 고소를 금치 못한다오. 그리하여 그녀가 느꼈던 위대하고 숭고한 열정이 차가운 경멸과 혐오감으로 뒤바뀌었소.

남작 귀하, 당신의 처신도 온당치는 못했다고 생각할 수밖에 없소. 왕의 대리자인 당신은 아버지로서 자식의 뚜쟁이 노릇을 한 거요. 그의 처신(덧붙여 말하자면 아주 어리석은)은 모두 당신이 지시했던 것으로 여겨지오. 그가 내뱉은 헛소리와 그와 공모하여 엮어낸 황당한 편지 내용은 당신이 지시했던 것으로 짐작되오. 음탕한 노파처럼 당신은 자빠져서 당신의 그 사생아인지 뭔지 모를 자식의 사랑에 대하여 내 부인에게 어디에서나 말할 기회만을 노렸던 거요. 그가 아파서 막사를 떠나지 못할 때 당신은 그가 그녀에 대한 사랑으로 죽어가고 있으니 "내 아들을 되돌려 달라"고 그녀에게 속삭이기도 하였소.

남작 귀하, 당신도 잘 아시겠지만 이런 일이 있은 후로 나는 나의 가족이 당신네와 조금이라도 교류하는 것을 견딜 수가 없소. 당신네가 우리와 교류하지 않는다는 조건하에 나는 이 더러운 일을 더 이상 확대시키지 않을 것과 러시아와 네델란드 왕실 주변에서 당신이 모욕당하지 않게 하겠다는 것을 약속하오. 하지만 그 조건이 지켜지지 않는다면 나는 약속을 깨뜨릴 수밖에 없소. 나는 당신이 나의 부인에게 더 이상 훈계를 하지 않기 바라오. 그리고 나는 당신의 아들이 그 비열한 처신 끝에 감히 나의 부인에게 단 한마디라도 말을 거는 것을 용납지 않겠소. 그리고 그가 군대식 농을 한다거나 열정적 사랑에 빠진 불행한 사람의 행세를 하는 것도 허용치 않겠소. 그는 비겁자이자 악당에 불과하니까. 이 모든 음흉한 술책에 종지부를 찍고자 부득이 나는 당신에게 한 마디 적어 보내게 된 거요. 나는 어떤 추문이라도 감수할 준비가 돼 있지만, 당신은 추문이 더 이상 확대대지 않기를 바랄 것이라고 믿소.

헥케렌은 스뜨로가노프Stroganov 백작과 저녁 식사를 하기 위해서 외출하려고 하던 차에 이 굴욕적인 편지를 받게 되었다. 편지를 받아본 그는 난처한 입장에 빠지게 되었다. 이 편지의 성격으로 보아 어떻게든 답변을 회피할 수는 없었다. 그의 외교적 위치로 보아 그 자신이 도전을 받아들일 수는 없는 노릇이었다. 설사 그렇게 할 수 있다 하더라도 단테스가 비겁자로 낙인찍힐 것이 뻔했다. 그렇다고 단테스가 도전을 받아들인다면 그는 목숨을 잃을지도 모르는 일이었다. 그는 스뜨로가노프 백작에게 조언을 구했고, 백작은 단테스로 하여금 도전을 받아들이게 하라고 조언하였다.
단테스가 뿌쉬긴에게 보낸 답장은 앙갚음하듯 모욕적 언사로 가득했다.

나는 당신의 필체나 서명을 확인해보지도 않았소. 비콩트 다르샥Vicomte d'Archiac 편에 나의 편지를 전달하니 내가 본 편지가 정말로 당신이 보낸 것인지 그에게 알려주기 바라오. 그 편지 내용은 너무도 터무니가 없어 일일이 대꾸할 가치도 없다고 생각하오. 당신이 나 헥케렌 남작에게 언급했었고, 또 나 헥케렌 남작이 받아들였던 그 결투를 취소한 것은 바로 당신이었다는 사실을 당신은 잊고 있는 것 같소. 비콩트 다르샥이 당신을 방문하면 나 헥케렌 남작과의 결투 장소를 합의해주시오. 지체 없이 결투가 이행되어야 하오. 내가 할 말은 이것뿐이요. 당신이 나의 명예를 훼손시키게 내버려 둘 수는 없소. 훗날 나는 당신이 나의 명예를 존중하도록 한 수 가르쳐주겠소.

뿌쉬낀은 즉각 이 도전을 받아들였고 단테스의 편지 내용에는 개의치 않았다. 어떻게 하면 친구들이 모르게 자기 측 입회인을 선정하느냐 하는 문제가 유일한 난점이었다. 친구들이 결투 사실을 안다면 또다시 말릴 것이 뻔했기 때문이었다. 그는 처제 알렉싼드라와 뱌젬스끼 공작부인에게 이 사실을 털어놓았고, 처제는 다른 식구들에게는 이를 비밀에 붙였다. 하지만 뿌쉬낀이 이에 대하여 낱낱이 털어놓은 것은 지지Zizi(그의 옛 친구인 쁘라스꼬뱌 오시뽀바Praskovya Osipova의 딸인 예쁘락시아Evpraksia)였다. 지지는 미하일롭스꼬예의 토지 매매 문제를 의논하기 위해서 상트뻬쩨르부르그에 와 있었다. 훗날 그녀의 설명에 의하면 뿌쉬낀은 그의 부인과 자식들의 앞날에 대해서는 걱정하지 않았다고 한다. 이는 황제가 재정적 도움을 줄 것으로 그가 확신하고 있었기 때문인지도 모른다.

이러한 확신은 1월 초 뿌쉬낀이 황제를 알현했을 때 황제의 말을 자기 나름대로 해석한 결과일 수도 있었다. 뿌쉬낀이 그러한 확신을 가졌으리라고 추측하는 것은 당시의 정황에도 맞을뿐더러 어떤 소문과도 관련이 있었다. 그 소문은 1837년 2월 16일 뜨리고르스꼬예에서 오시뽀바가 알렉싼드르 뚜르게네프에게 보낸 편지(1962년에 발간)에도 암시되어 있다. 오시뽀바는 딸 예쁘락시아가 알고 있는 사실이 절대 누설돼서는 안 되는 비밀이라고 하면서, "뿌쉬낀이 결투 전에 내 딸에게 해준 말을 당신이 모르고 있다니 다행입니다"라고 썼다. 뚜르게네프는 그 사실이 무엇을 가리키는지 자기에게도 알려달라고 오시뽀바에게 간청했지만 답장이 없었다. 좀 성급하기는 하지만 이것은 나딸리야와 황제 사이의 관계를 시사하는 것으로 추측해볼 수도 있다. 두 사람 사이에 모종의 관계가 있었다면 뿌쉬낀으로서는 너무도 절망적이어서 살아갈 의욕을 잃었을 것이다. 뿌쉬낀의 생전에는 나딸리야가 황제의 정부 노릇을 했다는 증거가 없지만, 그의 사후에는 그럴 가능성을 전적으로 배제할 수는 없다. 하지만 황제에 대한 비난을 일삼는 오랜 공산 정권에 대한 반동으로 뿌쉬낀 기념관의 러시아 학자들은 그런 가능성을 일축한다.

지지는 뿌쉬낀의 비밀을 철저히 지켜주어 ― 결투를 중단시키려 했을 ― 그의 친구들에게 끝끝내 발설하지 않았다. 1837년 2월 28일 자 지지의 남편의 편지에는 뿌쉬낀에 대한 그녀의 인상이 적혀 있다. 그녀가 본 바로는 뿌쉬낀이 그의 인생이 끝날 때까지 그를 끔찍하게 괴롭혔던 고통에서 벗어나게 되어 대단히 행복해 했다는 것이다. 지지는 뿌쉬낀을 따듯한 마음으로 감싸주긴 했지만, 무비판적으로 뿌쉬낀을 대했던 것은 아니었다. 그녀는 16개월 전 그가 뜨리고르스꼬예에 방문했을 때 그녀의 결혼한 배다른 동생 알렉싼드라 이바노브나Alexandra Ivanovna에게 뿌쉬낀이 지속적인 관심을 보이자 이를 비판하기도 하였다.

뿌쉬낀은 여전히 입회인을 구하지 못하고 있었다. 1월 26일 저녁에 열린 한 무도회에서 그는 영국 대사관의 직원인 아서 C. 마게니스Arthur C. Magenis에게 입회인이 되어달라고 부탁하였다. 이 영국인은 다르샥을 만나 그와 함께 결투 당사자들의 화해를 주선하려 했지만 다르샥이 회동하기를 거부하자 뿌쉬낀의 집으로 편지를 보내 그의 대리인이 될 수 없다고 통고하였다.

1월 27일 뿌쉬낀은 8시에 일어나 서재에서 글을 좀 쓰고 쾌활하게 노래를 불렀다. 10시가 되자 입회인의 지명을 요구하는 다르샥의 편지가 배달되었다. 답변을 지체하여 혹여 결투 사실이 시내에 알려질까 두려워 뿌쉬낀은 서둘러 답장을 썼다. 단테스가 지명하는 사람이라면 그의 하인이라도 입회인으로 받아들이겠다는 것과 장소도 단테스가 정하는 대로 따르겠다는 내용이었다. 그는 "시간과 장소는 전적으로 그의 뜻을 따르겠소"라고 썼다. 하지만 이것은 결투의 규칙에 맞지 않았기 때문에 뿌쉬낀은 묘안을 궁리해내려고 애를 썼다. 12시에 국립학교의 동기생인 꼰스딴찐 단자스Konstantin Danzas가 뿌쉬낀의 집으로 왔는데, 그는 뿌쉬낀이 청해서 왔을 가능성이 높다. 단자스는 그 당시 육군 중령이었다. 옛 동기생인 뿌쉬낀을 여전히 좋아하고 있던 단자스는 뿌쉬낀이 절박한 사정을 얘기하자 흔쾌히 그의 입회인이 돼 줄 것을 승낙하였다.

그리고 나서 결투의 조건이 타결되었다. 두 사람 사이에 중립 중간지대를 설정하고 각자는 그곳으로부터 각각 20보 떨어진 곳에 서 있어야 한다는 것, 두 사람의 무기는 권총이라는 것, 신호가 내려지면 서로 상대방에게 접근하며 발사하되, 중립지대를 넘지 말 것, 일단 한 편에서 발사하면 발사한 편은 그 자리에 서서 접근해오는 상대방의 사격을 받을 것 등이 그 조건이었다. 1월 27일 오후 2시 30분 두 입회인은 합의서에 서명하였다.

뿌쉬낀은 결투 조건은 아무래도 좋다고 생각하였다. 그 날 오후 뿌쉬낀은 알렉싼드라 이쉬모바Alexandra Ishimova에게 그의 마지막 편지를

썼는데, 이 사람은 뿌쉬낀이 배리 콘웰^{Barry Cornwall}이라는 영국 작가의
작품 번역을 요청했던 여류작가였다. 이 편지는 "오늘 당신의 초대에
응하지 못하게 되어 대단히 유감스럽게 생각합니다"라는 사무적인 어
조로 시작된다. 그는 이 편지에 그 영국 작가의 책을 동봉했는데, 이 책
에는 알렉싼드라에게 번역을 부탁하는 문장들이 표시가 돼있었다. 그
리고 나서 그는 세수하고, 곰 가죽 코트를 입고 새벽 1시경 살을 에이
는 추위 속에서 썰매를 타고 행선지로 향했다. 그는 아무에게도 행선
지를 알리지 않았다. 그는 단자스를 태우고 단테스의 입회인 다르샥이
살고 있는 프랑스 대사관으로 갔고, 그리고는 녭스끼 구역에서 유명한
울프 제과점에서 단자스가 오기를 기다렸다. 까람진 부인이 뿌쉬낀의
불행을 고소해하는 편지를 쓰고 있던 바로 그 시각에 뿌쉬낀은 권총을
가지러 간 단자스를 기다리고 있었던 것이다.

단테스와의 만남은 5시, 상뜨 뻬쩨르부르그 교외의 블랙 리버 부근
의 인적이 드문 장소로 잡혀 있었다. 단자스와 뿌쉬낀은 썰매를 타고
뜨로쯔꼬이 다리로 향했다. 네바 강은 꽁꽁 얼어붙어 있었고 거센 바
람이 몰아쳤으며 빛이라고는 흰 눈에서 반사되는 것뿐이었다. 출입이
금지된 뻬뜨로빠블롭스끼 요새 옆으로 난 길이 지름길이었다. 키 궁전
^{Palace Quay} 부근에서 단자스는 반대편에서 오는 나딸리야의 마차를 보
았지만, 나딸리야는, 아마도 근시안이었기 때문에, 남편을 알아보지
못했다. 사람들은 주로 도심 쪽으로 가고 있었고, 그중에는 뿌쉬낀의
친구들도 있었지만 두 사람이 도시 외곽으로 가는 이유를 묻는 친구는
아무도 없었다.

두 입회인은 마부들이 볼 수 없는 곳에서 결투 장소를 물색하였다.

눈은 무릎 깊이까지 쌓여 있었다. 뿌쉬낀은 결투 장소가 치워지고 정돈되는 동안 눈이 수북이 쌓인 곳에 앉아 있었다. 그는 조급한 심정이었고, 단자스가 모자로 신호를 보내자 입회인들의 망토로 표시를 해놓은 중립지대로 달려가 발사 채비를 갖추었다. 1997년 상뜨 뻬쩨르부르그에서 결투의 역사를 연구한 학자로부터 필자는 이 결투의 전말을 듣게 되었다. 단테스는 뿌쉬낀의 다리 살점에 상처를 입히겠다는 의도를 품고 있었을 뿐이었다. 그는 탁월한 사격수이자 군인이었고, 도전을 받으면 이에 응하는 것이 소속 연대의 명예를 지키는 일이었지만, 뿌쉬낀이 죽는다면 군인으로서의 출세에 큰 화가 되리라는 것을 잘 알고 있었다. 반면에 뿌쉬낀은 단테스를 죽이려는 의도를 품고 있었다. 그래서 그는 가능한 한 중립지대 가까운 곳에서 발사하려고 앞으로 뛰쳐나갔다. 전방을 향해서 천천히 네 발자국을 내딛던 단테스는 상대방의 맹렬한 기세를 보고, 자신의 죽음을 모면하기 위하여 신속히 발사할 수밖에 없었다. 그는 뿌쉬낀의 다리를 향해 발사했지만 조준이 빗나가 뿌쉬낀의 복부를 맞추게 되었다.

뿌쉬낀은 나름대로 속셈이 있었다. 그는 단테스를 치사시킬 확률은 가까운 거리에서 발사했을 때 높아지리라고 생각했다. 실제로도 그랬지만, 단테스가 먼저 발사한다면, 규칙에 따라 다시 발사할 수는 없기 때문에, 그의 목숨은 자기 손아귀에 놓이게 될 것이었다. 하지만 뿌쉬낀은 총알을 맞고 심하게 부상당하여 넘어졌다. 두 입회인이 뿌쉬낀에게 달려갔지만 그는 무릎을 꿇고 앉아, "기다려, 나는 아직 발사할 힘이 남았어"라고 말했다.

마리나 쯔베따예바Marina Tsvetaeva의 어머니는 뿌쉬낀의 용기에 깊은 감명을 받았다고 한다. 이것은 기독교적인 용기는 분명 아니었지만, 참으로 남자다운 용기였다. 단테스 역시 용감한 사람이었다. 그는 결투의 조건대로 정확히 그가 발사했던 자리에 있었다. 뿌쉬낀을 향하여 비스듬한 자세로 서있었고, 권총을 쥔 손을 들어올려 머리를 방어하였고, 다른 팔로는 가슴을 막고 있었다. 뿌쉬낀은 자기 입회인으로부터 권총을 오른손으로 받아 움켜쥐었다. 그는 믁표물을 향하여 조준, 발사하였고, 단테스는 땅 위로 넘어졌다. 이를 본 뿌쉬낀은 상대방이 죽었다고 짐작하고는 "브라보"라고 외치고 권총을 옆으로 던졌다. 실제로는 총알이 단테스의 오른팔을 관통하고 나서 단추를 맞추고 빗겨나가 갈비뼈에 타박상을 입혔을 뿐이었다. 중상을 입은 쪽은 뿌쉬낀이어서, 총알이 그의 하복부에 깊이 박혔던 것이었다.

뿌쉬낀은 "이상하다. 그를 죽이면 기쁠 줄 알았더니 그렇지 않구나"라고 중얼거렸던 것으로 전해진다. 단테스의 입회인이 화해를 청하는 말을 걸자 뿌쉬낀은 "결국 다 마찬가지야"라고 말했다고 한다.

뿌쉬낀은 피를 많이 흘리고 있었다. 마부들이 들것을 만들어 그를 썰매에 태우고 상뜨 뻬쩨르부르그로 향하여 갔다. 뿌쉬낀의 고통이 심하여 천천히 움직일 수밖에 없었다. 입회인들은 걸어서, 단테스는 자기 썰매를 타고 따라갔다. 얼마 가지 않아서 그들은 헥케렌이 보낸 마차와 만나게 되었는데, 누가 보낸 것인지 묻지도 않고 단테스와 다르샥은 뿌쉬낀을 마차에 태웠다. 단자스도 뿌쉬낀을 돌보려고 마차에 올랐고, 이들은 서서히 수도로 되돌아갔다. 그렇게 많은 피를 흘리고 통증에 시달리면서도 뿌쉬낀은 결투에 얽힌 이야기 몇 마디뿐만 아니라 농담까지 했다고 한다. 하지만 복부에 부상을 입었던 한 친구가 결국 죽고 만 이야기가 떠올라 뿌쉬낀은 자신이 입은 부상의 심각성을 문득 깨달았던 것 같았다. 이윽고 그는 단자스에게 자신의 부상에 대하여 부인에게 어떻게 얘기해주어야 할지를 자세하게 일러주었다.

마차가 모이까가街의 뿌쉬낀의 아파트에 이르자 단자스는 집으로 들어가 알렉싼드라의 방에서 나딸리야를 만났다. 그녀는 그의 급작스러운 방문이 무엇을 의미하는지 짐작하고 있는 듯 두려운 표정이었다. 단자스는 그녀에게 뿌쉬낀이 결투에서 부상을 당했는데 심각하지는 않으니 걱정하지 말라고 하였다. 그의 말을 듣자 뭔가 감추고 있다는 것을 느낀 듯 그녀는 남편을 보려고 현관으로 달려갔다. 뿌쉬낀은 부상이 위험한 것은 아니라고 부인을 안심시켰지만 그녀는 그를 보자마자 기절하고 말았다.

뿌쉬낀의 늙은 시종이 시인의 팔짱을 끼고 부축하여 그를 서재로 데려갔다. 뿌쉬낀은 깨끗한 아마포를 가져오게 하고는 소파에 누워 의사들이 오기를 기다렸다. 오기로 된 의사들 중에는 황실 주치의 아렌트Arendt도 포함돼 있었다. 7시경에 제일 먼저 온 의사들은 산부인과 전문의 숄츠Sholts와 자들러Zadler였다. 뿌쉬낀은 검진 받는 동안 그의 부인, 단자스, 그리고 방문 차 와 있었던 발행인 쁠레뜨녜프에게 방에서 나가 있으라고 부탁하였다. 의사들은 뿌쉬낀에게 부상의 심각성을 감출 수가 없었다. 뿌쉬낀도 자신이 너무 많은 피를 계속해서 흘린 사실을 알고 있었다. 그래서 그는 자신의 상태가 치명적인 것인지 물었고, 의사들은 솔직히 그렇다고 대답했다. 뿌쉬낀은 의사들에게 고맙다고 하면서 차분하게, "집을 정돈해야만 되겠소"라고 말한 것으로 전해진다.

의사들도 그를 위해 어떻게 손을 써볼 수가 없었다. 그래도 자들러는 치료도구를 찾으러 갔고 숄츠는 압박붕대를 새로 갈아주었다. 누군가가 가까운 친구들을 보고 싶으냐고 묻자 뿌쉬낀은 서재 안의 책들을 둘러보더니 "잘 있게, 친구들" 하고 말했다.

뒤늦게 도착한 황실 주치의 아렌트는 상처를 살펴보더니 뿌쉬낀에게 회복될 가능성이 거의 없다고 말했다. 뿌쉬낀의 복부에 얼음주머니를 올려놓고 나서 아렌트는 황제에게 뿌쉬낀의 상태를 보고하러 갔다. 아렌트가 떠나기 전 뿌쉬낀은 그에게 결투에서 자기 입회인 역할을 한 단자스를 처벌하지 않도록 선처해달라는 말을 황제에게 전해달라고 하였다. 뿌쉬낀 집안의 주치의 스빠스끼Spassky가 오자 뿌쉬낀은 그에게 나딸리야가 거짓된 희망을 갖지 않도록 그녀에게 솔직하게 말해 줄 것을 당부했다. 그리고는 아주 너그럽게, "불쌍한 여자. 그녀는 아무것도 모르고 괴로움을 겪고 있고, 사람들의 쑥덕공론으로 더욱 괴로워하겠지"라고 덧붙였다. 임종을 앞둔 그가 무슨 말을 했는지에 대해서 의견이 분분하지만, 나딸리야가 방에 들어왔을 때 그녀에게 한 그의 첫 말이 "걱정 말아요. 당신은 이 일에 아무런 잘못도 없으니"라는 데에는 의견의 일치를 보인다.

뿌쉬낀이 결투 끝에 부상당했다는 소식은 빠르게 퍼져나갔고, 이내 자세한 내막을 알고자 하는 뿌쉬낀의 찬미자들이 몰려왔다. 그 수가 너무 많아 단자스는 경찰에 연락하여 집 외부의 경계를 요청할 수밖에 없었다. 뿌쉬낀은 대단한 사랑을 받고 있었다. 눈물을 흘리며 그의 안부를 묻는 많은 사람들이 그를 사랑하고 있었다. 뿌쉬낀 집 옆에 있는 가게의 주인인 한 노인은 놀라서 이렇게 말했다. "한 야전 사령관이 죽은 때를 기억하는데, 그 때도 이렇지는 않았지." 지인들이 연이어 찾아왔다. 주꼽스끼, 뱌젬스끼 부부, A. I. 뚜르게네프, 자그랴즈스까야 아주머니 등이었다. 뿌쉬낀은 모든 사람들을 침착하게 맞았는데, 나딸리야는 방에 들어오지 않도록 했다. 그녀가 자신의 고통을 보는 것을 원치 않았기 때문이었다. 뿌쉬낀의 부상이 그토록 많은 사람들의 심금을 울린 이유가 무어냐는 질문에 대해서 주꼽스끼는 뿌쉬낀의 짧은 비극 「모차르트와 살리에리」를 인용하여 "대체로 천재란 좋은 것이요"라고 대답하였다.

자정이 되자 닥터 아렌트가 다시 왔는데, 그는 다음과 같은 니꼴라이 황제의 친필 메모를 가지고 온 것으로 전해진다. "신이 이 지상에서 그대를 볼 수 있는 기회를 더 이상 허용치 않는다면 짐은 그대에게 작별을 고하며 마지막 말을 전하는 바이네. 기독교도처럼 임종을 맞게나. 부인과 자식들 걱정은 하지 말게. 내가 그들을 돌볼 것이니."

뿌쉬낀은 이 메모를 보관해달라고 했지만 아렌트는 황제의 명이라고 하면서 그것을 다시 황제에게 가지고 갔다고 한다. 이 미심쩍은 이야기를 뒷받침할 문서는 없다. 하지만 이미 언급했던 것처럼 황제는 정말로 나딸리야와 그 자식들의 생계를 돌봐주었다.

짧으나마 뿌쉬낀의 상태가 호전된 때도 있었지만 다음날 저녁 그는 탈저 증세를 보였고 다시 고통스러워했다. 그는 가까운 친구들 한 사람 한 사람에게 작별 인사를 했고, 이반 뿌쉰에게 작별을 고하지 못하는 것을 유감스러워 했다. 새벽 2시경 그는 나딸리야에게 딸기잼을 갖다 달라고 부탁했다. 그녀는 무릎을 꿇고 딸기잼을 숟갈로 떠서 그에게 먹여주었다. 주꼽스끼는 그의 침대 머리맡에 서 있었고, 뚜르게네프는 그의 곁에 서 있었다. 뿌쉬낀은 환각 상태에 빠져 들어가게 되었다. 환각 속에서 뿌쉬낀은 책장 꼭대기에 올라갔고 거기서 현기증을 느꼈다. 마치 잠에서 깨어나듯이 갑자기 그는 두 눈을 부릅뜨고 말했다. "인생이 끝났다. 숨쉬기가 힘들구나. 뭔가가 나를 짓누르고 있다."

뿌쉬낀이 숨을 거둔 바로 그 순간 나딸리야가 방에 들어왔다. 나딸리야는 흐느끼며 울부짖었다. "뿌쉬낀, 뿌쉬낀, 당신 살아있어요?" 뿌쉬낀은 새벽 2시 45분에 숨을 거두었다.

모든 사람이 가버린 후 주꼽스끼만이 남아서 친구의 평온히 잠든 얼굴을 보며 친구의 상념에 잠긴 표정에 어린 순수함을 헤아려보고자 했다. "바로 그 순간 나는 거룩하고 신비한 죽음 자체를, 장막이 걷힌 죽음을 본 것 같았다. 그의 얼굴 위에 찍힌 죽음의 낙인. 맹세코 나는 이전에 그의 얼굴에서 그처럼 깊고 숭고하고 승리에 찬 상념의 표정을 본 적이 없었다. 우리들의 뿌쉬낀의 마지막은 그러하였다."

　뿌쉬낀을 죽음으로 이끈 결투를 예방하기 위한 아무런 조치도 취하지 않았던 황실 당국은 수많은 사람들이 애도를 표하자 크게 놀라게 되었다. 황실의 비밀문서 보관소에는 이에 대한 기록이 남아 있었는데, 이는 황제의 비밀 경찰인 꺼쉰쩨프Kashintsev가 편집한 것이다. 이 보고서에는 "누구나 인정하듯 이 시인의 작품은 대체로 방종하고 부도덕한 것뿐인데, 수많은 사람들이 위대한 업적을 남긴 사람에게나 적합한 애도를 표하였다"라고 적혀 있다. 까쉰쩨프는 씨모노프Simonov 수도원의 원장이 뿌쉬낀의 추도회에 필요하다고 하며 이 문서를 보여달라고 했지만 이를 거부했고, 심지어는 뽀고진Pogodin 교수가 추도사를 읽는 것도 허용하지 않았다. 당국은 신문에 게재되는 뿌쉬낀의 부고 난에 검은 테를 두르는 것도 금했다. 1월 30일 자의 신문에 뿌쉬낀의 사망 기사를 쓴 어떤 사람은 죽은 이에 대한 찬사가 지나치다고 하여 다음과 같이 검열관의 질책을 받기도 하였다. "뿌쉬낀이 사령관이었나 장관이었나, 아니면 정치가였단 말인가?"

　뿌쉬낀의 추도 미사는 2월 1일 오전 11시 상뜨 이삭St Isaac 대성당에서 열릴 예정이어서 나딸리야 니꼴라예브나가 보낸 초청장에도 그렇게 적혀 있었다. 그러나 마지막 순간에 장소가 뿌쉬낀의 아파트 근처의 작은 교회로 바뀌어지게 되었다. 하지만 그의 관 뒤에는 추모객들이 장사진을 이루었다. 뱌젬스끼와 주꼽스끼 같은 귀족들을 비롯하여 각계각층의 사람들이 모여들었다. 그중에는 눈물을 떨구는 사람들도 있었고, 양가죽 옷이나 누더기를 걸친 사람들도 있었다. 대학 당국이 추도식에 참석하려고 수업에 빠지는 것을 엄금했지만 많은 대학생들도 와 있었다.

뿌쉬낀의 장지는 미하일롭스꼬예로 예정돼 있었다. 벤켄도르프는 황제를 알현하고 나서 쁘스꼬프 주지사에게 경하여 장지에서 귀족 가문에서 으레 보는 의식 이외의 다른 어떤 의식도 엄금하도록 하였다. A. I. 뚜르게네프는 뿌쉬낀의 시신을 미하일롭스꼬예로 운구하는 책임을 맡았다. 장지까지 온 소수의 추모객들 중게는 쁘라스꼬뱌 오시뽀바, 뿌쉬낀의 충실한 노복老僕 니끼따 꼬즐로프도 있었다. 주꼽스끼가 간곡하게 탄원을 올렸지만, 황제는 완강하게 알렉싼드르 쎄르게예비치 뿌쉬낀의 기념비를 일절 세우지 못하게 하였다.

뿌쉬낀의 죽음을 애도하는 많은 편지들 중에서 가장 감동적인 것은 아마도 예프게니 바라띤스끼Evgeny Baratynsky의 편지였을 것이다. 바라띤스끼는 뿌쉬낀에게 조금이라도 비견될 수 있는 유일한 시인이었는데, 그의 편지에는 자신이 뿌쉬낀의 아버지와 함께 애도했다는 내용이 적혀 있고, 다음과 같은 늙은 아버지의 말도 인용되어 있다. "이제 내게 남은 일이라고는 내 자식을 잊지 않도록 기억력을 잃지 않게 해달라고 신께 기도드리는 것뿐이오." 가까운 친구들 중에서 뿌쉬낀의 죽음을 가장 애통히 여겼던 사람은 고골이었다.

내 인생에 환희를 가져다준 모든 것, 나에게 가장 커다란 즐거움을 준 모든 것이 그와 더불어 사라졌다. …… 그가 내 앞에 서있는 것을 상상하지 않고는 나는 한 줄의 글도 쓸 수 없었다. 나는 글을 쓰면서 항상 '그는 무어라고 말할까? 그는 무엇을 주목할까? 무엇을 보고 웃을까?'하고 반문하곤 하였다.

뿌쉬낀이 죽은 지 몇 주 후에 미하일 레르몬또프 Mikhail Lermontov의 시 「시인의 죽음」의 필사본들이 상뜨 뻬쩨르부르그에 나돌기 시작하였다. 당시 22세의 경기병이었던 레르몬또프는 차세대의 천재적 시인이었다. 레르몬또프는 그의 시에서 러시아의 시인을 살해한 외국인을 힐난할 뿐만 아니라 이 비극을 예방할 아무런 조치도 취하지 않은 황실 당국을 비난하고 있다.

옥좌 뒤에 숨은 탐욕스런 무리들,

자유와 천재와 명성을 교살하는 자들,

진실과 정의가 너희 앞에 뚜렷이 있건만

너희는 법이라는 은신처 뒤에 숨어 있구나.

신은 때를 기다려 신의 법정에서

너희 공범자들을 심판하리라.

그 어떤 황금의 미끼에도 요지부동으로.

신은 너희 비열한 비방에 무감각하고

너희의 방탕한 생각과 행실을 알고 있어

너희들의 어떤 감언이설도 헛수고일 뿐,

최후 심판의 선고를 바꾸지는 못하리라.

너희가 어떤 치욕을 당한들

살육된 시인의 피를 씻을 수는 없으리라.

니꼴라이 황제는 황실을 연관시켜 묘사한 것에 격분하여, 레르몬또프의 정신 감정을 의뢰한 후에 그를 까프까즈에 주둔하는 기병 연대로 추방시켰다.

신분이 높은 귀족계층일수록 뿌쉬낀을 애도하는 이들이 적었고, 심지어는 단테스의 운명을 딱하게 여기는 자들도 있었다. 결투의 온당한 조건들이 준수되는 한, 대개 결투 당사자들은 처벌받지 않게 되어 있었다. 헥케렌과 단테스는 뿌쉬낀이 두각을 나타내지 못하는 황실 주변에서 주로 그를 보아왔던 터라 그의 죽음에 대하여 대중들이 분노하는 것을 보고 놀라움을 금할 수가 없었다. 러시아 글을 읽지 못했던 두 사람은 국민적 인물로서의 뿌쉬낀의 중요성을 모르고 있었다. 헥케렌이 외교적으로 손을 써보기도 하고 단테스의 친구들은 격분하기도 했지만, 단테스는 즉각 구속되어 군법회의에 회부되었다. 처음에 그는 사형선고를 받았지만, 황제의 지시로 그의 형량은 종신형으로 감형되었다.

1837년 2월 18일에서 3월 21일 사이에 쓰인 것으로 추정되는 단테스의 편지가 입수되었는데, 이것은 그가 감옥에서 부인인 예까쩨리나에게 보낸 편지이다. 이 편지는 후회나 자책보다는 자기연민으로 점철되어 있다.

친애하는 나의 벗, 당신은 언제나 뜻대로 하는구려. 하긴 그래서 당신이 요구하는 것을 얻는 것이겠지만. 나는 당신이 나를 면회하러 오는 것이 금지되어 있다는 것을 이미 알고 있었소. 사령관이 이에 대하여 분명하게 언급했었지. 그러니 허가를 받지 않고는 당신이 나를 면회할 수는 없소. 어제 경비를 서던 한 장교가 당신을 경비실에 들였다 하여 구속될 거라고 하는구려. 내가 갇힌 감옥에는 나의 일거수일투족을 훤히 꿰는 스파이들이 많소. 오늘 아침에는 근위 보병연대의 사령관이 내가 언급한 장교를 견책하러 왔었고, 그 후에는 뻬뜨로빠블롭스끼 요새의 사령관이 같은 일로 왔었소. 그러니 친애하는 나의 벗이여, 우리는 그 어떤 계책이 통하리라는 희망을 버려야 하오. 내 생각에는 남작이 당신의 편지에 자신의 탄원을 덧붙이는 것으로는 소용이 없을 것 같소. 남작 자신의 이름으로 탄원을 넣어야만 사령관이 거절하지 못할 것이오. …… 당신과 헥케렌에게 진심으로 포옹을 보내오.

게오르그로부터

추신 : 신문을 보내주었으면 하오.

3월 19일 러시아에서 추방당하기 전, 단테스는 헥케렌과 예까쩨리나와의 마지막 면회를 허가받았다. 2월 18일에서 3월 24일 사이에 쓰인 것으로 추정되는 아래 편지가 이를 입증하고 있다.

나의 아내에게,

친애하는 나의 훌륭한 벗이여, 나는 당신이 내일 우리들의 만남을 고대하며 오늘밤은 곤히 잠들 것이라고 믿소. 사령관에게 말씀드려 당신의 면회를 허가받았소. 하지만 사령관의 부인께 아침에 서찰을 보내 당신과 함께 올 사람이 누구인지 통지해야 하오. 사령관은 당신이 원하면 누구라도 괜찮다고 하셨소. 당신을 사랑하는 만큼 아주 세차게 당신에게 포옹을 보내오.

게오르그로부터

단테스는 이어 헥케렌 남작에게 추신을 보냈다.

　　나의 친절한 벗인 남작에게 : 더 이상 저에 대한 걱정을 하지 마시기 바랍
니다. 예까쩨리나를 포옹하듯 당신에게 포옹을 보냅니다.

　헥케렌 남작도 대사직에서 물러나 상뜨 삐쩨르부르그를 떠날 수밖
에 없었다. 그도 다른 대사들처럼 이임 기념으로 황제로부터 보석 담
배함을 받았다. 그러나 그는 외교관직에서 잠시 물러나 있었을 뿐, 3년
후에는 다시 비엔나 대사로 임명받았다.

　이미 살펴본 바 있었던 정치적 고려에 의해서 정식으로 반 헥케렌의
상속자가 된 단테스는 예까쩨리나와 만족스러운 결혼생활을 영위했
고, 자식도 대여섯이나 두었다. 예까쩨리나는 젊은 나이에 죽었지만
단테스는 부인보다 60년이나 더 살았다.

　나딸리야는 뿌쉬낀이 요구했던 대로 시골에 내려가 2년을 살다가
황제의 특명으로 황실로 돌아왔다. 황제는 과부인 나딸리야를 각별히
보살펴주었다. 황제는 그녀에게 10,000루블을 직접 주었고, 뿌쉬낀 영
지의 모든 빚을 갚아주었고, 뿌쉬낀의 아들들을 그의 시동으로 삼았으
며, 각자에게 교육비 조로 1,500루블을 하사하였다.

　황실로 돌아온 나딸리야는 여전히 아름다워, 황제는 1839년에 그녀
가 참석했던 가면 무도회의 의상을 입은 채로 그녀의 초상화를 그리게
했다. 1844년, 그녀는 근위 기병연대 소장 P. P. 란스꼬이와 재혼하였
다. 주목할 만한 것은 란스꼬이가 단테스의 친구였다는 사실이다. 니
꼴라이 황제는 이 결혼을 흔쾌히 허락하였다. 란스꼬이는 결혼 후 고

속 승진을 거듭하였고, 황제는 이들의 집을 자주 방문하였다. 나딸리야는 란스꼬이와의 사이에 자식을 셋 낳았는데, 황제가 첫 번째 아이의 대부가 돼주었다.

결과적으로 보면 뿌쉬낀의 때 이른 죽음을 초래했던 사람들은 대체로 별 탈 없이 잘 살았다. 하지만 뿌쉬낀의 죽음을 보복하려는 사람들도 있었다. 예컨대 폴란드 시인 미키비치는 공개적으로 단테스에게 도전장을 보내기도 하였다. 뿌쉬낀을 사랑했던 사람들은 그가 앙드레 쉐니어André Chenier에게 헌정했던 시를 되뇌이며 그를 기억하곤 하였다.

> 머잖아 나는 죽을 것이니, 내 영혼의 벗들이여,
>
> 그대들은 나의 원고를 고이 간직하고,
>
> 좋은 시절이 오면, 진실한 벗들이여,
>
> 때때로 한데 모여 나의 시를 읽어주오.
>
> 귀담아 듣고는 말해주오, "이게 바로 그야,
>
> 이게 바로 그의 목소리야"라고.
>
> 나 영원으로부터 눈에 띄지 않게 와서 그대들 곁에서
>
> 그대들과 더불어 들어보리라.

니꼴라이 1세의 가중되는 폭정이 지속된 20년의 세월이 흐르고 나서야 뿌쉬낀을 잔인하게 조롱하며 그의 만년을 비참하게 만들었던 악의에 찬 재능 없는 귀족들에 대하여 뿌쉬낀은 궁극적 승리를 거둘 수 있었다. 뿌쉬낀이 죽은 직후 비평가들은 무엇보다도 문학의 '사회적 맥락'에 집착하여 뿌쉬낀을 귀족주의적 천박성과 미학에 빠진 작가라

고 하며 그에게 등을 돌렸다.

뿌쉬낀의 사후에 최초로 나온 그의 작품집은 1838에서 1841년 사이에 발행된 것으로 추정되는데, 검열로 인하여 아주 볼품없는 책이 되었다. 하지만 여러 해가 흘러도 그 책의 왜곡된 내용들은 수정될 수 없었다. 유럽 전체를 뒤흔들었던 1848년의 혁명기에는 상뜨 뻬쩨르부르그에도 공포가 엄습하여 온갖 탄압이 자행되고 있었다. 최초로 상세하고 정확한 뿌쉬낀의 전기를 펴낸 P. 안녠꼬프Annenkov는 이를 이렇게 표현하였다. "사람들은 이제 숨어서 지내고, 거리마다 어디를 가나 경찰들과 관리들과 그 앞잡이들이 휘젓고 다닌다."

그렇다 해도 사후의 뿌쉬낀의 명성은 조용한 가운데 커져만 갔다. 러시아 문학의 발달사와 관련된 뿌쉬낀에 대한 최초의 진정한 평가는 1844년에 저 위대한 비평가 비싸리온 벨린스끼Vissarion Belinsky에 의해 이루어졌다. 그는 『예프게니 오녜긴』이 "러시아적 삶의 백과사전"이라고 평한 적이 있었다. 니꼴라이 고골은 이미 1834년에 이렇게 말하였다. "그의 작품들은 마치 사전처럼 우리 언어의 풍요로움과 힘과 융통성을 지니고 있다." 고골은 또 1852년에 자신이 뿌쉬낀의 격려에 힘입은 바 크다고 하며 충심으로 고마움을 술회하고 나서, 그의 2대 걸작 『죽은 농노Dead Souls』와 『검찰관The Inspector General』의 플롯을 뿌쉬낀의 아량으로 그의 작품에서 따왔다는 사실을 자랑스럽게 인정하였다.

특히 드미뜨리 삐사례프Dmitry Pisarev 같은 '사실주의 비평가들'은 뿌쉬낀이 러시아 문학의 중심이라는 주장을 논박하긴 했지만, 문화적 우상으로서의 뿌쉬낀의 위상은 확고해져 가기만 했다. 위에서 언급한 전기 작가 안녠꼬프는 그의 형이 나딸리야의 남편인 란스꼬이 장군과 같은 연대 소속이었던 인연으로, 나딸리야와 란스꼬이가 뿌쉬낀의 신간을 내려고 했을 때, 뿌쉬낀의 원고를 볼 수 있는 기회를 가질 수 있었다. 안녠꼬프는 뱌젬스끼의 격려에 힘입어 뿌쉬낀의 전기에 필요한 자료들을 모으기 시작했고, 시인의 아버지, 누이, 남동생, 단자스, P. V. 나쉬쪼낀, 그리고 쁠레뜨네프 등으로부터 회고담을 들었으며, 안나 뻬뜨로브나 케른Anna Petrovna Kern에게는 그녀 자신이 회고담을 써보라고 권하기도 하였다.

1853년에 발행된 안녠꼬프의 뿌쉬낀 자료집은 뿌쉬낀의 시와 인간성을 훌륭하게 그리고 있다. 물론 이 책에는 누락된 것도 많았는데, 뿌쉬낀과 12월 당원들과의 친분관계, 뿌쉬낀이 남부로 추방당했던 일(나딸리야가 생존해 있던 탓이기도 하겠지만), 저 치명적 결투로 이어지게 된 상황 등등이다. 하지만 안녠꼬프는 이 책에 만족하지 않고 보다 완벽한 새로운 뿌쉬낀 전집을 준비하고 있었고, 1853년부터 1855년에 이르기까지 마침내 여섯 권의 책이 나오게 되었다. 1857년에는 알렉싼드르 2세가 새 황제로 등극하여 검열이 느슨해지자, 안녠꼬프는 이 기회를 놓치지 않고 추가로 책 한 권을 더 냈다.

1869년 10월 19일에는 뿌쉬낀의 동상 건립을 위한 위원회가 구성되었고, 1871년 4월에는 알렉싼드르 황제가 직접 나서서 동상 건립 계획을 지지하였다. 러시아 조각가 오뻬꾸쉰Opekushin이 동상 건립 임무를 맡아, 마침내 1880년 6월 5일 3일 간의 연휴 중에 뿌쉬낀의 동상 제막식이 거행되었다. 수십만의 러시아 사람들이 제막식에 운집한 가운데, 뚜르게네프(뿌쉬낀의 친구인 A. I. 뚜르게네프가 아닌 저명한 작가)가 적절한 축사를 하였다. 그는 뿌쉬낀이 호머와 셰익스피어에 버금가는 불후의 작가라고 말했지만, 운집한 군중들에게 큰 감동을 주지는 못했다. 그는 군중들의 기분뿐만 아니라 러시아 사람들이 뿌쉬낀을 얼마나 대단하게 생각하고 있었는지를 잘못 짚고 있었던 것이었다. 뿌쉬낀이 살아 있었더라면 그 자신도 놀랐었겠지만, 뿌쉬낀에 대한 러시아 사람들의 감정은 종교적 열광에 버금가는 것이었다. 례프 똘스또이는 젊은 시절 특히 뿌쉬낀의 『벨낀의 이야기들』을 극찬했었지만, 1880년경에는 자기 자신의 작품을 포함한 모든 문학을 기독교 계시의 진리에 어긋난다고 하며 평가 절하하였다. 그래서 그는 제막식에도 참석하지 않았고, 뚜르게네프는 이를 서운하게 여겼다.

군중들의 갈채를 받은 것은 6월 8일의 도스또옙스끼의 연설이었다. 그의 찬사는 자기가 치켜세우는 시인에게 자신의 친 슬라브적인 이미지를 투사시킨 것이었던 터라 그가 사람들의 갈채를 받은 것은 아이러니가 아닐 수 없었다. 게다가 그는 뿌쉬낀이 세속적 서구세력에 대항하여 러시아를 이끄는 민족주의자이자 기독교의 예언자라고 이상하게 소개하였다.

이런 일들이 있고 나서 채 1년이 지나지 않아 알렉싼드르 2세가 암살당하게 되자 당국은 뿌쉬낀 사망 50주년 기념행사를 일절 금지시켰다. 하지만 당국은 그의 책이 판매되는 것을 금할 수는 없었다. 상뜨 뻬쩨르부르그의 한 유명한 서점에서는 정오경에 뿌쉬낀의 작품들이 완전히 매진되어 난동이 벌어지기도 하였다.

뿌쉬낀의 작품에 대한 열정적인 독자가 적은 서구에서는 뿌쉬낀의 명성이 처음에는 그의 작품을 소재로 음악을 작곡한 작곡가들에 의해서 전해지게 되었다. 롯시니 Gioacchino Antonio Rossini(1792~1868, 이탈리아의 작곡가 — 옮긴이)에게조차도 오페라 대본을 써주지 않겠다고 공언한 적이 있었던 뿌쉬낀이었지만, 러시아에서 가장 유명한 오페라 대본가들은 뿌쉬낀의 작품에서 소재를 따오고 있었다. 미하일 글린까Mikhail Glinka(1803~1857, 러시아의 작곡가 — 옮긴이)의 오페라 〈루슬란과 류드밀라〉는 1842년에 이미 상뜨 뻬쩨르부르그에서 초연되었다. 〈보리스 고두노프〉를 소재로 오페라를 작곡한 것도 모데스트 무쏘르그스끼Modest Mussorgsky(1835~1881, 러시아의 작곡가 — 옮긴이)와 림스끼 꼬르사꼬프Rimsky Korsakov(1844~1908, 러시아의 작곡가 — 옮긴이)가 각각 두 번씩 네 차례나 되었다. 무쏘르그스끼의 첫 번째 〈보리스 고두노프〉는 1869년 황실 극장 운영 위원회에서 공연을 거부당했고, 많은 내용을 커트한 두 번째 오페라는 1874년 1월에 성공적으로 무대에 올려져 그 이래로 널리 공연되어 왔다.

뿌쉬낀의 작품을 널리 알리는 데 가장 크게 기여한 사람은 뾰뜨르 일리치 차이꼽스끼Peter Ilyich Tchaikovsky였다. 그의 오페라 〈예프게니 오네긴〉은 1881년 모스끄바에서 초연되었고, 다음 해에는 런던에서, 뒤이어 밀라노, 뉴욕 등 전 세계의 오페라 극장에서 공연되었다. 뿌쉬낀의 『뽈따바』를 소재로 한 그의 〈마제파〉는 1884년에, 〈스페이드의 여왕〉은 1890년에 밀라노의 라 스칼라 좌에서 초연 되었다. 1900년 11월 3일, 모스끄바에서 초연되었던 림스끼 코르사꼬프의 〈살탄 황제〉는 저 멀리 부에노스아이레스의 오페라 극장에서까지 공연되었다. 그러나 림스끼 코르사꼬프의 마지막 오페라 〈황금 수탉〉은 그의 사후에도 공연되지 못했다. 분명 검열관이 이 작품에 담긴 메시지가 여전히 위험스럽다고 판단했기 때문이었을 것이다.

1899년 뿌쉬낀 탄생 100주년을 기념하여 상징주의, 특히 발레리 브

류소프라는 시인의 영향을 받은 전위 작가들은 왜곡되고 커트된 뿌쉬 긴의 주요 작품들을 복원하려는 투쟁을 재개하였다. 이 당시에는 시인 들이 '나의 뿌쉬긴'이라는 제목의 수필을 쓰는 것이 유행이었는데, 각 자의 수필에서 시인들은 그들의 위대한 선배의 행적을 나름대로 읽고 스스로를 평가하였다.

1917년에 공산혁명이 일어나자 사람들은 공산주의자들이 우상타파 적 미래파 예술가들처럼 도스또옙스끼, 똘스또이와 더불어 뿌쉬긴도 20세기에는 불필요한 작가로 치부할 것으로 예상했었다. 그러나 공산 주의자들은 프롤레타리아 예술을 진흥시키려고 하면서도 뿌쉬긴을 황제에게 희생당한 고귀한 인물로 선전하면서, 특히 그가 12월 당원들 을 친구로 삼았고, 그가 민담과 시골 아낙네를 좋아했다는 사실을 강 조하였다. 인민 예술 위원장 루나차르스끼Lunacharsky는 뿌쉬긴에 관한 미완성의 글에서 위대성과 출신 성분은 관련이 없다고 주장하기까지 했다. 알렉싼드르 블록Alexander Blok은 그리스도가 공산혁명을 지지한다 는 내용을 담은 유명한 시 「12인」을 쓴 시인인데, 다음과 같은 기억할 만한 구절을 남겼다. "황제, 장군, 살육의 무기 발명가, 고문자, 인생의 수난자 등등의 어두운 이름들. 그 곁에 단 하나의 빛나는 이름, 뿌쉬긴."

쏘련 공산 치하에서 뿌쉬긴이 더욱 유명해졌다는 것은 참으로 역설 적이다. 1937년에는 지식계층에 대한 스딸린의 탄압이 극심했지만 사 람들은 뿌쉬긴의 사망 100주년을 요란하게 축하하였다. 그러나, 예프 게니아 긴즈부르그Evgenia Ginzburg 같은 작가들이 증언하듯이, 스딸린의 강제수용소로 끌려가는 사람들도 뿌쉬긴의 시를 애송하였다. 뿌쉬긴 의 시 「예언자」(『구약성서』의 「이사야서」를 번안한 것임)에서는 시인이 신이 진리의 불꽃을 그 입술에 갖다 대주는 자로 표현되어 있다. 뿌쉬낀 역시 쏘련 공산 치하에서 진리를 말하는 강력한 이미지로 아로새겨졌다.

안나 아흐마또바_{Anna Akhmatova}도 어떤 자작시에서 스스로를 이와 같은 전통을 잇는 시인으로 자평하고 있는데, 이 시는 스딸린 정권 하에서는 쓰이지도 못했을 것이다. 이 책에서 몇 차례 언급했던 것처럼, 아흐마또바는 나딸리야 곤차로바가 당대에 가장 훌륭했던 사람의 배우자가 될 자격이 없다고 분개하며 말한 바 있었다. 소문난 미인인 아흐마또바는 특히 나딸리야의 허영심과 자기기만을 비난하였다. 20세기 러시아에서 아흐마또바에 필적하는 유일한 여류시인인 마리나 쯔베따예바_{Marina Tsvetaeva}는 독특하게도 뿌쉬낀이 본질적으로 이방인이라고 간주하였다. 그녀는 모스끄바에 있는 뿌쉬낀 기념관을 방문했던 적을 회상하며 이렇게 적었다. "하얀 아이들 가운데 우뚝 선 검은 거인. 그 러시아 시인은 흑인이다. 흑인이자 시인인 그가 맞아 쓰러졌다." 쯔베따예바는 경멸조로 말하기를, 곤차로바 같은 여자는 뿌쉬낀을 파멸시킨 한 사회의 도구에 불과했고, 그런 사회에서 뿌쉬낀은 항상 이방인으로 남을 수밖에 없었다는 것이다.

뿌쉬낀은 쏘련이 붕괴한 후 러시아의 젊은 세대들이 교육수준이 높은 서부 러시아의 상류계층과의 관계를 재고해보려고 하는 가운데에서도 여전히 우상적 존재로 남아 있었다. 러시아의 상류층은 쏘련 공산 치하에서 항거할 태세를 갖춘 지식계층에게 독립과 자존의 유산을 물려주기는 했지만, 그들은 상업을 경시했고 궁전 혁명을 선호했으며 진보적 직업을 꺼렸기 때문에 러시아에 오히려 부정적 유산을 물려주었던 것인지도 모른다. 러시아는 그 때 시장 경제와 현대적 직업, 그리고 의회 민주주의를 발전시키려 했기 때문이다.

뿌쉬낀은 그토록 오랫동안 러시아 사람들에게 영향을 끼쳤던 것은 특히 예술과 윤리가 교차하는 분야에서였다. 뿌쉬낀은 교훈적 시는 질색이었지만 예술이 윤리적 기능을 갖는다고 생각하였다. 프린스톤 대학의 캐릴 에머슨Caryl Emerson은 「비평가로서의 뿌쉬낀」이라는 자신의 글에서 이를 다음과 같이 설명하고 있다. "(뿌쉬낀에게) 그것(예술)은 미덕의 연습장이었다. 여기서 미덕은 특히 창작과 관련된 것으로, 호기심, 정확성, 기율, 절망적 상황에서의 우아한 태도, 감사하는 마음 등을 말한다." 생활이 대체로 미숙하고 거친 나라에서 정확성과 우아함이 지속적인 호소력을 갖는 것은 당연한 일일 것이다.

뿌쉬낀의 짧은 생애에 살았던 저 모든 중요한 인물들은, 1961년에 안나 아흐마또바가 죽기 5년 전에 말한 것처럼, 이제 '뿌쉬낀의 시대'에서는 변방의 인물들로 남아있을 뿐이다. 아흐마또바는 이렇게 말하였다. "그 모든 미인들, 시녀들, 사교계의 여인들, 상뜨 까쩨리나 수도원의 여수도사들, 왕족들, 장관들, 그리고 장성들 등등은 점차 뿌쉬낀과 동시대의 사람들이라고 불려지게 되었다. 그리하여 마침내 이들은 뿌쉬낀 작품집들의 색인표에서나 (태어난 날짜와 죽은 날짜가 틀리게 기록된 채로) 찾아질 수 있을 뿐이다.